V&R

HANS HÜBNER

Biblische Theologie des Neuen Testaments

BAND 1

Prolegomena

VANDENHOECK & RUPRECHT
IN GÖTTINGEN

Professor Dr.
Werner Georg Kümmel
zum 85. Geburtstag

CIP-Titelaufnahme der Deutschen Bibliothek

Hübner, Hans:
Biblische Theologie des Neuen Testaments / Hans Hübner. –
Göttingen: Vandenhoeck und Ruprecht
Bd. 1. Prolegomena. – 1990
ISBN 3-525-53586-4

© 1990 Vandenhoeck & Ruprecht, Göttingen.
Printed in Germany. – Das Werk einschließlich aller seiner Teile
ist urheberrechtlich geschützt. Jede Verwertung außerhalb
der engen Grenzen des Urheberrechtsgesetzes ist ohne
Zustimmung des Verlages unzulässig und strafbar
Das gilt insbesondere für Vervielfältigungen, Übersetzungen,
Mikroverfilmung und die Einspeicherung und Verarbeitung
in elektronischen Systemen.
Gesamtherstellung: Hubert & Co., Göttingen

Vorwort

Die hier vorgelegte Theologie des Neuen Testaments unterscheidet sich in mancher Hinsicht von anderen Werken dieses Genre. Das gilt in erster Linie sicherlich vom methodischen Vorgehen; aber auch der Umfang wird aller Voraussicht nach größer sein als üblich. Das hängt nicht zum geringsten daran, daß Darstellungen neutestamentlicher Theologie in der Regel einen mehr thetischen Charakter haben. Was in ihnen zu sagen ist, wird zwar in Begründungssequenzen gebracht; aber die erforderliche Detaildiskussion mit der relevanten Literatur wurde bereits andernorts geführt. Der dadurch gewonnene Vorteil ist offenkundig, vor allem im Blick auf die Geschlossenheit der Darstellung. Ich habe mich jedoch entschieden, wegen des hier eingeschlagenen neuen Weges den Leser in die exegetische und theologische Diskussion mit hineinzunehmen, sozusagen vor seinen Augen die Biblische Theologie des Neuen Testaments entstehen zu lassen. Ich hoffe, daß es eben dadurch um so eher möglich ist, den Autor auf dem Wege seiner theologischen Argumentation und zuweilen auch seines theologischen Systematisierens mitargumentierend und zugleich kritisch prüfend zu begleiten. Der hier eingeschlagene Weg einer Biblischen Theologie des Neuen Testaments - was dieser Titel zum Ausdruck bringen soll, ist in Abschnitt 1.0 gesagt - birgt sicherlich angesichts des betretenen konzeptionellen Neulands manches Risiko. Einige der hier vertretenen Thesen werden auf Kritik stoßen. Der Widerspruch ist hier und dort vorprogrammiert und vom Autor einkalkuliert. Doch gerade vom Widerspruch, der *discussio*, lebt die theologische Forschung!

Um des Argumentationscharakters willen sind die Prolegomena recht ausführlich geworden. Aber angesichts dessen, daß eine *Biblische Theologie des Neuen Testaments* die ganze Heilige Schrift im Blick hat, sind die in ihnen zur Sprache kommenden alttestamentlichen und systematisch-theologischen Aspekte keine Präliminarien. Entgegen der ersten Ankündigung, daß der erste Band außer den Prolegomena auch noch den Paulusteil enthalten werde, bringt er nun diesen nicht. Da sich nämlich herausstellte, daß den Prolegomena für den Entwurf als solchen ein höheres *theologisches* Gewicht beizumessen ist, als ich zunächst meinte, bitte ich den Leser um die Geduld, für die Ausführungen zu Paulus auf den zweiten Band zu warten. Doch ganz ohne Paulus geht es auch in den

Prolegomena nicht. Denn einiges, was zunächst für die Darstellung der paulinischen Theologie vorgesehen war, wurde aus konzeptionellen Gründen in den nun vorliegenden ersten Band genommen, so z.B. ausführliche Interpretationen von 2Kor 3 und Röm 1,16f. Auf jeden Fall sollen die Prolegomena das *Koordinatensystem* für das theologische Verhältnis beider Testamente zueinander erkennen lassen. Und dieses Problem dürfte ja eines der wichtigsten für eine Biblische Theologie sein.

1941 bleibt in der Erinnerung ein böses Jahr; Hitlers Krieg eskalierte durch den Überfall auf die Sowjetunion am 22. Juni. Dasselbe Jahr war aber zugleich in positiver Hinsicht ein theologiegeschichtlich wichtiges Jahr. Rudolf Bultmann hielt seinen Entmythologisierungsvortrag, Karl Rahner veröffentliche die erste Auflage von "Hören des Wortes". Der kritische Dialog mit dem Werk beider Theologen - beide ihrerseits beeinflußt vom Philosophen Martin Heidegger - ist von besonderem Gewicht für die hier vorgelegte Konzeption.

Im Verlag Vandenhoeck & Ruprecht erscheint mit meiner Biblischen Theologie nicht zum ersten Mal ein Buch aus dieser Thematik. Mir liegt die zweite Auflage der Kette der Messianischen Weissagungen von Joachim Oporin aus dem Jahre 1753 vor. 1983 brachte der Verlag Hermann Samuel Reimarus' Vindicatio dictorum Veteris Testamenti in Novo allegatorum heraus, sein Vorlesungsmanuskript für das 1731 öffentlich am Akademischen Gymnasium zu Hamburg gehaltenen Kolleg. Vor allem ist Gisela Kittels zweibändige Biblische Theologie zu nennen: Der Name über alle Namen (1989/90). Die Verfasserin legt großen Wert darauf, daß ihr Buch nicht aus der Tradition der Theologischen Fakultäten kommt, sondern aus der Lehrerbildung, in der schon immer innerhalb der Theologie disziplinenübergreifend gearbeitet worden sei. Daher betrachte sie es als ihre Aufgabe, die biblische Botschaft elementar und verständlich zu vermitteln. In diesem Sinne hat sie einen beeindruckenden Entwurf vorgelegt. Das hier vorgelegte Buch ist hingegen aus der Forschung innerhalb einer theologischen Fakultät erwachsen und vorrangig auch um der Forschung willen geschrieben. Aber gerade wegen dieser Intention will es auch Studierende der Theologie - und ebenfalls Pfarrer und Religionslehrer - in das theologische und exegetische Denken hineinnehmen. Wie Gisela Kittels Biblische Theologie ist auch die meine das Werk eines Theologen, der innerhalb der Theologie zwar vor allem in der neutestamentlichen Disziplin forscht und lehrt, der aber aufgrund seiner Vita immer wieder "gezwungen" war, in der Theologie disziplinenübergreifend zu arbeiten, zunächst in der Kirchengeschichte und Systematischen Theologie, genauer, in der Lutherforschung, dann in den beiden exegetischen Wissenschaften. Ich hoffe, daß diese biographische Gegebenheit meiner neutestamentlichen *Theologie* zugute kommt.

Beide Biblische Theologien unterscheiden sich in ihrer theologischen Ausrichtung. Gisela Kittels Entwurf ist stark von der Kontinuität des Weges vom Alten Testament zum Neuen geprägt, der meine von der betonten Reflexion des Verhältnisses von Kontinuität und Diskontinuität. Vielleicht mag ein Leser, der Gisela Kittels Ausführungen zur Kenntnis genommen hat, in den meinen die Gefahr wittern, hier könne doch noch irgendwo verborgen Markions Geist wehen. Aber sollte dieser "Erzketzer" im Jenseits von meiner Biblischen Theologie Kenntnis nehmen, so wird er wohl jetzt froh sein, daß ich gerade nicht bei seiner Theologie angelangt bin.

So lasse ich denn nun dieses Buch in Dankbarkeit gegenüber vielen, mit denen ich in den letzten Jahren den theologischen und exegetischen Austausch pflegen durfte, zu seinen Lesern gelangen. Die zu meiner Überraschung weithin einmütige Zustimmung zu meinem Kanon-Aufsatz (JBTh 3), die Diskussion über meine Sicht der biblischen Offenbarung im neutestamentlichen Doktorandenkolloquium unserer Göttinger Theologischen Fakultät und die sorgsame und kritische Lektüre des Manuskripts durch meine Fakultätskollegen Prof. Dr. Rudolf Smend, D.D., und Prof. Dr. Georg Strecker, denen ich besonders danke, bestärken mich darin, daß ich, freilich unter eschatologischem Vorbehalt, das Buch seinen Weg gehen lassen darf. Ich danke auch meiner Sekretärin, Frau Heidi Wuttke, für die Anfertigung des schwierigen Manuskriptes mit seinen vielen griechischen und hebräischen Worten, Frau stud. theol. Katharina Jung für die Erstellung der beiden Register, Herrn cand. theol. Maic Zielke für technische Hilfe und nicht zuletzt Herrn Dr. Arndt Ruprecht vom Verlag Vandenhoeck & Ruprecht für großes Interesse und gute Zusammenarbeit.

Gewidmet sei das Buch als Gruß zum 85. Geburtstag (16. Mai 1990) Herrn Prof. Dr. Werner Georg Kümmel, D.D. Er hat mir vor über zwanzig Jahren die Weichen für den Wechsel innerhalb der Theologie zur neutestamentlichen Wissenschaft gestellt. Sein exegetisch und theologisch so verantwortungsvoller Umgang mit dem Neuen Testament war für mich stets Verpflichtung. Ihm gilt vor allem mein herzlicher Dank.

Hermannrode/Göttingen, im Juni 1990   Hans Hübner

Inhaltsverzeichnis

	Vorwort	5
1.	Prolegomena	13
1.0	Aufgabe der Prolegomena	13
1.1	Zur Kanonfrage	37
1.1.1	Vorbemerkungen	37
1.1.2	Die Heilige Schrift der neutestamentlichen Autoren	44
1.1.2.1	Der hebräische Kanon	46
1.1.2.2	Ein alexandrinischer Kanon?	55
1.1.2.3	Die theologische Relevanz der Septuaginta als jüdische Bibel	57
1.1.2.4	Die Heilige Schrift der neutestamentlichen Autoren	62
1.1.2.4.1	Exkurs: Brevard S. Childs' Konzeption vom canonical approach	70
1.2	Der Alte und der Neue "Bund"	77
1.2.1	Der Alte "Bund"	77
1.2.2	Der Neue "Bund" als Außerkraftsetzung des Alten	90

1.3	Der Begriff der Offenbarung	101
1.3.1	Offenbarung(en) im Alten Testament	103
1.3.1.1	Offenbarung im Pentateuch	103
1.3.1.2	Offenbarung bei Ezechiel	114
1.3.1.3	Offenbarung in den Psalmen	118
1.3.1.4	Offenbarung im Deuteronomium	123
1.3.1.5	Offenbarung bei den Propheten (außer Ezechiel)	131
1.3.1.6	Offenbarung im Hiob-Buch	146
1.3.1.7	Systematisch-theologische Zwischengedanken zur Offenbarung im Alten Testament	149
1.3.2	Offenbarung im Neuen Testament	172
1.3.2.1	Paulus (Röm 1,16f.; 3,21): Die sich offenbarende Gerechtigkeit Gottes	173
1.3.2.2	Die Gleichnisse Jesu: Die sich in der Ansage Jesu manifestierende Herrschaft Gottes	186
1.3.2.3	Das Johannes-Evangelium: Jesu Selbstoffenbarung als Offenbarung Gottes	188
1.3.2.4	Die Parusie als zukünftige Offenbarung	198
1.3.3	Systematisch-theologische Erwägungen zur Offenbarung in der Heiligen Schrift	203
1.4	Der eine Gott und die beiden Testamente	240

1.5 Epilog zu den Prolegomena:
    Anmerkungen zu den jüdischen
    und neutestamentlichen Auslegungsmethoden ... 258

Literaturverzeichnis 261

Autorenregister 297

Stellenregister 303

1. Prolegomena

1.0 Aufgabe der Prolegomena

Prolegomena zu systematisch-theologischen Werken sind bereits alte theologische Tradition.[1] Mögen sie auch vor allem in der evangelischen Theologie ihren festen "Sitz im Leben" haben, so sind sie doch im Prinzip bereits, wenn auch unter anderem Namen, in der katholischen mittelalterlichen Theologie bekannt (Petrus Lombardus, Thomas von Aquin). Im evangelischen Bereich thematisierten die Prolegomena lange Zeit hindurch die Lehre von der Schrift.[2] Wenn nun ein Exeget eine *Theologie des Neuen Testaments* schreibt, dann ist in dieser Aufgabe notwendigerweise ein systematisch-theologischer Aspekt impliziert.[3] Und zu diesen Implikationen gehört die "explizite Rechenschaftsablage"[4] über das Schriftprinzip. So wird auch in den Prolegomena dieses Werkes Grundlegendes über das Schriftprinzip gesagt werden müssen. Insofern

---

[1] Zum Sinn von Prolegomena s. besonders *Pannenberg*, Syst. Theol. I, 36ff.; für seine eigene Konzeption ist es allerdings bezeichnend, daß er in Syst. Theol. I dem evangelischen Schriftprinzip keinen eigenen Abschnitt widmet, auch nicht im 4. Kap.: Die Offenbarung Gottes.

[2] Darin kommt unbestreitbar die Nötigung der evangelischen Theologie zum Ausdruck, das ihr durch das sola-scriptura-Prinzip verordnete Fundament argumentativ darzulegen. Dieses argumentative Moment erhielt vor allem dadurch einen energisch defensiven Charakter, daß die katholische Theologie, vor allem seit *Bellarminis* kluger Darlegung des katholischen Standpunkts (Disp. I, lib. IV, cap. IV), aufgrund ihrer eingängigen Konzeption von Schrift und Tradition bzw. Schrift und Kirche die evangelische Seite in Zugzwang brachte: Wie kommen die reformatorischen Kirchen damit zu Rande, daß es doch die das mündliche Wort verkündigende Kirche war, die erst im Laufe der Zeit das Neue Testament als Schrift schuf? Steht somit nicht die Autorität der Kirche chronologisch und folglich auch sachlich vor der Autorität des Neuen Testaments? Die Prolegomena waren daher geradezu necessitate coacta protestantisch, nämlich protestierend polemisch gegen das katholische Prinzip von Schrift und Tradition als den beiden Glaubensquellen (Trid. sess. IV; Denz. 783).

[3] Nach *Lohse*, Theol., 9f., ist die neutestamentliche Theologie nicht nur eine historische, sondern zugleich auch systematische Disziplin. Zu diesem Problemkomplex s. auch, was *Rudolf Bultmann* in seinem erst 1984 in ZThK 81, 447ff., publizierten Vortrag "Theologie als Wissenschaft", den er 1941 zusammen mit seinem bekannten Entmythologisierungsvortrag in Frankfurt/M. und Alpirsbach gehalten hat, über das Verhältnis von neutestamentlicher und systematischer Theologie sagt (ib. 462-465).

[4] *Barth*, KD I/1, 24.

im gegenwärtigen Stadium der theologischen Bemühungen evangelisches und katholisches Schriftverständnis in manchen wesentlichen Punkten divergieren, wird diese Theologie des Neuen Testaments sich deutlich als das Werk eines evangelisch-lutherischen Theologen geben. Doch geschieht das keinesfalls in kontroverstheologischer Absicht. Der ökumenische Akzent ist beabsichtigt.

Der Titel des Buches ist nicht neu. Ihn hat z.B. *Heinrich Weinel* seiner neutestamentlichen Theologie gegeben, zugleich aber die religionsgeschichtliche Ausrichtung seines im Geiste liberaler Theologie verfaßten Werkes durch den Untertitel deutlich gemacht: Die Religion Jesu und des Urchristentums (1911, [4]1928). Auch das zuvor schon erschienene konservative Werk aus der Feder von *Bernhard Weiß* hieß Lehrbuch der Biblischen Theologie des Neuen Testaments (1868, [7]1903). In beiden Fällen steht der Begriff "Biblische Theologie" in der Wirkungsgeschichte der theologiegeschichtlich kaum zu überschätzenden Altdorfer Antrittsrede *Johann Philipp Gablers* De iusto discrimine theologiae biblicae et dogmaticae regundisque recte utriusque finibus vom 30. März 1787, in der dieser den historischen Charakter der Biblischen Theologie im Gegensatz zum didaktischen Charakter der Dogmatischen Theologie herausstellte. Zugleich postulierte er die je gesonderte Behandlung beider Testamente.[5] Eine Biblische Theologie des Neuen Testaments gemäß dieser Forderung Gablers legte dann erstmals dessen Fakultätskollege *Georg Lorenz Bauer* vor (4 Bände 1800-1802).[6]

Wenn jedoch heute von Biblischer Theologie die Rede ist, wenn sie seit einigen Jahrzehnten zuweilen sehr energisch gefordert wird, dann meint dieser Begriff nicht mehr die Distanzierung von der sog. Dogmatischen Theologie im Sinne Gablers. Dann soll vielmehr durch sie gerade jenes Postulat des Altdorfer Theologen zurückgenommen werden, das die Trennung von alt- und neutestamentlicher Theologie verlangt. Biblische Theologie ist also heute ein neues Postulat, nämlich das Postulat einer Theologie, deren Gegenstand die ganze Bibel ist, also das Postulat einer Theologie, die das *Alte Testament* und das *Neue Testament* als *theologische Einheit* zu begreifen sucht. Natürlich soll nicht, sieht man einmal von wenigen extremen Verfechtern ab, eine theologische Eineb-

---

[5] Zu Gabler s. vor allem *Merk*, Bibl. Theol. des NT in ihrer Anfangszeit; zum Begriff "Biblische Theologie" vor Gabler ib. 5-28.
[6] Ib. 141-203.

nung von Altem und Neuen Testament vorgenommen werden.[7] Aber es wird doch gefragt, ob es nicht einen Weg gäbe, das theologische Zueinander beider Testamente irgendwie zu einem theologischen Ganzen zusammenzufügen. Kein Geringerer als *Gerhard von Rad* hat die Offenheit des Alten Testaments über sich hinaus als Offenheit zum Neuen Testament hin zu verstehen gesucht: *"Das Alte Testament kann nicht anders denn als Buch einer ins Ungeheure anwachsenden Erwartung gelesen werden."*[8] Er will im Schlußteil seines zweibändigen Werkes im Grunde nur die Diskussion unter dem überlieferungsgeschichtlichen Gesichtspunkt, der seine gesamten Ausführungen programmatisch dominiert, führen, indem er diesen inneralttestamentlichen Prozeß noch einen Schritt weiter verfolgt, nämlich "indem wir die Aufnahme des Alten Testaments im Neuen als einen Vorgang zu begreifen suchen, der vom und im Alten Testament schon vorbereitet wurde und dessen 'Gesetzlichkeit' sich bei dieser letzten Neuinterpretation gewissermaßen wiederholt".[9] Daß sich die alttestamentlichen Überlieferungen, all die Erzählungen, Gebete und Weissagungen, derart vom Neuen Testament aus in Beschlag nehmen ließen, sei nur möglich gewesen, weil die Schrift des Alten Testaments auch von sich aus der Deutung auf Christus hin offengestanden habe und ihr in hermeneutischer Hinsicht entgegengekommen sei.[10]

Nimmt man diese Konzeption von Rads ganz ernst, so umgreift die traditionsgeschichtliche Entwicklung einen Prozeß, der die theologische Beurteilung des Verhältnisses der beiden Testamente zueinander provoziert. Ist damit aber bereits eine gesamtbiblische Theologie anvisiert? Immerhin läßt sich aus neutestamentlicher Sicht das Alte Testament aufgrund seiner Offenheit auf das Neue hin nur dann *theologisch* recht beurteilen, wenn es in seiner Teleologie - man ist fast versucht, mit Aristoteles zu sagen: in seiner Entelechie - , von seinem Telos, seinem Ziel her beurteilt wird. Anders formuliert: Die theologische Sicht des Alten Testaments ist per definitionem die Aufgabe einer Theologie, die beide Testamente im Blick hat. Es verwundert also nicht, wenn gerade von

---

[7] Im Übermaß extrem ist z.B. die Position *A.A. van Rulers*, Die christliche Kirche und das AT, in der dem Alten Testament sogar der Vorrang vor dem Neuen Testament eingeräumt wird! Z.B. ib. 68: "Das Alte Testament ist und bleibt die eigentliche Bibel." Eine solche Position ist für die christliche Theologie unannehmbar. Zur Diskussion mit diesem Extremismus s. *Graf Reventlow*, Hauptprobleme der Bibl. Theol. im 20. Jhdt., 56ff.
[8] *von Rad*, Theol. II, 341; Hervorhebung durch mich.
[9] Ib. 342.
[10] Ib. 354f.

Rads Theologie des Alten Testaments als Initialzündung für die Bemühungen um die Konzeption einer Theologie beider Testamente gesehen wird.[11]

Auf dem Wege, den Gerhard von Rad eingeschlagen hatte, ging 1970 *Hartmut Gese* in seinem programmatischen Aufsatz "Erwägungen zur Einheit der biblischen Theologie" einen großen Schritt weiter. Er greift dessen traditionsgeschichtliche Vorgehensweise auf: Die Kanonisierung des alttestamentlichen Traditionsstoffes hat sich sukzessive vollzogen. Der im 5. Jh. v. Chr. kanonisierte Pentateuch hatte keinen exklusiven Charakter, er war auf Fortsetzung hin angelegt. Diese erfolgte im 3. Jh. v. Chr. in der Kanonisierung der Propheten. Dann kamen die Psalmen, der Weisheitskomplex und die Fülle der apokalyptischen Traditionen hinzu. Es geschah also ein "Traditionsprozeß der dauernden Selektierung, Aktualisierung und Neuinterpretation", der langsam einer Kanonreife entgegenführte.[12] Entscheidend für Gese ist nun, daß sich dieser Prozeß auch noch während der neutestamentlichen Traditionsbildung vollzog. Diese greife also in eine noch lebendige Traditionsbildung ein, so daß wir es eben nur mit *einer*, der biblischen Traditionsbildung zu tun haben. Die alttestamentliche Traditionsbildung sei nämlich dadurch abgeschlossen worden, daß das neutestamentliche Geschehen der gesamten alttestamentlichen Offenbarung entgegentrat.[13] So stellt er die These auf: "*Das Alte Testament entsteht durch das Neue Testament*; das Neue Testament bildet den Abschluß eines Traditionsprozesses, der wesentlich eine Einheit, ein Kontinuum ist."[14] Daß der Tübinger Alttestamentler mit dieser These die Biblische Theologie als gesamtbiblische Theologie voranbringen will, ist deutlich. Nicht zuletzt sind es seine und seines Fakultätskollegen *Peter Stuhlmachers* Beiträge, die für viele den Begriff "Biblische Theologie" sofort mit Tübingen assoziieren lassen. Stuhlmacher führt als Neutestamentler bewußt unter Bezugnahme auf

---

[11] Zur Diskussion mit und Kritik an *von Rads* Konzeption s. in neuerer Zeit vor allem *Preuß*, Das AT in christlicher Predigt, passim, und *Oeming*, Gesamtbibl. Theologien der Gegenwart, 20ff.; allerdings möchte ich die Akzente bei der Kritik an *von Rad* anders setzen als *Oeming*; ich sehe die von *Wilhelm von Humboldt* herkommende Richtung der Sprachphilosophie (auch *Gadamer*) nicht als überwundenen Anachronismus (ib. 76f.). Wo ich dem grandiosen Entwurf *von Rads* - auch *Oeming* sieht in dem Werk "heute noch das beste Buch ..., das diesem Gegenstand jemals gewidmet wurde" (ib. 78) - zustimme und wo ich ihm kritisch gegenüberstehe, zeigt sich implizit an meiner Konzeption.
[12] *Gese*, Vom Sinai zum Zion, 13f.
[13] Ib. 14.
[14] Ib. 14; Hervorhebung durch mich.

Gese dessen Ansatz weiter.[15] Ich gehe an dieser Stelle nicht weiter auf das Programm der Tübinger Biblischen Theologie ein.[16] Zitiert sei hier lediglich Geses programmatischer Satz: "Die neutestamentliche Theologie, d.h. die Christologie, ist die Theologie des Alten Testaments, die das neutestamentliche Geschehen... beschreibt."[17]

Aus dem, was zu von Rad und Gese gesagt wurde, erwächst wie von selbst die Frage, ob nicht in der Tat dadurch, daß die Offenheit des Alten Testaments auf das Neue hin behauptet wird und daß möglicherweise sogar der Abschluß des Alten Testaments mit der Entstehung des Neuen in Relation zu bringen wäre, das Postulat einer gesamtbiblischen Theologie zwingend ist. Aber an dieser Stelle unserer Überlegungen dürfen wir nichts übereilen. Behutsamkeit in theologischem Urteil ist gerade am Anfang angebracht.

Nehmen wir einmal - rein hypothetisch! - mit Gerhard von Rad an, daß tatsächlich das Alte Testament auf das Neue hin offen ist und somit aus christlicher Sicht das Neue Testament diese Offenheit ein für alle Mal "schließt", ein für alle Mal beendet, also das Alte Testament fixiert. Dann bedeutet das aber, daß dem von den neutestamentlichen Autoren in Anspruch genommenen Alten Testament der theologische Stempel der neutestamentlichen Verkündigung aufgedrückt wird. Innerhalb unterschiedlicher, z.T. sogar widersprüchlicher Traditionen und Grundeinstellungen werden einige - eben nicht alle! - ausgewählt und erfahren nun eine erneute Interpretation. Diese nach einem jahrhundertelangen Interpretationsprozeß erfolgende Neuinterpretation durch die Autoren des Neuen Testaments geschieht jetzt im Lichte eines *kontingenten* geschichtlichen Geschehens, das doch gerade hinsichtlich seiner konkreten Kontingenz von keinem alttestamentlichen Autor vorhergesagt wurde. Sie geschieht freilich im Lichte eines kontingenten Geschehens, das der christliche Glaube als *eschatologisches* Geschehen sieht. Nimmt man den Begriff "Neuinterpretation" ganz ernst, so sind

---

[15] Bezeichnend ist, daß der 1. Aufsatzband (1974) von *Hartmut Gese*, Vom Sinai zum Zion, den Untertitel trägt: Atl. Beiträge zur bibl. Theologie. Sein 2. Aufsatzband (1977) ist dann überschrieben: Zur biblischen Theologie, Alttestamentliche Vorträge. *Peter Stuhlmacher* hat 1975 einen Aufsatzband mit dem Titel "Schriftauslegung auf dem Wege zur bibl. Theol." publiziert.

[16] Zu *Geses* These vom Offenbarungsprozeß als einem ontologischen Prozeß, in dem die neue Wirklichkeit offenbar wird und der sich im Ereignis von Tod und Auferstehung Jesu vollendet, s.u.; zu *Geses* Konzeption s. auch *Oeming*, Gesamtbibl. Theologien der Gegenwart, 104ff.; *J.H. Schmid*, Bibl. Theol. in der Sicht heutiger Alttestamentler, 28ff.

[17] Ib. 30.

durch das nun definitiv letzte Glied in der langen Kette des Prozesses von Neuinterpretationen innerhalb der biblischen Schriften in nicht mehr zurücknehmbarer Endgültigkeit nur bestimmte Traditionskomplexe aus dem Alten Testament der neutestamentlichen Botschaft dienstbar gemacht, während die übrigen alttestamentlichen Traditionen für die neutestamentliche Neuinterpretation ausscheiden. Es deutet sich hier bereits ein Problem an, das bei der Behandlung der Frage nach dem Kanon des Alten Testaments noch ausführlich zu erörtern ist und das zu den wichtigsten Problemen einer Biblischen Theologie gehört: Wie steht es mit dem Verhältnis des im Neuen Testament rezipierten Alten Testaments zum Alten Testament als solchem? Was ist die historische und vor allem die theologische Differenz zwischen dem *Vetus Testamentum per se* und dem *Vetus Testamentum in Novo receptum*? Fallen aber durch die theologische Größe des Vetus Testamentum in Novo receptum ganze Komplexe des Alten Testaments dahin, so ist allen Ernstes zu fragen, ob dann noch eine Biblische Theologie im Sinne einer gesamtbiblischen Theologie möglich ist. Denn nun stellt sich nicht nur das zuweilen brisante Problem von Kontinuität und Diskontinuität zwischen den beiden Testamenten; vor allem stehen wir vor dem Tatbestand, daß *nur ein Teil* des Alten Testaments für *das Ganze* des Neuen Testaments theologisch relevant ist. Wie ist aber dann eine Biblische Theologie möglich, die doch, jedenfalls nach der Intention einiger Theologen, die beiden Testamente als jeweils ganze in einer aufeinander abgestimmten, wenn nicht sogar gemeinsamen theologischen Konzeption darstellen soll?

Diese Schwierigkeit wird noch dadurch unterstrichen, daß sich von Rads Konzeption der alttestamentlichen Theologie - konsequent im Sinne des soeben Gesagten - gegen die Annahme einer *Mitte des Alten Testaments* sträubt.[18] Ist aber der Gedanke einer Mitte oder gar einer theologischen Mitte des Alten Testaments mit seinem methodischen Ansatz in der Tat unvereinbar, dann stehen wir vor dem paradoxen theologiegeschichtlichen Tatbestand, daß einerseits ausgerechnet Gerhard von Rads theologischer Ansatz als Ausgangspunkt für die Bemühungen um eine gesamtbiblische Theologie in Anspruch genommen wird - Hartmut Gese hat durch seine Umformung dieses methodischen Ansatzes zur Konstruktion eines ontologischen Offenbarungsprozesses in etwa[19] eine

---

[18] Man lese nur die "Methodischen Vorerwägungen" in *von Rad*, Theol. I, 117ff.

[19] Ich füge bewußt das Wort "in etwa" ein, um *Gese* nicht die Vorstellung einer *totalen* Kontinuität zu unterstellen. Eine solche Unterstellung wäre schon allein aus dem Grunde

theologische Kontinuität vom Alten zum Neuen Testament hin postuliert[20] -, daß aber andererseits von Rads Konzeption im Prinzip, wenn auch ungewollt, eine gesamtbiblische Theologie zu einem fragwürdigen Unternehmen macht. Dieser eigentümliche Sachverhalt hängt mit der Ungeklärtheit seines Theologiebegriffs zusammen, der, wie erwiesen[21], äußerst verwundbar ist.

Der Bestreitung einer Mitte des Alten Testaments durch von Rad steht aber eine Reihe von Versuchen gegenüber, eine derartige Mitte inhaltlich oder theologisch-konzeptionell zu bestimmen. Ist hier auch nicht der Ort, all diese Versuche zu referieren, so sollen doch wenigstens einige wichtige genannt werden. *Rudolf Smend* sieht in seinem Aufsatz "Die Mitte des Alten Testaments"[22], auf *Julius Wellhausen* zurückgreifend, diese Mitte in der sog. *Bundesformel*[23] ausgesprochen: Jahwäh, der Gott Israels - Israel, das Volk Jahwähs. Damit hat er die geschichtliche Realität des Alten Bundes umschrieben und folglich diejenige Wirklichkeit ins Auge gefaßt, von der das ganze Alte Testament spricht. Im Gegensatz zu von Rad werden also nicht nur einige Traditionen vom neutestamentlichen Standpunkt aus theologisch relevant, sondern im Grunde die gesamte Geschichte Israels. Eine bewußt *theologische* Mitte will *Siegfried Herrmann* anvisieren, wenn er das Buch *Deuteronomium* als diese Mitte behauptet. Sein Aufsatz "Die konstruktive Restauration. Das Deuteronomium als Mitte biblischer Theologie"[24] ist eine der wichtigsten programmatischen Publikationen für die Frage nach der Konzeption einer alttestamentlichen Theologie. Nach Herrmann sind im Dtn "die Grundfragen alttestamentlicher Theologie in nuce konzentriert", in ihm muß "wahrhaftig eine Theologie des Alten Testaments ... ihr Zentrum" haben, "wenn sie sachgemäß sein soll".[25] Er sieht im Dtn sogar wegen der "Wortlautformel" (Dtn 4,2; 13,1) den ersten ausdrücklichen Niederschlag

---

ungerecht, weil er ja ausdrücklich *auch* von einem "Traditionsprozeß der dauernden Selektierung" (Erwägungen zur Einheit der biblischen Theologie, 14) spricht. Aber daß seine Konzeption die Kontinuität stärker betont als die *von Rads*, ist deutlich.

[20] Wobei er aber letztlich doch wieder das Neue Testament als Kriterium der behaupteten Kontinuität heranzieht. Historische und theologische Rekonstruktion sind so in eigentümlicher Weise miteinander verflochten.

[21] S. nur die überaus scharfe Rezension von *F. Baumgärtel*, ThLZ (1961), 801-816.895-908.

[22] *Smend*, Die Mitte des AT, 40-84.

[23] Ib. 11-39.

[24] In: Probleme bibl. Theol., FS *Gerhard von Rad*, 155-170.

[25] Ib. 156.

des klassischen Prinzips der Kanonbildung.²⁶ Inhaltlich heißt diese Mitte: "Das eine Volk dient seinem einzigartigen Gott an einem einzigen zentralen Heiligtum."²⁷ Jetzt ist es also ein bestimmter Zeitpunkt in der Geschichte Israels, an dem die zentrale theologische Arbeit geleistet wird und von dem an dieses theologische Bewußtsein wirkungsgeschichtlich relevant bleibt. Festzuhalten bleibt vor allem, daß Herrmann die Mitte des Alten Testamentes als theologische Mitte bestimmt hat. *Walther Zimmerli* betont energisch, daß es das alttestamentliche Schrifttum selber ist, welches Recht und Nötigung gibt, eine Mitte des Alten Testaments vorauszusetzen. Er stellt dabei aber nicht so sehr den theologischen Aspekt heraus, also die alttestamentliche theologische Reflexion über Gott, als vielmehr die "Behauptung der Selbigkeit des Gottes, von dem das Alte Testament zu reden beansprucht."²⁸ Es sei Aufgabe der alttestamentlichen Theologie, diese vom Alten Testament selbst aufgestellte Behauptung zu Gesicht zu bringen.²⁹

Schon bei diesen wenigen Stimmen zur Frage nach der Mitte des Alten Testaments zeigen sich Divergenzen im Verständnis des Begriffs "*Theologie*" in Hinsicht auf das Alte Testament. Sie sollen hier noch nicht als solche thematisiert werden, wohl aber soll schon auf die später zu erörternde Thematik hingewiesen werden: Bei Siegfried Herrmann geht es um die im Alten Testament enthaltene Theologie, bei Walther Zimmerli hingegen um die Theologie, die das Alte Testament theologisch bedenkt. Es ist genau der Unterschied, auf den *Gerhard Ebeling* schon 1955 aufmerksam gemacht hat (s.u.).

In ähnliche Richtung wie Zimmerli geht auch *Edmond Jacob* in seinen Franz Delitzsch-Vorlesungen, die er 1965 unter dem Titel "Grundfragen Alttestamentlicher Theologie" gehalten hat.³⁰ Die zweite dieser Vorlesungen behandelt "Die Gottesfrage als Grundproblem der Alttestamentlichen Theologie". Jacob geht es sehr entschieden darum, herauszustellen, daß "das Alte Testament ... auf jeder Seite von dem Gott (spricht) der *als Person* den Menschen *anredet*".³¹ Und wenn das Alte Testament trotz des Bilderverbots massiv anthropomorph von Gott spreche - so vor allem der Jahwist -, dann, weil der biblische Anthropomorphis-

---
²⁶ Ib. 157.
²⁷ Ib. 159.
²⁸ *Zimmerli*, TRE 6, 445; s. auch ders., BThZ 1, 5-26.
²⁹ *Zimmerli*, TRE 6, 445.
³⁰ Publiziert 1970.
³¹ Ib. 18; Hervorhebungen durch mich.

mus nicht etwa "eine primitive, naive Weise, von Gott zu reden" sei, sondern dieser Jahwist "eher in dieser Redeweise das beste Mittel sieht, um Gott als handelnde und redende Person einzuführen".[32] Jacobs Ausführungen münden in die Aussage: "Seine theologische Bedeutung hat das Alte Testament nicht zuletzt darin, daß in ihm die Definition aller Theologie gegeben ist, nämlich in der Formel:... 'Sie werden erkennen, daß ich Jahwe bin.' Gott erkennen ... bleibt das stetige Anliegen einer Theologie, die sich ihres Namens bewußt und seiner würdig bleiben will."[33]

Ist aber die *Erkenntnis Gottes* - nicht der Begriff der Erkenntnis Gottes! - das eigentliche Ziel der alttestamentlichen Theologie, dann geht es allerdings um mehr als um eine wissenschaftliche Aussage. Denn das Erkennen Gottes gehört ja in den Bereich der Begegnung mit Gott, der Religion, des Gottesdienstes, des Gebets. Theologie würde dann aber den Bereich der begrifflichen Reflexion übersteigen - es sei denn, Jacob wollte das Erkennen Gottes als begriffliches Vermögen einer theologia naturalis fassen; doch genau das will er expressis verbis nicht, wie er mehr als deutlich zu verstehen gibt.[34] Zu fragen ist also, ob Jacob die Mitte des Alten Testaments[35] nicht bloß in der Rede von Gott sieht, sondern als diese Mitte die Realität Gottes bestimmt. Ist *Gott* selbst die Mitte des Alten Testaments?

Auf Jacobs Sicht wurde hier auch deshalb eingegangen, weil sich auf ihn *Gerhard F. Hasel* beruft, und zwar wiederum in einem in programmatischer Hinsicht wichtigen Aufsatz: The Problem of the Center in the OT Theology Debate.[36] Weil das Dtn als Mitte des Alten Testaments unzureichend und zu eng sei, distanziert er sich von Siegfried Herrmann.[37] Außerdem warnt er vor "the individual orientation on Dtn" durch Herrmann, von Rad, Zimmerli und Smend.[38] So setzt er sich zunächst deutlich von der "unbewußt philosophisch-spekulativen Prämisse" ab, daß sich die unterschiedlichen und vielfachen Zeugnisse des Alten Testaments in einer systematischen Struktur mittels einer ein- oder zweifa-

---

[32] Ib. 20.
[33] Ib. 49.
[34] Z.B. ib. 18.22.
[35] Ib. 18: Nicht nur ist Gott für *Jacob* Mitte des Alten Testaments, sondern auch dessen Anfang und Ende.
[36] ZAW 86, 65-82.
[37] Ib. 78.
[38] Ib. 79.

chen Mitte darstellen ließen: "... the event-centered and word-centered character and manner of God's revelation cannot be systematized in such a way. Any center which is to serve as an organizing principle for the entire OT world of revelation and experience will always turn out to be a *tour de force*."[39] Dennoch lasse das Alte Testament "an all-pervading center" erkennen. Aber das, was die Vielfältigkeit der alttestamentlichen Zeugnisse zusammenbinde, sei Gott, der sich selbst auf verschiedene Weise geoffenbart habe.[40] Gottes Sich-selbst-Erschließen (self-disclosure) sei die Offenbarung seines Wesens und Handelns in Bezug auf Mensch und Welt.[41] In genau diesem Zusammenhang weist Hasel auf Gottes Ich hin, das laufend im Alten Testament begegne. Also: "The task of an OT theology, which takes God as the dynamic unifying center of the OT but refrains from making this center into a static organizing principle will consist of giving ample room to the word of that God, who himselfs speaks in it and leads to hearing the full kerygma of the OT as the organ of his self-revelation."[42]

Auch für Hasel stellt sich somit die Frage, ob er nicht, ähnlich wie Jacob, die Mitte des Alten Testaments in der Realität Gottes, genauer: in der Realität des sich aussagenden Gottes sieht und nicht nur in den Aussagen über Gott. Seine Darlegungen sind zwar nicht so eindeutig, daß sich dies mit Sicherheit sagen ließe, aber sie sind zumindest auf eine derartige Interpretation hin offen. Wenn er so betont das *Ich Gottes* herausstellt, so verweist er auf einen theologisch eminenten Sachverhalt: Die theologische Qualität des Alten Testaments ist nicht nur darin begründet, daß berichtet wird, Gott habe in bestimmte Situationen hineingesprochen, daß also im Alten Testament Aussagen *über* dieses Ich gemacht werden. Vielmehr partizipiert das schriftliche Ich Gottes, wenn man wirklich das Alte Testament als Offenbarung Gottes liest, am *Ereignis* des Sich-Aussprechens Gottes, vor allen in jenen Worten des göttlichen Ichs, die über eine bestimmte geschichtliche Situation hinaus theologische Relevanz haben. Sollte Hasel es wirklich so meinen, so würde ähnliches wie das, was eben zu Jacob ausgeführt wurde, auch hier zu sagen sein. Im Zusammenhang unserer Ausführungen über den Begriff der Offenbarung[43] ist dieser Fragenkomplex von erheblicher Bedeu-

---

[39] Ib. 79.
[40] Ib. 79f.
[41] Ib. 80.
[42] Ib. 82.
[43] S. u. Abschn. 1.3.

tung. Es wird dann im weiteren Verlauf der Untersuchung zu fragen sein, ob nicht neutestamentliche Autoren das Alte Testament in der Tat (auch) von diesem Ereignis-Charakter des Redens und Handelns Gottes aus verstehen. In den Epilegomena muß dann eine zusammenfassende Antwort auf die Frage gegeben werden.[44]

Angesichts der in der alttestamentlichen Forschung so kontrovers geführten Diskussion über die Mitte des Alten Testaments, überhaupt angesichts der so unterschiedlichen und sogar weithin widersprüchlichen Auffassungen, wie eine alttestamentliche Theologie zu konzipieren sei, darüber hinaus, was überhaupt der Begriff "Theologie" in der Wendung "Theologie des Alten Testaments" meint, sieht sich der Neutestamentler nicht in der Lage, ein in der Forschung weithin akzeptiertes theologisches Gesamtbild des Alten Testaments seinen eigenen Überlegungen zugrunde zu legen. Will er gesamtbiblisch denken, so steht er also vor der Aporie, auf keine allgemein anerkannte Konzeption einer Theologie des Alten Testaments zurückgreifen zu können. So sieht er sich, wenn er nicht auf dem Gebiet der exegetischen Nachbardisziplin eine allgemein bejahte Pionierleistung erbringen will - und diesen Ehrgeiz kann der Neutestamentler nicht haben - vor nahezu unüberschreitbaren Barrieren, die es ihm verwehren, eine Biblische Theologie *als* gesamtbiblische Theologie zu entwerfen. Welchen anderen Weg kann aber dann der Neutestamentler beschreiten, wenn er theologisch das Verhältnis der beiden Testamente zueinander beurteilen will?[45]

Bereits *William Wrede* hat 1897 in seiner Schrift "Über Aufgabe und Methode der sogenannten Neutestamentlichen Theologie"[46], wenn auch mehr am Rande, eine wichtige Unterscheidung vorgenommen: Die Theologie, welche die Bibel hat, und die Theologie, welche biblischen Charakter hat, also aus der Bibel geschöpft ist.[47] Da es aber Wrede, einem Vertreter der Religionsgeschichtlichen Schule, nicht um Theologie, sondern um Religion im Neuen Testament ging - deshalb auch seine

---

[44] Weitere Positionen hinsichtlich der Frage nach der Mitte des Alten Testaments seien jetzt nicht mehr genannt. Verwiesen sei hier lediglich noch auf den guten Überblick über die forschungsgeschichtliche Situation in: *Graf Reventlow*, Hauptprobleme der atl. Theol., Kap. IV, Die "Mitte" des AT, 138-147.

[45] Im Folgenden komme ich auf jenen Vorschlag zurück, den ich bereits im Januar 1980 in einem Vortrag vor der Abteilung Evangelische Theologie der Ruhr-Universität Bochum gemacht habe (KuD 27, 2-19: Bibl. Theol. und Theol. des NT).

[46] Jetzt in: Das Problem der Theologie des NT, 81-154.

[47] Ib. 153.

starke Aversion gegen eine neutestamentliche Theologie, die Lehrbegriffe herausarbeitet -, war ihm die von ihm selbst vorgenommene Unterscheidung, wie er wörtlich sagte, gleichgültig.[48] Auf diese Unterscheidung hat Gerhard Ebeling in seinem Oxforder Vortrag "Was ist 'Biblische Theologie'?" zurückgegriffen und sie so umformuliert: "*die in der Bibel enthaltene Theologie*" und "*die der Bibel gemäße, die schriftgemäße Theologie*".[49] So wichtig diese Unterscheidung auch ist, so groß ist die Problematik, die mit dem anvisierten Komplex "die in der Bibel enthaltene Theologie" evident sein dürfte. Ebeling selbst weist darauf hin, daß sogar "die theologische Einheit je des Alten und des Neuen Testaments" problematisch geworden ist.[50] Es stimmt nun einmal, daß - mit Ebeling - die historisch-kritische Methode in zunehmendem Maße die Differenzierung *innerhalb* beider Testamente entdeckte und folglich die alttestamentliche und die neutestamentliche Theologie "zur Darstellung einer Mannigfaltigkeit von Theologien in historischer Aufeinanderfolge" wurden.[51] Wenn z.B. *Rudolf Bultmann* in seiner "Theologie des Neuen Testaments" die Theologie des Paulus *und* im Anschluß daran die Theologie der johanneischen Schriften darstellt, so zeigt sich augenfällig die Problematik seines Buchtitels.[52] In den Wendungen "Theologie des Neuen Testaments" einerseits und "Theologie des Paulus" und "Theologie der johanneischen Schriften" andererseits ist nämlich der Begriff "Theologie" nicht mehr eindeutig. Denn während die unterschiedlichen Theologien, die im Neuen Testament enthalten sind, präzis und definitiv umschriebene Theologien sind, trifft das für den Sammelbegriff "Theologie des Neuen Testaments" nicht zu. Der Buchtitel müßte demnach eigentlich heißen: Die Theologien des Neuen Testaments. Wenn jedoch Bultmann trotzdem im Buchtitel den Singular verwendet, so deshalb, weil nach seinem Verständnis "die theologischen Gedanken als Glaubensgedanken aufgefaßt und expliziert werden, d.h. als Gedanken, in denen sich das glaubende Verstehen von Gott, Welt und Mensch entfaltet", weil für ihn "theologische Sätze - auch die des NT - ... nur die Explikation des in ihm selbst angelegten Verstehens" sein können.[53] Bei

---
[48] Ib. 153.
[49] *Ebeling*, Wort und Glaube I, 69; Hervorhebungen durch mich.
[50] Ib. 83.
[51] Ib. 83.
[52] Nur für Paulus und die johanneischen Schriften bringt *Bultmann* den Begriff "Theologie" in der jeweiligen Überschrift.
[53] *Bultmann*, Theol., 586.

aller inhaltlichen Divergenz der so verstandenen theologischen Begriffe konvergieren diese aber gemäß seiner Konzeption der existentialen Interpretation, die auch und gerade in den eben gebrachten Zitaten zum Ausdruck kommt. Für Bultmann ist somit im existentialen Sinn die theologische Einheit des Neuen Testaments jenseits der unterschiedlichen, nicht deckungsgleichen theologischen Reflexionen gegeben.[54] Indem aber in diesem Sinne auf eine Einheit der Theologie des Neuen Testaments abgehoben wird, ist bereits die Grenze von der im Neuen Testament enthaltenen Theologie zu der dem Neuen Testament gemäßen Theologie überschritten. Wir sind dann schon bei der theologischen Reflexion über die in den neutestamentlichen Schriften enthaltenen Theologien angekommen. Damit stellt sich eine weitere, für unsere Aufgabe entscheidende Frage, die, wieder mit Ebeling, so formuliert sei: Mit welchem Begriff von Theologie treten wir an die Bibel heran?[55] Für Ebeling sind für das Wesen der Theologie zwei Elemente konstitutiv, nämlich *das biblische Offenbarungszeugnis* und *das griechische Denken*. Wo sich im Neuen Testament diese beiden Konstituenten finden, könne man bereits von Theologie reden, etwa bei Paulus oder dem Verfasser des Joh. Jedoch: "Obwohl die Bibel überwiegend nicht Theologie im strengen Sinne enthält, drängt sie doch hin auf theologische Explikation."[56] Von daher sieht sich auch Ebeling in der Lage, den Singular "Theologie" zu rechtfertigen: "Eine neutestamentliche Theologie hieße dann 'Theologie' als gegenwärtige theologische Explikation dessen, was im Neuen Testament selber auf eine solche theologische Explikation hin tendiert, bzw. dessen, was im Neuen Testament selber bereits in die Anfänge einer

---

[54] S. auch *Bultmann*, ZThK 81, 461 (Vortrag von 1941; s. Anm. 6): "Die Interpretation des Neuen Testaments hat also zurückzufragen hinter die verschiedenen Formulierungen und sozusagen einen *idealen Typus des Kerygmas* zu konstruieren." Weil aber das glaubende Selbstverständnis geschichtlich je neu bestimmt ist, gilt: "Was also der Forscher heute als den einheitlichen Sinn des neutestamentlichen Kerygmas herausstellen könnte, ist für heute und nur für heute formuliert."
[55] *Ebeling*, Wort und Glaube I, 85.
[56] Ib. 86.

theologischen Explikation eingetreten ist, aber doch nun ebenfalls einer gegenwärtigen theologischen Explikation bedarf..."[57]

Nun ist jedoch zu fragen, ob man den von Ebeling zugrunde gelegten Theologiebegriff nicht doch etwas weiter fassen kann. Sind über Paulus, den Verfasser des Joh oder den des Hebr hinaus nicht auch die Evangelisten insofern Theologen, als sie ihrer erzählenden Darstellungsweise eine *theologische* Konzeption zugrunde legen? Denn diese Konzeptionen weisen doch deutlich theologisch reflektierende und theologisch argumentierende Züge auf, und zwar in einem solchen Ausmaß, daß man von der jeweiligen Theologie der einzelnen Synoptiker sprechen kann.[58] Die sog. Reflexions- (!) oder Erfüllungszitate des Mt sind doch aus theologischer Reflexion erwachsen. Schon in den einleitenden formulae quotationis dieser Zitate ist begriffliche Arbeit geleistet; denn "Erfüllung" ist ein spezifisch theologischer Begriff. Und ebenso sind das markinische Messiasgeheimnis und die lukanische Theologie der sog. Heilsgeschichte theologische Konzeptionen, auch wenn diese Begriffe nicht biblisch, sondern die unseren sind. Alle Synoptiker argumentieren sehr bewußt; ihre Argumentation ist aus theologischer Reflexion geboren, in der das ihnen überkommene Kerygma im Blick auf konkrete missionarische Situationen und konkrete gemeindliche Bedürfnisse reflektiert und theologisch umformuliert wurde. Es ist ja gerade diese theologische Fundierung, die das Neue Testament bald zweitausend Jahre lang das Fundament der Kirche bleiben ließ. Die kirchliche Bedeutsamkeit des Neuen Testaments gründet nicht zuletzt in seiner theologischen Kraft. Einerlei, ob man die theologische Arbeit des Paulus oder die des Matthäus vor Augen hat - es zeigt sich, daß die neutestamentlichen Autoren theologisch argumentieren, weil dazu die jeweilige Situation nötigt. Sie treiben natürlich nicht Theologie um der Theologie willen. Natürlich ist die Theologie der neutestamentlichen Autoren keine wissenschaftliche Theologie im modernen Sinn, aber die geistige Leistung dieser Männer

---

[57] Ib. 86; weil *Ebeling* diese Aufgabenstellung als "in gegenwärtiger Interpretation sich ausweisendes Verstehen des Vergangenen" begreift, kommt er zum Schluß, ib. 86: "Darum wird *die* alttestamentliche oder *die* neutestamentliche Theologie nie geschrieben werden." Diese hermeneutische Fundamentalproblematik wird in unserer Untersuchung später zur Sprache kommen.

[58] So bringen z.B. *Conzelmann/Lindemann*, Theol., 141ff., einen eigenen Abschnitt "Die Theologie der synoptischen Evangelien", s. vor allem ib. 143 (gegen *Bultmann*): "Das Kerygma wird eben nicht nur durch begriffliche Entfaltung ausgelegt, sondern auch durch Geschichtserzählung. Außerdem vertritt jeder der Synoptiker eine ausgeprägte theologische Gesamtkonzeption."

ist theologisch reflektierte Argumentation, d.h. das Kerygma reflektierende Argumentation. So argumentiert Paulus im Gal theologisch, weil die in seinen Augen prekäre Situation in Galatien dies erfordert. Das Neue Testament zeigt in unübersehbarer Deutlichkeit, daß da, wo die Existenz der Kirche, die Existenz von Gemeinden auf dem Spiele steht, allein Evangeliumsverkündigung oder gar fromme Ermahnung nicht ausreicht. Da gilt es, *über* das, was Evangelium ist, nachzudenken. Wo aber auch immer das Evangelium selbst zum Gegenstand der Reflexion gemacht wird, da ist immer neu die Geburtsstätte christlicher Theologie. Wo die Praxis der Kirche, wo die Praxis der Evangeliumsverkündigung herausgefordert ist, da ist theologisches Denken für die Existenz der Kirche lebensnotwendig. Theologie ist sicher nicht *das* Konstitutivum der Kirche[59], aber Theologie ist konstitutiv für die kirchliche Existenz. Wo die theologische Kraft im Raum der Kirche erlahmt, da verkommt diese entweder zu Bedeutungslosigkeit und blindem Aktionismus oder schwelgt in unkontrollierter unchristlicher Frömmigkeit. Kurz, Kirche lebt wesentlich von der in ihr betriebenen Theologie.[60]

---

[59] *Das* Konstitutivum für kirchliche Existenz ist, soweit es um ihre menschliche Seite geht, der *Glaube*. Von ihm aus gewinnt Confessio Augustana VII ihren theologischen Sinn: "Est autem ecclesia congregatio sanctorum, in qua evangelium pure docetur et recte administrantur sacramenta."

[60] In seiner soeben erschienenen Programmschrift "Beyond New Testament Theology" bemüht sich *Heikki Räisänen* im Anschluß an *William Wredes* Forderung, statt biblischer bzw. neutestamentlicher Theologie urchristliche Religionsgeschichte bzw. Geschichte der urchristlichen Religion und Theologie zu betreiben (Aufgabe und Methode der sog. Ntl Theol., 153f.), die Aufgabe des Exegeten als eine *rein* historische zu definieren. Entscheidende Komponenten seiner Konzeption sind die Einbeziehung der nichtkanonischen Schriften als gleichberechtigt mit den kanonischen in die Aufgabe des Exegeten und die betonte Behauptung, daß dessen Adressat nicht die Kirche sei, sondern "the wider society, ... people interested in the findings of New Testament study independently of their relationship to a church" (S. 95). Seine Intention wird an folgendem Satz überaus deutlich (S. 95): "It is hard to see much difference in principle between a historian committed to a party and an exegete committed to a church." Hier offenbart sich m.E. ein theologisch defizientes Kirchenverständnis. Was ist für *Räisänen* die Wirklichkeit der Kirche? Ist es für ihn noch eine *geistliche* Wirklichkeit? Natürlich, und das ist das Wahrheitsmoment des Engagements *Räisänens*, kann und darf das, was das Neue Testament zu sagen hat, nicht introvertierte, nur in den Innenraum der Kirche gerichtete Botschaft sein. Aber die Kirche kann als Kirche nur nach außen wirken, wenn sie ihre missionarische Energie aus ihrem "Sein in Christus" gewinnt. Dem ekklesiologischen Defizit *Räisänens* entspricht seine Bestreitung des kerygmatischen Ziels der Exegese (S. 97): "Saying this amounts to a break with the tradition, cherished by neo-orthodoxy, in which New Testament theology and Christian proclamation are closely intertwined (Bultmann, Conzelmann, etc.)." Die Grunddifferenz zwischen *Räisänen* und der theologischen Grundüberzeugung, die auch in unserer Monographie vertreten wird, zeigt sich an seiner Stellungnahme zu dem ka-

Das Neue Testament ist also ein hochtheologisches Buch. Ein entscheidendes und fast durchgängiges Charakteristikum der theologischen Argumentation der neutestamentlichen Autoren ist nun, daß sie in erheblichem Ausmaße mit Hilfe des Alten Testaments geschieht, und zwar in einem Ausmaß, daß die meisten der neutestamentlichen Theologien nicht nur ihr theologisches Profil verlören, wenn man aus ihnen die Argumentation mit dem Alten Testament herausnähme, sondern in ihrer theologischen Systematik wie ein Kartenhaus zusammenfielen. Dann aber gehört *die Argumentation mit dem Alten Testament zum Wesen der theologischen Reflexion der meisten neutestamentlichen Autoren,* dann also gehören Altes und Neues Testament essentiell zusammen. Wer Neues Testament sagt, sagt also auch gleichzeitig Altes Testament. Ein um diesen Bezug gebrachtes Neues Testament wäre nicht das *Neue* Testament. Wenn aber das Alte Testament - in welcher Weise der Rezeption es auch immer sei - theologisch essentiell zum Neuen Testament gehört, wenn die neutestamentliche theologische Argumentation im konstitutiven Umfang Argumentation mit dem Alten Testament ist, dann dürfte die *Aufarbeitung des theologischen Umgangs der neutestamentlichen Autoren mit dem Alten Testament* die *primäre und fundierende Aufgabe einer Biblischen Theologie* sein, der es ja per definitionem um das theologische Verhältnis beider Testamente zueinander geht. Insofern aber das Strukturprinzip einer so konzipierten Biblischen Theologie zunächst einmal die Schriften des Neuen Testaments sind, als ja zu zeigen wäre, in welcher Weise und auch in welchem Umfang deren Autoren das Alte Testament zum Gegenstand ihrer theologischen Reflexion und Argumentation machten, sollte man zur Verdeutlichung der Intention einer so entworfenen Biblischen Theologie von *Biblischer Theologie des Neuen Te-*

---

tholischen Exegeten *Heinrich Schlier,* der, anders als *William Wrede,* statt der Geschichte der frühen christlichen Religion die Theologie des Neuen Testaments als ein Arbeitsziel gewählt habe (S. 54). Ich wähle als evangelisch-lutherischer Theologe wie der Katholik *Heinrich Schlier* auch die Theologie des Neuen Testaments. Aber diese Wahl bedeutet doch nicht die Absage an die kritische historische Forschung in der neutestamentlichen Wissenschaft! Ich möchte zwar einige Dinge anders sagen als *Schlier.* Ich möchte im Blick auf die neutestamentliche Theologie nicht wie er die "historisch-philologische Methode" von einer "theologischen Methode" unterscheiden. Mit ihm bin ich aber ganz und gar der Überzeugung, daß es darum geht, denjenigen Weg zu finden, auf dem sich die *Wirklichkeit,* von dem das Neue Testament spricht, *erschließt* (Über Sinn und Aufgabe einer Theol. des NT, 328f.): "Über diesen Weg verfügt man nicht anders als so, daß man ihn geht, d.h. hier, daß man sich in, mit und unter der Anwendung der historisch-philologischen Methode zugleich auf die Wirklichkeit einläßt, die aus den Texten des N.T. begegnet. Dieses Sich-Einlassen geschieht aber im Glauben."

staments sprechen. Damit ist aber dieser Begriff anders verstanden als beispielsweise durch Johann Philipp Gabler, Georg Lorenz Bauer, Bernhard Weiß oder Heinrich Weinel.[61]

Man hat diesem Programm einer Biblischen Theologie des Neuen Testaments vorgeworfen, es sei lediglich *deskriptiv*; mit einer solchen bloß beschreibenden Methode komme das Alte Testament zu kurz.[62] Der Vorwurf der bloßen Deskription als Methode verkennt freilich einen ganz entscheidenden Tatbestand, nämlich den, daß die neutestamentliche Theologie - jetzt ganz bewußt im Singular gesprochen - durch das hier vorgeschlagene methodische Vorgehen nahezu vollständig erfaßt wird. Nur wenige neutestamentliche Schriften entziehen sich theologisch dieser Methode (vor allem 1-3Joh). Das, was das Neue Testament theologisch sagen will, wird bei ihrer Anwendung deutlich; und das ist eben genau das, was es weitestgehend im theologischen Umgang mit dem Alten Testament aussagt. Daß bei dieser Sicht fast das ganze Neue Testament erfaßt wird, nicht aber das ganze Alte Testament, liegt an der theologischen Grundaussage des Neuen Testaments, nicht an der eingeschlagenen Methodik. Aber auch die Konstatierung dieser Negativa, dieser Ausblendung alttestamentlicher Gehalte gehört zur Antwort auf die Frage nach dem *theologischen* Verhältnis beider Testamente! Vielleicht schwingt bei dem Vorwurf der bloßen Deskription die Sorge mit, daß mit den alttestamentlichen Zitaten des Neuen Testaments das theologische Verhältnis beider Testamente zueinander nicht vollständig in den Blick kommt.[63] Das stimmt unbestreitbar. Nur sollen bei unserer

---

[61] Für das, was in diesem Zusammenhang zur alttestamentlichen Wissenschaft *als Theologie* zu sagen ist, sei auf die provozierende und der Diskussion würdigen These aus *Bultmanns* Vortrag vom Juni 1941 (S. Anm. 6) aufmerksam gemacht, ZThW 81, 465: "Theologie ist die alttestamentliche Wissenschaft nur dann, wenn sie das Alte Testament vom Neuen Testament aus interpretiert, d.h. sub specie des im Neuen Testament bezeugten eschatologischen Geschehens."

[62] So z.B. *Preuß*, Das AT in der christl. Predigt, 28f.; 138. *Graf Reventlow*, Hauptprobleme der Bibl. Theol., 139, scheint, für mich ein wenig verwunderlich, meinen Ansatz nur unter dem Aspekt einer "grundsätzlichen Skepsis" gegenüber einem wie auch immer zu verwirklichenden Programm der Biblischen Theologie gelesen zu haben. Warum er ib. 22 meinen Aufsatz KuD 27, 2-19, ausgerechnet unter der Überschrift "Typologie als Entsprechung von Fakten, Personen und Ereignissen" bibliographisch verortet, verstehe ich nicht. Hingegen hat *Stuhlmacher*, JBTh 1, 96f., meinen Ansatz in theologisch differenzierendem Urteil positiv aufgegriffen. Gerade in dieser Stellungnahme sehe ich eine nicht geringe Affinität im Bemühen von uns beiden um den theologischen Aspekt der Aufgabe einer Biblischen Theologie, deren methodische Konzeption freilich von uns unterschiedlich durchgeführt wird.

[63] *Seebaß*, JBTh 1, 127 u. 127 Anm. 45.

Untersuchung des theologischen Umgangs der neutestamentlichen Autoren mit dem Alten Testament nicht nur die Zitate berücksichtigt werden, sondern auch die - zweifellos schwieriger verifizierbaren - Anspielungen. Es muß klar werden, was im Neuen Testament an alttestamentlichem Geist insgesamt offenbar wird - ungebrochen oder gebrochen, aufgegriffen oder negiert.

Mit dem hier vorgeschlagenen Verfahren ist übrigens auch die Konsequenz aus dem überlieferungsgeschichtlichen Entwurf *Gerhard von Rads* gezogen, nach dem das Alte Testament auf das Neue hin offen ist. Wenn "das Alte Testament ... nicht anders denn als das Buch einer ins Ungeheure anwachsenden Erwartung gelesen werden" kann[64], so ist nach christlichem Glauben diese Erwartung natürlich im Heilshandeln Gottes an Jesus Christus erfüllt. Für *Manfred Oeming* ist die Schwierigkeit dieses Modells jedoch damit gegeben, "daß man eine solche summa exegetica für das *ganze* Alte Testament kaum aufrechterhalten kann": "Denn neben und gegen die ins Apokalyptisch-Unermeßliche aufschwellende Zukunftserwartung tritt eine präsentisch-theokratische Strömung oder auch ein skeptisch-abgekühlter, bescheidener Realismus."[65]

Genau dieser Sachverhalt trifft zu. Nur, ist das ein Einwand gegen von Rad? Oeming hat nämlich das eben gebrachte Zitat aus von Rads Theologie dadurch modifiziert, daß er statt "das Alte Testament", wie bei jenem zu lesen, "das Alte Testament als ganzes" schreibt. Aber diese Paraphrase deckt nicht genau den Zusammenhang, in dem jenes Zitat steht. Zwar hat von Rad unbestreitbar recht große Partien des Alten Testaments vor Augen, wenn er es als Buch einer ins Ungeheure anwachsenden Erwartung charakterisiert. Er bezieht sich ja auch ausdrücklich auf "die Werke, die wirklich keinerlei eschatologische Erwartungen enthalten" und nennt in diesem Zusammenhang das Deuteronomistische Geschichtswerk und Hiob, für die er "auch etwas rätselhaft über sich Hinausweisendes" feststellt.[66] Doch dürfte von Rad sicherlich nicht bestreiten wollen, daß maßgebende alttestamentliche Überlieferungen eben nicht im *positiven* Sinn durch die neutestamentlichen Autoren neuinterpretiert worden sind. Und wo, wie z.B. in Hebr, die kultische Gesetzgebung des Pentateuchs typologisch bemüht wird, da überwiegt das Moment der betonten Diskontinuität. Und soweit diese kultischen

---
[64] *von Rad*, Theol. II, 341.
[65] *Oeming*, JBTh 1, 56.
[66] *von Rad*, Theol. II., 341.

Teile des Alten Testaments im Neuen Testament in einer gewissen Dialektik von Diskontinuität und Kontinuität partiell positiv aufgegriffen werden, werden dem Wesen nach uneschatologische Texte eschatologisch gedeutet. Und folglich sind gerade Texte, die keinerlei Erwartung ausdrücken, unter eben das Prinzip der Erwartung gestellt. Insofern kann man das levitische Kultgesetz wohl nicht zu denjenigen Teilen des Alten Testaments rechnen, die im Sinne von Rads als Texte einer ins Ungeheure anwachsenden Erwartung gelesen werden. Mit Sicherheit wollte dieser Exeget auch nicht behaupten, daß das Alte Testament, wenn es als ein derartig qualifiziertes Erwartungsbuch gelesen wird, in allen seinen Teilen Gegenstand dieser Aussage sei. Der Sache nach entspricht aber gerade dieser Sachverhalt der Intention, die Oeming herausstellt, wenn er - mit Recht - bestreitet, daß man von Rads Konzeption für das *ganze* Alte Testament aufrechterhalten kann. Und so ist Oeming auch zuzustimmen, wenn er herausstellt, daß sich doch "wenigstens für *Teilaspekte* durchgehende Linien (sc. vom Alten Testament zum Neuen) nachziehen" lassen.[67] In der von uns vorgeschlagenen Methodik geht es aber gerade um die Herausarbeitung dieser Teilaspekte. Doch unterscheidet sich unser Vorgehen von dem des Alttestamentlers Gerhard von Rad dadurch, daß er "den Weg vom Alten zum Neuen Testament *nach vorwärts*" gehen will[68], während hier der Blick von den neutestamentlichen Autoren auf die von ihnen aufgegriffenen alttestamentlichen Überlieferungen, also *nach rückwärts*, geht.

Daß unsere Beurteilung der Konzeption von Rads zutreffen dürfte, zeigt sich auch an seiner Darstellung der kultischen Bestimmungen des Alten Testaments[69]; denn er bringt bezeichnenderweise gerade dort den eschatologischen Aspekt nur ganz am Rande ein: "... und auch die Priesterschrift weiß darum, daß einmal 'die ganze Erde der Herrlichkeit Jahwes voll werden wird' (Nu. 14,21)."[70]

Fassen wir zusammen: Es geht bei unserem methodischen Ansatz darum, für die einzelnen neutestamentlichen Autoren festzustellen, wie sie theologisch mit dem Alten Testament umgegangen sind. Es wird sich dabei zeigen, daß die Rezeption alttestamentlicher Gehalte so konstitutiv zur Theologie des jeweilgen neutestamentlichen Autors gehört, daß

---

[67] *Oeming*, JBTh 1, 56; Hervorhebung durch mich.
[68] *von Rad*, Theol. II, 342; Hervorhebung durch mich.
[69] Ib. 365ff.
[70] Ib. 369.

diese ohne die rezipierten alttestamentlichen Traditionen ihre Identität verlöre. Es geht somit darum, für die einzelnen neutestamentlichen Autoren herauszuarbeiten, wie sie im Rahmen je ihrer Theologie alttestamentliche Aussagen *interpretierten*. Diese theologische Interpretation des Alten Testaments durch die neutestamentlichen Autoren bedarf aber ihrerseits der theologischen Interpretation durch den Neutestamentler. In Weiterführung des bereits aufgegriffenen Gedankens Gerhard Ebelings: Die im Neuen Testament enthaltenen theologischen Interpretationen des Alten Testaments bedürfen der schriftgemäßen theologischen Interpretation durch den, der sie heute aus der theologischen Perspektive seiner eigenen Zeit und mit Hilfe des ihm zur Verfügung stehenden methodischen und theologischen Instrumentariums seiner Zeit verantwortlich ausführt.[71] Bringt man diese Aufgabe auf die Kurzformel "*Interpretation der Interpretationen*", so zeigt sich der *hermeneutische* Aspekt dieser theologischen Aufgabe. Unsere Aufgabe kann demnach keine bloß registrierende sein. Mit *Rudolf Bultmann* steht auch hier "die Rekonstruktion ... im Dienste der *Interpretation* der Schriften des Neuen Testaments unter der Voraussetzung, daß diese der Gegenwart etwas zu sagen haben.[72]

Damit ist unsere Aufgabenstellung in ihren wesentlichen Teilen umschrieben. Zunächst sind die einzelnen neutestamentlichen Autoren daraufhin zu befragen, wie sie theologisch mit dem Alten Testament umgehen; dann ist dieser theologische Umgang theologisch zu beurteilen. Es versteht sich dabei aus chronologischen Gründen fast von selbst, daß mit der Theologie des Paulus begonnen wird.[73]

---

[71] Daß hier der *Zirkel* "Neues Testament - heutiger theologischer Verstehenshorizont; heutiger theologischer Verstehenshorizont - Neues Testament" vorliegt, ist evident. Es ist der Zirkel, in dem sich jedes geschichtliche Verstehen befindet. Erst durch unsachgemäßen Umgang mit dem Zirkel depraviert dieser zum circulus vitiosus.

[72] *Bultmann*, Theol., 600, Hervorhebung durch mich.

[73] Nun könnte man freilich sagen, daß doch schon vor Paulus *Jesus* in seiner Verkündigung auf die Schrift Bezug genommen hat und deshalb eine Biblische Theologie des Neuen Testaments mit ihm beginnen müßte. Aber unsere Aufgabe besteht doch darin, die *neutestamentlichen Autoren* in ihrem theologischen Umgang mit der Schrift zu thematisieren. Und zu diesen zählt Jesus nun eben nicht. Unbestreitbar muß auch Jesu Bezug auf das Alte Testament in unserer Untersuchung zur Sprache kommen. Aber seine Verkündigung kann nur aus den synoptischen Evangelien rekonstruiert werden. Und gerade die Art des Umganges Jesu mit dem Alten Testament ist im grundsätzlichen äußerst umstritten. Gerade hier werden auch die Extreme in der Interpretation der Verkündigung Jesu deutlich. So kann also das Thema "Jesus und das Alte Testament" nur im Zusammenhang mit der Darstellung der Theologie der synoptischen Evangelien behandelt

Aber so einleuchtend diese Aufgabenstellung vielleicht auch erscheinen mag, so daß fast der Eindruck entsteht, es handele sich, nachdem nun einmal das methodische Prinzip dargelegt ist, um ein geradezu mechanisches Vorgehen, so ungeklärt sind doch wesentliche Voraussetzungen. Das *theologische Koordinatensystem*, innerhalb dessen Aussagen über die neutestamentlichen Autoren und den von ihnen rezipierten alttestamentlichen Kanon gemacht werden, bedarf der Klärung. Denn wir haben es immerhin mit einem Rezeptions- und Interpretationsprozeß zu tun, der in einer Zeit lag, als weder der alttestamentliche Kanon eine unumstrittene historische und theologische Größe war - zumindest ist in der heutigen Forschung dieses Unumstrittensein strittig - , noch überhaupt der Gedanke eines Neuen Testaments als Schriftkanon, zumindest im größeren Teil der Entstehungszeit der neutestamentlichen Schriften, gedacht war. Wenn *wir* heute von der Rezeption und Interpretation des Alten Testaments durch die neutestamentlichen Autoren sprechen, so liegt dieser Formulierung ein von uns reflektiertes Schriftverständnis zugrunde. Aber gerade in dem Zeitraum, in dem das geschah, was "Gegenstand" unserer Untersuchung ist, bildeten sich ja erst die Elemente, die dann später in ein theologisches Denksystem eingebracht wurden. Deshalb ist in den Prolegomena zunächst einmal das damalige *Schriftverständnis* zu thematisieren, und dabei besonders die *Kanonfrage*. Die damit gegebenen kontroverstheologischen bzw. ökumenischen Probleme liegen auf der Hand.

Eng verwandt mit der Frage nach dem Verhältnis der beiden Testamente zueinander ist die Frage nach dem Verhältnis von *Altem* und *Neuem Bund*. Hier ist zu klären, ob es primär um die theologische Systematik zentraler biblischer Begriffe geht oder mehr noch um das Zueinander von zwei gottgeschenkten Wirklichkeiten, also Wirklichkeiten, in die auch Gott selbst einbezogen ist. Erneut stellt sich damit auch die Frage nach dem Wesen von Theologie, die sich bereits bei den theologischen Versuchen von Edmond Jacob und Gerhard F. Hasel zeigte.

Die christlichen Kirchen sind sich bei allen konzeptionellen Differenzen darin einig, daß die Heilige Schrift Offenbarungsquelle ist. Doch in welchem Sinne ist das gemeint? Darf man *Offenbarung* zum Oberbegriff über das je Spezifische des in beiden Testamenten Geoffenbarten

---

werden. Dieses Thema gehört somit in methodologischer Sicht nur *indirekt* in eine Biblische Theologie des Neuen Testaments. Doch ist diese Indirektheit darum nicht weniger relevant!

machen? Darf man, um es konkreter zu sagen, "Offenbarung" als Oberbegriff zu "Evangelium" setzen? Oder ist es nicht vielmehr in theologischer Sicht das Evangeliums, das den eigentlichen Sinn von Offenbarung bestimmt?[74] Mehr noch: Ist überhaupt der Offenbarungsbegriff für beide Testamente identisch? Oder können wir nur in analoger Weise von den beiden Offenbarungen sprechen? Weiter noch: Ist dem Singular der neutestamentlichen Offenbarung nicht ein Plural von alttestamentlichen Offenbarungen entgegenzusetzen? In welchem Umfang ist je im Alten und Neuen Testament Offenbarung die fundamentale Kategorie? Sprechen die biblischen Schriften von Gott *nur* auf dem Grunde von Offenbarung? Es dürfte sich deshalb als hilfreich erweisen, in den Prolegomena vor allem dem *Begriff* der Offenbarung besondere Aufmerksamkeit zu schenken. Da, auch angesichts der Diskussion in der systematisch-theologischen Disziplin, ein äußerst brisantes theologisches Problem angesprochen ist, wird es unumgänglich sein, hier ausführlicher als bei den übrigen Themen der Prolegomena den biblischen und systematisch-theologischen Sachverhalt argumentativ darzustellen.[75]

Sowohl die Thematik der Relation Alter Bund - Neuer Bund als auch die Offenbarungsthematik führt uns also mitten in die theologische Fundamentalproblematik hinein. Hat Immanuel Kant die transzendentale Frage nach der Bedingung der Möglichkeit von Erkenntnis a priori gestellt, so postulieren beide soeben genannten Thematiken die *fundamentaltheologische Frage* nach der *Bedingung der Möglichkeit von theologischer Erkenntnis*. Nun kann hier der fundamentaltheologische Problemkomplex der theologischen Erkenntnislehre nicht in aller Ausführlichkeit dargelegt werden, da eine Biblische Theologie des Neuen Testaments kein Lehrbuch der Fundamentaltheologie ist. Aber eine Biblische Theologie des Neuen Testaments kann nicht umhin, wenn sie wirklich das Neue Testament *theologisch* darstellen und dabei nicht die Frage nach dem *Ort* der Biblischen Theologie umgehen will, die fundamentaltheologische Fragestellung intensiv einzubringen.

---

[74] So hat z.B. der lutherische Theologe *Werner Elert*, Der christl. Glaube, §§ 22-24, von der Theologie Martin Luthers und somit von der Dialektik von Gesetz und Evangelium her den theologischen Begriff der Offenbarung bestimmt; ib. 130: "Das wurde erst anders, als man beides (sc. Gesetz und Evangelium) - nach fremdem Vorbild - unter den Oberbegriff Offenbarung zusammenfaßte."

[75] Hier ist der Neutestamentler genötigt, auch im Bereich des Alten Testaments und der Systematischen Theologie selbständig zu urteilen.

Die bisher genannten Themen der Prolegomena haben alle ihr unübersehbares theologisches Eigengewicht. Zuinnerst sind sie aber, wie sich in ersten Andeutungen - und vielleicht sogar mehr als in Andeutungen - zeigte, auf die *Gottesfrage* ausgerichtet. Im Rahmen einer Biblischen Theologie heißt das: Wie steht es um das Verhältnis des Gottes Israels im Alten Testament zum Vater Jesu Christi im Neuen Testament? Ist der alttestamentliche Jahwäh mit dem neutestamentlichen Gott, der durch das Heilsgeschehen in Jesus Christus das Heil für die ganze Menschheit eröffnet hat, identisch? Ist diese *Identität* die eigentliche Klammer zwischen beiden Testamenten? Wenn nicht, steht dann am Ende doch Markion? Wenn aber an der Identität aus theologischen Gründen festzuhalten sein sollte, wie steht es dann mit den offenkundigen Differenzen im Gottesverständnis zwischen den beiden Testamenten? Und wenn in der Tat die Identität theologisch zu postulieren ist, läßt sich dann ein für beide Testamente gemeinsamer Gottes-*Begriff* aussagen, eben weil Theologie theologische Wissenschaft ist und, wie *Martin Heidegger* zutreffend - allerdings im Blick auf das Sein, nicht auf Gott - formuliert: "Erkennen und Wissen - das ist ... Begreifen des im Begriff Ergriffenen; das Sein begreifen, d.h. dem Angriff des Seins, d.h. dem An-wesen wissentlich ausgesetzt bleiben."?[76] Wir sind also erneut bei der Frage angekommen, die uns schon mehrfach begegnete.

Was über die in den Prolegomena zu behandelnden Themen ausgeführt wurde, stand also im Rahmen der fundamentaltheologischen Problematik von der Bedingung der Möglichkeit theologischer Erkenntnis. Die Prolegomena haben also die Aufgabe, das theologische Koordinatensystem plastisch vor Augen treten zu lassen, innerhalb dessen die einzelnen Theologien der neutestamentlichen Autoren darzustellen sind. Dabei gibt es offensichtlich thematische Überschneidungen von Prolegomena und Mittelteil. Doch lassen sich solche Überschneidungen nicht vermeiden, sie dienen überdies der Verdeutlichung der Gesamtproblematik.

Was in den Prolegomena in mehr systematischer Weise darzulegen ist und den Rahmen der mehr materialen Ausführungen des Mittelteils ausmacht, bedarf schließlich einer thematischen und systematischen Bündelung. Dies geschieht in den Epilegomena, die wiederum, wie die Prolegomena, ihr eigenes theologisches Gewicht haben. Sie wollen genausowenig eine Art bloßes Nachwort sein, wie auch die Prolegomena

---
[76] *Heidegger*, Nietzsche I, 71.

nicht eine lediglich aus didaktischen Gründen konzipierte, im Grunde aber entbehrliche Einleitung sind. Durch die Gliederung Prolegomena - Mesolegomena[77] - Epilegomena soll der (auch!) systematisch-theologische Charakter des Gesamtwerkes augenfällig herausgestellt werden.

---

[77] Sit venia verbo! Aber im Zusammenhang mit den beiden anderen Begriffen ist diese Wortbildung vielleicht doch nicht ganz unangemessen.

1.1 Zur Kanonfrage

1.1.1 Vorbemerkungen

Wenn es gemäß unserer Konzeption darum geht, die theologische Rolle der Rezeption des Alten Testaments durch die neutestamentlichen Autoren darzustellen, dann ist das Corpus des Neuen Testaments als die vorgegebene literarische und historische Größe vorausgesetzt. Vorausgesetzt ist damit auch die Kanonizität des Neuen Testaments als ein Grunddatum christlicher Theologie. Anders steht es allerdings mit dem Alten Testament in neutestamentlicher Zeit. In welch erheblichem Ausmaß dieses damals hinsichtlich seines Umfangs, seiner Kanonizität bzw. der kanonischen Abstufung seiner Einzelteile und der Dignität seiner griechischen Übersetzung in der gegenwärtigen Forschung umstritten ist, zeigt der 3. Band des Jahrbuchs für Biblische Theologie (1988). Symptomatisch für die gegenwärtige Kanondiskussion ist, daß in ihm nicht, wie die Überschrift "Zum Problem des biblischen Kanons" erwarten läßt, Probleme des alt- und neutestamentlichen Kanons behandelt werden, sondern fast durchgängig nur die des alttestamentlichen. Da also in der Forschung Umfang und Wesen des Kanons der jüdischen Heiligen Schrift umstritten sind und somit die Rezeption einer strittigen Größe Thema unserer Untersuchung ist, ist es erforderlich, in diesem Punkte zur eigenen Auffassung zu kommen.

Gemäß unserer theologischen Konzeption ist das Neue Testament das *Befragte*, das Alte Testament das *Erfragte*.[78] Wir setzen also die Existenz des Neuen Testaments als literarische, historische und theologische Größe voraus, wenn wir dem recht komplizierten Prozeß der Rezeption des Alten Testaments durch die neutestamentlichen Autoren nachgehen und dabei ihn als essentiellen Teil des Werdens der neutestamentlichen

---

[78] Daß gelegentlich die Frage nach dem im Neuen Testament rezipierten Alten Testament auch Fragen nach dem Werden des Neuen Testaments impliziert, liegt in der Natur der Sache. Für den Problemkomplex der Kanonizität des Neuen Testaments sei vor allem auf den von *E. Käsemann* herausgegebenen Sammelband "Das NT als Kanon" und auf die entsprechenden Passagen des TRE-Artikels "Bibel III. Die Entstehung des Kanons des NT und der christl. Bibel" von *W. Schneemelcher* (TRE 6, 22ff.; s. dort die ausführlichen bibliographischen Angaben S. 47f.) verwiesen.

Theologie zu begreifen suchen. So sehr nun das Neue Testament als literarische, historische und theologische, und das heißt als kanonische Größe vorausgesetzt wird, so muß doch, nahezu im selben Atemzug, auf ein entscheidendes historisches Faktum aufmerksam gemacht werden: Die *neutestamentlichen Autoren verstanden sich*, wenn sie sich auf Aussagen der Schrift stützten, wenn sie also Schriftzitate zum Zwecke des Schriftbeweises heranzogen, gerade *nicht als biblische Autoren*. In gewisser Weise sahen sie sich als Interpreten der Schrift, als deren Kommentatoren. Insofern sie diese Interpretationsarbeit als theologische Arbeit vornahmen, waren sie so etwas wie Alttestamentler. So hat z.B. Paulus in Röm 9-11 einen Abschnitt "alttestamentlicher" Theologie konzipiert.[79]

Der Sachverhalt, daß sich die neutestamentlichen Autoren als nichtbiblische Autoren verstanden, die für ihre theologischen Aussagen die Autorität der Schrift in Anspruch nahmen, kann leicht zum Mißverständnis führen, sie hätten ihre eigene kirchliche und theologische Autorität aus der Autorität der Schrift herleiten wollen. Das ist jedoch nicht der Fall. Denn die neutestamentliche Botschaft ist ja das Evangelium von Jesus als dem Christus, ist das Kerygma von Kreuz und Auferstehung Jesu Christi. Und die Autorität dieser apostolischen Predigt resultiert sowohl in historischer als auch in theologischer Sicht aus dem Widerfahrnis der Osterbegegnung mit dem Auferstandenen (1Kor 15,3ff.; Gal 1,15f.). Die Verkündigungsautorität der Kirche gründet also im Ostergeschehen. Ostern konstituiert die Kirche und gibt ihr die Autorität des *verbum Dei*. Bald aber sahen sich judenchristliche Prediger - und Judenchristen waren die ersten Verkündiger des Evangeliums zunächst einmal alle; keinesfalls sahen sie ihr Judentum durch ihren christlichen Glauben außer Geltung gesetzt - vor die Aufgabe gestellt, das Kerygma als in der Schrift verheißen nachzuweisen. Das geschah sicherlich aus missionarischen und apologetischen Motiven. Aber es wäre zu vordergründig geurteilt, wollte man nur diesen Motivkomplex für ihre Berufung auf die Schrift (s. 1Kor 15,3f.: κατὰ τὰς γραφάς) verantwortlich machen. Ist nämlich die Schrift das *geschriebene* Wort Gottes und ist die neutestamentliche Predigt das *verkündete* Wort Gottes, so sind für sie ge-

---

[79] Das gilt vor allem dann, wenn er, wie ich vermute (*Hübner*, Gottes Ich und Israel, 113), Jes 45,25LXX als Schlüssel seiner Israeltheologie betrachtete. Denn dann erschloß sich ihm das Mysterium von Röm 11,25 aufgrund seines Schriftstudiums.

schriebenes und verkündetes Wort Gottes inhaltlich identisch.[80] Der an Jesus als den Messias glaubende Jude - und das ist per definitionem der Judenchrist der ersten Stunde, wobei Judenchrist hier selbstredend nicht Judaist meint[81] - sieht sich von seinem Selbstverständnis her als Christ *und* als Jude vor die theologische Aufgabe gestellt, sich über die Identität der beiden Worte Gottes zu versichern. Hat er nun in der Tat herausgefunden, daß Gott bereits in der Schrift Tod und Auferweckung Jesu verheißen hat, so beweist für ihn zwar das Schriftzeugnis nicht das gesprochene Wort der verkündigenden Kirche; denn Gottes Wort kann nicht bewiesen werden, auch nicht - so eigenartig es klingt - durch Gottes Wort. Aber für ihn als Judenchristen hat der Schriftbeweis die Funktion, zur Klarheit darüber zu führen, daß die christliche Predigt dem geschriebenen Wort Gottes ent-spricht. Und diese Funktion besitzt der Schriftbeweis auch in der Mission der Juden.

Wir haben es also mit einem *Autoritätengefüge* zu tun, nämlich dem Hand-in-Hand-Greifen der Autorität der Verkündigung des Evangeliums und der Autorität der Heiligen Schrift, also des Alten Testaments, anders formuliert: dem Hand-in-Hand-Greifen der Autorität des *verbum divinum Veteris Testamenti* und der Autorität des *verbum Dei praedicatum*. Zu diesen beiden Autoritäten kommt noch die Autorität Jesu hinzu, auch wenn sie in der Hauptsache im Blick auf die synoptischen Evangelien zu bedenken ist. Indem Jesus mit der Autorität Gottes spricht, gilt für ihn das gleiche, was eben schon zum Evangelium und zur Heiligen Schrift des Alten Testaments gesagt wurde.[82] Das Autoritätengefüge wird im selben Augenblick noch komplizierter, in dem neben der von der Kirche in Anspruch genommenen Heiligen Schrift des Alten Testaments auch noch die Autorität des Neuen Testaments hinzukommt. Indem aber diese genannt ist, stellt sich erneut die Frage nach dem Verhältnis von *verbum praedicatum* und *verbum scriptum*, diesmal jedoch auf einer ganz anderen theologischen und historischen Ebene.

Das verbum Dei ist als das verbum praedicatum die fundamentale Konstituente der Kirche. Die Schrift (des Neuen Testaments) ist gegen-

---

[80] Um Mißverständnisse zu vermeiden: Es geht hier zunächst nur um die *historische* Feststellung, wie der damalige Judenchrist zur Überzeugung von einer solchen Identität kam, jedoch noch nicht um eine dogmatisch-theologische Aussage.
[81] Der Begriff "Judaist" mit seiner polemischen Konnotation wäre für diese erste Stunde anachronistisch. Für das geschichtliche Phänomen des Judaismus s. den Paulusteil dieser Arbeit!
[82] *Hübner*, EWNT I, 631f.

über diesem verbum Dei praedicatum sekundär, weil sie ihre abgeleitete Autorität[83] insofern vom gepredigten Wort, das seinerseits die Kirche Jesu Christi konstituiert, erhält, als sie nun dieses gepredigte Wort aufbewahrt.[84] Insofern versteht sich die evangelische Kirche auch nur im uneigentlichen Sinne als die Kirche der Schrift. So ist festzuhalten, daß das Wort seinem *Wesen* nach zunächst das vor seiner schriftlichen Fixierung gesprochene, mit Autorität verkündigte Wort ist. Es ist aber die Kirche, die mit der Verkündigung des verbum divinum betraut ist. Ihre Autorität ist somit von der Autorität dieses verkündigten Wortes Gottes gedeckt. Indem sie in ihrer Verkündigung die Autorität des verkündigten Wortes Wirklichkeit werden läßt - ohne Verkündigung ist die Autorität des Wortes Gottes leer, weil niemand diese Autorität anerkennt; nur anerkannte Autorität ist Autorität in Realität - , partizipiert sie *in actu praedicationis* an dieser Autorität. Das kirchliche Lehramt[85] verfügt also nicht über Gottes Wort. Aber insofern es der Kirche anvertraut ist, verfügt diese über die Lehrautorität, die sie aus der Autorität des Wortes schöpft. Man mag in diesem Sinne sagen, daß ihre Verkündigungsautorität von der Autorität des verkündigten Wortes abgeleitet sei. Aber die mit dieser Ableitung ausgesagte Autoritätsdifferenz ist bei weitem nicht so groß wie die Autoritätsdifferenz zwischen dem verkündigten und dem in der Schrift fixierten Wort. Der Grad, in dem die verkündigende Kirche - nochmals: in actu praedicationis! - an der Autorität des verbum Dei partizipiert, ist qualitativ höher als der Grad, in dem das schriftlich fixierte Wort der Schrift an der Autorität des verkündigten Wortes partizipiert. Damit ist, um an dieser theologisch neuralgischen Stelle kein Mißverständnis aufkommen zu lassen, keine Herrschaft der Kirche über das geschriebene Wort der Heiligen Schrift ausgesagt. Denn die Kirche ist ja dadurch in ihrem Wesen evangelisch, daß sie das sie selbst konstituierende Evangelium weitergibt. Sie steht theologisch

---

[83] S. die prägnante Formulierung *Käsemanns*, Zum Thema der Nichtobjektivierbarkeit, 232: "Die Autorität der Bibel ist abgeleitete Autorität des Evangeliums."

[84] So mit Recht *Kümmel*, Notwendigkeit und Grenze des ntl. Kanons, 81: "Die Kunde von diesem Heilshandeln Gottes, die nie anders denn als *Zeugnis* von diesem Heilshandeln ausgesprochen werden konnte, war aber als menschliches Zeugnis Menschenwort und damit selbst eine *geschichtliche* Größe, die vor ständiger Umbildung und damit Auflösung des Ursprünglichen nur bewahrt werden konnte, wenn sie fixiert und dadurch vor Vermehrung, Verminderung oder Veränderung geschützt wurde."

[85] Die enge Verbindung, ja das Ineinander von Verkündigung und Lehre sei hier nicht thematisiert. Verwiesen sei nur auf den fast synonymen Gebrauch von κηρύσσειν und διδάσκειν in Mk.

unter dem Evangelium, das sie predigt.[86] Sie "hat" dieses Evangelium aber heute nur in der Form der Schriften des Neuen Testaments. Und sie hat ihre "Schriftgelehrten", ihre Theologen und Exegeten, die aufgrund ihrer auch kirchlich zu verantwortenden neutestamentlichen Forschung ihr sagen, wie das in einem geschichtlichen Prozeß zur Schriftlichkeit geronnene Wort Gottes in seiner Geschichtlichkeit zu verstehen ist.[87]

Der evangelische Theologe wird sich angesichts dieser historischen und theologischen Sachlage nicht scheuen, anzuerkennen, daß der Schriftwerdung des Evangeliums, also der Verschriftlichung des Wortes Gottes, ein Prozeß der mündlichen *Tradition* vorausging. Er kann sogar zugespitzt formulieren, daß die Tradition der Schrift chronologisch und sachlich vorausging - vorausgesetzt, die Tradition wird als das verstanden, was sie ekklesiologisch meint, nämlich die je neue Überlieferung des gepredigten Wortes Gottes, die ihre innere Kraft im Christus praedicatus, im evangelium praedicatum besitzt. Die kirchengründende Predigt des Evangeliums[88] bedeutet also zugleich die inhaltliche Norm für die Verkündigung der Kirche durch ihre ganze geschichtliche Zeit hindurch. Diese kirchliche Verkündigung muß bis zum Jüngsten Tage in ihrer inhaltlichen Identität bewahrt werden, so sehr auch Vorstellungsformen und geschichtliche Bedingtheiten des theologischen Verstehens notwendig einem Wandlungsprozeß unterworfen sind. Das sola-scriptura-Prinzip der evangelischen Theologie impliziert also die - richtig verstandene! -

---

[86] Es geht darum, daß die Kirche im eigentlichen Sinne Kirche des *Wortes* ist. Mit *Bultmann*, Theol., 302 u.ö., ist auch und gerade die mündlich geschehende Verkündigung der Kirche eschatologisches Ereignis.

[87] *Klaus Berger* geht daher in die richtige Richtung, wenn er Theologie im Unterschied zur Religionswissenschaft als "Akt der Selbstbesinnung der Kirche" sieht (Hermeneutik des NT, 104). Doch ist diese Formulierung überspitzt, denn der "Akt der Selbstbesinnung" geschieht ja weithin durch Universitätsprofessoren, die zwar als Glieder ihrer Kirche verantwortlich in Forschung und Lehre wirken, aber ihre Aufgabe primär im Auftrag des Staates bzw. Landes wahrnehmen. Insofern ist in *Bergers* Definition der Theologie das Moment des Kirchlichen zu stark betont. Dazu in Gegensatz steht aber eine andere Definition der Theologie durch ihn, in der er sie als "Beschreibung religiöser Erfahrung und religiöser Praxis" begreift (ib. 99). Hier fehlt das Theologische an der Theologie, nämlich der Bezug auf die Offenbarung. Einerlei wie man das Verhältnis von Theologie und Offenbarung bestimmt - keinesfalls kann man aus dem Begriff der Theologie das Element der Offenbarung völlig entfernen.

[88] *Martin Kähler* spricht von der Doppelsammlung des Alten und Neuen Testaments als der "Urkunde für den Vollzug der kirchgründenden Predigt": Der sog. historische Jesus und der geschichtliche, biblische Christus, 103.

- Tradition, nämlich die Tradition als die in ihrem Inhalt sich gleichbleibende Verkündigung der Heilstat Gottes in Jesus Christus. Basiert somit Autorität der Schrift auf der vorgängigen Predigt des Kerygmas, so *gründet das Prinzip der Schriftlichkeit* des Wortes Gottes *im Prinzip seiner Mündlichkeit*.[89]

Der evangelische Theologe wird also die Zweipoligkeit von Tradition und Schrift - diese Reihenfolge ist aufgrund des soeben Ausgeführten zwingend - nicht bestreiten, er wird sie auch aus soteriologischen und ekklesiologischen Gründen als unverzichtbar vertreten. Zur Konkretisierung muß jedoch - es sei noch einmal gesagt - sofort hinzugefügt werden, daß wir von der mündlichen Verkündigung vor ihrer schriftlichen Fixierung in der Heiligen Schrift nur durch eben diese schriftliche Fixierung wissen. Was die erste mündliche Predigt der Kirche war, können wir einzig und allein aus der Schrift des Neuen Testaments erschließen. Mit Recht stellt *Gerhard Ebeling* fest, daß das Wort Gottes primär die Gestalt des verbum praedicatum hat. Die Wechselbeziehung zwischen verkündigtem und geschriebenem Wort sieht er anscheinend ganz im Sinne des soeben Ausgeführten: "Das verbum praedicatum geht für uns aus dem verbum scriptum hervor, so sehr dieses ursprünglich der schriftliche Niederschlag des verbum praedicatum ist."[90]

Auch nach *Oscar Cullmann* muß die Beziehung zwischen Schrift und Tradition für die apostolische Tradition anders als für die nachapostolische definiert werden.[91] Er sagt dies mit partieller Zustimmung zum Schema De divina revelatione des Zweiten Vatikanischen Konzils, setzt sich aber dann von diesem Schema energisch ab, weil "die Bibel von katholischer Seite nicht als ein *Gegenüber* der Kirche aufgefaßt" werde; dies aber sei "entscheidend".[92] Indem er konzediert, daß in der apostolischen Zeit diese gegenüberstehende Instanz nicht erforderlich gewesen sei, läßt er dies jedoch nicht für die nachapostolische Zeit gelten.[93]

Die hier vorgetragenen Überlegungen sind sehr bewußt auch im Blick auf das ökumenische theologische Gespräch geschrieben, geschrieben als das theologische Votum des evangelisch-lutherischen

---

[89] Zum katholischen Verständnis des Verhältnisses von Schrift und Tradition s. vor allem *Lengsfeld*, Katholische Sicht von Schrift, Kanon und Tradition.
[90] *Ebeling*, Dogmatik I, 258.
[91] *Cullmann*, Die Bibel und das Zweite Vatikanische Konzil, 146.
[92] Ib. 146; Hervorhebung durch mich.
[93] Ib. 146 (Hervorhebungen durch *Cullmann*): "Nur hinsichtlich der *apostolischen* Tradition stimme ich der im Schema hergestellten Beziehung zwischen Schrift und Tradition zu: 'inter se connectuntur' und 'pari reverentia veneranda est'. *Diese enge Verbindung besteht jedoch nicht für die nachapostolische Tradition.*"

Theologen, der auch die römisch-theologische Position vor Augen hat. Gerade deshalb soll die soeben genannte Auffassung Cullmanns noch für einen Augenblick Gegenstand der Überlegung sein. Wenn dieser von der Bibel als dem *Gegenüber* der Kirche spricht, aber für die apostolische Zeit ein solches Gegenüber nicht als erforderlich ansieht, so hat er im Prinzip schon das Richtige getroffen. Der evangelische Theologe kann in der Tat unmöglich der Begründung so mancher ex cathedra erfolgten Definition der römisch-katholischen Kirche mit der Tradition und folglich auch der Definition selbst folgen. Aber wenn Cullmann vom Gegenüber von Bibel und Kirche spricht, so ist mit dieser Formulierung doch eine gewisse begriffliche Unschärfe gegeben. Ist nämlich die Bibel - im Zusammenhang der hier vorgetragenen Überlegungen also das Neue Testament - die schriftliche Fixierung der Verkündigung der ersten Stunde der Kirche, ist sie somit in ihrer *eigentlichen* Aussage mit dem in kirchlicher Verkündigungsautorität gepredigten Evangelium identisch, so werden durch den Begriff des Gegenübers in unangemessener Weise die Autorität des verbum praedicatum - von diesem und nur von diesem her definieren wir ja die Tradition (und in einem damit die kirchliche Verkündigungsautorität)! - und die Autorität des verbum scriptum auseinandergerissen.

Haben sich die neutestamentlichen Autoren selbst gerade nicht als biblische, als neutestamentliche Autoren verstanden, wenn sie sich in ihrer theologischen und z.T. auch apologetischen Argumentation auf die Heilige Schrift Israels bezogen und aus ihr die Schriftbeweise nahmen, haben sie also ihre Schriften gerade nicht in gleicher Weise wie *die* Schrift betrachtet, so konnte diese für sie nicht das *Alte* Testament sein. Genaugenommen ist die Rede vom Alten Testament im Neuen anachronistisch, auch wenn wir heute im theologischen Stenogramm vom Alten Testament im Blick auf die neutestamentlichen Autoren sprechen. Denn für fast das ganze Neue Testament gilt, was *Anthony T. Hanson* von Paulus sagt: "He knew only one sacred book, what we call the Old Testament. The very use of this name separates us ... from Paul himself."[94] Vom Alten Testament kann man eigentlich erst sprechen, seit es in der christlichen Kirche formell ein Neues Testament gibt. Von diesem Augenblick an ist es theologisch legitim, ja sogar theologisch geboten, die Schrift Israels das Alte Testament zu nennen.[95] Festzuhalten ist aber

---

[94] *Hanson*, Studies in Paul's Technique and Theology, 136.

[95] Keinesfalls läßt sich aber, wie es in den von der Landessynode der Evangelischen Kirche im Rheinland 1980 durch Beschluß entgegengenommenen "Thesen zur Erneuerung des Verhältnisses von Christen und Juden" heißt, sagen: "Für das Empfinden der Juden und unbestreitbar auch nach der Ansicht vieler Christen bedeutet diese Kennzeichnung der gemeinsamen 'Schrift' als 'alt' eine Abwertung. Weil diese 'Schrift' aber Bestandteil der christlichen Bibel ist, darf die Bezeichnung 'Neues Testament' keine Abwertung eines 'Alten Testaments' bedeuten, sondern kann allenfalls eine Beschreibung der zeitlichen

auch auf jeden Fall: Auch wenn sich die neutestamentlichen Autoren nicht als Autoren des Neuen Testaments verstanden, also nicht als Schriftautoren betrachteten, so bedeutet dies keinesfalls, daß sie für das, was sie schrieben, die Autorität des verbum divinum nicht in Anspruch genommen hätten. Wenn z.B. Paulus seine Briefe als apostolische Schreiben verfaßte, wenn er ihr Eintreffen bei den Adressaten als gleichwertig mit seiner persönlichen Anwesenheit betrachtete (s. nur 1Kor 5,3: ἀπὼν τῷ σώματι, παρὼν δὲ τῷ πνεύματι), so nimmt er für sie apostolische Autorität in Anspruch. Apostolische Autorität ist aber für ihn die Autorität seines Evangeliums, die Autorität somit des von ihm verkündigten Wortes Gottes. Wiederum haben wir es also mit dem Phänomen des Autoritätengefüges zu tun.

1.1.2 Die Heilige Schrift der neutestamentlichen Autoren

Was ist nun konkret die Heilige Schrift für die neutestamentlichen Autoren? Im Prinzip richtig, aber zu ungenau ist die Auskunft, es sei die vom Judentum übernommene Sammlung heiliger Bücher, die die Autoren des Neuen Testaments dann allerdings von einem christlichen Vorverständnis aus gelesen und ausgelegt hätten. Denn in neutestamentlicher Zeit war die Heilige Schrift keine für alle Kreise des Judentums identische Größe. Welche Bücher zum Kanon der Schrift gehören, war

---

Abfolge und des Zusammenhangs der beiden Sammlungen im Sinne von fortgehender Verheißung, Erfüllung und neuer Bekräftigung der Verheißung sein." Einerseits wird hier in theologisch nicht durchreflektierter Weise das Verhältnis beider Testamente zueinander auf das Schema "Verheißung - Erfüllung" fixiert. Altes und Neues Testament werden *nur in der Relation der Kontinuität* gesehen. Daß das Evangelium Jesu Christi Kriterium auch des im Alten Testament Gesagten ist, wird implizit bestritten. Der damalige jüdische Verstehenshorizont wird seinerseits zum Kriterium Jesu Christi (gen. obj.) erhöht, wenn Jesus völlig in jüdischem Denken nivelliert wird: "Die Evangelien lassen erkennen, daß er als Jude unter Juden lebte; daß auch seine Auseinandersetzungen mit anderen Juden um das richtige Verständnis von Gottes Willen den Rahmen des Judentums nicht sprengen, sondern innerjüdische Auseinandersetzungen sind." Das Judentum wird somit zum *einzigen* hermeneutischen Schlüssel Jesu. Weiter heißt es in den "Thesen": "Da die Bezeichnung 'Bibel' jüdisch geläufig ist, empfiehlt sich zur Unterscheidung von der auch das Neue Testament umfassenden christlichen Bibel für das Alte Testament die Bezeichnung 'Hebräische Bibel'." Wenn aber nicht mehr vom Alten Testament gesprochen werden darf, weil das angeblich das Judentum diffamiere, sondern nur von der 'Hebräischen Bibel', dann ist es nicht konsequent, wenn der Begriff "Neues Testament" noch beibehalten wird. Des weiteren: Haben die Synodalen - unter ihnen doch studierte Theologen! - bedacht, daß Paulus und andere neutestamentliche Autoren zumeist gar nicht mit der "Hebräischen Bibel" argumentierten, sondern mit deren griechischer Übersetzung, der sog. Septuaginta?

damals umstritten - ganz abgesehen davon, daß der Gebrauch des Begriffs "Kanon" für das 1.Jh. n. Chr., in gewisser Weise ein Anachronismus, nicht ganz unproblematisch ist.[96] Was die Diskussion über die Anzahl der zur Heiligen Schrift zu zählenden Bücher angeht, ist zunächst in Rechnung zu stellen, daß wir nur äußerst fragmentarische Zeugnisse aus jener Zeit besitzen. Ein Gesamtbild läßt sich nur hypothetisch konstruieren. Daher stoßen in der gegenwärtigen Diskussion die Auffassungen hart aufeinander, und ein Konsens ist allem Anschein nach in absehbarer Zeit nicht zu erreichen. Das gilt selbst für die Pharisäer, obwohl wir für sie recht aufschlußreiche Zeugnisse besitzen. Was die Sadduzäer angeht, so steht Behauptung gegen Behauptung. Am ehesten läßt sich noch einiges über die Geltung der Schrift in Qumran sagen. Mit dem Blick auf diese drei Gruppen ist aber der größere Teil des damaligen Judentums ausgeblendet, nämlich die jüdische Diaspora, die zumeist Griechisch sprach, des Hebräischen jedoch unkundig war und deshalb die Septuaginta[97] als ihre Bibel benutzte. Wir können zwar aufgrund des nahezu völligen Mangels an brauchbaren Quellen keine genauen Zahlen für die in Palästina und die in der Diaspora damals lebenden Juden angeben - die Zahlen schwanken zwischen 700.000 und 2,5 Millionen für die jüdische Bevölkerung in Palästina und 2 bis 7 Millionen für die Diaspora[98] -, doch kann man mit großer Sicherheit sagen, daß die überwiegende Mehrheit der Juden im 1. Jh. n. Chr. in der Griechisch sprechenden Diaspora lebte. Das aber bedeutet, daß die Biblia Hebraica für die Mehrheit der Juden als Heilige Schrift nicht in Betracht kam. Schon allein in quantitativer Hinsicht - und hier sollte man das quantitative Moment nicht geringschätzen! - besaß die LXX eine Prädominanz. Und diese Prädominanz war nicht nur die des praktischen Umgangs, sondern vor allem die der Geltung.[99] Umstritten ist aber, ob man für die damalige Zeit einen eigenen griechischen, nämlich den sog. alexandrinischen Kanon annehmen muß.

---

[96] Der Begriff "Kanon" als Ausdruck für eine bestimmte Anzahl von Büchern, die in ihrer Gesamtheit die normative Größe "Heilige Schrift" ausmachen, ist in diesem Verständnis erst im 4. Jh. n. Chr. nachweisbar (Synode von Laodicea, ca. 360; vor allem der Osterfestbrief des Athanasius von Alexandria, 367). Zum Anachronismus des Begriffs für die neutestamentliche Zeit s.u.!

[97] Im folgenden LXX geschrieben.

[98] *Dexinger*, TRE 17, 343.

[99] Bis heute erfährt die LXX in der russisch-orthodoxen Kirche eine, wenn auch nicht immer ausgesprochene Vorliebe gegenüber der Biblia Hebraica.

Die Bedeutung der LXX für die Rezeption des Alten Testaments im Neuen kann kaum überschätzt werden. Haben doch die neutestamenlichen Autoren ihre alttestamentlichen Zitate zumeist im LXX-Wortlaut gebracht. Der *Geltungsdominanz der Septuaginta* innerhalb des seinerzeitigen Judentums entspricht also ihre Rezeption im Neuen Testament. Und bedenkt man, daß an zentralen Stellen der theologischen Argumentation bei neutestamentlichen Autoren, wo sie mit dem Wortlaut der LXX operieren (z.B. Gal 3,10), dies mit dem hebräischen Urtext unmöglich wäre, dann ist evident, daß das Alte Testament in seiner griechischen Übersetzung *theologische Relevanz* besitzt. Ist also im folgenden das Problem des Kanons im 1. Jh. n. Chr. zu thematisieren, so wird die LXX-Problematik von besonderer Wichtigkeit sein.

1.1.2.1 Der hebräische Kanon

Bei der Diskussion über den hebräischen Kanon setzt man am besten bei der Frage nach der sog. *Synode von Jamnia* ein, da trotz aller Strittigkeiten in der Forschung hier einige Fixpunkte gegeben sind, von denen aus sich zumindest die Problematik erhellen läßt. Unbestritten und auch unbestreitbar ist nämlich, daß, nachdem sich nach der Katastrophe von 70 n. Chr. das Rabbinentum pharisäischer Provenienz als dominantes Moment des Judentums herauskristallisiert hatte, im Lehrhaus von Jamnia Diskussionen und Beschlüsse über die Zugehörigkeit von Büchern zur Heiligen Schrift stattfanden. Umstritten ist jedoch, wie die dafür entscheidende Mischnah-Stelle *Jad III,5* zu interpretieren ist, wonach es zur Entscheidung kam, daß das Hohelied und Kohelet "die Hände verunreinigen", *məṭammə ʾîn ʾæt hajjādajîm*. Handelt es sich hier um die endgültige rabbinische Kanonisierung der Heiligen Schrift?

In diesem Sinne postulierte 1871 *Heinrich Graetz* die Synode von Jamnia, auf der die Synagoge ihren Schriftkanon endgültig festgelegt habe.[100] Diese Hypothese, die sich zunächst weitgehend durchsetzen konnte, wurde aber in den letzten Jahrzehnten mehrfach bestritten, vor allem durch *Jack P. Lewis*. Sein Einspruch gegen die Bezeichnung des diskutierenden und beschließenden Gremiums von Jamnia als "Synode" ist voll berechtigt.[101] Ihm ist auch zuzugestehen, daß eine spezifische

---

[100] *Graetz*, Koh oder der salomonische Prediger, Anhang I: Der atl. Kanon und sein Abschluß, 147-173.
[101] *Lewis*, JBL 32, 125-132; zu *Lewis* s. *Hübner*, JBTh 3, 150.

Diskussion in Jamnia über Fragen des Kanons nur für die genannten beiden Bücher nachweisbar ist.[102] Mit dieser Feststellung verfolgt *Lewis* allerdings die Abwertung der Entscheidung von Jamnia: Eine den Kanon als ganzen betreffende Entscheidung sei nicht getroffen worden. Nach *Peter Schäfer* wurde nicht nur der jüdische Kanon nicht endgültig festgelegt, sondern lediglich ein erster (!) Versuch unternommen, Koh und Cant endlich (!) nach langen Streitigkeiten für kanonisch zu erklären.[103]

Einzuräumen ist auch, daß die Lehrautorität der Versammlung von Jamnia nicht ausgereicht hat, ihre Entscheidung über die beiden Bücher endgültig durchzusetzen.[104] Aber die Frage ist doch, ob nach der *Intention* der damals an der Entscheidung von Jamnia Beteiligten die Frage definitiv entschieden werden sollte! Und das legt der Text von Jad III,5 unmißverständlich nahe. Ging nachweislich die Diskussion nur um Koh und Cant, so doch insofern auch um den ganzen Kanon, als hier anscheinend die im Blick auf ihn noch offenen Fragen als entscheidungsreif angesehen wurden.[105] Freilich ist, wie schon angedeutet, in diesem Zusammenhang mit dem Begriff "Kanon" bzw. "Kanonizität" ein in gewisser Hinsicht anachronistischer Begriff gewählt. Aber welchen Begriff man in dieser Hinsicht auch als angemessen ansehen mag, deutlich geht aus Jad III,5 hervor, daß den beiden Büchern mit der Entscheidung von Jamnia dieselbe Dignität zugeschrieben wurde wie den anderen, unbestreitbar zur Heiligen Schrift gehörenden Büchern; denn es heißt ausdrücklich: "Alle Heiligen Schriften, *kāl kitəbē haqqodæš*, verunreinigen die Hände." Wurden aber Koh und Cant in Jamnia unter diesen Grundsatz gestellt, dann heißt das doch, daß die beiden Bücher in Relation zu den übrigen Büchern der Heiligen Schrift gestellt und folglich unter dem Gesichtspunkt der *ganzen* Heiligen Schrift diskutiert wurden, also eine Entscheidung in diesem Sinne gemeint war. So wird man beim historischen Urteil bleiben müssen, daß damals der endgültige Umfang der Heiligen Schrift

---

[102] *Lewis*, op. cit. 130. Sein Fazit, ib. 132: "In the absence of evidence, it would be sounder scholarship to admit ignorance and to allow the question to remain as vague as the sources are. We can say that certain books came before the gathering at Jabneh; that debate continued after that time; and that opinion about the extent of the canon crystallized in the Tannaitic period. Beyond this, we cannot be certain."

[103] *Schäfer*, Jud. 31, 122; er geht erstaunlicherweise nicht auf *Lewis* ein.

[104] Darauf macht *Wanke*, TRE 6, 6f., aufmerksam.

[105] Deshalb ist es ein künstliches Auseinanderreißen zweier eng miteinander verflochtenen Fragen, wenn nach *Wanke*, ib. 7, "zwar die Diskussion (!) um Koh und Cant, nicht aber das Problem des Abschlusses des gesamten Kanons zu belegen ist".

verbindlich festgelegt werden sollte. Und diese Entscheidung galt - jedenfalls nach der Intention der an ihr Beteiligten - für das ganze Judentum. Eine pharisäisch-rabbinische Entscheidung hatte ja gegen Ende des 1. Jh. n. Chr. gesamtjüdische Relevanz, da die Sadduzäer zu dieser Zeit so gut wie keinerlei religiösen Einfluß mehr besaßen und wohl kurz danach zu existieren aufhörten.

Definiert man "kanonisch" als "verbindlich zur Heiligen Schrift gehörig", so bedeutet die Entscheidung von Jamnia für Koh und Cant die Kanonizität und für die ganze Heilige Schrift, daß von nun an zu ihrem Kanon diese beiden Bücher hinzuzuzählen sind. *Günter Stemberger* stellt nun die Frage, ob der Ausdruck "Hände verunreinigen" mit Kanonizität gleichbedeutend sei.[106] Er verweist zunächst auf eine späte Parallele zu Jad III,5, nämlich TJad II,14, wonach die Wendung mit "im Heiligen Geist gesagt" gleichgesetzt ist.[107] Demnach meine sie eine aus der Inspiration erwachsene Qualität von Büchern; doch wüßten wir nicht, ob wir die Ansicht dieses späten Taanaiten auch für die Mischnah voraussetzen dürften. Stemberger bezweifelt, daß die Inspiriertheit einer Schrift tatsächlich der eigentliche Grund dafür sei, daß sie die Hände verunreinigt. Denn offensichtlich komme es dabei nicht auf den Inhalt der Schrift allein (!), sondern vor allem auf die Art ihrer materiellen Beschaffenheit an wie Schrift in der Originalsprache, in Quadratschrift, auf Leder und mit Tusche geschrieben (Jad IV,5) und auf den Tatbestand von mindestens 85 leserlichen Buchstaben (Jad III,5). "Es verunreinigen also die materiellen Exemplare, nicht die Schriften als ideelle Einheit."[108] Aber diese antithetische Formulierung ist irreführend, weil der genannte Gegensatz "materiell - ideell" überspitzt formuliert ist - ganz davon abgesehen, daß er im aristotelischen Denkschema von *forma* und *materia*, das man nicht unbesehen in rabbinisches Denken eintragen darf, ausgesagt ist. Natürlich sind die materialen Bedingungen conditio sine qua non; aber sie sind doch nur sinnvoll angesichts des eigentlichen Grundes, daß es sich um Bücher handelt, die zu den Heiligen Schriften, *kitəbē haqqodæš*, zu zählen sind. Von daher könnte dann im Sinne der rabbinischen Auffassung der Begriff "Kanon" *von der Ausgrenzung her* als heilige Schrift(en) gegenüber nichtheilgen Schriften *definiert* werden. Es ist sicher wieder unser kategoriales Denken, wenn wir dann sagen, diese Ausgrenzung geschehe a fortiori hinsichtlich des Inhalts. Aber sind wir uns über diesen kategorialen Sachverhalt im klaren, so darf man sicher

---

[106] *Stemberger*, JBTh 3, 167.

[107] TJad, II,14 ist eine von denjenigen Stellen, in denen die Entscheidung von Jamnia nicht anerkannt ist: Nach R. Schim'on ben Menasja, etwa 100 Jahre nach Jamnia (4. Generation der Taanaiten), verunreinigt Koh die Hände nicht, weil es die Weisheit Salomos sei, nicht aber im Heiligen Geist gesagt sei.

[108] Ib. 167. S. in diesem Zusammenhang auch *Barr*, Holy Scripture, 51: "It is surely more likely that the question is a truely ritual one: the discussion is not, whether this or that book is canonical, but whether it, canonical or not, had certain ritual effects." Aber die Antithese "kanonisch - rituell" ist künstlich konstruiert. Die folgenden Sätze *Barrs* zeigen auch, daß er diese Antithese als zumindest hinterfragbar zugesteht.

den Begriff des Inhalts in dieser Frage verwenden, da anzunehmen ist, daß die Rabbinen, hätte man ihnen diesen Begriff zur Verfügung gestellt, ihn sicherlich für ihre Diskussionen verwendet hätten. In diesem Sinne und unter dem Vorbehalt der Differenz von rabbinischen und abendländischen Denkvoraussetzungen sei im folgenden vom Kanon gesprochen.[109]

Roger T. Beckwith versteht die Heiligkeit der Schriften vornehmlich von ihrer Aufbewahrung im Heiligtum des Tempels her (s.u.).[110] Diese Herleitung verabsolutiert einen möglichen Partialaspekt. Vor allem steht aber deshalb seine Hypothese auf tönernen Füßen, weil er in seiner Beweisführung auf einer historisch weithin unkritischen Argumentation aufbaut.

Für die *pharisäische* Kanonkonzeption ist das Zeugnis des *Josephus* in *Contra Apionem 1,8* von besonderer Wichtigkeit. Er dürfte diese Schrift etwa zu der Zeit geschrieben haben, in der die Jad III,5 geschilderte pharisäisch-rabbinische Diskussion stattfand. Da er selbst zur pharisäischen Partei gehörte, wenn auch nicht als einer ihrer Schriftgelehrten, ist damit zu rechnen, daß die von ihm genannten 22 Bücher der Heiligen Schrift den Umfang des pharisäischen Kanons angeben. Er nennt *Kriterien*, nach denen allein diese 22 Bücher zur Heiligen Schrift gerechnet werden können.

Registrieren wir zunächst ein negatives Kriterium, ein Ausschlußkriterium. Nicht mehr zur Heiligen Schrift gehören diejenigen Bücher, die während der Epoche von Artaxerxes bis zu seiner Gegenwart geschrieben sind; denn in dieser Zeit gab es nicht mehr "die genaue Sukzession der Propheten", τὴν τῶν προφητῶν ἀκριβῆ διαδοχήν, also sind diese Bücher nicht in gleicher Weise vertrauenswürdig wie die zuvor als Bücher der Schrift aufgezählten. *Indirekt* ist damit prophetische Qualität als posivites Kriterium für die Schriftzugehörigkeit behauptet. Zu den Büchern, die unter dieses Kriterium fallen, nennt Josephus anscheinend sowohl "die Propheten nach Mose" mit ihren dreizehn Büchern als auch die vier Bücher, welche Hymnen auf Gott und Lebensanweisungen für die Menschen enthalten. Diese beiden Gruppen von Büchern sind in der Zeit zwischen dem Tod des Mose und dem Auftreten des Artaxerxes verfaßt. Ist aber ihre prophetische Qualität als Kriterium ausgesagt, so ist damit doch wohl auch ihre *Inspiration* gemeint.[111] Jedoch dürfte Josephus die fünf Bücher des Mose, die die Gesetze (Plural!: τούς τε νόμους) und die Überlieferung von der Erschaffung der Menschen bis zum Tode des Mose enthalten, hier nicht als Bücher mit prophetischer Qualität

---

[109] Zu weiteren Aspekten des anachronistischen Gebrauchs des Begriffs "Kanon" s.u.!

[110] *Beckwith*, The OT Canon of the NT Church, 80ff.; *ders.*, in: Mikra, 40ff.

[111] So zumeist die Autoren; genannt seien hier nur *Leipoldt*, Geschichte des ntl. Kanons, 7; *Kaiser*, Einleitung, 409; *Beckwith*, The OT Canon of the NT Church, 78ff.

vorgestellt haben.[112] Wahrscheinlich genügte ihm zur Begründung der Schriftautorität des Pentateuchs, daß er die Gesetze enthält, deren Autorität ja nicht eigens begründet zu werden braucht. Die eigentümliche Zählung der zur Heiligen Schrift gehörenden Bücher braucht hier nicht diskutiert zu werden; wichtig ist für unsere Fragestellung allein, daß allem Anschein nach damit genau diejenigen Bücher gemeint sind, die auch in Jamnia als Heilige Schriften anerkannt wurden.[113]

Trifft aber die Interpretation zu, daß Josephus die Torah nicht zur Gruppe der prophetischen Bücher rechnet, dann haben nach seinem Verständnis Prophetenbücher und Hagiographen aufgrund ihrer prophetischen Qualität eine andere Dignität als die Torah. Ist diese andere Qualität als andersartige oder als geringerwertige zu verstehen? Insofern ist zunächst einmal eine andersartige Qualität gemeint, als der *Grund* der jeweiligen Autorität dieser Schriften ein unterschiedlicher ist; denn die Torah besitzt ihre Autorität aufgrund der in ihr ausgesprochenen Forderungen Gottes an den Menschen, Prophetenbücher und Hagiographen aber aufgrund ihrer prophetischen Funktion. Die Torah einerseits und die Prophetenbücher und Hagiographen andererseits gehen also den Menschen in jeweils unterschiedlicher Weise an. Ist aber das jüdische Volk in seinem spezifischen Sein fundamental durch Gesetzesgehorsam bestimmt, so besitzt die Torah als Ausdruck des göttlichen Willens unbestreitbar Priorität vor den übrigen von Josephus aufgezählten Büchern. Dem entspricht die von *Johann Maier* generell für die jüdische Tradition betont herausgestellte "so deutliche *Abstufung der Offenbarungsautorität* in 1. Tora, 2. Propheten und 3. Hagiographen (TN"K)".[114] Er spricht von "abgestufte(r) 'Kanonizität'", die ihre massiven historischen Voraussetzungen im frühen Judentum gehabt hätten. Es sei kaum anders denkbar, als daß zunächst einmal die Torah allein als autoritative Tradition gegolten habe; sie habe auch späterhin in halachischer Hinsicht als "schriftliche Torah" den *eigentlichen* Offenbarungsinhalt gebildet. Als weiteres Argument nennt Maier die liturgische Verwendung, die die Abstufung anzeige.[115] Dann aber wird der Torah nicht nur eine

---

[112] So *Kaiser*, op. cit. 408; hingegen rechnet *Beckwith*, op. cit. 79, auch die fünf Bücher des Mose zu den inspirierten Büchern von prophetischer Verfasserschaft.

[113] Z.B. *Kaiser*, op. cit. 409; *Beckwith*, op. cit. 78ff.

[114] *Maier*, JBTh 3, 138; Hervorhebung durch mich.

[115] Ib. 138; ib.: "Die Tora wird bis heute in einem Zyklus vollständig gelesen, aus dem Prophetenkorpus nur Auswahlperikopen zu den Tora-Perikopen, während es für die Hagiographen in dieser Form keine liturgische Lesung gibt, sieht man von der Verwendung der Megillot zu bestimmten Festen ab."

andersartige, sondern auch eine höherwertigere Offenbarungsqualität - gerade auch von Pharisäern - zugemessen worden sein.[116]

In gewisser Affinität zu diesen Überlegungen steht die neuerdings von *Albert C. Sundberg jun.* entwickelte These, nach der die Kirche vom Judentum als geschlossene Sammlungen (Plural!) das Gesetz und die Propheten und als seine Schriften die umfangreichen homogenen Schriften, die vor 70 n. Chr. im Judentum im Umlauf waren, empfangen hat. Die Kirche habe also keinen Kanon erhalten und das Judentum noch keinen Kanon besessen, den es er Kirche hätte vererben können, als sie sich von ihm trennte. Erst nach 70 n. Chr. nähmen wir im Judentum eine Entwicklung zur Begrenzung seiner Schriften wahr, bis schließlich ca. 90 n. Chr. ein Kanon gebildet worden sei, dem nichts hinzugefügt und nichts hinweggenommen werden dürfte.[117]

Läßt sich aber schon für die Pharisäer eine abgestufte Kanonizität wahrscheinlich machen, so ist dies erst recht für die *Sadduzäer* zu vermuten. Freilich bleibt es hier bei Vermutungen, und zwar mit einem sehr hohen Grad des Hypothetischen, da wir für diese Frage nur späte Aussagen von Kirchenvätern haben, deren Verläßlichkeit umstritten ist. Nach diesen Aussagen sehen die Sadduzäer nur den Pentateuch als kanonisch an.[118] *Beckwith* bestreitet die Verläßlichkeit dieser Aussagen vor allem mit dem Argument, daß die Prophetenbücher ihre Qualität als Heilige Schrift von ihrem Aufbewahrungsort am Heiligtum des Tempels, der bekanntlich in sadduzäischen Händen war, erhalten hätten.[119] Auch *Johann Maier* versteht den Begriff "Heilige Schrift" zunächst einmal als "Schrift des Heiligtums"; im Tempel gab es so etwas wie Musterexemplare der

---

[116] S. auch *Barr*, Holy Scripture, 60: "It is a natural supposition, and perhaps very roughly correct, that the three-stage canon of the Hebrew Bible corresponds to decreasing degrees of religious authority and importance: the Torah was certainly dominant, the Prophets important, the Writings of only limited importance." Anders *Hanhart*, ZThK 81, 339: "Innerhalb der kanonisierten Schriften ist ein Wertunterschied zwischen Tora, Nebiim und Ketubim nicht mehr festzustellen." S. auch *Joachim Conrad*, ThVersuche XI, 11ff.: Am Anfang stand nicht das Gesetz in Gestalt des Pentateuchs, sondern zumindest der Hexateuch. Der atl. Kanon ist seinem Ursprung nach geschichtstheologisch begründet.

[117] Noch nicht publizierter Text, ausführlich zitiert durch *Patrick D. Miller jun.* in: JBTh 3, 221.

[118] Hippolyt, Refut. 9,29; Origenes, Contra Celsum 1,49; Comm. in Mt 17,35f.

[119] *Beckwith*, The OT Canon in the NT Church, 89f.; er führt ib. 88f. als weitere Argumente an: 1. Die Sadduzäer hatten nicht dieselben Motive wie die Samaritaner, um die Propheten und Hagiographen zurückzuweisen. 2. Weder Josepus noch rabbinische Quellen legen nahe, daß die Sadduzäer die Propheten und die Hagiographen zurückwiesen. 3. In biblizistischer Weise führt er Aussagen des Neuen Testaments an, um seine These zu begründen. S. auch *ders.*, in: Mikra, 75f.

Schriftrollen, die als Tempelschriftrollen verständlicherweise von vornherein auch den entsprechenden Heiligkeitsgrad hatten, also Musterexemplare in priesterlicher Hand. Allerdings sagt Maier dies lediglich betreffs des Pentateuchs.[120] Nach seiner Auffassung waren die Sadduzäer als Vertreter des Establishments grundsätzlich an einer Erhaltung des status quo interessiert, waren sie doch eine konservative und eschatologisch uninteressierte Richtung.[121] "Somit blieb für den Sadduzäismus nur die Torah, das offizielle jüdische Recht, Heilige Schrift, denn die sog. 'Propheten' und 'Schriften' wurden ja wegen ihrer geschichtstheologischen Implikationen gerade durch die eschatologisch und insofern revolutionär orientierten Kreise zu heiligen Schriften aufgewertet."[122] Dieses historische und soziologische Urteil hat unbestreitbar eine gewisse Plausibilität für sich, ist aber nicht unbedingt zwingend. Keineswegs kann jedoch Beckwith mit seiner Argumentation überzeugen; denn die Aufbewahrung von Prophetenbüchern im Tempelarchiv sagt doch nichts über deren Autoritätscharakter aus!

Daß die Prophetenbücher in *Qumran* als Texte mit Offenbarungscharakter galten[123], ist wohl unbestreitbar. Nun meint jedoch Johann Maier, daß für die dort existente Gruppe von prophetischen Schriften - einerlei, ob es dort ein Prophetencorpus mit fest definierter Autorität gab oder nicht - "schwerlich dieselbe Qualität von Autorität vorauszusetzen ist, was immer übersehen wird, sobald man von einem einheitlichen Begriff der Kanonizität ausgeht und die abgestufte Autorität des TN"K in der späteren jüdischen Überlieferung ignoriert".[124] Die geringere Autoritätsqualität der prophetischen Schriften will er damit erweisen, daß es kaum denkbar sei, daß ein gesetzlicher Torah-Text einer Pescher-Deutung unterworfen werden konnte.[125] Man könnte allerdings auch in entgegengesetzter Weise argumentieren: Weil die inspirierte Deutung der Prophetenbücher in Qumran die exklusive Heilsstellung der Sekte offenbar machte, hat man in den Prophetenbüchern diejenigen Offenbarungsschriften gesehen, denen die Würde zukommt, das eschatologische Heil für Qumran auszusagen; galten sie doch als jene Offenbarungsschriften, die durch geistgewirkte *neue* Offenbarung das exklusive

---

[120] *Maier*, JBTh 3, 139f.
[121] *Maier*, Geschichte der jüdischen Religion, 46f.
[122] Ib. 47.
[123] So *Maier*, JBTh 3, 143.
[124] Ib. 143.
[125] Ib. 143.

Endheil ansagen. Damit hätten die Prophetenbücher eine zwar andersartige Autorität als die Torah innegehabt, eine Autorität allerdings, der eschatologische Dignität geeignet hätte.[126] Solche Dignität wäre freilich keineswegs gegenüber der der Torah als minderwertig anzusehen gewesen.[127] Deutlich würde sich daran wiederum zeigen, daß ein für alle biblischen Bücher identischer Begriff des Kanonischen für die Zeit vor 70 n. Chr. nicht unproblematisch ist. Operiert man dennoch für diese Zeit mit diesem Begriff, so muß man für ihn ein recht breites Bedeutungsspektrum postulieren. Auf jeden Fall verstärken sich die Konvenienzgründe für die Annahme, daß man für die damalige Epoche mit einer, wenn auch nicht im einzelnen genau definierbar "abgestuften Kanonizität" (Johann Maier) zu rechnen hat.[128]

Zum hebräischen Kanon läßt sich also in etwa folgendes abschließend sagen: Es liegen wichtige Anhaltspunkte dafür vor, daß für die Zeit gegen Ende des 1. Jh. n. Chr., nachdem sich die pharisäisch-rabbinische Religionspartei als einzige religiöse Richtung innerhalb des Judentums durchgesetzt hatte, insofern mit einem gewissen Recht der eigentlich anachronistische Begriff des Kanons verwendet werden kann, als nun die als autoritatives Gotteswort geltende Heilige Schrift aus einer festen Summe von heiligen Schriften besteht. Für die Zeit vor 70 n. Chr. muß man aber mit der Möglichkeit rechnen, daß die autoritative Geltung der Torah von andersartiger und wohl auch höherwertiger Qualität war als die der Prophetenbücher und der Hagiographen (so in Anlehnung an Albert C. Sundberg jun.). Wahrscheinlich war in dieser Zeit auch in pharisäischen Kreisen das Bild weitaus bunter, als es für uns re-

---

[126] *Fishbane*, Use, Authority and Interpretation of Mikra at Qumran, 351: "In this way, Mikra is presented as the authoritative prophetic word of God; and the commentaries on it are authorized as the true meaning or application of that word for the times at hand. Hence, whereas in the *Temple Scroll* the Pentateuch (primarily) was used as the source of new legal truth; in the *pesharim*-texts the Prophets (primarily) were used as the source of new eschatological truth." Erste Hervorhebung durch mich. Zur Tempelrolle s. aber *Maier*, JBTh 3, 141f.

[127] Zu Qumran s. vor allem *Elliger*, Studien zum Habakuk-Kommentar vom Toten Meer; *Betz*, Offenbarung und Schriftforschung; *Fishbane*, Use, Authority and Interpretation of Mikra at Qumran, in: Mikra, 339-377.

[128] Sollte *Blenkinsopp*, Prophecy and Canon, mit seiner Hypothese recht haben, daß die Festsetzung der Normativität und die dadurch bedingte Kanonizität der Torah der Triumph einer schriftgelehrten und priesterlichen Gruppierung über die als Bedrohung für die normative Torah empfundenen Propheten war - also wurden diese dann in das System der Torah integriert - , so erhielte die Theorie der abgestuften Kanonizität eine bemerkenswerte Nuance. Positiv zu *Blenkinsopp* z.B. *Patrick D. Miller jun.*, JBTh 3, 228ff.

konstruierbar ist. Kann man also für die Zeit um 100 n. Chr. mit Vorbehalt von *dem* hebräischen Kanon der Schrift sprechen, so sollte man für die Zeit vor 70 n. Chr. zwar den Tatbestand nicht übersehen, daß von *der* Schrift als *dem* Wort Gottes gesprochen werden konnte[129], andererseits aber in Rechnung stellen, daß der kanonische Stellenwert der Torah zumindest teilweise höher veranschlagt wurde als der der Prophetenbücher und Hagiographen, ohne daß wir jedoch eine eigentliche Theorie über das Wesen des Kanonischen nachweisen können. Der in seinen unterschiedlichen Schattierungen gewissermaßen unreflektierte *usus canonicus* war noch ohne *theoria canonicitatis*.

Es hat wohl nicht nur Marginalwert, wenn am Ende der Ausführungen über den Kanon bzw. die Frage nach möglicher unterschiedlicher kanonischer Geltung von Torah, Propheten und Hagiographen auch das Faktum in Erinnerung gerufen werden muß, daß für die Mehrheit der palästinischen Juden das *Aramäische* Muttersprache war, nicht aber das Hebräische. War die Biblia Hebraica für den größten Teil der Diasporajuden ein in einer Fremdsprache geschriebenes Buch, so galt dies auch, wenn freilich im abgeschwächten Maße, für die Mehrheit der palästinischen Juden. Sie waren im Gottesdienst auf die Übersetzung ins Aramäische angewiesen, also auf das mündliche Targum, dessen schriftliche Fixierung allem Anschein nach damals noch nicht gestattet war.[130] Aber die uns erhaltenen Targume stammen aus späterer Zeit und lassen nur in äußerst hypothetischer Weise auf die Targume der neutestamentlichen Zeit Rückschlüsse zu.[131] Noch weniger läßt sich dann etwas über das Verhältnis von Torah-Targum und Propheten-Targum hinsichtlich ihrer kanonischen Geltung in neutestamentlicher Zeit sagen - wenn die Frage überhaupt in dieser Weise wegen der verordneten Mündlichkeit gestellt werden darf.

---

[129] Schon allein der Sprachgebrauch des Expharisäers Paulus beweist das, z.B. Gal 3,8; Röm 4,3; 9,17; 10,11; 11,2.

[130] Zu den Targumen s. vor allem *Schäfer*, TRE 6, 216-228; *Alexander*, Jewish Aramaic Translations of Hebrew Scriptures, in: Mikra, 217-253.

[131] Richtig *Schäfer*, TRE 6, 217: "Möglicherweise wird man von einem jeweils verschiedenen Sitz im Leben für den mündlichen Targumvortrag (in der Synagoge) und das schriftliche Targum (Lehrhaus, Studium?) ausgehen müssen. Mit Sicherheit führt jedenfalls von den uns bekannten schriftlichen Targumim kein direkter Weg zum Targumvortrag im Synagogengottesdienst (ungeachtet der Tatsache, daß die schriftlichen Targumim Traditionen enthalten, die auf alte und sicher ursprünglich mündliche Überlieferungen zurückgehen)."

1.1.2.2 Ein alexandrinischer Kanon?

Es ist in der Literatur eine fast stereotype Frage, ob es neben dem palästinischen Kanon, also dem Kanon der Biblia Hebraica, einen eigenen alexandrinischen Kanon, den Kanon der Septuaginta, gegeben habe. Aus dem, was über das so komplexe Problem der Kanonizität bzw. Kanonizitäten der hebräischen heiligen Schriften zu sagen war, ist evident, daß diese Frage von einer simplifizierenden Sicht aus formuliert ist. Denn es zeigte sich ja, daß man für die Zeit vor 70 n. Chr. nicht von einem in Palästina allgemein akzeptierten Kanon sprechen kann. Das gilt im Blick auf die verschiedenen Religionsparteien im jüdischen Mutterland, das gilt aber auch im Blick auf die Frage nach *Umfang* und *Wesen* des Kanonischen, die noch *in statu nascendi* war.

Man wird aber dann wohl auch für die griechischsprachige jüdische Diaspora, vor allem für die Diaspora im ägyptischen Alexandrien, damit rechnen können, daß man dort eine absolute Verbindlichkeit des mosaischen Gesetzes anerkannte, die - wie auch immer qualifizierte - Autorität der Propheten akzeptierte und darüber hinaus den Hagiographen hohe geistliche Wertschätzung entgegenbrachte. Der Ende des 2. Jh. v. Chr. verfaßte Sir-Prolog durch den Enkel des Jesus Sirach bringt bereits die Dreiteilung der "Bücher", βιβλία, die für den späteren Kanon konstitutiv wurde. Wie freilich die hier auch gewiß anzunehmende "abgestufte Kanonizität" im Detail gedacht wurde, ist wohl kaum noch genau bestimmbar. Sicher ist, daß nach Sir 48,22-49,10 Jesus Sirach Anfang des 2. Jh. v. Chr. die Bücher Jes, Jer und Ez und das Dodekapropheton kennt. Welchen Umfang die "übrigen väterlichen Bücher", wie der Enkel des Jesus Sirach SirProl 10 die Hagiographen nennt, haben, geht aus Sir nicht hervor. Das schon vor Jahrzehnten von *Otto Eißfeldt* vorgebrachte Argument dürfte immer noch überzeugen: Sicher ist, daß die gottesdienstliche Verwendung der Torah und der Propheten zur kanonischen Wertung dieser Bücher wesentlich beigetragen und ihnen somit einen Vorsprung vor der Mehrheit der Hagiographen verschafft hat; von letzteren haben es aber zunächst eigentlich nur die im Gottesdienst gesungenen Psalmen mit Torah und Propheten aufnehmen können, wie sie denn auch als erste der Hagiographen kanonische Dignität erlangt haben.¹³² Man wird zweifelsohne davon ausgehen können, daß auch in der griechischsprachigen Diaspora und somit vor allem in Alexandrien von den Hagiographen zunächst nur die Psalmen liturgische Verwendung im Synagogalgottesdienst fanden, diese aber mit Sicherheit. Und es ist wohl auch anzunehmen, daß der Grad von "Kanonizität" derjenigen Hagiographen, die entweder als aus dem Hebräischen übersetzte Schriften wie etwa Sir oder wie Sap bereits originär als Schriften in griechischer Sprache verfaßt wurden, mit deren allmählicher Akzeptanz größer wurde. Das Anwachsen der Zahl der Hagiographen sollte man sich also am besten als kontinuierlichen, im einzelnen aber nicht verifizierbaren Prozeß vorstellen, der auch im 1. Jh. n. Chr. immer noch fließend war. Somit dürfte die Frage nach der Existenz eines festen alexandrinischen Kanons griechischer heiliger Schriften noch weniger angemessen sein als die nach dem palästinischen Kanon der Biblia Hebraica. Daß für Jesus Sirach die Autorität des Mose und folglich die des mosaischen Gesetzes im Autoritätenspektrum Priorität besitzt, ist aufgrund von Sir 44,23ff.LXX evident. Und diese überragende Autorität des Pentateuchs zeigt sich auch an dem Sachverhalt, daß *Philon* im Grunde nur ihn exegesiert, freilich auf seine allegorische Weise. Von seinen 1161 biblischen Zitaten in den griechisch überlieferten Schriften sind nur 41 nichtpentateuchischen Ursprungs.¹³³

Helmut Burkhardt hat die formulae quotationis dieser 41 Zitate und einiger ausdrücklicher Bezugnahmen auf nichtpentateuchische Texte tabellarisch zusammengestellt, in denen z.T. in recht bezeichnender Weise die inspiratorische Qualität, die Philon den Zitaten beimißt, deutlich wird (z.B. mut 169 für Jes 48,22: καθάπερ καὶ ἐν προφητικαῖς ῥήσεσι ... χρησμός ἐστι θεῖος).¹³⁴ Mit Recht stellt er heraus, daß Philon zumindest die speziellen, also von ihm zitierten Worte als Gottesworte, als inspiriert einschätzt.¹³⁵ Sein besonderes Anliegen ist es, gegen den bisherigen Trend der Forschung, die das ekstatische Moment für die Inspiration betont, herauszustellen, daß ekstatische Terminologie hinsichtlich der prophetischen Inspiration - auch und gerade Mose galt für Philo als Prophet - nur Interpretament ist.¹³⁶ Zu Mose sagt er: "Weil sein Denken und Leben in einzigartiger Weise auf Gott ausgerichtet

---

¹³² *Eißfeldt*, Einleitung, 767; s. auch Lk 24,44.

¹³³ *Burkhardt*, Die Inspiration heiliger Schriften bei Philo von Alexandrien, 134, unter Berufung auf *Leisegang*, Index Locorum Veteris Testamenti, und *Stuhlhofer*, Der Gebrauch der Bibel von Jesus bis Euseb, 12. Kap.

¹³⁴ *Burkhardt*, op. cit. 134-137.

¹³⁵ Ib. 137.

¹³⁶ Ib. 221.

war, konnte Mose in seiner Schriftautorität aus sich selbst heraus schöpfen, ohne damit jedoch 'Eigenes' in einem der Frömmigkeit entgegengesetzten Sinne hervorzubringen: das geschriebene Gesetz ist Abbild der in Mose lebendigen Tugenden (Mos II,11)."[137] Die von *Burkhardt* gebrachten Argumente mögen vielleicht zuweilen ein wenig überinterpretieren; sie dürften aber zumindest gezeigt haben, daß der bisherige Konsens nicht auf festen Füßen steht.

1.1.2.3 Die theologische Relevanz der Septuaginta als jüdische Bibel

Auf das *quantitative* Moment wurde bereits aufmerksam gemacht: Es waren weit mehr Juden im mediterranen Bereich, die die LXX als die Heilige Schrift ihrer Muttersprache besaßen, als diejenigen, die in Palästina im Synagogalgottesdienst die Lesung aus der Biblia Hebraica hörten und doch zugleich auf die Übersetzung des aramäischen Targums angewiesen waren. Und insofern dürfte es sich um mehr als nur eine Argumentation mit Quantitäten handeln. Wenn die *Septuaginta die Bibel der Majorität der Juden* war, dann kommt darin augenfällig zum Ausdruck, daß die damaligen Juden zumeist Diasporajuden waren. Das antike Judentum versteht nur, wer es in seiner Mehrheit als Diasporajudentum begreift. Natürlich muß auch dem Rechnung getragen werden, daß auch die Diasporajuden, jedenfalls vor 70 n. Chr., im Jerusalemer Tempel das Zentrum ihres jüdischen Glaubens sahen, daß also die innere Ausrichtung auch der Diasporajuden auf Jerusalem für ihren jüdischen Glauben, mehr noch: für ihr Jude-*Sein* konstitutiv war. Aber ihre sprachliche Heimat war weithin die damalige lingua franca, das Koine-Griechisch. Und so war die LXX die sprachliche Heimat ihrer jüdischen Religion.

Dieser Sachverhalt ist zunächst deshalb von besonderem geschichtlichem Gewicht, weil es ja diese LXX war, die den nicht geringen jüdischen Einfluß auf Heiden im Imperium Romanum verursachte. Ohne den in griechischer Sprache gehaltenen Synagogalgottesdienst mit den in griechischer Sprache verlesenen Texten aus Pentateuch und Propheten, ohne die in griechischer Sprache gehaltene Predigt über LXX-Texte hätte es keine "Gottesfürchtigen" und erst recht keine Proselyten gegeben.

Joseph Ziegler hat die alexandrinischen Übersetzer der Biblia Hebraica als große Theologen charakterisiert, die sich der schweren Ver-

---
[137] Ib. 219.

antwortung bewußt gewesen seien, die sie mit ihrer Übersetzung der Bibel in die *Weltsprache* des Griechischen übernommen hatten. Denn dieses Buch hätte ja die Aufgabe gehabt, den Gott des kleinen Volkes Israel als den großen Gott des alexandrinischen Weltreiches, ja als Gott alles Geschehens in Geschichte und Natur zu verkünden. Man wird sicher heute nicht mehr so unbefangen wie noch vor ungefähr dreißig Jahren[138] sagen können, daß diese Überlegung die Bibelübersetzer zur Wiedergabe des hebräischen Gottesnamens Jahwäh mit Kyrios geführt hätten, "zu einer Wiedergabe des hebräischen Gottesnamens, die die bedeutendste Wiedergabe in der Geschichte aller Übersetzungen ist und als wahre Großtat anzusprechen ist".[139] De facto aber wurde durch den Tatbestand, daß in den LXX-Lesungen des synagogalen Gottesdienstes der Gott Israels als der Kyrios genannt wurde, die Heilige Schrift Israels für heidnische Ohren gewissermaßen "entnationalisiert". Damit war aber eine geistige Bewegung nach vorne geschehen! Der in manchen Aussagen der Biblia Hebraica ansatzweise und z.T. sogar mehr als ansatzweise zum Ausdruck kommende Universalismus ist im Kyrios-*Begriff* für Gott, der den Jahwäh-*Namen* substituierte, noch greifbarer geworden. Und so ist an dieser Stelle mit Nachdruck zu fragen, warum das Stadium der Fixierung der Biblia Hebraica, wie sie uns ungefähr auch heute noch vorliegt und wie sie doch als geistiges Produkt der exilisch-nachexilischen Südperspektive Jerusalems eben dieser Perspektive beredten Ausdruck verleiht, *theologisch* eine höhere Relevanz beanspruchen darf als das Stadium der griechischen Übersetzung, der LXX, die doch theologiegeschichtlich einen gehörigen Schritt nach vorne gegangen ist. Sollte man darauf einwenden, daß mit der Übersetzung ins Griechische ein Stück Vergangenheit der Heiligen Schrift Israels verlorengegangen sei, so ist dem zu entgegnen, daß doch auch schon die Biblia Hebraica wichtigste Perspektiven der Vergangenheit Israels eliminiert hat, vor allem theologische Perspektiven des 722 v. Chr. untergegangenen Nordreichs, und somit eine in der Geschichte Israels bzw. des Judentums ganz bestimmte religionsgeschichtliche und politische Sicht als theologisch verbindlich zementiert.

---

[138] Festvortrag "Die Septuaginta. Erbe und Auftrag", gehalten beim 380. Stiftungsfest der Julius Maximilians-Universität zur Würzburg am 2. Mai 1962.

[139] *Ziegler*, Sylloge, 606. Bekanntlich gibt es LXX-Handschriften, die das Tetragramm bringen! S. nur *Kahle*, ThLZ 84, 743-745; *Fitzmyer*, Der semitische Hintergrund des ntl. Kyriostitels, 282f. u. 282f. Anm. 41-43.

Die soeben herausgestellte *Dominanz der exilisch-nachexilischen Südperspektive* bedeutet also, daß eine ganz bestimmte, wenn nicht sogar zufällige Epoche der alttestamentlichen Zeit theologisch absolut gesetzt wird. Jahrhunderte der Geschichte Israels werden somit aus einer sehr engen Perspektive nach dem Maßstab der zu diesem Zeitpunkt herrschenden Plausibilitätsstrukturen beurteilt! Zeitbedingte theologische, religionsgeschichtliche, frömmigkeitsgeschichtliche und überhaupt geschichtliche Überzeugungen erhalten das Gewicht eines absoluten Kriteriums mit Offenbarungsqualität. *Das historisch Punktuelle wird zum Allumgreifenden deklariert.*[140] Welches *Geschichtsverständnis* steht hinter einer solchen theologischen Sicht?

Symptomatisch zeigt sich diese verzerrte und verzerrende Südperspektive der exilisch-nachexilischen Ära an der historisch nicht zutreffenden und so ungerechten Beurteilung Jerobeams I., die als Geschichtsklitterung zu bezeichnen nicht unangemessen ist. Mit *Ernst*

---

[140] Im Grunde bestätigt *Rolf Rendtorff*, dessen theologische Intention mit der von uns vertretenen in wesentlichen Punkten nicht deckungsgleich ist, das soeben Gesagte, wenn er als Konsequenz des *theologischen* Ernstnehmens des alttestamentlichen Kanons erklärt (Zur Bedeutung des Kanons für eine Theol. des AT, 10; Hervorhebung durch mich): "Zunächst ergibt sich die Notwendigkeit, das ganze Alte Testament von seinem kanonischen Endstadium her als Ausdruck des *Selbstverständnisses des nachexilischen Judentums* zu verstehen." Von der von uns vorgetragenen Konzeption unterscheidet sich seine Auffassung in elementarer Weise, wenn er gegenüber einem Lesen des Alten Testaments in seinem Gefälle auf das Neue Testament hin, was - und darin gebe ich ihm zunächst noch recht - das Alte Testament in seiner theologischen Substanz verändere und das Selbstverständnis des Alten Testaments in seiner kanonischen Form preisgebe, das Ernstnehmen des Selbstverständnisses des Alten Testament in dieser seiner kanonischen Form als den besseren und einzig (!) angemessenen Weg sieht. Die Konsequenz (ib. 11): "Dies würde die christliche Theologie frei machen von dem Versuch, die eigene Auslegungsgeschichte für kanonisch zu erklären, und es würde zugleich die Möglichkeit eröffnen zu einem Gespräch zwischen Juden und Christen über die gemeinsamen Grundlagen in der Hebräischen Bibel und deren heutige Relevanz im Lichte der je verschiedenen Auslegungs- und Wirkungsgeschichte." - Es gehört zur Ironie der Theologiegeschichte, daß sich *Rolf Rendtorff* und *Emanuel Hirsch* in dem soeben herausgearbeiteten Sachverhalt völlig einig sind! *Hirsch*, Das AT und die Predigt des Evangeliums, 111, spricht von einem "*Gesamtsinn des Alten Testaments*", von dem beim theologischen Urteil auszugehen sei: "Das ist bei einem Buche, das eine jahrtausendalte politische und religiöse Geschichte mit ihren Brüchen und Wandlungen in unendlicher religiöser Mannigfaltigkeit widerspiegelt, nur möglich, wenn man es grundlegend vom Standpunkt der Gemeinde aus versteht, die es aus der schriftlichen Überlieferung ihres Volkes gesammelt, ausgelesen und redigiert hat. Das heißt also für das Alte Testament: es ist *als Ganzes vom Standort der nachexilischen jüdischen Volks- und Religionsgemeinde persischer und hellenistischer Zeit aus zu deuten.*"; Hervorhebung durch mich. Der Sachverhalt der Dominanz der exilisch-nachexilischen Südperspektive ist also in theologischer Hinsicht höchst interpretationsbedürftig!

*Würth*wein ist wohl 1Kön 12,19 als Beurteilung vom Jerusalemer Standpunkt aus zu verstehen, der der nordisraelitischen Tendenz der Erzählung 1Kön 12,1-18 widerspricht.[141] Aber gerade dieser unverkennbar nordisraelitische Standpunkt kommt der historischen Wahrheit sehr nahe: "In der Tat dürfte das israelitisch-judäische Großreich, menschlich gesehen, an dem Zusammenstoß zwischen despotischen Entwicklungen in Jerusalem und dem Freiheitswillen der Nordstämme gescheitert sein."[142] Mit Würthwein ist anzunehmen, daß Jerobeam I. eben nicht Usurpator der Macht war, wie ihn der deuteronomistische Verfasser anklagt, sondern eher Exponent von Israels Freiheitswillen gegenüber der Ausbeutung durch die davidische Dynastie.[143] Und die Unterstellung, er habe Jungstiere zu Göttern gemacht, ist eine tendenziöse Verzeichnung durch den Deuteronomisten.[144]

Was bedeutet also diese *weder historisch noch theologisch akzeptierbare Südperspektive* für das Problem der Kanonizität des Alten Testamentes? Die theologische Brisanz dieser Frage liegt auf der Hand, wenn man bedenkt, daß zur Südperspektive die Königsideologie Jerusalems mit ihrer Auffassung von der David-Dynastie als der irdischen Repräsentanz der Herrschaft Jahwähs gehört. Daß diese Auffassung höchst bedenklich im Blick auf den christlichen Glauben ist, wird gleich noch zu zeigen sein. Diese Auffassung vom Gottesgnadentum der Davididen dürfte aber auch nicht im Sinne des Nordreichs Israel sein, also im Sinne jenes Reiches, das doch den größten Teil der zwölf Stämme Israel umfaßt hatte. Wenn Ps 2, ein mit Sicherheit vorexilischer Psalm, die Weltherrschaft des Königs von Jerusalem vor Augen hat[145], dann ist dies in den Augen des Nordreichs eine Provokation. Richtig, aber auch bezeichnend für die hier diskutierte Problematik ist die Interpretation des Psalms durch *Hans-Joachim Kraus*: "Dem Gotte Israels... *gehören* die Völker und Enden der Erde (Ps 24,1-2; 47,3.9; 89,12; Jes 6,3), darum kann er sie seinem erwählten König *übergeben* (Ps 2,8)."[146] Für die deuteronomistische Theologie ist in diesem Sinne 2Sam 7 relevant. In inhaltlicher Nähe steht dazu die Zion-Theologie im Jesaja-Buch, wobei -

---

[141] *Würthwein*, ATD 11/1, 158.
[142] Ib. 159f.
[143] Ib. 163.
[144] Ib. 164.
[145] *Kraus*, BK.AT XV/1, 14.
[146] Ib. 15; Hervorhebungen durch *Kraus*.

mit Gerhard von Rad[147] - der Zusammenhang der Verkündigung Jesajas mit der Altjerusalemer Tradition offenkundig ist.

Zu fragen ist also, welches theologische Recht für die theologische Absolutsetzung einer historisch bedingten Partialsicht besteht. Diese sehr ernste Frage ist vor allem deshalb heute zu stellen, weil die vor allem von *Brevard S. Childs* vertretene Auffassung vom "canonical approach" die kanonische Gestalt des alttestamentlichen Kanons als theologisch verbindlich postuliert.[148] Auf seine Ansicht ist im Zusammenhang der christlichen Sicht des Alten Testaments noch näher einzugehen.

Ist also die *historische Relativität* der exilisch-nachexilischen Redaktionsarbeit an den alttestamentlichen Büchern bzw. Traditionen einmal erkannt und damit zugleich auch die theologische Fragwürdigkeit der Kanonisierung derjenigen alttestamentlichen Aussagen, die durch zufällige Perspektivendominanz in das Prokrustesbett einer angeblich theologischen Relevanz gezwängt wurden, so wird man die Frage, ob eine spätere Modifikation der alttestamentlichen Überlieferung durch die nach und nach zustande gekommene Übersetzung ins Griechische nicht zumindest ein gleiches theologisches Recht beanspruchen könnte, nicht einfach abweisen können. Man mag gegen die LXX einwenden, daß sie nicht ein reiner Spiegel der alttestamentlichen Überlieferungen sei - aber das gilt dann mit gleichem Recht auch für die Biblia Hebraica. Die *veritas Hebraica* (Hieronymus) hat in dieser Hinsicht sicherlich keinen Vorsprung vor der *veritas Graeca*!

Die veritas Graeca der LXX beinhaltet nicht nur einfach die Übertragung des hebräischen Originals des Alten Testament in die griechische Sprache. Mit dieser Übersetzung und zugleich der Hinzufügung von z.T. sogar ursprünglich griechisch geschriebenen Büchern ist nämlich eine nicht geringe *Hellenisierung des Alten Testaments* erfolgt. In der LXX kommt die geistige Haltung eines hellenistischen Diasporajudentums zum Ausdruck. Es wurde bereits auf den für die LXX verstärkten Universalismus verwiesen. *Nikolaus Walter* hat auf die hellenistische Eschatologie des Frühjudentums aufmerksam gemacht, die in nichtbibli-

---

[147] *von Rad*, Theol. II, 164; mich zu der neuen Sicht *Otto Kaisers* (vor allem: ATD 17, 5. Aufl. *[!]* 1981) zu äußern, ist hier nicht der Ort. Es sei nur folgendes gesagt: Hätte *Kaiser* mit seiner Spätdatierungshypothese recht, so würde dies die hier aufgewiesene Problematik nur noch weiter zuspitzen: Selbst wesentliche Vorstellungen des Jes-Buches, die man herkömmlicherweise als authentisches Jesaja-Gut ansah, wären dann Ausdruck einer nachexilischen Südperspektive!

[148] S.u. Exkurs Abschn. 1.1.2.4.1!

schen intertestamentarischen Schriften, aber auch in den nur in der LXX befindlichen Schriften des Alten Testaments präsent ist.[149] Vor allem ist in diesem Zusammenhang die *Sapientia Salomonis* zu nennen, gewissermaßen ein Endglied in der biblischen Entwicklung zum Hellenismus hin. Die Bedeutung dieses wahrscheinlich im ägyptischen Alexandrien des 1. Jh. v. Chr. entstandenen Buches kann kaum überschätzt werden. Wer nun als Jude aus der religiösen und theologischen Gedankenwelt der LXX lebt, praktiziert jene Frömmigkeit, die mit Recht als sog. Septuaginta-Frömmigkeit bezeichnet wurde.[150] Weist *Georg Bertram* mit Recht auf den Sachverhalt hin, daß mit der LXX die alttestamentliche Religion zur Religion des Wortes wurde, da nicht mehr Tempel, Opferdienst und Priestertum im Mittelpunkt der Frömmigkeit standen, sondern der Wortgottesdienst der Synagoge[151], so korrespondiert dies der Tendenz der LXX zu einer gegenüber der Biblia Hebraica stärkeren Betonung des theologischen Moments.[152]

Hermeneutisch bedeutet das, daß wir, die wir als Abendländer heute noch in erheblichem Ausmaße vom griechisch-hellenistischen Geiste geprägt sind, eigentlich eher dem Alten Testament in seiner veritas Graeca aufgeschlossen sein müßten als in seiner veritas Hebraica. Daß dies jedoch zumeist nicht der Fall ist, hängt damit zusammen, daß die LXX heute leider immer noch - auch für die meisten Theologen! - ein Buch mit sieben Siegeln ist.

1.1.2.4 Die Heilige Schrift der neutestamentlichen Autoren

Zeigte sich schon die Bedenklichkeit der theologischen Absolutsetzung der Endgestalt der Biblia Hebraica für das Selbstverständnis Israels, so gilt dies a fortiori für das Alte Testament als Heilige Schrift der Christen. Zunächst einmal ist das Faktum festzuhalten, daß der Zeitpunkt für die endgültige oder zumindest quasi-endgültige Festsetzung des Umfanges der kanonischen Schriften am

---

[149] *Walter*, ThLZ 110, 331ff.; er expliziert diesen Sachverhalt an folgenden Themen: 1. Gottes Ewigkeit (Gott und Zeit); 2. Himmlische Welt - himmlisches Jerusalem; 3. Gericht nach dem Tode - Unsterblichkeit der Seele?; 4. Weltverhältnis - Geschichtsverhältnis.
[150] *Bertram*, WO II, 274ff.; ib. 502ff.; *ders.*, RGG V, 1707ff.
[151] *Bertram*, RGG V, 1707.
[152] Mir noch unbekannt ist *Emanuel Tov*, Die Septuaginta in ihrem theologischen und traditionsgeschichtlichen Verhältnis zur hebräischen Bibel, dessen Publikation angekündigt ist.

Ende des 1. Jh. n. Chr. bereits in eine Ära verweist, in der das Judentum nach der Katastrophe von 70 n. Chr. seine Identität vor allem in der Schrift zu gewinnen sucht. Was *Gunther Wanke* für die Zeit nach der ersten Katastrophe, also nach 587 v. Chr. herausstellt, nämlich die Erfahrung der identitätsbewahrenden Funktion der Überlieferung, die den Anlaß zur Kanonisierung bot[153], gilt nun in noch stärkerem Ausmaß für die Zeit nach der zweiten, noch schlimmeren Katastrophe. Von daher wird geschichtlich verständlich, warum erst jetzt der Begriff dessen, was wir kanonisch nennen, in den Diskussionen von Jamnia jedoch mit der Wendung "die Hände verunreinigen" umschrieben, in aller Strenge gefaßt wurde - in einer Zeit also, in der bereits das phärisäisch-rabbinische Element dominierte und sich schließlich absolut setzte. Dieses Judentum am Ende des 1. Jh. n. Chr. war nicht mehr das religionsgeschichtlich so bunte Judentum der Zeit Jesu und Pauli. Zu deren Wirkzeiten war, wie sich gezeigt hat, die Kanonfrage nach Umfang und Wesen noch offen. Mit welchem *theologischen* Recht soll aber diese rabbinisch-pharisäische Entscheidung aus einer Zeit, in der in der Paulusschule schon einige deuteropaulinische Schriften verfaßt, in der möglicherweise schon alle synoptischen Evangelien geschrieben waren - mit welchem Recht also sollte diese jüdische Entscheidung ausgerechnet für die christliche Kirche bindend sein? Man wird auch bedenken müssen, daß diese pharisäisch-rabbinische Entscheidung mitten im akuten Prozeß der Diastase von Judentum und Christentum getroffen wurde, daß diese jüdische Kanonentscheidung also zumindest auch antichristliche Implikationen in sich barg. Dann aber sollte man nicht ein jüdisches theologisches Urteil, das wenigstens partiell in Absetzung von der christlichen Kirche gefällt wurde, ausgerechnet für diese Kirche als verbindlich deklarieren. Mögen auch in die neutestamentlichen Überlieferungen ungerechte antipharisäische Emotionen eingeflossen sein (Mt 23![154]), so bleibt doch der Sachverhalt, daß sowohl Jesus[155] als auch Paulus pharisäisches Denken energisch hinterfragt haben.

Wichtiger ist aber wohl noch folgender Tatbestand: Die Autoren des Neuen Testaments betrachteten weitesthin die Septuaginta als die für sie autoritative Heilige Schrift. Sie ist es, aus der sie zumeist ihre Zitate nahmen. Ihre Aussagen sind es, die sie zur theologischen Argumentation

---

[153] *Wanke*, TRE 6, 3.
[154] *Haenchen*, Mt 23.
[155] *Hübner*, Das Gesetz in der synopt. Tradition, passim.

an entscheidenden Stellen heranzogen. Daß im Neuen Testament zuweilen auch Schriftzitate begegnen, deren griechischer Text von der LXX-Fassung etwas abweicht und sich da, wo der griechische und der hebräische Text inhaltlich divergieren, wieder dem hebräischen Text annähert - das ist selbst bei Paulus zuweilen der Fall - , besagt nichts gegen die *Prädominanz der Septuaginta im Neuen Testament*. Denn wir müssen damit rechnen, daß kontinuierlich LXX-Rezensionen in Richtung auf inhaltliche Koinzidenz von griechischer Übersetzung und hebräischem Original vorgenommen wurden und sich dieser Prozeß auch in den Zitaten im Neuen Testament spiegelt.[156] Und wo neutestamentliche Autoren bei ihren Zitaten bewußt den hebräischen Urtext berücksichtigen, schlägt dies insgesamt kaum zu Buche. Auch der komplizierte Sachverhalt bei Matthäus[157] kann an der Gesamttendenz innerhalb des Neuen Testaments zugunsten der LXX kaum etwas ändern, zumal der Evangelist in den von ihm allein gebotenen Zitaten, soweit sie nicht durch die formulae quotationis als sog. Reflexions- oder Erfüllungszitate eingeleitet sind, in der Regel der LXX folgt. Die LXX-Prädominanz im Neuen Testament impliziert natürlich die *theologische* Prädominanz des griechischen Textes vor dem hebräischen.[158]

Ein bereits genannter Sachverhalt sei noch einmal in Erinnerung gerufen: Die LXX war die Heilige Schrift des größeren Teils der damals im Imperium Romanum lebenden Juden. Sie war als Buch der Weltsprache das Mittel schlechthin, um die jüdische Religion attraktiv zu machen. Und genau dieser Heiligen Schrift der Juden bediente sich auch die christliche Mission. Insofern gibt es einen fundamentalen Zusammenhang zwischen dem jüdischen religiösen Einfluß innerhalb der damaligen heidnischen Welt und der christlichen Mission, einerlei wie man sich im

---

[156] *Hanhart*, ZThK 81, 400ff.

[157] S. den Mt-Teil im 2. Bd. unserer Untersuchung; zur ersten Übersicht *Kümmel*, Einleitung, 81-83.

[158] S. auch *Walter*, ThLZ 110, 333, Hervorhebung durch mich: "Ich meine aber, daß eine im Rahmen christlich-theologischer Arbeit konzipierte Biblische Theologie vom Alten Testament nicht nur dessen Ur-Sinn ... in Betracht ziehen darf, sondern auch die Interpretationsgeschichte der Glaubensüberlieferungen Israels bis in die neutestamentliche Zeit, also auch ihre Übersetzung ins Griechische und die intertestamentarische Literatur, mit einbeziehen muß." *Walter* hat recht, wenn er über die LXX hinaus die intertestamentarische Lit. für die Konzeption einer Biblischen Theologie heranziehen will. Wenn unser Ansatz hier bescheidener ist als die programmatische Aussage *Walters*, dann deshalb, weil zunächst einmal die Aufgabe geleistet werden muß, die Rezeption des Alten Testaments im Neuen theologisch aufzuarbeiten. Unsere Arbeit bedarf also späterer Ergänzung.

einzelnen das Verhältnis von Heidenmission, Judenmission und Judentum vorstellt. Man wird als überaus wahrscheinlich annehmen dürfen, daß die religiöse und moralische Wirkung des Judentums durch die LXX in gewisser Weise einen nicht unwichtigen Vorteil für die Heidenmission der Kirche bedeutete. Wie die LXX die universalen Aspekte der Biblia Hebraica verstärkte, so förderte dieser LXX-Universalismus die Heidenmission der Christen. Und nicht zuletzt: Die LXX besaß als hellenistisches Buch ihre unübersehbare Wirkung auf die hellenistische Welt.

Nun mag man vielleicht zu bedenken geben, daß doch auch für die LXX das Gesetz der Perspektivität galt, konkret: daß auch sie trotz aller Verstärkung der universalen Perspektiven der Biblia Hebraica letztlich wie diese unbestreitbar durch die aufgewiesene Südperspektive bestimmt ist. Aber es gehört zu den Eigentümlichkeiten der LXX-Rezeption im Neuen Testament, daß diese Südperspektive hier nur in theologisch gebrochener und zugleich theologisch überhöhter Weise wirksam war. Bestimmend war nämlich für die Verfasser des Neuen Testaments nicht, aus welcher Perspektive das Alte Testament von sich aus die theologischen Schwerpunkte setzte, sondern aus welcher Perspektive sie als die Autoren jener Schriften, die später einmal das Neue Testament bilden werden, das Alte sehen. Es ist die messianische Erfüllung in Jesus von Nazareth, von der her das Alte Testament gelesen und ausgelegt wird, von der her die Heilige Schrift Israels zum *Alten* Testament der Christen *wurde*. Und dabei ist der Begriff des Messianischen gerade nicht vom Alten Testament her definiert, sondern vom geschichtlichen Christusereignis, vor allem von Karfreitag und Ostern her (Röm 1,1-7; 1Kor 15,3ff.). Der Messias des Neuen Testaments ist gerade nicht von den messianischen Erwartungen des Alten Testaments und ihrer Wirkungsgeschichte im Judentum (PsSal 17!) theologisch gedacht. Nur ansatzweise mag man eine begriffliche Affinität zwischen dem alttestamentlichen Messias und dem neutestamentlichen Christus zugestehen (Sach 9).[159] In der Hand der neutestamentlichen Autoren ist das Alte Testament, ist die LXX zu jenem Wort Gottes *geworden*, das dessen Handeln in dem Messias Jesus von Nazareth zum Heil der ganzen Menschheit aussagt. Inneralttestamentliche Grundaussagen und christliche Grunddeutung des Alten Testaments sind - so ist unbedingt festzuhalten - nicht deckungsgleich.

---

[159] *W.H. Schmidt*, KuD 15, 18-34; *Hübner*, KuD 27, 217-240.

Die soeben herausgestellt Diastase zwischen Vetus Testamentum und Vetus Testamentum in Novo receptum gilt es in doppelter Weise theologisch genauer zu verifizieren. Zunächst muß dies in *quantitativer* Weise geschehen: Welche Grundausagen des Alten Testaments werden von den neutestamentlichen Autoren rezipiert, welche nicht? Die endgültige Antwort auf diese Frage kann freilich erst am Ende unserer Untersuchung gegeben werden. Die Frage aber *als* Frage ins methodische Bewußtsein zu erheben steht als Aufgabe schon am Anfang. Erkennt man nämlich die theologische Relevanz des Verhältnisses von einerseits alttestamentlichen Texten, die die neutestamentlichen Autoren in ihrer Rezeption des Alten Testamentes ausgespart, und andererseits Texten, die sie ausgewählt, vielleicht sogar durch häufige Zitation als in ihren Augen besonders wichtig herausgestellt haben, dann wird diese zunächst rein quantitative Frage im Prozeß ihres Beantwortet-Werdens geradezu zur qualitativen. Die von der Rezeption im Neuen Testament her weißen Flecken auf der Landkarte des Alten Testaments signalisieren nämlich ein prononciertes theologisches Verständnis des Alten Testaments durch die neutestamentlichen Autoren.

Im eigentlichen Sinne *qualitativ* wird diese Diastase von Vetus Testamentum und Vetus Testamentum in Novo receptum aber erst, wenn neben dem soeben herausgestellten quantitativen Moment deutlich wird, wie das aus neutestamentlicher Sicht gesehene Alte Testament in einen neuen theologischen Horizont eingerückt wird. Das bisherige inneralttestamentliche Geschehen von je neuer theologischer Interpretation von überkommenen Traditionen[160] erhält nun den Charakter des Endgültigen. Nicht die ominöse Südperspektive der Endredaktion der Biblia Hebraica kann jetzt noch theologisch erheblich sein. Denn diese Perspektive ist nun von der neutestamentlichen endgültig eingeholt, ist über die Maßen relativiert - ein *theologischer* Sachverhalt, der uns der LXX theologische Priorität für eine neutestamentliche Theologie beizumessen erlaubte. Aber auch die LXX bleibt im Neuen Testament nicht, was sie zuvor war. Auch sie geht durch einen theologischen Umschmelzungsprozeß hindurch. Auch die Septuaginta ist weder quantitativ noch theologisch qualitativ identisch mit der *Septuaginta in Novo Testamento recepta*.

---

[160] S. das Abschn. 1.0. über *G.v.Rad* Gesagte.

Das wird, um nur ein einziges Beispiel zu bringen, dem wir später noch größere Aufmerksamkeit zu zollen haben, an Röm 9-11 deutlich: Paulus hat in diesem Abschnitt besonders dicht Schriftzitate für seine theologische Argumentation herangezogen; er hat seine Israeltheologie aus der intensiven Lektüre der LXX, vor allem des Jes-Buches, geschöpft.[161] Wer sich einmal klargemacht hat, daß sich bestimmte Wortfelder sowohl im Jes-Buch als auch in Röm 9-11 finden und wer JesLXX mit den Augen des Paulus zu lesen versucht, wird schnell feststellen, wie gut sich dieses Buch aus der Perspektive der paulinischen Rechtfertigungslehre und der Israelkonzeption des Röm lesen läßt. Natürlich können wir diese Hermeneutik des Paulus theologisch nicht ohne weiteres nachvollziehen, wir können aber rein intellektuell diese alttestamentlichen Texte mit den Augen des Paulus lesen. Und was wir dann aus dem Jes-Buch herauslesen, ist nicht mehr die Botschaft des historischen Jesaja, des Deuterojesaja oder des Tritojesaja, sondern etwas theologisch Neues.

Im Prozeß dieses Lesens wird deutlich, daß das Vetus Testamentum Graece in Novo receptum, überhaupt das Vetus Testamentum in Novo receptum, mit dem Vorgang der Rezeption durch den neutestamentlichen Autor eine *neue theologische Größe* geworden ist. Durch den Prozeß der Rezeption hat also das Alte Testament eine neue theologische Qualität erhalten.

Komplementär muß allerdings auch in entgegengesetzter Weise gefragt werden, ob nicht auch immer wieder Vetus Testamentum per se und Vetus Testamentum in Novo receptum inhaltlich *konvergieren*, und vor allem, wo derartige Konvergenzen zu konstatieren sind. Theologisch erheblich ist nämlich, ob sie da geschehen, wo zentrale neutestamentliche Aussagen gemacht werden, oder nur im Zusammenhang mit marginalen Aussagen von geringer theologischer Relevanz. Sollten in der Tat neutestamentliche Autoren in ihren Zitaten dort mit dem alttestamentlichem Literalsinn operieren, wo es um wichtige oder gar wichtigste theologische Gehalte des neutestamentlichen Kerygmas geht, so würde das an diesen Stellen eine unbedingt zu beachtende theologische Kontinuität zwischen den beiden Testamenten bedeuten. Es muß aber noch einmal festgehalten werden, daß in *logischer* Sicht die formale Diastase (und in ihrer Konsequenz auch die materiale!) zwischen Vetus Testamentum per se und Vetus Testamentum in Novo receptum *vor* einer möglichen materialen Koinzidenz steht.

Der von uns herausgestellte Sachverhalt der theologischen Divergenz von Vetus Testamentum und Vetus Testamentum in Novo recep-

---

[161] *Hübner*, Gottes Ich und Israel, vor allem 112-124.

tum wird in spezifischer Weise von der Sicht des neutestamentlichen Kanons durch *Johannes Wirsching*[162] beleuchtet. Er sieht den neutestamentlichen Kanon im historischen Zirkel von Kanon und Kirche.[163] Das Christuszeugnis sei nur in einem traditionsgeschichtlichen Zirkel zwischen einem bestimmten Schriftenkanon und einer bestimmten Kirche zu gewärtigen, in diesem Zirkel werde es in gewissem Sinne mediatisiert, zugleich aufbewahrt und sichergestellt.[164] Insofern behauptet Wirsching eine *Priorität der Gemeinde* vor dem Bibelkanon: "Die Gemeinde hat es also auch ohne Schriftenkanon gegeben, aber nie einen Schriftenkanon ohne eine ihn festsetzende Gemeinde."[165] Diese Priorität, die das erwachende historische Bewußtsein zunächst als die durchgehende Kontingenz des Bibelkanons entdeckt habe[166], wird dann durch den kanonbildenden Akt der Kirche wieder aufgehoben, durch einen "Akt der Buße".[167] In diesem Akt begreift sich die Kirche grundsätzlich als "Tochter" des Wortes. Nun ist es aber genau dieser historische Zirkel zwischen Kanon und Kirche, der dadurch durchbrochen ist, "daß die älteste Gemeinde ohne den schon verhältnismäßig geschlossenen Kanon der Hebräischen Bibel als Gemeinde überhaupt nicht in Erscheinung getreten wäre".[168]

Indem Wirsching hier auf die *historische* Priorität der Gemeinde vor dem neutestamentlichen Kanon rekurriert, den er dann im Zirkel von Kirche und Kanon wieder durch die *theologische* Priorität des Kanons aufgehoben sieht, macht er darauf aufmerksam, daß schon - sprechen wir in dogmatischer Nomenklatur - in *ekklesiologischer* Sicht ein ganz erheblicher Unterschied der Geltungsbegründung von alt- und neutestamentlichem Kanon besteht. Die Autorität des Kanons des Neuen Testaments beruht nämlich auf der Autorität des in ihm aufbewahrten Wortes der kirchlichen Evangeliumsverkündigung, die Autorität des Kanons des Alten Testaments für die Kirche aber auf der Autorität, die er bereits für Israel hat. Mit Recht wehrt Wirsching als Mißverständnis die Ansicht ab,

---

[162] *Wirsching*, Kirche und Pseudokirche.
[163] Ib. 76ff.
[164] Ib. 78.
[165] Ib. 79.
[166] Ib. 79.
[167] Ib. 92.

[168] Ib. 86; der Verweis auf die Biblia Hebraica, der sicherlich in gewisser Weise für palästinische Gemeinden zutrifft, hätte aber durch den Hinweis auf die LXX ergänzt werden müssen.

daß das Alte Testament ebenso erst aus dem Schoße des Alten Bundesvolkes geboren worden sei wie dann später das Neue Testament aus der Mitte der Kirche.[169] In den von ihm herausgestellten Zirkel von Kirche und Kanon hinein reicht aber der *Vorgang* der Rezeption des Alten Testamentes für die theologische Ausgestaltung der neutestamentlichen Verkündigung; damit reicht auch in gewisser Weise das Vetus Testamentum in Novo receptum in diesen Zirkel hinein. Das Vetus Testamentum ist der schriftliche Ausdruck des Glaubens Israels, das Vetus Testamentum in Novo receptum hingegen der schriftliche Niederschlag des christlichen Glaubens innerhalb der neutestamentlichen Schriften.[170]

Vielleicht könnte das Insistieren auf der Differenz von Vetus Testamentum und Vetus Testamentum in Novo receptum auch einen befreienden Beitrag zum theologischen Gespräch mit dem Judentum leisten. Wenn nämlich der christliche Theologe einräumt, daß das Alte Testament, wie es die neutestamentlichen Autoren rezipierten und im christlichen Horizont theologisch neu deuteten, also christologisch deuteten, nicht dem Selbstverständnis der Heiligen Schrift Israels entspricht, so würde deutlich, daß er für seinen christlichen Glauben gerade nicht die Biblia Hebraica als diejenige Größe, als die sie im Judentum religiöses Eigentum ist, in Anspruch nimmt. Dem Judentum wäre dann nicht mehr seine Heilige Schrift durch die Kirche entwendet. Damit ist jedoch nicht die *historische* Verbindung zwischen dem alten Israel und der Kirche geleugnet. Damit ist auch nicht - was *theologisch* erheblich wichtiger ist - der Glaube an den Einen Gott, der sich gegenüber Israel als dessen Gott erwiesen hat, vom Glauben an den Einen Gott, der der Vater Jesu Christi ist, radikal getrennt. Historische und theologische Kontinuität vom Glauben Israels zum Glauben der Kirche - natürlich eine Kontinuität, die auch durch Diskontinuität bestimmt ist! - wäre also durch die Differenz von Vetus Testamentum per se und Vetus Testamentum in Novo receptum gewahrt. Es ist aber durch diese Differenz möglich, die theologisch zu reflektierende *neue* Wirklichkeit "in Christus" zum Ausdruck zu bringen, die mit der religiösen Wirklichkeit Israels nicht identisch ist.

---

[169] Ib. 86; richtig auch ib. 86: "Die Christengemeinde hat sich nicht einem historischen Zirkel überantwortet und die Existenz Israels einfach fortgesetzt; sie hat sich vielmehr als das *wahre* Israel gewußt und Jesus Christus nicht als einen der Propheten, sondern als den Herrn der Welt."

[170] Mit diesen Anmerkungen zu *Wirsching* ist natürlich noch nicht sein Buch wissenschaftlich gewürdigt, sondern nur auf einen, allerdings für seine gesamte Argumentation wichtigen Aspekt aufmerksam gemacht.

Dann aber stellt sich das schwierige theologische Problem, wie das Verhältnis "Nichtidentität von Kirche und Israel - genuiner Bezug von Kirche und Israel zueinander aufgrund des Einen Gottes" zu bestimmen ist.

Der Ausgangspunkt einer Biblischen Theologie vom Vetus Testamentum in Novo receptum ist - und das ist das mindeste, was sich sagen läßt - nicht in sich widersprüchlich. Und er ist sicher auch theologisch legitim, weil die neutestamentlichen Autoren das Alte Testament nun einmal aus *ihrer* Perspektive, von ihrem christlichen Glauben her rezepierten. Der historische Tatbestand der Rezeption steht fest. Den Modus dieser Rezeption zu thematisieren ist unbestreitbar eine theologisch geforderte und daher theologisch berechtigte Aufgabe. Von welchem theologischen Axiom her will man dann die theologische Relevanz des im Neuen Testament *rezipierten* Alten Testaments bestreiten?[171]

1.1.2.4.1 Exkurs: Brevard S. Childs' Konzeption vom canonical approach

Angesichts dieses Sachverhalts fällt die bereits genannte Skepsis gegenüber der von *Brevard S. Childs* vertretene Konzeption vom canonical approach noch mehr ins Gewicht.[172] Beginnen wir die Darstellung und Kritik seiner Konzeption mit dem Blick auf seine 1970 publizierte Schrift Biblical Theology in Crisis. Sein Anliegen ist die Erneuerung der Biblischen Theologie. Childs will die These verteidigen, "that the canon of the Christian church is the most appropriate context from which to do Biblical Theology".[173] In dieser These sei das fundamentale christliche Bekenntnis impliziert, daß Altes und Neues Testament zusammen die Heilige Schrift der christlichen Kirche konstituieren. "The status of canonicity is not an objectively demonstrable claim but a statement of Christian belief".[174] Betreibe man also Biblische Theologie innerhalb des Kontextes des biblischen Kanons, so involviere dies die Anerkennung

---

[171] Zur Diskussion um *Childs* s. auch die kurze Zusammenfassung bei *Graf Reventlow*, Hauptprobleme der Bibl. Theol. im 20. Jh., 128-133.

[172] Eine gute, in manchen Punkten das im Folgenden Gesagte durch andere Akzentsetzung ergänzende Darstellung der sich wandelnden Auffassung *Childs'* findet sich in *Oeming*, Gesamtbibl. Theologien der Gegenwart, 186ff. Seine Kritik an *Childs* berührt sich in essentiellen Punkten mit der unseren. Bewußt wird seine ausführliche Kritik an *Childs'* Monographie von 1985 in JBTh 3, 241ff., gleich noch ausführlich berücksichtigt.

[173] *Childs*, Biblical Theology in Crisis, 99.

[174] Ib. 99.

der *normativen* Qualität der biblischen Tradition.[175] So habe auch kein kirchliches Gremium jemals ein Buch der Schrift "kanonisch machen können": "Rather, the concept of canon was an attempt to *acknowledge* the divine authority of its writings and collections... In speaking of canon the church testified that the authority of its Scriptures stemmed from God, not from human sanction."[176] Von da aus ist es nicht mehr weit bis zur Behauptung: "Scripture served ... as a testimony that the salvation and faith of the old covenant was one (!) with that revealed in Jesus Christ."[177]

Auch Childs beschreitet zunächst den gleichen methodischen Weg, den wir in unserer Studie praktizieren, nämlich die alttestamentlichen Zitate im Neuen Testament zu thematisieren. Zwar ergibt sich insofern ein gewisser Unterschied zwischen seinem und unserem Vorgehen, als er mit Hilfe des Aufweises dieser Zitate die Aufgabe der Aufarbeitung des Verhältnisses der beiden Testamente zueinander nur *beginnen* will.[178] Da er aber in den weiteren Ausführungen in der Hauptsache sein Augenmerk darauf richtet, wie die neutestamentlichen Autoren das Alte Testament rezipieren, und zwar über die Zitate hinaus auch im Blick auf die Anspielungen, deckt sich im Prinzip sein methodischer Ansatz mit dem von uns praktizierten.[179] Die eigentliche Differenz liegt in der Bewertung der Rezeption. Der Umfang des Vetus Testamentum in Novo receptum ist für ihn erheblich größer, als in unserer Untersuchung angenommen wird. Er verweist zwar für seine Sicht, auch unter Berufung auf *Charles Harold Dodd*[180], mit sachlichem Recht auf den gerade in der angelsächsischen Forschung so betonten Tatbestand[181], daß die neutestamentlichen Autoren, wenn sie ein alttestamentliches Zitat bringen, oft dessen Kontext mitberücksichtigen. Wenn er aber behauptet "Further, the common New Testament practice of composing a catena of citations gives evidence of being a condensed way of including that entire (!)

---

[175] Ib. 100.

[176] Ib. 105.

[177] Ib. 105; Hervorhebung durch *Childs*.

[178] Ib. 114f.: "One approach for avoiding the dangers of abstraction in Biblical Theology ... is to begin with specific Old Testament passages which are quoted within the New Testament."

[179] Das gilt trotz des ib. 216 Gesagten: "go beyond the descriptive task of Biblical Theology, and use as the context the witness of the whole Christian canon". Auch wir bleiben nicht bei der Deskription stehen.

[180] *Dodd*, According to the Scriptures.

[181] Z.B. *Hanson*, The NT Interpretation of Scripture, 7.

background of Scripture which is presupposed in the joining of particular texts."[182], dann dürfte für ihn das Vetus Testamentum in Novo receptum wenigstens tendenziell mit dem Vetus Testamentum per se identisch sein. Dies dürfte zunächst auch daraus hervorgehen, daß für ihn der Gebrauch der alttestamentlichen Zitate im Neuen Testament einer der wichtigen Zugänge zu einer Biblischen Theologie ist, die als solche den Kontext des *ganzen* Kanons ernst nimmt.[183] Dann zeigt es sich aber auch daran, daß der Intention Childs', das im Neuen Testament rezipierte Alte Testament auf das ganze Alte Testament auszuweiten, sein Bemühen korrespondiert, ein *Maximum an Kontinuität vom Alten Testament zum Neuen hin* herauszustellen.[184] Ausdrücklich sagt er: "We conclude that there is no reason to suggest that the New Testament insistence on continuity between the Old and New Testament is one of accomodation, but lies at the heart of the gospel itself."[185] Entscheidend ist die *ekklesiologische* Dimension: Gottes Bundesbeziehung zu Israel ist im Neuen Testament bestätigt ("confirmed").[186] In diesem Zusammenhang dürfte wohl auch folgende Aussage zu verstehen sein: "The Old Testament testimony to God serves the church, not as interesting background to the New Testament, nor as historical preparation for Christ's arrival, but as the living vehicle of the Spirit through which it continues to confront God."[187] Vielleicht ist dies die wichtigste Antwort Child's auf die von ihm selbst gestellte Frage, wie das Neue Testament im Lichte des Alten zu interpretieren sei. Auf die in die entgegengesetzte Richtung zielende Frage, wie das Alte Testament im Lichte des Neuen zu interpretieren sei, gibt er vor allem die Antwort: "There is no body of Old Testament teaching that stands by itself and is untouched by the revelation of the Son."[188] Beide Fragen werden überboten durch die abschließende Frage, was es bedeute, die biblischen Zeugnisse von Gott im Lichte der

---

[182] *Childs*, Biblical Theology in Crisis, 116.

[183] Ib. 117f.

[184] Dies zeigt sich vor allem auf den letzten Seiten des Buches.

[185] Ib. 211; die ib. 215f. genannte Differenz zwischen Gal (radikale Diskontinuität zwischen dem Israel nach dem Geist und dem Israel nach dem Fleisch) und Röm (vollständige Kontinuität mit Israel in Röm 9-11) wird als Ausdruck einer schon im Alten Testament konstatierbaren inneren Bewegung erklärt, ib. 216: "... his (sc. Paul's) witness has caught the inner movement of the Old Testament's testimony to the elements of judgement and salvation, of discontinuity and continuity within God's covenant with his people."

[186] Ib. 214.

[187] Ib. 217.

[188] Ib. 218.

Wirklichkeit Gottes und dessen Wirklichkeit im Lichte der biblischen Zeugnisse zu interpretieren. Die Antwort: "The God of the Bible is not a theological system, but a living and acting Lord, the one with whom we have to do - now. We are confronted, not just with ancient witnesses, but with our God who is the Eternal Present."[189]

Inzwischen hat Childs in einer Reihe von Publikationen seine theologische Konzeption weiter entwickelt, modifiziert und präzisiert.[190] Vor allem in Old Testament Theology in a Canonical Context stellt er die *theologische* Relevanz des alttestamentlichen Kanons heraus - ganz in der Linie seiner Monographie von 1970: In diesem neuen Buche geht es, wie schon der Titel sagt, primär um die alttestamentliche Theologie. Eine solche ist aber nach Childs ein genuin christliches Unterfangen. Der normative Ausgangspunkt ist der Endtext des Alten Testaments. Will der *Theologe* hier verbindlich sprechen, so kann er dies nur von der Autorität des a priori vorgegebenen Kanons aus tun. Und so bleibt es auch quer durch fast alle seine Publikationen das Anliegen von Childs, einer subjektivistischen Bibeldeutung, die eigenmächtig einen "Kanon im Kanon" produziere, durch die Objektivität eben des wirklichen Kanons zu wehren. Er leugnet dabei keineswegs das Verstehen als Werk des Heiligen Geistes; aber dieses funktioniere doch nur durch die Schriften des Kanons.[191] Also ist das Alte Testament Offenbarung Gottes.[192]

In seiner recht ausführlichen Rezension dieses Buches hat *Manfred Oeming*[193] vor allem dessen sehr stark dogmatisch geprägten Aufriß herausgestellt, der an Calvins Institutio erinnere.[194] Childs' Betonung des Theozentrismus der Bibel und sein Beharren auf dem Begriff und der Sache der Offenbarung verdiene große Sympathie.[195] In seiner Kritik kommt Oeming in die Nähe dessen, was hier schon kritisch zu Childs gesagt wurde. Er fragt, ob bei diesem nicht der Makrostruktur des Kanons zuviel aufgebürdet werde. "Und besteht nicht die große Gefahr, daß das Textindividuum im Kanonkollektiv versinkt? Wird die Außenseiterstimme durch die Stimme der Masse nicht faktisch zum Schweigen ge-

---

[189] Ib. 219.

[190] Z.B. *Childs*, The OT as Scripture of the Church, CTM 43, 709-722; ders., Introduction to the OT as Scripture, ²1980; vor allem aber OT Theology in a Canonical Context, 1985.

[191] *Childs*, OT Theology in the Canonical Context, 6ff.

[192] Ib. 20ff.

[193] JBTh 3, 241-251.

[194] Ib. 245.

[195] Ib. 248.

bracht?"¹⁹⁶ Er bestreitet am Ende sogar, daß Childs' sog. canonical approach überhaupt ein canonical approach sei: "Denn wer sich den kanonimmanenten Prinzipien anvertraut, der kommt nicht zu einer kanonischen Einheitsschau, sondern zwangsläufig zu historisch wie theologisch differenzierender Arbeit. Thetisch könnte man Childs entgegenhalten: Der Kanon ist keine thematisch geschlossene Einheit, sondern der Raum, innerhalb dessen die theologische Reflexion lebendig und differenziert bleiben muß. Ein streng kanonischer Zugang wird gerade nicht von *der* kanonischen Sicht *des* Alten Testaments sprechen können."¹⁹⁷

Im selben Jahrgang des Jahrbuchs für Biblische Theologie, in dem sich Oemings Rezension befindet, hat sich auch Childs mit seinem Aufsatz "Biblische Theologie und christlicher Kanon" wieder zu Wort gemeldet.¹⁹⁸ In ihm setzt er sich u.a. mit der Tübinger Variante der Biblischen Theologie auseinander. Der sich bei der Lektüre von Biblical Theology in Crisis einstellende Eindruck, Childs hebe in der Bewegung vom Alten zum Neuen Testament hauptsächlich auf Kontinuität ab, wird hier zumindest relativiert. Er spricht von einer kunstvollen Dialektik, die einer Biblischen Theologie abverlangt werde; die sorgfältige Beachtung des christlichen Kanons - beide Teile des Kanons sind gemeint - führe zu einem theologischen Nachdenken über beide Testamente, "das sich weder mit den Kategorien einer ungebrochenen Kontinuität noch mit denen einer radikalen Diskontinuität zufrieden gibt".¹⁹⁹ Er kann in diesem Zusammenhang sogar Rudolf Bultmann partiell recht geben: Wenn die Kontinuität der einen umfassenden Erlösung Gottes ausschließlich vom Standpunkt des Neuen Testaments aus entdeckt und allein von ihm aus die Brücke zum Alten Bund geschlagen worden sei, so habe Bultmann Richtiges erkannt, wenn er das auf sich selbst gestellte Alte Testament als ein Zeugnis des Scheiterns bezeichne; er habe jedoch übersehen, daß es aus der Perspektive des Evangeliums das Zeugnis für Jesus Christus darstellt.²⁰⁰ Die Frage aber ist doch gerade, *welches* Alte Testament es ist, das aus der Perspektive des Evangeliums dieses Zeugnis darstellt! Wird hier dem dogmatisch a priori vorgegebenen Alten Testament nicht ein anderes a priori vorgesetzt - und insofern das erste a priori aufgehoben! - , wenn durch den Verbund der beiden Testamente das Alte

---
[196] Ib. 249.
[197] Ib. 250.
[198] JBTh 3, 13-27.
[199] Ib. 22.
[200] Ib. 22.

Testament *erst* zum Christuszeugnis *gemacht wird*? Liegt hier nicht die eigentliche Schwäche der Gesamtkonzeption von Childs?[201] Ist dessen Entwurf die wegen seines theologischen Gewichts charakteristischste Gegenposition zu dem unseren[202], so geben die genannten Kritikpunkte den Weg für das von uns gewählte methodische Vorgehen frei.

Hat Childs 1970 in Biblical Theology in Crisis den methodischen Einsatz bei den alttestamentlichen Zitaten im Neuen Testament forciert, so relativiert er ihn in seinem Aufsatz von 1988. 1970 hat er diese Zitate, zumindest ihrer inneren Tendenz nach, als weitgehend repräsentativ für das ganze Alte Testament verstanden (s.o.). Jetzt aber argumentiert er, daß der außerordentlich geringe Gebrauch ganzer Teile des Alten Testaments (z.B. 1 und 2Kön,1 und 2Chr, Esra, Jer) aus der Perspektive historisch-christlicher Forschung unmittelbar davor warne, diese Literatur unbeachtet zu lassen, indem man sie nur in dieser verkürzten Gestalt wahrnehme. Und außerdem überführe die zeitbedingte Weise der neutestamentlichen Auslegung des Alten Testaments dieses in eine nur metaphorische Sinngestalt, die weit von seinem ursprünglichen historischen Sinn entfernt sei. Vor allem gilt für Childs das theologische Argument, daß der moderne biblische Theologe eine aus zwei normativen Testamenten bestehende christliche Bibel besitze, die Urkirche aber als Schrift nur ihr jüdisches Erbe und dazu die mündliche Evangelientradition besessen habe.[203] Er, Childs, vertrete jedoch den Standpunkt, daß das Alte Testament gerade in seiner Rolle als christliche Schrift in seinem eigenen Recht wirksam sei.[204] Doch gerade hier bleibt m.E. unklar, was er eigentlich sagen will. Ausdrücklich erklärt er in diesem

---

[201] Auch *Oeming*, Gesamtbibl. Theologien der Gegenwart, spricht vom Dogmatismus (S. 202), vom unhistorischen Dogmatismus *Childs'* (S. 207), darüber hinaus sogar vom Mangel an logischer Stringenz (S. 202), er erkennt aber das insgesamt hohe Niveau seiner Arbeiten an (S. 194). Interessant ist sein Urteil (S. 208):"Vielleicht wurzelt Childs' Abneigung gegen die angeblich esoterische Hermeneutik wie auch gegen die traditionsgeschichtliche Rückfrage hinter die final form des MT in einer gut amerikanischen Hochschätzung des Positivismus. Nur was man Schwarz auf Weiß in Händen hält, der empirisch vorliegende Endtext, ist von sicherem Wert ...", s. auch die Kritik von *Rudolf Smend*, JSOT 16, 44ff.

[202] Sie ist freilich nicht als Gegenentwurf zu meiner Konzeption intendiert, denn *Childs* ist m.W. nirgends auf meinen 1981 veröffentlichten programmatischen Aufsatz in KuD 27, 2-19, eingegangen. Meinerseits habe auch ich dort nicht auf seine zuvor erschienenen Publikationen Bezug genommen, da aus Platzgründen nur in Auswahl Lit. genannt werden konnte.

[203] JBTh 3, 23.

[204] Ib. 24.

Zusammenhang, daß es schwer bestimmbar sei, "was es bedeutet, im Alten Testament einen Hinweis auf Christus zu finden"; das Ringen mit diesem Problem führe ins Herz der Biblischen Theologie.[205] Unklar bleibt m.E. und zumindest partiell unbegründet sein Vorwurf gegenüber der "Form Biblischer Theologie, wie sie in brillianter Weise in Tübingen betrieben wird"; er hält sie deshalb für besonders problematisch, "weil sie das Alte Testament als eine geschichtliche Größe der Vergangenheit zu betrachten scheint".[206]

Wenn ich es richtig sehe, endet der Aufsatz aporetisch, wenn Childs aus dem kanonischen Rang des Alten Testaments als "eines unabhängigen Zeugnisses Jesu Christi in eigenem Recht" das Problem entstehen sieht, wie das Neue Testament dem Alten gerecht werden könne, wenn es dieses "auf weiten Strecken in metaphorischem Sinn" liest, "zumindest aber in einer Weise..., die von seinem ursprünglichen historischen Sinn weit entfernt ist".[207] Kommt er mit dieser Frage nicht in ziemliche Nähe unserer Unterscheidung von Vetus Testamentum in Novo receptum und Vetus Testamentum per se? Er referiert skeptisch die Lösungsversuche konservativer Theologen mit ihren oft zweifelhaften Harmonisierungsbemühungen und die Lösungsversuche liberaler Theologen, die aus den biblischen Texten z.B. eine Existenzweise, eine Sprachform oder eine Traditionsgeschichte als theologischen Gehalt herauszulesen versuchen. Die Konsequenz, die er daraus zieht, formuliert er in einer wohl recht vagen Zielangabe: "Eine Hauptaufgabe einer Biblischen Theologie, die den Kanon ernst nimmt, scheint mir darin zu bestehen, sich um eine theologisch befriedigendere Herausarbeitung der Beziehung zwischen beiden Testamenten zu bemühen und sich dabei der auffallend unterschiedlichen Formen, in denen das Alte Testament in der christlichen Schrift vorkommt, bewußt zu bleiben."[208] Der Versuch, vom a priori vorgegebenen und somit vom normativen und in seiner äußeren Gestalt autoritativen Kanon her das Kanonproblem zu lösen, dürfte daher als gescheitert zu betrachten sein.

---

[205] Ib. 24.

[206] Ib. 24. Ich gehe auf diese Frage nicht weiter ein; die Tübinger werden sicherlich noch selbst ihr Sachanliegen gegenüber *Childs* vertreten.
[207] Ib. 25.
[208] Ib. 25.

1.2 Der Alte und der Neue "Bund"

1.2.1 Der Alte "Bund"

War bisher vom Kanon die Rede, so auch immer wieder vom Kanon des Alten und dem des Neuen Testaments. Nun kann aber auch vom Kanon des Alten *und* Neuen Testaments als einer Einheit gesprochen werden, also von beiden Testamenten als den beiden Teilen des einen christlichen Kanons. Der Begriff des Kanons wurde in Abschnitt 1.1 thematisiert, eine inhaltliche Klärung dieses umstrittenen Begriffs wurde angestrebt. Ungeklärt blieb aber bisher noch, was mit dem den Begriff des Kanons konstituierenden Begriff des *Testaments* gemeint ist. Im alltäglichen kirchlichen und oft auch theologischen Sprachgebrauch ist die eigentliche Bedeutung des lateinischen Wortes *testamentum* als letzter Wille[209] fast völlig verblaßt, wenn vom Alten oder Neuen Testament die Rede ist. Das Alte Testament ist da eben der erste Teil der Bibel, das Neue Testament ihr zweiter. Der Begriff Testament ist somit als bloß *literarischer Begriff* seines ursprünglichen Sinnes verlustig gegangen. Daß sich die Redeweise von den beiden Testamenten der Heiligen Schrift im deutschen Sprachraum - und zumindest in den meisten europäischen Sprachen in analoger Weise[210] - durchgesetzt hat, ist mehr eine Sache der Gewohnheit als der theologischen Reflexion. Spricht man hingegen vom *Alten* und vom *Neuen Bund*, so ist in der theologischen und kirchlichen Umgangssprache die Wirklichkeit der alten und der neuen Heilökonomie gemeint; es ist gemeint, was sich in der Heilsgeschichte[211] Israels oder im neutestamentlichen Erlösungsgeschehen ereignet hat bzw. was Ergebnis dieses Geschehens ist. Somit wird Bund weithin als *Geschehens-* oder *Zustandsbegriff* verstanden.

Fast eine theologische Paradoxie ist es nun, daß ausgerechnet die im Osten der Alten Kirche entstandene Terminologie für die beiden Teile

---

[209] Z.B. Cicero, de or. 1, 242: *testamenta ac voluntas mortuorum*.

[210] Z.B. the Old Testament, the New Testament; l'Ancient Testament, le Nouveau Testament; l'Antico Testamento, il Nuovo Testamento; el Antiguo Testamento, el Nuevo Testamento.

[211] Der Begriff ist hier natürlich nicht im theologisch stringenten Sinn verstanden, wie dies z.B. bei *Johannes Christian Conrad von Hofmann* oder *Oscar Cullmann* der Fall ist.

der Schrift, nämlich ἡ παλαιὰ διαθήκη und ἡ καινὴ διαθήκη, die dann auch die semantische Voraussetzung für die lateinische Bezeichnung der beiden Bibelteile des *Vetus Testamentum* und *Novum Testamentum* wurde, auch die Voraussetzung für die später übliche Rede vom Alten und Neuen Bund wurde.[212] Denn das Wort διαθήκη, das seinem Grundsinn nach Testament bedeutet, also dem lateinischen *testamentum* voll entspricht[213], wurde später weitesthin und wird auch heute noch von vielen als "Bund" begriffen (s.u.). Dies trifft auch für das hebräische Wort *bərît* (im MT 287mal) zu, das in der LXX fast durchgängig mit διαθήκη übersetzt ist. Das Verständnis von *bərît* und διαθήκη als Bund ist, soweit wir es übersehen können, auf *Hieronymus* zurückzuführen. Er hatte zunächst den ihm vorliegenden Text der Vetus Latina überarbeitet und dabei deren fast stereotype Wiedergabe von διαθήκη durch testamentum stehenlassen. Bei seiner Neuübersetzung des Alten Testaments aus dem Hebräischen[214] ersetzte er aber testamentum (im Alten Testament!) weitgehend durch *foedus* (135mal) und *pactum* (96mal), ausgenommen die Psalmen, in denen testamentum stehenblieb.[215] "... seine Neuübersetzung führt zum erstenmal im abendländischen Bereich den Sinn von 'Bund' für *bərît* ein."[216]

---

[212] Z.B. Concilium Romanum, 382 unter Papst Damasus; De canone s. Scripturae (Denz. 84): "Incipit ordo Veteris Testamenti ... Item ordo scripturarum Novi et aeterni Testamenti, quem sancta et catholica suscipit Ecclesia ..."

[213] So *Kutsch*, Verheißung und Gesetz, 176ff.; anders *Behm*, ThWNT II, 128,3ff.; *Behm* liest aus der umstrittenen Stelle *Dinarch* 1,9, "wo offenbar heilige *Verfügungen* oder *Satzungen* gemeint sind, die der Areopag hütete" Anzeichen dafür heraus, daß der Begriff zunächst diese Bedeutung aussagte, ehe er "in der engeren juristischen Bedeutung *Erbverfügung* erstarrte". Diese Konklusion ist aber überaus hypothetisch. Keinesfalls kann aus diesem singulären Diktum (4. Jh. v. Chr.) gefolgert werden, daß in der damaligen Gräzität διαθήκη in der Bedeutung "(heilige) Verordnung, Verfügung" eine für die alexandrinischen Übersetzer des Alten Testaments vertraute Bedeutung war.

[214] So die traditionelle, auf die Selbstaussagen des Hieronymus zurückgehende Auffassung noch bei *Kutsch*, Verheißung und Gesetz, 185ff.; anders *Nautin*, TRE 15, 309f.: Es läßt sich beweisen, daß Hieronymus das Hebräische praktisch kaum kannte. Wenn er oft den transkribierten hebräischen Text zitiert, verdankt er die jeweilige Information seinen Quellen (Origenes, Eusebius, vielleicht auch Acacius von Caesarea); seine Berufung auf ihm bekannte jüdische Gelehrte, bei denen er sogar Hebräisch gelernt haben will, entspricht nicht der Wahrheit. S. die von *Nautin* ib. 314f. genannte Lit., vor allem *Eitan Burstein*, diss. u. REAug 21, 3-12. Wie sich die Forschung in dieser umstrittenen Frage eines Tages endgültig entscheiden wird, ist für unsere Frage unerheblich.

[215] Dazu vor allem *Kutsch*, Verheißung und Gesetz, 185ff.

[216] Ib. 185.

Damit stellt sich aber die Frage nach der Bedeutung von *bərît* im hebräischen Alten Testament. Nachdem es bis in die letzten Jahrzehnte und auch sogar bis in die Gegenwart hinein als *Bund* übersetzt wurde[217] - so schon *Martin Luther* in seiner ersten Ausgabe des Alten Testaments von 1524 und noch konsequenter in der Ausgabe letzter Hand von 1545[218] -, hat *Ernst Kutsch*[219] den Nachweis erbracht, daß *bərît* da, wo das Wort theologisch das Verhältnis Jahwähs zu Israel oder Israels zu Jahwäh aussagt, als *Verpflichtung* zu verstehen ist, sei es als Fremdverpflichtung, die einer einem anderen auferlegt (also die, die Jahwäh Israel auferlegt), oder als Selbstverpflichtung (Jahwäh gegenüber Israel, Israel gegenüber Jahwäh).[220] Nur an wenigen Stellen des Alten Testaments liegt für *bərît* die Bedeutung "Bund" vor, nämlich da, wo im profanen Bereich Vertragsparteien wechselseitige Verpflichtungen übernehmen (z.B. 1Kön 5,26; 15,19; 2Chr 16,3; s. auch Ps 83,6). Niemals trifft das aber für den theologischen Bereich zu, denn aus semantischen wie aus theologischen Gründen ist in keinem Fall an ein (wechselseitiges) Bündnis (pactum) zwischen Gott und Mensch zu denken.[221] Niemals werden im Alten Testament Jahwäh und Menschen gemeinsam als Subjekt *einer* Berit[222] genannt. Es bleibt also festzuhalten: Entweder gewährt Jahwäh seine Berit, in der er sich mit seiner Zusage, mit seiner Verheißung gegenüber Israel oder einem Menschen verpflichtet, oder er verpflichtet denjenigen, dem er die Berit auferlegt. So verpflichtet sich z.B. Jahwäh Abraham gegenüber mit seiner Landzusage, Gen 15,18. Den die Zusage begleitenden Ritus der Selbstverfluchung (in Gestalt eines rauchenden Ofens oder einer brennenden Fackel, V.17) vollzieht allein Jahwäh.[223] Wo die Berit als von Jahwäh dem Volke Israel auferlegte

---

[217] S. nur *Quell*, ThWNT II, 106ff., vor allem 120ff.; *Weinfeld*, ThWAT I, 781ff.
[218] S. vor allem *Kutsch*, Verheißung und Gesetz, 189ff.
[219] Ich nenne hier nur: *Kutsch*, Verheißung und Gesetz (z.T. ältere, aber überarbeitete Aufsätze, die aber zu einer zusammenhängenden Monographie zusammengefaßt sind); Neues Testament - Neuer Bund? Eine Fehlübersetzung wird korrigiert; THAT I, 339ff.; TRE 6, 397ff.
[220] So auch *Perlitt*, ³EKL 1, 565f.: *Kutsch* deutet in der Mehrzahl der Fälle zu Recht mit Entschiedenheit den theologischen Begriff *bərît* als Verpflichtung.
[221] Ib. 566.
[222] Da das Bedeutungsspektrum von *bərît* mit keinem Bedeutungsspektrum eines deutschen Wortes identisch ist, wird das hebräische Wort im folgenden unübersetzt gelassen.
[223] *Kutsch*, TRE 7, 399: "Die Priesterschrift erhebt nicht nur die Landzusage zu der feierlichen Form der $b^e r\hat{\imath}t$ (Gen 17,8a; Ex 6,4), sondern auch die Zusage zahlreicher Nachkommenschaft ('Mehrungsverheißung') (Gen 17,2.4) und die Zusage, Abraham und sei-

Verpflichtung im Alten Testament begegnet, kommt der Begriff in die Nähe der Bedeutung des Begriffs Torah o.ä.[224]

Indem Berit, insofern sie mit *Torah* identisch oder zumindest quasi-identisch ist, in den Blick rückt, meldet sich zugleich auch die *Sinai-Thematik*. Gerade das Sinaiereignis ist es ja, das gemeinhin unter dem Begriff Bund firmiert. Und in der Tat kann man fragen, ob sich nicht gerade anhand des Sinaigeschehens, wie es im Pentateuch und vor allem in Ex 19 und 24 geschildert wird, die Bestreitung eines Bundesschlusses durch Kutsch als unberechtigt herausstellt. Der Verpflichtungscharakter der Berit ist hier sicherlich eindeutig. Aber ist dieser Charakter auch einseitig? Ist hier nicht im Sinne eines Bundes, auch wenn dieser nicht zwischen gleichberechtigten Partnern geschlossen wird, eine unübersehbare zweiseitige Verpflichtung gegeben? Sagt sich nicht Jahwäh, sich selbst verpflichtend, Israel als dessen Gott zu? Und verpflichtet sich nicht Israel, die ihm von Gott auferlegte Torah zu halten, Ex 24,3? Und wird nicht nach dieser Selbstverpflichtung - und zwar eindeutig im Zusammenhang mit ihr, wenn auch wahrscheinlich erst am nächsten Morgen - der zu schließende Bund zwischen Jahwäh und Israel mit einem kultischen Akt sanktioniert? Dieser besteht aus Brand- und Schlachtopfern, worauf dann Mose die eine Hälfte des Blutes auf den Altar sprengte, die andere auf das Volk, letzteres nach der Verlesung des Berit-Buches und einer erneuten Selbstverpflichtung des Volkes im Blick eben auf dieses Buch. Das Blut, das Mose auf das Volk sprengte, nennt er "das Blut der Berit, die Jahwäh mit euch 'schneidet' aufgrund all dieser Worte", Ex 24,8.

Die Diskussion über Ex 24 kann hier nicht im einzelnen referiert werden.[225] Als Argument muß aber das Faktum hervorgehoben werden,

---

nen Nachkommen 'Gott zu sein' (V.7.8b; ebenso bezüglich Isaak V. 19.21), die früher jeweils als einfaches Wort ... und als 'Eid' ... gelten." Zur *bərît* als Zusage an die Patriarchen auch: *ders.*, Verheißung und Gesetz, 102ff.

[224] *Kutsch*, Verheißung und Gesetz, 134ff.

[225] S. vor allem *Kutsch*, Neues Testament - Neuer Bund?, 27-37. Eine nicht geringe Rolle spielt in diesem Zusammenhang die Frage nach der Funktion des Altars, auf dem die Opferhandlung stattfindet. Nach gängiger Auffassung vertritt er Jahwäh; so z.B. *Noth*, ATD 5, 160f.; *Schmidt*, Atl. Glaube in seiner Geschichte, 54. Dann würde das auf den Altar gesprengte Blut Jahwäh in die Bundesverpflichtung hineinnehmen und das auf das Volk gesprengte Blut eben dieses Volk: *Noth*, op. cit. 160f.; *Schmidt*, op. cit. 54. *Schmidt* spricht ib. 54f. im Blick auf die gegenseitige besondere Bindung von der verbindenden Kraft des Blutes und im Anschluß an *H. Holzinger* von einer communio sacramentalis zwischen Gott und dem Volk. Dann verstände sich von diesem Doppelritus her die Deutung des Blutes in V.8 als Bundesblut - mit Hieronymus als sanguis foederis (Vul-

daß in Ex 24,8 gerade nicht vom Blut derjenigen Berit die Rede ist, die Jahwäh und Israel miteinander geschlossen hätten, sondern die Jahwäh mit Israel geschlossen hat, *kārat JHWH ʿimmākæm*. Somit ist diese Berit genau das, was Kutsch als Fremdverpflichtung deutlich gemacht hat. Daß aber eine Fremdverpflichtung als *Reaktion* der Verpflichteten willentliches Übernehmen der Verpflichtung zur Folge hat, ist eigentlich eine Selbstverständlichkeit. Nimmt man Ex 19 und 24 zusammen, so ergibt sich das klare Bild, daß Jahwäh es ist, der die Bedingungen festsetzt, unter denen Israel Eigentumsvolk sein kann, *səgullāh mikkāl-haʿammîm*, Ex 19,5. Aber gerade in diesem Zusammenhang ist von einer Verpflichtung Jahwähs gegenüber Israel nicht die Rede. Er verweist wohl auf das, was er bereits für das Volk getan hat, Ex 19,4. Eine *Kondition* für die Berit wird aber nur - und zwar im engsten Zusammenhang mit diesem V.4 - in V.5 für Israel ausgesprochen: Jahwäh *hat* gehandelt, Israel *soll* handeln! Von einer Situation, aus der auch nur annähernd eine gegenseitig sich verpflichtende Partnerschaft deutlich würde, ist nicht die Rede. Jahwäh diktiert, Israel gehorcht. Wenn irgendwo, dann gewinnt in der Sinaischilderung die Berit weitgehend den Charakter der Torah; beide Begriffe rücken ganz nahe aneinander, sie werden fast synonym. Außer Ex 24,7 ist es u.a. auch Ex 34,28, wo Berit den Inhalt der Verpflichtung bezeichnet.[226]

Festzuhalten ist also: Die Asymmetrie zwischen Jahwäh und Israel ist darin gegeben, daß die Sinai-Berit allein für Israel den Status des Konditionalen besitzt; außer in Ex 19,5 kommt dies auch deutlich im Ersten Gebot des Dekalogs, Ex 20,5f., zum Ausdruck. Jahwäh setzt die Bedingungen fest, unter denen er straft oder Huld schenkt. Will man, was durchaus möglich ist, von Selbstbindung Jahwähs an Israel reden, dann ist aber sofort darauf zu insistieren, daß diese Bindung gerade nicht während der Sinai-Berit geschehen ist. Die gnadenhafte Selbstbindung Gottes an Israel ist ja die *Voraussetzung* der Berit. Das theologische entscheidende Moment ist also das Herr-Sein Jahwähs. Als der göttliche Herr gewährte er in seiner gratia praeveniens die Rettung und setzte als der, der so kraft seines Gott-Seins gnadenhaft an Israel gehandelt hat, autoritativ die Berit-Bestimmungen für Israel fest. Wenn aber dann der

---

gata), wie ja auch schon zuvor in V.7 vom Bundesbuch, volumen foederis, die Rede ist. *Kutsch*, Neues Testament - Neuer Bund?, 29, bringt gegen diese Anschauung den bedenkenswerten Einwand, wie es denn möglich sei, daß ein Altar - auf dem zudem soeben noch Brandopfer dargebracht worden sind! - für diese Gottheit stehe, also die Gottheit vertrete.

[226] *Kutsch*, Verheißung und Gesetz, 80ff.; zur Differenz von Ex 24,7/34,28 und Ex 24,8/34,27 s. ib. 82: " In Ex 34,28 und Ex 24,7 bezeichnet also *bərît* den Inhalt der Verpflichtung, das, was dem Verpflichteten auferlegt ist: das 'Gesetz', die 'Bestimmung'. Demgegenüber ist in Ex 24,8 und 34,27 die *bᵉrît*, die 'auf Grund dieser Worte' 'geschnitten', festgesetzt ist, die Verpflichtung selbst, und in diesem Sprachgebrauch kann *bᵉrît* nicht durch *tôrāh* ersetzt werden."

Berit-Verpflichtung Israels auf die Torah durch Jahwäh die Selbstverpflichtung Israels folgt, so ist diese nicht von gleicher Qualität wie die zuvor geschehene Fremdverpflichtung.[227]

Diese Ausführungen zur Sinai-Berit bedürfen noch einer wesentlichen Ergänzung. Nach der *Priesterschrift*, also nach derjenigen Pentateuchquelle, die den redaktionellen Rahmen für den Tetrateuch abgab, gibt es keine Sinai-Berit. P kennt nur die Noah-Berit Gen 9, in der sich Gott der ganzen Menschheit verpflichtet, und die Abraham-Berit Gen 17, in der sich Gott dem Volke Israel verpflichtet, aber auch zugleich Abraham bzw. seinen Nachkommen die Beschneidung als Berit-Verpflichtung auflegt. Diesen eigentümlichen Sachverhalt hat *Walther Zimmerli* einleuchtend erklärt, wobei er jedoch noch bei der alten Rede vom Bund bleibt: Die Bundeskategorie bildet für P eine grundlegende Kategorie in seinem theologischen Aufriß.[228] Aber P hat die Rede vom *Sinai*-Bund eliminiert[229], weil dieser in seiner alten Gestalt als Grundlage des Gottesverhältnisses fraglich geworden sei.[230] "So wird die ganze Begründung des Bundesstandes in den Abrahambund zurückgelegt, der schon nach den alten Quellen ein reiner Gnadenbund gewesen ist. Die heimliche Spannung, die in JE (und Dt.) im Nebeneinander von Abraham- und Sinaibund bestand, ist hier beseitigt. Was unter Mose am Sinai geschieht, ist in P ganz rein als Einlösung jener frühen Gnadenzusage, auf welcher der Bund nun alleine ruht, verstanden."[231] Setzt man nun überall da, wo Zimmerli vom Bund spricht, den Begriff Berit ein, so dürfte seiner Hypothese höchste Plausibilität zukommen.

Für unsere theologische Wertung der alttestamentlichen Berit ist aber noch ein weiterer Sachverhalt von gleichem Gewicht wie die Korrektur des Verständnisses dieses Begriffs durch Kutsch. *Lothar Perlitt* hat nachgewiesen, daß Israel zur Bestimmung seines Gottesverhältnisses den Begriff Berit erst gegen Ende der Königszeit eingeführt hat. Mit der Berit-Theologie haben in einer Zeit wachsender politischer Gefährdung die deuteronomischen Theologen im 7. Jh. v. Chr. Israels Gottesverhältnis auf diesen vieldeutigen Begriff gebracht. Grundlegend für Perlitts Ar-

---

[227] In gewisser Weise könnte man im Sinaigeschehen ein Präludium des paulinischen Verhältnisses von Indikativ und Imperativ sehen: Gott setzt den Heilsindikativ, in dem der Imperativ impliziert ist.
[228] *Zimmerli*, Sinaibund und Abrahambund, 208.
[229] Ib. 212.
[230] Ib. 215.
[231] Ib. 215.

gumentation ist vor allem das sog. Bundesschweigen bei den Propheten des 8. Jh., nämlich bei Amos, Micha, Jesaja und Hosea. In der frühen Königszeit war also von einer Berit zwischen Jahwäh und Israel nicht die Rede, geschweige denn in mosaischer Zeit.[232]

Trifft dies aber zu, so sind Versuche, die gesamte Geschichte Israels von der Bundesidee her zu begreifen[233], hinfällig. Über das Alte Testament als ganzes, wenn wir es als Dokument einer Geschichte von über tausend Jahren sehen, läßt sich dann nicht mehr die Überschrift "Der Alte Bund" setzen, selbst wenn man, um dem berechtigten Anliegen von Kutsch zu entsprechen, das Wort Bund nicht stricto sensu versteht. Die vorstaatliche Gemeinschaft, die sich im Jahwähglauben verbunden wußte[234], sah ihre Existenz eben nicht in einer Jahwäh-Berit. Auch in der längsten Zeit der Existenz der Nordstämme und somit des überwiegenden Teils der Stämme Gesamtisraels wußte man nichts von einer Jahwäh-Berit. Was aus neutestamentlichem Rückblick der Bund ("Bund") Gottes mit Israels als Totalaspekt ist, ist lediglich die Rezeption des aus deuteronomisch-theologischer Reflexion entstandenen Partialaspektes.

Ist es aber nicht möglich, das ganze Alte Testament mit seiner über tausendjährigen Geschichte Israels und des Frühjudentums unter die Überschrift "der Alte 'Bund'", "die Alte Berit", "die Alte Diatheke" zu stellen, so ist dies zunächst natürlich nur eine *terminologische* Feststellung. Das erhellt schon aus der merkwürdigen Paradoxie, daß es ja eigentlich eine semantische contradictio in seipsam ist, wenn erklärt wird, man könne das Vetus Testamentum nicht unter die Überschrift ἡ παλαιὰ διαθήκη stellen! Zu fragen ist nämlich, ob nicht die deuteronomische Theologie mit Berit nur dasjenige auf den theologischen *Begriff* gebracht hat, was bereits zuvor lebendige *Wirklichkeit* gewesen ist, nämlich die gnadenhafte Erwählung und fordernde Inpflichtnahme Is-

---

[232] *Perlitt*, Bundestheologie des AT, passim. Auch *Kutsch*, TRE 7, 399, hat dieser Auffassung *Perlitts* voll zugestimmt: "Dieser theologische Gebrauch von $b^e r\hat{\imath}t$ hat kaum vor dem 7. Jh. v. Chr. eingesetzt." *Weinfeld*, der an der Übersetzung von $b^e r\hat{\imath}t$ mit "Bund" festhält (s. Anm. 217), kommt zum Ergebnis (ThWAT I, 803): "Gesetz und Bund sind also in Israel von Anfang an miteinander verbunden ...". Diese Auffassung kann man nicht, wie *Weinfeld* und andere versuchen, damit begründen, daß man auf die Analogie zwischen deuteronomischem Bundesgedanken und altorientalischen Verträgen verweist. Der *inneralttestamentliche* Tatbestand, auf den *Perlitt* verweist, ist entscheidend. Und so hat sich auch dessen Auffassung mit Recht weitgehend durchgesetzt.
[233] So vor allem *Eichrodt*, Theol. des AT.
[234] Einerlei, ob man sie noch als Amphiktyonie interpretiert oder nicht.

raels durch Jahwäh. Dann hinge allerdings die theologische und religiöse Existenz Israels nicht am Begriff Berit. Was läßt sich also dazu in religionsgeschichtlicher Sicht sagen?

Fragen wir konkret: Läßt sich die vermutete vordeuteronomische Wirklichkeit Israels vielleicht mit der sog. *Bundesformel* aussagen, die auf *Julius Wellhausen* zurückgeht und deren Bedeutung *Rudolf Smend* 1963 noch einmal so stark hervorgehoben hat: Jahwäh der Gott Israels - Israel das Volk Jahwähs?[235] Hebt man auf diese Formel ab, so müßte man sie in bestimmter Interpretation heranziehen, nämlich als Ausdruck eines anzunehmenden exklusiven Verhältnisses zwischen Jahwäh und Israel. So ist zu fragen: War Israel schon vor dem Aufkommen der deuteronomischen Bundestheologie im Sinne der Ausschließlichkeit allein an Jahwäh als seinen einzigen Gott gebunden? Diese Vorstellung liegt nun in der Tat aufgrund mancher Worte der vorexilischen Propheten nahe, bei denen ja das Phänomen des sog. Bundesschweigens auffällig ist. Diese Propheten sprechen zwar nicht von Jahwähs Berit für Israel, aber sie klagen Israel des Treuebruchs gegenüber Jahwäh an, wie es z.B. Hosea äußerst drastisch tut (Hos 1,2-9). Die sog. Bundesformel begegnet hier mit der im Namen des dritten Sohns der Hure Gomer ausgesprochenen Negation: Nicht-mein-Volk. Und so lautet die Begründung für die Namensgebung: Denn ihr seid nicht mein Volk, und ich bin nicht "Ich bin" für euch.[236] Die ungeheure Härte, ja geradezu verbale Brutalität von Hos 1 ist aber nur der Ausdruck für die Ungeheuerlichkeit, die Israel ins Gesicht gesagt wird: Jahwäh kündigt sein Gottesverhältnis zu Israel auf; Israel ist von nun an ohne Gott und somit ohne Existenzgrundlage. Ein Volk ohne Gott - ein in der Tat schrecklicher, im Grunde nicht mehr denkbarer Gedanke. *Jörg Jeremias* verweist als Parallele auf Am 8,2 "Das Ende für mein Volk Israel ist gekommen, *bāʾhaqqeṣ ʾel ʿammî jisrāʾel*." In der Tat: Ohne Jahwäh gibt es kein "Israel"![237]

Revoziert aber Jahwäh nach Hos 1,9 sein Gott-Sein für Israel - vernichtender als das *wə ʾānokî loʾ ʾæhjæh lākæm* kann alttestamentlich nichts mehr gesagt werden; hier spricht Gott selbst die Sprache des Nihilismus! - und revoziert er zugleich das Volk-Sein Israels für ihn -

---

[235] *Wellhausen*, Israelitische und jüdische Geschichte, 23; *Smend*, Die Bundesformel.

[236] Übersetzung nach *J. Jeremias*, ATD 24,1, 25. Ich gehe von der Faktizität der Namen der Kinder Hoseas und Gomers aus, ohne sie hier diskutieren zu können. Verwiesen sein an dieser Stelle nur auf die auslegungsgeschichtliche Untersuchung von *S. Bitter*, Die Ehe des Propheten Hosea.

[237] *Jeremias*, ATD 24,1, 33.

auch das ist die theologische Sprache des Nihilismus; und schlimmer kann ein Nihilismus nicht sein, als wenn er theologisch ausgesagt ist! - , dann ist anzunehmen, daß sowohl für den Propheten als auch für Israel der *Inhalt* der Bundesformel einen hohen theologischen Stellenwert, einen hohen Existenzwert hat. Es ist damit zu rechnen, daß dieser Inhalt der Bundesformel dem religiösen Selbstverständnis Israels entsprach. Ob jedoch die Bundesformel schon als geprägte Formel z.Zt. des Auftreten des Hosea vorlag, ist nicht beweisbar.[238]

Eine hier nicht zu klärende Frage ist, ob sich Hosea mit Gomer wirklich eine Hure zur Lebensgefährtin genommen hat und damit gemäß göttlichem Auftrag das ehebrecherische Verhalten Israels gegenüber Jahwäh in einer symbolischen Handlung zum Ausdruck bringen sollte. Auch nicht zu klären ist an dieser Stelle, ob die Ehebrecherin von Hos 3 mit der Gomer von Hos 1 identisch ist.[239] Entscheidend für die hier zu behandelnde Thematik ist, daß für die Verkündigung des Propheten das Thema Ehebruch und Treulosigkeit Israels konstitutiv ist. Das Verhältnis Jahwäh - Israel wird metaphorisch als Eheverhältnis dargestellt. Und deshalb ist natürlich der Abfall Israels von Jahwäh ein besonders schlimmer Fall von ehebrecherischer Untreue.[240] Von ehelicher Untreue sprechen läßt sich aber sinnvoll nur da, wo in der Monogamie ein exklusives eheliches Liebesverhältnis verletzt wird. Israel ist also dann untreu gegenüber Jahwäh, wenn es sich mit anderen Göttern abgibt, wenn es dadurch, daß es ihnen schamlos nachläuft, dem "Geist der Unzucht", der *ruaḥ zənûnîm*, verfällt, Hos 4,12.[241]

---

[238] Dazu u.a. *Smend*, Die Bundesformel, 29f.: "Sollte es die Bundesformel in dieser Zeit doch gegeben haben (und dafür könnte Hos 1,9; 2,25 sprechen, muß es aber keineswegs, ...), ..."; ib. 32: "Die prophetische und speziell hoseanische Reflexion und Verkündigung ist Hintergrund genug, macht auch einleuchtend, wie es gerade in diesem Stadium zur Formulierung der beiden parallelen Nominalsätze kommen konnte. Erst im Augenblick der Krise und des Verlustes wird ja oft genug ein Tatbestand, wie er vorher selbstverständlich, vielleicht allzu verständlich war, so bewußt, daß man ihn richtig erkennt und nennt, wenn nun auch nur noch als einen nicht mehr vorhandenen, verspielten Besitz."

[239] S. dazu die Kommentare, vor allem *Jeremias*, ATD 24,1, ad loca, z.B. ib. 53: Da Kap. 3 Kap. 2 fortsetzt, das ganz vom Thema Ehebruch bestimmt ist, ist die am nächsten liegende Lösung, daß Kap. 3 Ereignisse meint, die nach Kap. 1 erfolgten und dieselbe Frau betrafen.

[240] Das viel strapazierte und viel diskreditierte Axiom "Honor in honorante, iniuria in iniuriato", das *Anselm von Canterbury* seinem diskursiven Dialog *Cur Deus homo?* zugrunde legt, gewinnt in der Verkündigung des Hosea plastische Aktualität.

[241] In der Beurteilung dessen, wie dieser Ehebruch Israels konkret vorzustellen ist, möchte ich *Jeremias*, op. cit. 63ff., folgen: Der Ehebruch Israels gegenüber Jahwäh wird vor allem auf bäuerlichen Festen praktiziert, die eng mit dem Ablauf der Jahreszeiten verbunden sind; auf diesen Festen werden Baalskult und baalisierter Jahwähkult kaum noch zu unterscheiden gewesen sein. Und auch der Alkohol schien das Seine zu tun, 4,11: Wein und Most rauben meinem Volk den Verstand, *wəjajin wətîrôš jiqqaḥ leb*. Jeremias, op. cit. 69, versteht *tîrôš* als den noch trüben Heurigen, der auf dem Fest der

Insofern nun das Verhältnis zwischen Jahwäh und Israel als Eheverhältnis gedacht ist, könnte es naheliegen, vom Ehe*bund* zu sprechen, also vom gebrochenen Ehebund. Aber das wäre zu modern gedacht und würde leicht die Vorstellung einer gleichberechtigten Partnerschaft suggerieren. Worauf alles bei Hosea ankommt, wird erst durch sein *Gottesbild* deutlich. Gott ist es, der sein Gnadenverhältnis zu Israel aufkündigt. Aber dieser selbe Gott ist es auch, der die Aufkündigung nicht durchhalten kann, Hos 11,7-11. Weil Gott Gott ist und nicht Mensch, deshalb kann er seinen glühenden Zorn nicht vollstrecken. So überschreibt *Jörg Jeremias* den Abschnitt Hos 11,7-11 mit "Willensumsturz in Gott"; in diesem Kapitel handele es sich um "den theologischen Höhepunkt der Verkündigung Hoseas".[242]

Man darf aber trotz dieses Willensumsturzes in Gott Hos 1,9 nicht vorzeitig relativieren und somit verharmlosen. Zunächst muß vielmehr diese furchtbare Außerkraftsetzung des Gnadenverhältnisses Jahwähs zu Israel bitter ernst genommen werden. Diese Außerkraftsetzung darf durch eine vorzeitige Harmonisierung nicht ihrer Radikalität entnommen werden. Um des Horrenden von Hos 1,9 innezuwerden, ist *Ex 3,14* heranzuziehen.

Hosea ist im Nordreich aufgetreten, in dem man auch die Heimat des Elohisten vermutet.[243] Zu E wird man aber Ex 3,14 zu rechnen haben: "Ich werde (für euch) sein, der ich bin, *ʾæhjæh ʾašær ʾæhjæh*." Es ist also sicher nicht reine Spekulation, wenn man erwägt, ob nicht Hosea mit Hos 1,9 die Aufkündigung von Ex 3,14 aussagen wollte. Das aber würde bedeuten, daß *das* Heilsereignis schlechthin, der Exodus, rückgängig gemacht würde. Die Heilstradition des Exodus wird revoziert, wird "genichtet". Weil Israel das Exklusivverhältnis Jahwähs zu ihm durch Untreue entheiligt hat, setzt er es außer Kraft. Erst wenn das Katastrophale und Nichtende, das wirklich ins Nichts führende Handeln Jahwähs in seiner ganzen Konsequenz bedacht wird, wird deutlich, wie groß, wie unüberbietbar die trotz allem in Kap. 11 verkündete Gnade Gottes ist. Und erhellend ist dann, daß Jahwäh Israel wieder dorthin führt, wo er

---

Traubenlese das fröhliche Festtreiben entfesselt habe. Anders *H.W. Wolff*, BK.AT XIV/1, 104: "Nicht Weingenuß ..., sondern das Verlangen nach guten Weinernten in den Furchtbarkeitsriten Kanaans hat das Volk um das besonnene Bekenntnis zu Jahwe gebracht ..."
[242] *Jeremias*, ATD 24,1, 143.
[243] So z.B. *Schmidt*, Einführung, 85.

einst zu Mose das Wort Ex 3,14 gesprochen hat, Hos 11,5.[244] Es ist in Ägypten, wo bezeichnenderweise die Gnade Jahwähs neu beginnt.[245]

Hosea spricht also nicht von Berit.[246] Aber das, was er von Ägypten sagt, ist sachlich genau das, was der Begriff "Berit" aussagen will: Jahwähs Heilssetzung.[247] Der Sache nach vertritt demnach Hosea die Vorstellung von einer göttlichen Heilssetzung, einer göttlichen Heilsverfügung, einer daraus folgenden Inanspruchnahme des Volkes durch Gott. Der Sache nach sagt Hosea zunächst die Aufkündigung dieser göttlichen Heilssetzung an. Und der Sache nach verkündet er dann in Kap. 11 eine neue Heilssetzung, also, wenn man will, eine Neue Berit, einen neuen "Bund". Der Sache nach sind wir also schon bei dem noch zu behandelnden Theologumenon Jer 31,31ff. (= Jer 38,31ff.LXX).

Hosea steht somit in einer im Nordreich zu vermutenden Tradition, die ein *Exklusiverhältnis* zwischen Jahwäh und Israel kennt, ein Verhältnis, das in einer Heilssetzung durch Jahwäh gegründet ist. Will man also die Aussage der Bundesformel nicht nur für die Zeit als angemessen erkennen, in der bereits der Begriff Berit für das Verhältnis Jahwäh - Israel gebraucht wurde, sondern auch für die davor liegende Zeit, so sollte man vielleicht den Begriff Bundesformel durch den der *Exklusivformel* ersetzen.[248]

Die Frage ist, wie alt der in der Exklusivformel sich aussprechende Glaube Israels ist. Wieweit läßt er sich in der Zeit vor Hosea verifizieren (wenn wir einmal von dem schwer datierbaren Ex 3,14 absehen)? Diese Frage koinzidiert mit der Frage nach dem Alter des *Ersten Gebots*, vor allem dann nach dem Alter des darin befindlichen Epithetons Jahwähs "eifersüchtiger Gott", ᵓel qannāᵓ, Ex 20,5/Dtn 5,9; s. auch Ex 34,14. Nach *Georg Sauer* ist ᵓel qannāᵓ eine nicht sicher datierbare liturgisch geprägte Formel.[249] Nach *Werner H. Schmidt* lassen sich alle das exklusive Verhältnis zwischen Jahwäh und Israel betreffenden Ausdrucksweisen nicht

---

[244] *Jeremias*, ATD 24,1, 142: "Jahwe verfügt 'Rückkehr' in ebenjenes Ägypten, aus dem er einst das junge Israel herausgerufen hatte; er macht den Ruf rückgängig, durch den Israel überhaupt erst 'Sohn' geworden war. Damit endet Gottes Heilsgeschichte mit Israel ..., Sohnschaft und Erwählung sind aufgehoben (vgl. 1,9)."
[245] "Ägypten" ist natürlich Metapher für Assur.
[246] Vom Bundesschweigen der vorexilischen Propheten war ja bereits die Rede.
[247] Hos 11,1: "Als Israel jung war, gewann ich es lieb, heraus aus Ägypten rief ich meinen Sohn."
[248] *Kutsch*, Verheißung und Gesetz, 146ff., schlägt statt Bundesformel den Begriff "Zugehörigkeitsformel" vor.
[249] *Sauer*, THAT II, 649.

mit Sicherheit in die nomadische Zeit zurückverfolgen; es sei auch nicht eindeutig festzustellen, daß der Sinaigott seit je die Forderung auf Alleinverehrung erhob; jedoch sei gewiß die Einzigkeit der Zuwendung Gottes zum Menschen seit je gegeben. Insofern habe der Jahwähglaube von Anfang an Ausschließlichkeit beansprucht und zumindest die Möglichkeit zur Exklusivforderung in sich geborgen.[250] Wahrscheinlich trifft Schmidts Annahme zu. Mag hier auch ein stärkeres Moment der Unsicherheit gegeben sein, so wird man aber wohl annehmen dürfen, daß Mitte des 9. Jh. v. Chr. der Prophet *Elia* mit Vehemenz für die Alleinverehrung Jahwähs durch Israel eingetreten ist. So undurchschaubar 1Kön 18 auch ist, wahrscheinlich läßt sich doch diesem Kapitel entnehmen, daß Elia gegen den Baalskult als konkurrierende Verehrung Jahwähs eingeschritten ist. Wenn es stimmt, daß er mit heiligem Eifer gegen die Baalverehrung und die Baalpriesterschaft vorgegangen ist, dann liegt es nahe, sein eiferndes Eintreten für die Exklusiverehrung Jahwähs als Eintreten für den ʾel qannāh zu interpretieren. Hat er vielleicht sogar seinen eigenen Namen als Programm seines Auftrags gesehen?[251] Elia kann also in gewisser Weise durchaus als Vorgänger Hoseas gesehen werden; immerhin wirkten beide, und zwar im Abstand von nur einem Jahrhundert, im Nordreich. Insofern besteht allerdings wohl ein Unterschied zwischen ihnen, als Elia die Baalverehrung neben der Jahwähverehrung beseitigen wollte, Hosea aber, wenn wir Jörg Jeremias folgen, die Baalisierung der Jahwähreligion bekämpfte.

Wir können also die Grundüberzeugung, die in der Exklusivformel zum Ausdruck kommt, bis ins 9. Jh. v. Chr. verfolgen. Über das, was davor lag, läßt sich nur spekulieren. Was nun noch zu bedenken ist, ist die prophetische Ankündigung einer *Neuen Berit*.

Bereits der Sache nach zeigte sich in der Verkündigung des Hosea der theologische Gedanke der Neuen Berit, da dieser Prophet die neue Heilssetzung durch Jahwäh ansagte. Wie Gott damals für Israel Heil schuf, so wird er es erneut tun. Jahwäh war Israels Gott von Ägypten her (s. auch Hos 12,10; 13,4), und so wird Jahwäh auch wieder in Ägypten von neuem Israels Gott werden (Kap. 11). Ein inhaltlicher Unterschied zwischen erstem und zweitem Heil ist nicht ersichtlich. Dieser grundsätzliche theologische Gedanke von einer ersten, jedoch von Israel verspielten göttlichen Heilssetzung und einer zweiten, prophetisch ange-

---
[250] *Schmidt*, Atl. Glaube in seiner Geschichte, 85f.
[251] So *Seebaß*, TRE 9, 499.

kündigten Heilssetzung wird in *Jer 31,31ff.* (= *Jer 38,31ff.LXX*), einer sicherlich deuterojeremianischen und nachexilischen Stelle, terminologisch in der Berit-Vorstellung ausgesprochen, und zwar als die Unterscheidung von jener Berit, die Jahwäh mit den Vätern "geschnitten" hat, als er ihre Hand ergriff und sie aus Ägypten führte (V. 32), und der Neuen Berit, *bərît ḥadāšāh*, die er in den "kommenden Tagen" mit Israel "schneiden" wird.[252] Wir registrieren also zunächst einmal eine *terminologische* Entwicklung. Zugleich wird aber auch insofern eine *theologische* Entwicklung von Hosea zu Deutero-Jeremia sichtbar, als in Jer 31 der zweite Heilszustand eine erhebliche neue Dimension gegenüber dem ersten gewinnt. Was Jahwäh als die Neue Berit für Israel als neue Heilssetzung Wirklichkeit werden wird, ist, daß er seine Torah in das Innere der Israeliten legen wird (V.33).[253] Gott selbst ist es, der eine solche Berit-Wirklichkeit schaffen wird, in der er den Israeliten die Erfüllung des von der Torah Gebotenen ermöglicht. Ihnen, denen ihre Schuld vergeben ist, ist gegeben, Jahwäh zu kennen - übrigens auch eine Aussage, die in Kontinuität zu Hosea steht. Denn dieser hat die Gotteserkenntnis, *daʿat ʾælohîm*, (Hos 6,6; s. auch 4,6) nicht als theoretische Erkenntnis verstanden, sondern als das von Gott geforderte Verhalten in der Verantwortung vor ihm.[254]

Ist die Neue Berit für Deutero-Jeremia eine erneuerte oder eine in ihrem Sein Neue Berit? Insofern der Gehorsam Israels nun von innen kommt, insofern Gott Israel die Fähigkeit schenkt, das Gesetz spontan zu erfüllen, hat er in der Tat Israel in seinem innersten Sein verändert. Aber es bleibt in einer entscheidenden Hinsicht beim alten. Gefordert ist auch in der neuen Heilssetzung durch Jahwäh Israels *Gesetzesgehorsam*. Ist es doch die Torah, die in Israels Herz gelegt ist![255] Auffällig sind Änderungen im LXX-Text: Gott gibt seine Gesetze (Plural) in die Israe-

---

[252] Der Zusatz "und mit Juda" dürfte sekundär sein.

[253] *Levin*, Die Verheißung des neuen Bundes, 138-141, versteht den neuen Bund von Jer 31,31 nicht als qualitativ neuen, sondern als *erneuerten* Bund. Voraussetzung dafür ist seine literarkritische Entscheidung, Jer 31,33a als Erläuterung des Kontextes aus spätalttestamentlicher Zeit zu bestimmen, ib. 59f. Träfe *Levins* Analyse zu, so würde das von uns Gesagte lediglich auf eine andere literarische Stufe zu transponieren sein. Außerdem: Was heißt "erneuert" (s.u.)?

[254] *Jeremias*, ATD 24,1, 89, versteht Gotteserkenntnis als "Einsicht, daß Israel alles, was es hat und was es ist, nicht aus sich selber hat und ist, sondern als Geschenk Gottes erhalten hat, darum Gott in guten wie in bösen Tagen sein einziger Halt und Retter ist".

[255] S. *Kutsch*, Verheißung und Gesetz, 144ff.; *ders.*, Neues Testament - Neuer Bund?, 37ff.

liten hinein, Jer 38,33LXX: διδοὺς δώσω νόμους μου εἰς τὴν διάνοιαν αὐτῶν καὶ ἐπὶ καρδίας αὐτῶν ... Auch "schneidet" Gott nicht die Diatheke; er setzt sie fest; Jer 38,31LXX: διαθήσομαι ... διαθήκην καινήν, (s. auch V.33).[256]

Theologisch tiefer geht *Ezechiel*. Ez 37,26 heißt es als Ich-Wort Jahwähs: "Und ich werde ihnen eine Berit des Friedens, eine ewige Berit 'schneiden', *bərît šālôm bərît ʿôlām*."[257] Über Deutero-Jeremia geht Ezechiel insofern hinaus, als er die Vorstellung von der ewigen Berit des Friedens im Zusammenhang mit der Geistthematik bringt; Jahwäh verheißt, Israel ein neues Herz zu geben und einen neuen Geist in sein Inneres zu legen; darüber hinaus sogar seinen eigenen Geist, damit es in seinen Satzungen wandelt und seine Rechtsätze getreulich erfüllt, Ez 36,26f. Jahwäh wird Israel von aller Unreinheit, von aller Sünde befreien, Ez 36,29. Und im Zusammenhang damit steht die Exklusivformel: "Ihr werdet mir zum Volk sein, und ich werde euch zum Gott sein.", Ez 36,28. In gewisser Hinsicht bleibt aber das, was Ezechiel sagt, auf dem theologischen Niveau des Deutero-Jeremia, als es auch hier um die Erfüllung des Gesetzes geht. Der Geist Gottes befähigt zum Gesetzesgehorsam. Und vor allem: Sowohl bei Deutero-Jeremia als auch bei Ezechiel geht es allein um Israel. Was das Neue der Neuen Diatheke des Neuen Testaments ausmacht, so sind die prophetischen Ansagen der Neuen Diatheke davon noch weit entfernt.[258]

1.2.2 Der Neue "Bund" als Außerkraftsetzung des Alten

Vom Neuen "Bund", καινὴ διαθήκη, ist im Neuen Testament auffälligerweise nur wenig die Rede. Da sind zunächst das paulinische und das lukanische Kelchwort der Abendmahlparadosis, 1Kor 11,25 und Lk 22,20, dann Gal 4,21-31[259] und 2Kor 3 und schließlich der Mittelteil des Hebr. In den beiden genannten Abendmahltexten ist jedoch trotz des Begriffs "Neue Diatheke" keine explizite Entgegensetzung von Alter und Neuer Diatheke ausgesagt; kein polemischer Akzent gegen das Alte ist vernehmbar. Beide neutestamentlichen Autoren dürften die Formel

---
[256] Zum LXX-Text des Jer *Levin*, op. cit. 69-72.
[257] Der LXX-Text bringt wieder das Verb διαθήσομαι.
[258] Zu Ez 37,21-27 s. *Kutsch*, Verheißung und Gesetz, 147f.; vor allem *Zimmerli*, BK.AT ad loca.
[259] Hier allerdings nur der Sache, nicht der Terminologie nach *Neue* Diatheke.

"Dieser Kelch ist die Neue Diatheke in meinem Blute (Lk: + das für euch vergossene)" ihrer liturgischen Tradition entnommen haben. Somit läßt sich für die jeweilige theologische Intention des Paulus und des Lukas das Kelchwort kaum in Anspruch nehmen. Was einigermaßen deutlich ist, dürfte der Bezug auf Ex 24,(6-)8 und Jer 38,31ff.LXX ein. Mk 14,24 und Mt 26,28 heißt es aber "Dies ist (Mt: + nämlich) mein Blut der Diatheke, das für viele vergossene (Mt: + zur Vergebung der Sünden)". Hier dürfte nur Ex 24,8 den alttestamentlichen Hintergrund ausmachen. Irgendeine Diskontinuität zu dem dort ausgesagten Blutritus ist nicht im geringsten angedeutet; hier ist noch nicht einmal wie bei Paulus und Lukas das Moment des Neuen gegenüber dem des relativierten oder gar außer Kraft gesetzten Alten ausgesprochen.

Es stellt sich damit die Frage, ob der paulinisch-lukanischen Rede von der Neuen Diatheke oder der markinisch-matthäischen von der Diatheke die chronologische Priorität zukommt. Doch ist diese Frage für unsere Thematik sekundär angesichts des Sachverhalts, daß sich aus den Abendmahlsworten recht wenig für das *Verhältnis* von Alter und Neuer Diatheke entnehmen läßt.[260] Daher können wir an dieser Stelle den Rekurs auf sie unterlassen.[261] Lediglich ein Aspekt soll im Blick auf die in Frage kommenden Hebr-Stellen genannt werden: In der Abendmahlsparadosis geht es um die Vergegenwärtigung[262] des Geschehens der am Kreuz erwirkten Sündenvergebung. Explizit ist dies vor allem in Mt 26,28 dadurch zum Ausdruck gebracht, daß der Evangelist durch den

---

[260] Nur am Rande sei gesagt, daß aller Wahrscheinlichkeit nach Jesus beim Kelchwort nicht von einem "Bund" gesprochen hat.

[261] Zu den Abendmahlsworten s. vor allem *Delling*, TRE 1, 47ff.; *Roloff*, ³EKL 1, 10ff.; *Gräßer*, Der Alte Bund im Neuen, 115ff.

[262] Vom lutherischen Verständnis des Abendmahls kann daher *insofern* der Definition des Tridentinums zugestimmt werden, als es von einer repraesentatio des einmaligen Kreuzesopfers Jesu Christi in der Messe spricht, Denz. 938: " ... quo cruentem illud (sc. sacrificium) semel in cruce peragendum *repraesentaretur* ..." Freilich ist das unmittelbar zuvorstehende "ut ... Ecclesiae visibile ... relinqueret *sacrificium*" zumindest theologisch bedenklich, steht aber der neutestamentlichen Aussage erheblich näher als etwa Zwinglis Interpretation als Erinnerungsfeier. Aber *Joachim Staedtke* sieht selbst in dieser Deutung als Gedächtnismahl, in der ja der Begriff Gedächtnis von der augustinischen memoria her zu verstehen ist, ein Abendmahlsverständnis als "eine reale Vergegenwärtigung des Sterbens und Auferstehens Jesu Christi", TRE 1, 113. S. auch *Ulrich Kühns* kurze zusammenfassende Darstellung katholisch-reformatorischer Konsens-Dokumente, TRE 1, 194ff.

Zusatz εἰς ἄφεσιν ἁμαρτιῶν²⁶³ den Kreuzestod Jesu als den eigentlichen Ort der Sündenvergebung herausstellt.

Das Thema von Alter und Neuer Diatheke ist kein zentrales Thema innerhalb der Theologie des *Paulus*. Aber immerhin begegnet es zweimal an zentraler Stelle seiner theologischen Argumentation, bezeichnenderweise beide Male in polemischem Kontext. Dabei werden Alte und Neue Diatheke in scharfem Gegensatz zueinander dargestellt. Mit Recht spricht *Erich Gräßer* von "*schroffe(r) Antithetik* von Mosediatheke und Christusdiatheke".²⁶⁴

In *Gal 4,21-31* geht es in der sog. Sara-Hagar-Allegorie um eines der Argumente innerhalb der argumentatio des Gal-Briefs²⁶⁵, in der die Freiheit vom Gesetz begründet wird: In "allegorischer" Weise meinen Hagar und Sara die beiden Diatheken, Hagar die Diatheke des Gesetzes, deren Ziel die Knechtschaft ist, und Sara - so wäre die elliptische Argumentation zu ergänzen - die Diatheke des Evangeliums, deren Ziel die Freiheit ist. Die Alte Diatheke wird hier in kontradiktorischem Gegensatz zur Neuen Diatheke gesehen. Für unsere Zwecke genügt es, festzuhalten, daß es danach keinerlei Kontinuität zwischen den beiden Diatheken gibt. Das Wort διαθήκη gewinnt in Gal 4,21-31 schon fast die Bedeutung von Religion: Als einander ausschließende Gegensätze stehen sich die mosaische Religion des Gesetzes als die Religion der Knechtschaft und die christliche Religion des Evangeliums als die Religion der Freiheit unvermittelbar gegenüber. Kaum noch läßt sich hier von zwei Heilssetzungen durch Gott sprechen, da dieser nach Gal 3,19 aus dem Prozeß der Gesetzgebung - zumindest partiell - absentiert wurde.²⁶⁶ Die Religion des Engelgesetzes steht auf der Seite des Fleisches, die Religion des Evangeliums auf der Seite des Geistes; insofern steht das Gesetz faktisch - trotz Gal 3,21! - gegen die Verheißung, die neutestamentliche Heilssetzung aber gründet in der göttlichen Verheißung an Abraham. Die gottgewirkte Erfüllung dieser Verheißung in Christus, also die eigentliche göttliche Heilssetzung - Diatheke im ei-

---

²⁶³ Von Matthäus aus der Täuferperikope Mk 1,4 in die Abendmahlsperikope übertragen.
²⁶⁴ *Gräßer*, Der Alte Bund im Neuen, 78; Hervorhebung durch *Gräßer*.
²⁶⁵ Nach *H.D. Betz*, Hermeneia-Komm. (dtsch. Übers.), 236: Gal 3,1-4,31 = probatio oder argumentatio des Gal, der in rhetorischer Terminologie als apologetischer Brief zu klassifizieren ist; wahrscheinlich geht aber die argumentatio bis Gal 5,12; so *Hübner*, TRE 12, 6.
²⁶⁶ *Hübner*, Das Gesetz bei Paulus, 27ff.

gentlichen Sinne - bewirkt die Freiheit von den Mächten des Gesetzes, der Sünde und des Todes. Die in Christus Wirklichkeit gewordene Diatheke ist die Gnadenwirklichkeit der Gerechtfertigten.[267]

Von erheblich größerem theologischen Gewicht für das Verhältnis von Alter und Neuer Diatheke bei Paulus ist *2Kor 3*. Dieses Kapitel steht in der sog. Apologie des paulinischen Apostolats 2Kor 2,14-7,15.[268] Die Argumentationslinien in 2Kor 3 sind z.T. eigenartig ineinander verschlungen, die Interpretation ist schwierig und folglich umstritten. Deutlich ist aber, daß Paulus sein apostolisches Amt, genauer: seine apostolische Diakonie der Diakonie des Mose, wie er sie im Anschluß an Ex 34 charakterisiert, kontrastiert. Beide Arten der Diakonie sind zwar durch das Motiv der Herrlichkeit, δόξα, im hermeneutischen Schema der Überbietungstypologie miteinander verbunden; die Doxa des Apostels ist weit herrlicher als die des Mose (πολλῷ μᾶλλον, V.9.11). Aber der Grund für diese Überbietung ist der *absolute Gegensatz*: Mose ist Diener der Verurteilung und somit des Todes, Paulus jedoch Diener des Geistes und der Gerechtigkeit, also der Rechtfertigung, ἡ διακονία τῆς δικαιοσύνης (V.7-11). Als solcher ist er von Gott zum Diener der Neuen Diatheke fähig gemacht worden, d.h. nicht zum Diener des Buchstabens, also des Gesetzes, sondern des Leben schaffenden Geistes (V.5). Daß in diesem Zusammenhang διαθήκη wieder göttliche Heilssetzung, göttliche Heilsverfügung, geradezu die Wirklichkeit des in Christus erwirkten Heils meint, ist evident.[269]

Stehen also die Diakonie des Mose als die des tötenden Gesetzes und die Diakonie des Paulus als die der Leben schaffenden Neuen Diatheke, der neuen und eigentlichen Heilssetzung Gottes antithetisch gegenüber, sieht es also so aus, als würden Alte und Neue Diatheke kontradiktorische, nicht nur konträre Gegensätze ausmachen, so scheint zunächst der Schluß unvermeidlich, daß beide Diatheken unvermittelbar sind. Tod und Leben lassen sich schließlich nicht miteinander vermitteln!

Aber genau an dieser Stelle von 2Kor 3 geschieht ein merkwürdiger Umbruch in der Gedankenführung des Paulus. War im Abschnitt 2Kor 3,7-11 die Doxa derjenige Begriff, der Mose und Paulus sozusagen als tertium comparationis zusammenband, so strukturiert nun ein eigen-

---

[267] Zu Gal 4,21-31 s. auch *Hübner*, Gottes Ich und Israel, 132.
[268] S. die Einleitungen zum NT.
[269] So z.B. *Kutsch*, Neues Testament - Neuer Bund?, 146ff.; *Gräßer*, Der Alte Bund im Neuen, 77ff.

tümlicher Umgang mit der Vorstellung einer Hülle, κάλυμμα, den weiteren Gedankengang. Zunächst heißt es, daß Mose über sein Antlitz eine Hülle legen mußte, damit die Israeliten nicht die Vergänglichkeit (und somit die todbringende Funktion!) seines Gesetzes erkannten. So wurden ihre Gedanken (über Gott!) verhärtet. Ist ἐπωρώθη in V.14 passivum divinum, so hat Gott selbst durch die Hülle des Mose die Israeliten über die wahre Intention des Gesetzes getäuscht (vgl. 1Kön 22,20ff.).[270] Dann aber läßt sich die Gesetzgebung nicht als göttliche *Heils*-Setzung interpretieren. Bis heute liegt nun diese Hülle über der Verlesung der "Alten Diatheke"; sie wird erst in Christus beseitigt. Paulus wendet dann das Bild von der Hülle: Sie liegt über den Herzen der Juden, wenn Mose (im synagogalen Gottesdienst) vorgelesen wird.

In dieser Aussage ist aber impliziert, daß Mose für Gesetz des Mose steht. Dann besagt jedoch die Parallele von V.15 zu V.14, daß das mosaische Gesetz und die Alte Diatheke von Paulus synonym gebraucht sind. Trotz der Rede vom Vorgelesenwerden dürfte die Alte Diatheke nicht primär als Buch des Gesetzes verstanden sein, sondern als die mit der Torah gesetzte Wirklichkeit. Diese Annahme legt sich schon allein deshalb nahe, weil in V.6 mit der Neuen Diatheke nicht ein Buch gemeint ist, sondern die neue Heilswirklichkeit in Christus. Alte und Neue Diatheke bedeuten also in 2Kor 3 die radikale Antithetik von alter Unheils-"Ordnung" und neuer Heilsordnung. Aber ausgerechnet Mose ist es nun, der in seinem todbringenden Gesetz den Weg zum Leben zeigt! Das einzige Zitat, das Paulus aus Ex 34 - und 2Kor 3 ist ein Midrasch über Ex 34 - bringt, ist ausgerechnet Ex 34,34: "Zu der Zeit, da sich einer[271] zum Herrn (d.h. zu Christus) bekehrt, wird ihm die Hülle weggenommen."[272] Dem Glaubenden nimmt Gott die über dem Gesetz und

---

[270] Anders *Hofius*, JBTh 4, 133f.

[271] Umstritten ist das Subjekt von ἐπιστρέψῃ. Mit *A. Plummer*, ICC, 101, hier als τις verstanden; als Möglichkeit auch erwogen von *F. Lang*, NTD 7, 275. *R. Bultmann*, KEK, 92, und *Gräßer*, Der Alte Bund im Neuen, 86, sehen Israel als Subjekt, *W. Kümmel* in *H. Lietzmann/W. Kümmel*, HNT 9, 200, entweder das jüdische Volk oder das Herz gemäß V.15.

[272] Paulus nennt das Christ-Werden sehr selten Bekehrung (1Thess 1,9 ist bekanntlich sprachliche Anleihe bei der Missionsterminologie; s. auch Gal 4,9), der für ihn theologisch zentrale Begriff in dieser Hinsicht ist Glaube. Wenn hier ἐπιστρέφειν begegnet, dann wahrscheinlich deshalb, weil er Ex 34,34 zitiert, dessen LXX-Wortlaut er ganz bewußt unter dem Einfluß von Ex 34,31LXX geändert hat; so mit *Hofius*, JBTh 4, 147. Wir können daher im Sinne paulinischer Theologie paraphrasieren: "Dem, der dem Evangelium glaubt, nimmt Gott die Hülle."

zugleich die über seinem Herzen liegende Hülle. Es ist also der Glaubende, der allein um den eigentlichen Sinn des Gesetzes weiß, nämlich um die *im Gesetz verborgene Verheißung* der durch Christus gewonnenen Freiheit vom Gesetz. In höchster Paradoxie verheißt somit das Gesetz die Freiheit von sich selbst.[273]

Damit ist aber nicht mehr die zunächst nur zum Ausdruck gebrachte radikale Diskontinuität zwischen Alter und Neuer Diatheke ausgesagt, sondern eine *eigentümliche Mischung von Diskontinuität und Kontinuität*. Die Alte Diatheke als zunächst nur als Unheilssetzung erscheinende Wirklichkeit ist in ihrer Verheißungsdimension jetzt auf einmal in recht dialektischer Weise auch Heilssetzung. Paulus bringt sofort im Anschluß an das Ex-Zitat das für ihn zentrale Thema des Geistes: Weil der Kyrios Geist ist, ist dort, wo der Geist des Kyrios anwest, Freiheit. Das Gesetz verheißt also den Leben schaffenden Geist, so daß Paulus kurze Zeit später im Römerbrief sagen kann, daß das Gesetz geistlich ist, ὁ νόμος πνευματικός ἐστιν, Röm 7,14. Als in dieser Weise pneumatisches Gesetz ist es nicht das Leistung fordernde Gesetz, nämlich eine Leistung, die sich mit Rechtsforderung vor Gott aufbaut. Es ist vielmehr der Geist, der den Menschen von der Verdunkelung seines Denkens, ja von der Verdunkelung seiner ganzen personalen Existenz befreit, es ist der Geist, der den Menschen Gottes neue Heilssetzung verstehen läßt; es ist der Geist, der den Glaubenden frei macht von den Mächten des Leistung fordernden Gesetzes, der Sünde und des Todes; es ist der Geist, der den Weg frei macht zur Sicht der Doxa des Kyrios, zur Verwandlung (μεταμορφούμεθα) "in das gleiche Bild von Doxa zu Doxa als vom Kyrios des Geistes", 2Kor 3,18.

Die Neue Diatheke ist also die neue Heilssetzung Gottes im Kyrios Jesus Christus. Was hier theologisch von besonderem Gewicht ist, genauer noch: was für die Struktur des paulinischen Theologisierens von diesem besonderen Gewicht ist, ist das eigentümliche Ineinander von *noëtischer* und *ontischer* Aussage. Wer die Schrift *versteht*, tut dies im Geiste. Wem das Christ-*Sein* zukommt, existiert als Christ im Geiste. Aber das ist ja das Besondere der paulinischen Theologie, daß das im Glauben erkannte Evangelium als Macht Gottes den, der an es glaubt, eben kraft dieses seines Glaubens in seinem ganzen Sein völlig umgestaltet, ihn aus dem Bereich der Sünde herausnimmt und in den Bereich der Gottesgerechtigkeit hineinversetzt, in den Bereich des "in Christus". So

---
[273] *Hübner*, Das Gesetz bei Paulus, 123f.

ist also nach Paulus, jedenfalls nach 2Kor 3, das Verhältnis von Alter und Neuer Diatheke nicht das Verhältnis von Altem und Neuem Bund, da weder *bərît* noch διαθήκη, wenn es um das Verhältnis Gott - Mensch geht, Bund bedeutet. Das Verhältnis von Alter und Neuer Diatheke ist auch nicht das Verhältnis von Altem und Neuem Testament in dem Sinne, wie wir heute in der Regel diese Begriffe als die beiden Teile der Heiligen Schrift verwenden. Das Verhältnis von Alter und Neuer Diatheke ist vielmehr das *Verhältnis zweier Wirklichkeiten*, die zunächst einmal in totalem Gegensatz zueinander stehen, nämlich im Gegensatz Tod - Leben. Und fundamentaler kann ein Gegensatz nicht verstanden werden. Zugleich ist aber die Totalität dieses Gegensatzes in theologischer Dialektik aufgehoben; die alte todbringende Wirklichkeit der Alten Diatheke *ist* nämlich *auch* eine Wirklichkeit des Lebens. Freilich ist sie eine verborgene Wirklichkeit des Lebens, insofern ihr das Moment der Verheißung innewohnt. Die alte Unheilswirklichkeit ist darin dennoch Heilswirklichkeit, als in ihr der verheißende Gott als der Deus absconditus präsent ist. Aber für den an das Evangelium Glaubenden ist gerade dieser verborgene Gott der Deus revelatus. Wenn irgendwo, dann hat für 2Kor 3 die Rede vom Deus revelatus ihre Berechtigung! Die hermeneutische Dimension dieses Kapitels ist offenkundig. Und so sagt *Ernst Käsemann* im Blick auf 2Kor 3 mit Recht: "Der Geist erhält hier eine hermeneutische Funktion."[274]

Umstritten ist, ob Paulus bei der Abfassung von 2Kor 3 außer Ex 34 auch Jer 38,31ff.LXX vor Augen hatte.[275] Doch einerlei, wie man sich hierzu entscheidet, es scheint sich eine Einigung dahingehend anzubahnen, daß Paulus *Ezechiel* vor Augen hatte, nämlich Ez 36,25ff.; 37,26ff.[276] In beiden Kapiteln findet sich mit theologischem Akzent die Verheißung des Geistes, in Ez 37 auch die Vorstellung einer ewigen Diatheke des Friedens. Im Blick auf diesen alttestamentlichen Rückhalt von 2Kor 3 könnte man formulieren: *Der in der Alten Diatheke verborgene Geist entbirgt sich in der Neuen Diatheke.* So "enthüllt" sich die eben genannte Dialektik von Deus absconditus und Deus revelatus als die Dialektik von *Spiritus absconditus* und *Spiritus revelatus*. Eines ist jedenfalls deutlich: Es

---

[274] *Käsemann*, Paulinische Perspektiven, 267.
[275] *Gräßer*, Der Alte Bund im Neuen, 81, bestreitet es, die meisten anderen Exegeten jedoch nicht.
[276] So auch *Gräßer*, op. cit. 81.

geht bei der Rede des Paulus von der Neuen Diatheke in 2Kor 3,6 wirklich um eine neue, nicht um eine erneuerte Diatheke.[277] [278]

Der neutestamentliche Theologe der Neuen Diatheke ist der Verfasser des *Hebräerbriefes*. Mehr als die Hälfte aller Vorkommen von διαθήκη, nämlich 17[279] von 33, finden wir in ihm, davon 15 (bzw. 21) im zentralen soteriologischen Abschnitt 4,14-10,39. *Gräßer* sagt mit Recht, daß unter allen im Neuen Testament gesammelten 27 Schriften allein der Hebr so etwas wie eine "Bundes-Theologie" vertritt.[280] Und ebenfalls mit Recht stellt er fest, daß der Verf. dieses Briefes im wesentlichen den theologischen Sinn des Wortes Diatheke tradiert, wie er durch die LXX vorgegeben ist.[281] Während für 2Kor 3 umstritten ist, ob Paulus außer auf Ex 34 auch auf Jer 38,31ff.LXX zurückgreift, geschieht dies im Hebr in betonter Weise. Einer der dort vorgetragenen Argumentationsgänge setzt mit der vollen Zitierung von Jer 38,31-34LXX ein (Hebr 8,8-12) und bringt an seinem Ende (Hebr 10,16f.) noch einmal Jer 38,33f.LXX.[282] Mit Paulus trifft sich der Verf. des Hebr darin, daß wiederum Alte und Neue Diatheke als in radikaler Antithetik zueinander begriffen werden. Und weiterhin besteht eine eigentümliche Übereinstimmung zwischen den zwei neutestamentlichen Autoren, als sie beide für das negative Urteil über die Alte Diatheke den Beweisgang aus eben jener Heiligen Schrift nehmen, die doch das Dokument dieser Alten Diatheke ist![283] Eigentümlich ist auch, daß es nach Hebr zum Wesen der Neuen Diatheke gehört, daß durch sie aufgrund des einmaligen Opfers Christi die Sündenvergebung geschieht, während die Heilsordnung der Alten Diatheke nur die leibliche Reinigung bewirkt habe, Hebr 9,13 - im krassen Gegensatz zu den Aussagen des Alten Testaments! Insofern be-

---

[277] So auch mit Nachdruck der Tenor ib. 77ff. Ich habe in den Ausführungen zu 2Kor 3 versucht, Gedanken weiterzuführen, die ich bereits ansatzweise gebracht habe in KuD 36, 181-208; s. auch die dort genannte Lit. Im übrigen s. im Paulus-Teil dieser Untersuchung die Ausführungen zu 2Kor.

[278] Zu 2Kor 3 s. auch *Merklein*, Studien zu Jesus und Paulus, 76-84, und *Ch. Wolff*, ThHNT 8, ad loc.

[279] Nimmt man Hebr 8,7.13 und 9,1.18 noch hinzu, wo jeweils Diatheke stillschweigend zu ergänzen ist, sogar 23 Belege, *Gräßer*, Der Alte Bund im Neuen, 96.

[280] Ib. 95.

[281] Ib. 96.

[282] *Luz*, EvTh 27, 328, spricht daher zutreffend von einer Ringkomposition; von *Gräßer*, op. cit. 106, Anm. 437, aufgegriffen.

[283] *Gräßer*, op. cit. 105: "Und es gehört zu den Merkwürdigkeiten unserer Schrift, daß sie das alles in der Form der (freilich christologisch vollzogenen) *Schriftexegese* vorträgt!"

steht aber eine gewisse Differenz gegenüber 2Kor 3, als nach Hebr 9,20 das alttestamentliche Opferblut ausdrücklich als das von Gott eingesetzt Blut der Diatheke ausgesagt wird, und zwar mit den Worten von Ex 24,8. Das theologische Band zwischen den alttestamentlichen Opfern und dem Sühnetod Jesu ist die Hebr 9,22 eigens ausgesprochene Voraussetzung, daß nur Blut die Fähigung zur Reinigung hat, die sog. Blutregel des Hebr.

So hat also Christus durch ein einziges Opfer die von ihm Geheiligten zur Vollendung geführt, d.h. von ihren Sünden gereinigt. Und dieses Geschehen hat uns der Heilige Geist in Jer 38,33f.LXX bezeugt: *Diese Diatheke ist die der Sündenvergebung*, Hebr 10,15-18.

Das speziell im Blick auf das Blut der alttestamentlichen Opfer und das Blut Christi zum Ausdruck kommende Ineinander von *Kontinuität* und *Diskontinuität* läßt sich generell für die theologische Konzeption des Hebr feststellen. Es gilt generell für das dort dargestellte Verhältnis von Alter und Neuer Diatheke. Das Alte - der Verfasser des Hebr nennt hier das Gesetz und meint das kultische Opfergesetz des Alten Testaments - hat nur den Schatten der künftigen Heilsgüter, Hebr 10,1. Zwar ist es nur der Schatten, aber dieser ist es immerhin. Das positive Moment wird an der Funktion der παραβολή erkennbar. Der alttestamentliche Kult ist Sinnbild, vorläufiges Abbild des endgültigen Heils; der Heilige Geist selbst offenbarte dies (δηλοῦντος), Hebr 9,8.[284] Gräßer sieht in diesem hermeneutischen Schema von Entsprechung, Andersartigkeit und Überbietung ein platonisierendes Denken, das die irdischen Realitäten an ihrer himmlich-urbildlichen Wirklichkeit mißt und abwertet.[285] Aber diese im Grunde ehrenvolle Funktion der Alten Diatheke als παραβολή wird dann sehr energisch abgewertet, wenn es z.B. Hebr 8,13 - und zwar bezeichnenderweise unmittelbar nach dem Zitat Jer 38,31ff.LXX! - heißt, daß durch die Rede von der Neuen Diatheke die erste Diatheke für veraltet erklärt worden ist, πεπαλαίωκεν. Was aber alt und senil, γηράσκον,

---

[284] Das schwierige Problem, wie die Dreiecksrelation "erstes Zelt, zweites Zelt, endgültiges Heiligtum" Hebr 9,6ff. zu interpretieren ist - so sieht *H. Hegermann*, ThHK 16, 174, im Gegensatz zu anderen Interpreten das zweite Zelt, das nur der Hohepriester, und dieser auch nur einmal im Jahr betreten darf, "gar nicht mehr als Teil der alten Ordnung"; der Verf. des Hebr lasse es "das noch verschlossene wahre himmlische Heiligtum symbolisieren" - , wird erst im Hebr-Teil des 2. Bandes unserer Monographie behandelt. Dort wird zu zeigen sein, wie im Hebr kultische Kategorien dazu dienen, die christologisch begründete Aufhebung des alttestamentlichen Kultes als Fundament der nichtkultischen neuen Heilordnung darzulegen.

[285] Ib. 96.

geworden ist, das ist reif fürs Verschwinden! Und auch die Einleitung des Jer-Zitates Hebr 8,7f. ist überdeutlich: Wäre die erste Diatheke untadelhaft, ἄμεμπτος, gewesen, so würde man nicht darauf dringen, eine zweite an ihre Stelle zu setzen. Demgemäß spricht die formula quotationis ausdrücklich vom Tadel, μεμφόμενος. Die Paradoxie ist offenkundig: Die Alte Diatheke, die doch ausdrücklich als Diatheke Gottes vom Verf. des Hebr herausgestellt wurde, verdient den Tadel!

Fassen wir das über den Alten Bund im Neuen Testament Gesagte zusammen, so werden wir zunächst die starke Betonung der Gegensätzlichkeit von Alter und Neuer Diatheke registrieren müssen. Es geht Paulus und dem Verf. des Hebr um die neue Heils-*Wirklichkeit*, aus deren Perspektive das Alte nicht nur überwunden ist, sondern sogar mit schärfsten Negativqualifikationen bedacht wird.[286] Worte wie Täuschung, Tod, Tadel oder dgl. waren für die theologischen Darlegungen der beiden neutestamentlichen Autoren charakteristisch. Die weithin gängige Vorstellung von einem ersten vorbereitenden Bund Jahwähs mit Israel, dem Sinaibund, der die Basis für den zweiten, den endgültigen Heilsbund in Jesus Christus bietet, ist nach Paulus und Hebr in der Wurzel falsch. Mit diesem negativen Urteil kann nicht unsere theologische Haltung zum Judentum umschrieben werden. Aber als Darstellung der beiden genannten Theologien innerhalb des Neuen Testaments, und zwar der einzigen neutestamentlichen Theologien über das Verhältnis der beiden Diatheken, muß das Gesagte zur Kenntnis genommen werden. Beide Autoren sprechen nicht über Alte und Neue Diatheke als über objektivierte, ihnen entgegenstehende Wirklichkeiten. Sie verstehen vielmehr sich selbst als innerhalb der eschatologischen Heilswirklichkeit stehend und urteilen von dort so schroff über das, was sie als alttestamentliche Diatheke verstehen. Daß sich dann doch in die Diskontinuität ein Moment der Kontinuität hineinmischt, gehört zur Eigenart beider Theologen. Aber nur unter Berücksichtigung dieses positiven Moments kann theologisch verantwortlich von der Diskontinuität gesprochen werden. Insofern hier das brisante Thema des Verhältnisses von Judentum und werdender Kirche in den Blick rückt, bedarf es der

---

[286] *Loader*, Sohn und Hoherpriester, 145f., kann im Blick auf Hebr 7 sogar vom Alten Bund als dem "ganze(n) alte(n) System" reden; in diesem Zusammenhang spricht er davon, daß die Implikationen der in Hebr 7 ausgeführten neuen Ordnung schließlich zu einer Entwertung des ganzen Judentums führten. Welche negativen Emotionen die diffamierende Wendung "altes System" provoziert, bedarf keiner Erläuterung.

besonnenen theologischen Reflexion darüber, was zu dieser Frage bei den neutestamentlichen Autoren situationsgebundene Argumentation und was unverzichtbare theologische Substanz ausmacht. Wie jedoch die einzelnen neutestamentlichen Autoren das Problem des Verhältnisses von Kirche und Israel sehen[287], wird nicht in den Prolegomena erörtert, sondern, da die neutstamentlichen Auffassungen stark gegeneinander divergieren, im Mittelteil unserer Untersuchung.

Das Verhältnis von alttestamentlicher zu neutestamentlicher Diatheke erwies sich im Prinzip als ein Verhältnis zweier Wirklichkeiten, von denen nur die zweite als *Heils*-Wirklichkeit - und Heils-*Wirklichkeit* - im eigentlichen Sinne gesehen wird. Insofern es aber um das Verhältnis von Wirklichkeiten zueinander geht, geht es per definitionem nicht um das Verhältnis zweier literarischer Corpora zueinander. Es ist nicht das Verhältnis von Altem und Neuem Testament, wenn Testament hier in der gängigen kirchlichen und theologischen Bedeutung verwendet wird. Ist aber, wenn es beim Verhältnis von Alter und Neuer Diatheke um das Verhältnis von alttestamentlicher und neutestamentlicher Wirklichkeit geht, jeweils das Ganze dieser beiden Wirklichkeiten gemeint? Die Antwort muß differenziert gegeben werden: Wird nach dem *Sein* dieser beiden Wirklichkeiten gefragt, so ist die Frage zu bejahen. Geht es aber um die Frage nach der *Begrifflichkeit*, so ist sie zu verneinen; denn mit dem Begriff Diatheke sind alt- und neutestamentliche Wirklichkeit nur unter dem Gesichtspunkt eben dieses Begriffs anvisiert. Daher legt es sich nahe, daß im Folgenden ein Komplementärbegriff zu Diatheke untersucht wird, nämlich der Begriff der Offenbarung.

---

[287] S. dazu meinen TRE-Art. Israel III, NT (Bd. 16, 383ff.), Lit. S. 388f.

1.3. Der Begriff der Offenbarung

Dem *Inhalt* nach ist seit neutestamentlicher Zeit alles gesagt, was den christlichen Glauben ausmacht. Aber im Laufe der Kirchen- und Theologiegeschichte meldeten sich zuweilen, aus jeweils früherer Sicht unvorhersehbar, fundamentale theologische Strukturfragen, von denen her das Gesamtgefüge theologischer Aussagen neugestaltet und einzelnen Materialaussagen ein neues Gewicht gegeben wird. So war dies bei *Martin Luther* der Fall, als er das theologische Zueinander von Gesetz und Evangelium als das zentrale theologische Problem erkannte: "Qui igitur bene novit discernere Evangelium a lege, is gratiat agat Deo et sciat se esse Theologum."[288] Diese Erkenntnis Luthers kann in der Theologiegeschichte nicht mehr rückgängig gemacht werden. Und wo diese Sicht bestritten wird, da geschieht es innerhalb des Koordinatensystems der theologischen Begrifflichkeit des Reformators, zumindest in der Auseinandersetzung mit ihm auf der Ebene seines theologischen Denkens. Eine strukturelle theologische Modifikation von vergleichbar wirkungsgeschichtlichem Gewicht geschah in der *Aufklärung*, diesmal jedoch nicht durch die Wucht der Erkenntnis eines über die Maßen genialen Theologen, sondern durch ein allgemein akzeptiertes Vorstellungs- und Denkmilieu, durch eine allgemeine neue Plausibilität. Dadurch nämlich, daß die natürliche Vernunftreligion plausibel wurde, reagierte man auf kirchlicher Seite um der Positivität des christlichen Glaubens willen mit einer bisher nicht üblichen Betonung des Begriffs der Offenbarung. *Peter Eicher* deutet daher mit Recht den Offenbarungsbegriff als "Prinzip neuzeitlicher Theologie".[289] So stellt sich die Frage, ob dieser Begriff wirklich nur eine Schlüsselkategorie *gegenwärtiger* Theologie ist oder ob man nicht das Christentum schlechthin als Offenbarungsreligion verstehen muß. Soviel ist aber deutlich, daß die vor allem seit der Aufklärung virulent gewordene Frage nach dem Christentum als Offenbarungsreligion theologisch dominant bleibt.

---

[288] *Luther*, WA 40/I, 207,17f.

[289] So der Untertitel von *Eicher*, Offenbarung; s. vor allem 48ff.: "Die Offenbarung" als Schlüsselkategorie gegenwärtiger Theologie.

Indem von der Offenbarung Gottes die Rede ist, ist sogleich ein ganzer Komplex von theologischen Problemen angesprochen. Sie seien zunächst nur stichwortartig, ohne daß schon in der Aufzählung eine Systematik läge, genannt: Wenn Gott Offenbarer ist, *was* hat er überhaupt offenbart? Wenn es modern geworden ist, von *Selbstoffenbarung* Gottes zu sprechen, was bedeutet dann die Rede vom Deus revelatus? Welcher Gottesbegriff steckt dahinter? Oder ist die Rede von der Selbstoffenbarung Gottes eine theologische Überspitzung, so daß man nüchterner davon sprechen sollte, daß Gott die Wahrheit *über* sich und sein Tun geoffenbart habe? Wie steht es mit dem Verhältnis von dem offenbarenden Gott und dem die Offenbarung empfangenden Menschen? Wie kann der glaubende Mensch *verstehen*, was Gott von sich und über sich offenbart? Wie kann der Mensch mit seinem durch die Immanenz bestimmten und begrenzten Verstehensvermögen erfassen, was Gott über das hinaus sagt, worauf menschliches Denken im Grunde von sich selbst kommen müßte (Problem des finitum capax infiniti)? Des weiteren, sind alttestamentlicher und neutestamentlicher Offenbarungsbegriff identisch? Können wir überhaupt von *der* alttestamentlichen Offenbarung im Singular sprechen? Aus konfessioneller Perspektive ist zu fragen, ob Offenbarung, wenn es sich schon um einen theologischen Schlüsselbegriff handeln sollte, theologisch so zentral ist, daß sie zum Oberbegriff über die materialen Gehalte des Alten und Neuen Testaments wird. Hier geht es dann freilich nicht mehr so sehr um den konfessionellen Gegensatz von römisch-katholisch und evangelisch als vielmehr um den innerevangelischen Gegensatz von lutherisch und reformiert; wird doch weithin im reformierten Bereich das einheitliche Offenbarungsgeschehen Gottes betont herausgestellt, während für die lutherische Theologie die Differenzierung zwischen Gesetz und Evangelium in Hinsicht auf den Offenbarungsbegriff konstitutiv ist.

Überschaut man diesen Katalog von Fragen, so zeigt sich eine Bündelung von exegetischen, historischen, religionsgeschichtlichen, fundamentaltheologischen, hermeneutischen und kontroverstheologisch-ökumenischen Problemen. Bereits im Abschnitt 1.0 wurde kurz angedeutet, daß es gerade hier um das geht, was Theologie als Theologie qualifiziert. Wird im Folgenden eine Bestandsaufnahme dessen geboten, was an biblischem "Material" in den beiden Testamenten vorliegt, so wird sie schwerpunktmäßig in der Art vorgenommen werden, daß theologisch besonders relevante Aspekte deutlich werden. Angesichts der fundamentalen theologischen Bedeutsamkeit der Offenbarungsthematik ist es jedoch unumgänglich, daß dieser Abschnitt innerhalb der Prolegomena den breitesten Raum einnimmt. Aber gerade dieser Sachverhalt bedingt, daß immer wieder exegetische Darlegungen mit mehr systematisch-theologischen Überlegungen verwoben sind.

1.3.1 Offenbarung(en) im Alten Testament

Walther Eichrodt hat die terminologische Frage für die alttestamentlichen Offenbarungsvorstellungen klassisch formuliert: "Offenbarung als Kundgabe eines Verborgenen wird im Alten Testament durch eine Reihe von Verben nach verschiedener Richtung beschrieben: Sich enthüllen, Sich sehen lassen, Sich zu erkennen geben zielen auf Gottes Hervortreten aus der Verborgenheit; Sehen lassen, Zu erkennen geben, Enthüllen oder einfach Sagen weisen auf einen sachlichen Aufschluß, den der Mensch sieht, schaut, hört oder erkennt."[290] Zutreffend sagt er deshalb, daß das Alte Testament trotz der zahlreichen Ausdrücke für das Offenbarungsgeschehen *kein Begriffswort* dafür besitzt, sondern daß es die Offenbarung nach ihrem Hergang als Schauung, Gesicht, Gehörtes oder nach ihrem Inhalt als Weisung oder Wort bezeichnet. Man wird ihm auch darin zustimmen, daß es die Vielgestaltigkeit der Offenbarung im Alten Testament unmöglich macht, durch ihre Beschreibung das Wesen der Sache zu erfassen.[291] So müssen wir die in terminologischer Unterschiedenheit ausgesagten und in ihrer jeweiligen Vorstellungsweise differenten Aspekte dessen, was sich unter dem deutschen Wort "Offenbarung" zusammenfassen läßt, aneinanderreihen, ohne daß es gelingen will, hier eine letztlich stimmige Systematik zu gewinnen.

1.3.1.1 Offenbarung im Pentateuch

Um theologisch zentral anzusetzen, empfiehlt es sich, von der *Selbstvorstellungsformel* "Ich bin Jahwäh", *ʾanî/ʾānokî JHWH*, oft erweitert zu "Ich bin Jahwäh, dein/euer Gott", auszugehen.[292] Im Pentateuch findet man diese Formel sowohl in den erzählenden Abschnitten, wo sie im eigentlichen Sinne als Selbstvorstellungsformel begegnet, als auch in

---

[290] *Eichrodt*, RGG IV, 1599.
[291] Ib. 1599.
[292] Dazu vor allem *Zimmerli*, ThB 19, 11-40.

den gesetzlichen Partien (Heiligkeitsgesetz), wo sie primär begründende Funktion hat. Im Zusammenhang der Pentateucherzählung erhält die Selbstvorstellungsformel ihren prägnanten Sinn durch den Kontext des in die Geschichte eingreifenden Gottes, und zwar zugunsten Israels.[293] Mag auch der unterschiedliche Modus der Offenbarung des Namens Jahwäh in den einzelnen Pentateuchquellen für unsere Fragestellung von sekundärer Bedeutung sein, weil die neutestamentlichen Autoren den Pentateuch als Aussageganzes und Aussageeinheit sehen, so dürfen wir doch die Differenzen zwischen Jahwist, Elohist und Priesterschrift nicht ganz ignorieren, da *wir* bei unserer Lektüre des Pentateuchs nicht mehr von den quellenkritischen Forschungsergebnissen abstrahieren können.

Die Absicht Gottes, seinen Namen Jahwäh zu offenbaren, trifft nicht so sehr für den elohistischen Teil von Ex 3 zu, da dort Mose Gott erst zur Namensoffenbarung provoziert. Unbedingt ist es aber für P nach ihrer programmatischen Perikope Ex 6,2ff. Gottes Wille, sich erneut mit einem Namen zu offenbaren, und zwar diesmal in endgültiger Weise mit Jahwäh. Hier ist es nun eindeutig Gottes Initiative, der seine Namensoffenbarung gegenüber Abraham als ʾel šaddaj in Gen 17 - wiederum eine programmatische P-Perikope - bestätigt und doch zugleich überholt; bestätigt insofern, als Gott um der Abraham in Gen 17 zugesagten Berit willen die in ägyptischer Knechtschaft befindlichen Israeliten befreien will; überholt insofern, als mit dem neuen Namen Jahwäh der alte Gottesname von Gen 17 in P nicht mehr begegnet (im Pentateuch danach nur noch in der jahwistischen Bileam-Erzählung, Num 24,4.16).[294] Die Verbindung zwischen der geschichtsrelevanten Selbstvorstellung Jahwähs und ihrem gesetzesrelevanten Aspekt zeigt die Einleitung des Dekalogs, Ex 20,2; Dtn 5,6: "Ich bin Jahwäh, dein Gott, der dich aus dem Lande Ägypten, dem Haus der Knechtschaft, herausgeführt hat."

Der Unterschied von Ex 3,13ff.; 6,2ff. zu Ex 20,2, jetzt im Gesamtzusammenhang des Pentateuchs gesehen, besteht darin, daß in den ersten beiden Stellen sich Gott als der offenbart, dem der Name Jahwäh zu eigen ist, daß jedoch in der Dekalogeinleitung keine Selbstvorstellung im eigentlichen Sinne des Wortes stattfindet. Denn Gott verweist ja darauf, wie es ja gerade sein geschichtsmächtiges Handeln an Israel ist, in dem er erwiesen hat, daß er Jahwäh, d.h. der Gott Israels, ist. Entscheidend für das Verständnis der Offenbarung des göttlichen Namens in Ex 6 ist der Zusammenhang, in dem dort die im eigentlichen

---

[293] Die religionsgeschichtliche Frage nach der Herkunft des Namens "Jahwäh" lassen wir hier auf sich beruhen. S. dazu vor allem die Art. *JHWH* in ThWAT (III, 533-554, *Freedman, O'Connor*, Lit.) und HWAT (I, 701-707, *Jenni*); außerdem *W.H. Schmidt*, Atl. Glaube in seiner Geschichte, 63-82.

[294] *W.H. Schmidt*, BK II/1, 278, sieht mit *Elliger*, Kleine Schriften, 188.191, und *Walkenhorst*, AJBI VI, 8, mit Recht in Ex 6 eine Steigerung der Offenbarung gegenüber Gen 17: Ex 6 ist nicht nur eine Erfüllung des Väterbundes, sondern übertrifft ihn.

Sinne von Gott ausgesprochene Selbstvorstellungsformel steht: Weil Gott, als er Israel in Not sieht, seiner Berit mit Abraham gedenkt, offenbart er sich dem Mose mit seinem Namen Jahwäh und führt Israel aus Ägypten (V.5f.). Die göttliche Befreiungstat hat also ihren Grund im göttlichen Namen. Weil Gott Jahwäh ist, deshalb und nur deshalb ist er der Retter Israels. Nachdem er in V.5 erklärt hat, daß er das Seufzen der Israeliten gehört und seiner Berit gedacht habe, befiehlt er dem Mose, V.6: "Deshalb, *lākēn*, sage den Israeliten: Ich bin Jahwäh. Ich werde euch aus dem Frondienst Ägyptens herausführen..." Daher sagt *Werner H. Schmidt* mit Recht, daß Mose wie ein Prophet das "Ich" Gottes im Munde führe.[295] Fundamentaler ist aber noch, daß in dieser prophetischen Ankündigung der bevorstehenden Rettungstat Gottes vor dem "Ich werde euch retten" das grundlegende "Ich bin Jahwäh" steht. Das als Jahwäh identifizierte göttliche Ich ist es, das dann die Israeliten anspricht: "Ich werde euch herausführen."

Handelt es sich also in Ex 6 um eine, ja, um die entscheidende *Namensoffenbarung*? Unbestreitbar offenbart Gott in Ex 6 dem Mose und dann im Munde des Mose den Israeliten seinen Namen, nämlich Jahwäh, als seinen Namen schlechthin. Aber indem er seinen Namen offenbart, offenbart er zugleich sein Wesen - oder formulieren wir etwas vorsichtiger: er offenbart Wesentliches seines Wesens; das aber ist sein göttliches Wesen quoad Israel. Also: Gott ist darin Gott, daß er als Jahwäh der Retter Israels ist.

Mit *Karl Elliger* läßt sich unter Berücksichtigung dieser Einschränkung sagen, daß die Offenbarung des Namens Jahwähs "die volle Offenbarung des wirklichen Wesens Gottes" auf eine kurze Formel bringt.[296] Vielleicht kann man sogar mit ihm sagen, daß dieser Name für P die "höchste Stufe der Offenbarung" sei.[297] Bedenklich wird die theologisch fast euphorische Charakterisierung allerdings, wenn Elliger im selben Atemzug den Namen Jahwäh als einen "theologisch aufs stärkste aufgefüllte(n) *Begriff*" deklariert.[298] Denn mit dem Namen, der durch das göttliche Ich ausgesprochen ist, will ja nicht ein theologischer Begriff, eine theologische Reflexion ausgesagt sein, sondern eine *personale Wirklichkeit*, deren Wesen im Retter-Sein für Israel besteht. Das durch Jähwäh sich offenbarende göttliche Ich redet Mose an und will angeredet sein. Ein Ich, will es sinnhaft als Ich sich aus-sprechen, impliziert notwendig das an-gesprochene Du oder Ihr. Es geht also um personale Relation, die auch in Ex 6,7 in aller Deutlichkeit formuliert wird: "Ich will euch

---

[295] *Schmidt*, BK II/1, 284.
[296] *Elliger*, Kleine Schriften, 191.
[297] Ib. 228.
[298] Ib. 228; Hervorhebung durch mich.

mir zum Volke nehmen und ich will für euch Gott sein." Daß aber eine personale Wirklichkeit dann auch begrifflich reflektiert werden kann, ja soll, versteht sich von selbst.

Ob der priesterschriftliche Autor die jehovistische Erklärung des Namens Jahwäh kannte, ist schwer zu sagen. Für den Redaktor, der JE und P zusammenfügte, ist natürlich Ex 6 im Lichte von Ex 3 zu lesen. Dort aber wird der Name Jahwäh etymologisch vom hebräischen Verb *hjh* abgeleitet, Ex 3,14: *ʾæhjæh ʾašær ʾæhjæh*. Die Übersetzung von *hjh* mit "sein" - Zürcher Bibel: "Ich bin, der ich bin"; Luther: "Ich werde sein, der ich sein werde" - trifft in dem Augenblick nicht zu, da "sein" im ontologischen Sinne der griechischen Philosophie verstanden wird, wie es in LXX der Fall sein dürfte: ἐγώ εἰμι ὁ ὤν. Da aber im hebräischen Verständnis von "sein" das Moment des Geschehens und Wirkens mitschwingt, weswegen *hjh* qal außer "sein" auch die Bedeutungen "werden, wirken, geschehen, sich verhalten" besitzt[299] - diese Bedeutungen gehen unscharf ineinander über - , dürfte mit der Selbstkundgabe Gottes von Ex 3,14 als des "Seienden" dessen geschichtliches Wirken an Israel im Exodus aus Ägypten vornehmlich zum Ausdruck gebracht sein und damit auch der aus dieser Perspektive futurische Aspekt zum Tragen kommen: Ich "bin" derjenige, als der ich mich kraft meines Heilswirkens an Israel erweisen werde.[300]

Halten wir fest, was bisher deutlich wurde: Gott offenbart sich mit seinem Namen Jahwäh und offenbart damit, daß es zu seinem Wesen gehört, als der Gott Israels für eben dieses Israel Heil zu wirken. Diese Namens- und partielle Wesensoffenbarung bedeutet aber nicht die Offenbarung von Gottes Aseität. Von Wesensoffenbarung kann aber deshalb in diesem Zusammenhang gesprochen werden, weil für den He-

---

[299] *Amsler*, HWAT I, 478.

[300] Für die Deutung auf Gottes Wirksamkeit s. u.a. ib. 483ff. und *W.H. Schmidt*, BK.AT II/1, 176ff.; *K.-H. Bernhardt*, ThWAT II, 407f., sieht in "Ich werde sein, der ich sein werde" die "korrekte Übersetzung" und nennt in diesem Zusammenhang auch die Übersetzung von Aquila und Theodotion (ἔσομαι ὡς ἔσομαι). Er teilt die Kritik *J. Barrs* an *Th. Bomans* scharfer Gegenüberstellung von griechischem und hebräischem Denken. In der Tat hat letzterer unbestreitbar überspitzt. Aber am Sachverhalt der im hebräischen Seinsbegriff implizierten starken dynamischen Komponente ändert das nichts. Sein ist für hebräisches Denken Sein in Wirksamkeit. Mit Recht sagt *Amsler*, op. cit. 484: "Die aktive und dynamische Bedeutung von *hjh* spricht für eine Auslegung in dieser Richtung." Nicht diskutiert werden soll hier die schwierige und umstrittene Stellung von Ex 3,14 innerhalb von Ex 3; dazu *Schmidt*, op. cit. 131ff. Im übrigen s. *Ratschow*, Werden und Wirken, 80ff.

bräer im Sein, also im Wesen,[301] das unübersehbare Moment des Wirkens gegeben ist. Daß Jahwäh der für und an Israel Wirkende ist, ist also nicht nur späte priesterschriftliche Theologie, sondern auch schon Überzeugung zumindest des Elohisten.

Offenbarung ist - und dies ist ein konstitutiver Gedanke für das biblische Denken, zunächst für das Alte, dann aber auch in qualitativ anderer Weise für das Neue Testament - nur dann ein sinnvolles Geschehen, wenn sie beim Menschen ankommt. Wenn Offenbarung Selbsterschließung Gottes ist, dann ist sie das nur, wenn da Menschen sind, denen er sich erschließt, für die also Gott durch das Ereignis seiner Offenbarung und Selbsterschließung zu einer neuen sie bestimmenden Wirklichkeit wird. Die im Begriff der Offenbarung angelegte *Polarität* von *Offenbarungsgabe* und *Offenbarungsnahme*, von Gottes Sich-Erschließen und seinem Erschlossen-Sein für den Menschen gibt also diesem Begriff erst seinen Sinn. Das Aus-Sein-auf... von Offenbarung ist der in ihr intendierte Mensch. Personal formuliert: Das Aus-Sein-auf... des sich offenbarenden Gottes ist der sich diesem Gott in dessen Selbsterschließung öffnende Mensch. Von unserem vertrauten christlichen Sprachgebrauch her sind wir gewohnt, dieses Sich-Öffnen des Menschen gegenüber dem sich offenbarenden Gott als *Glauben* zu bezeichnen. Das hebräische Äquivalent dazu ist 'mn hiph., *hæʾæmîn,* das in besonderer Weise das Vertrauensmoment im Glaubensakt zum Ausdruck bringen will; wer in diesem Sinne Gott glaubt, der verläßt sich auf ihn, der weiß seine Existenz fest in Gott gegründet, der hat sich in Jahwäh fest gemacht. Allerdings wird dieses hebräische Verb auf das menschliche Verhalten gegenüber Gott im Alten Testament verhältnismäßig selten angewandt, und dann auch häufig nur in der negativen Aussage, daß das Volk Gott nicht geglaubt habe, und dementsprechend nur selten als positive Aussage des Glaubens. Man wird also - mit *Alfred Jepsen* - schwerlich behaupten können, daß *hæʾæmîn* ein Grundwort alttestamentlicher Theologie sei.[302] Immerhin ist aber dieses Verb in Gen 15,6[303] zentrale Aussage in einer Offenbarungsperikope (jedoch ohne Selbstvorstellungs-

---

[301] Nicht nur im lateinischen *essentia* steckt *esse*, sondern auch im Deutschen gehören Sein und Wesen zusammen. Wesen ist bekanntlich die Übersetzung des lateinischen *essentia*.
[302] *Jepsen*, ThWAT I, 331.
[303] Wohl kaum noch mit *H. Gunkel*, Genesis, Göttingen [7]1966, 177ff., JE zuzuweisen; s. die Zusammenstellung der Argmente für spätere Datierung der Perikope bei *Westermann*, BK.AT I/2, 254.; s. auch ib. 256f.

formel!).³⁰⁴ Ebenfalls findet es sich mehrfach unmittelbar im Anschluß an die Offenbarungsperikope Ex 3 in Ex 4 (vorpriesterlich!), vor allem im positiven Sinne in V.5 ("Damit sie glauben, daß dir Jahwäh erschienen ist, *nir'āh*"), V.8b ("sie werden auf das zweite Zeichen hin glauben") und V.31 ("Und das Volk glaubte"). Am Ende der Ägypternot schließt Kap. 14 (V.31): "Sie glaubten an Jahwäh und Mose, seinen Knecht." Der Glaube Israels ist also Ergebnis dessen, daß sich Jahwäh als der sein Volk Befreiende geschichtsmächtig erwiesen, sich geschichtsmächtig in seinem Wirken erschlossen hat.³⁰⁵

Die Bipolarität von Gottes Sich-Offenbaren und des Menschen Sich-der-Offenbarung-Öffnen wird aber mehr noch durch die Korrespondenz der Selbstvorstellungsformel Gottes mit dem Verb *jdᶜ, erkennen*, zum Ausdruck gebracht.³⁰⁶ Vor allem in Ez findet sich der Worttypus "Ankündigung eines Handelns durch Gott (z.B. Gerichtswort gegen Israel oder ein Fremdvölkerwort) - Erkenntnisaussage", letztere weithin in der Kurzform: "Ihr sollt erkennen, daß ich Jahwäh bin, *wîdaᶜtæm kî-'anî JHWH*", z.B. Ez 7,4c als Ziel von 7,1-4. Auch in der priesterschriftlichen Perikope Ex 6 liegt diese Korrespondenz von Selbstvorstellungsformel und *jdᶜ* vor, Ex 6,6f.: "Deshalb sollst du den Israeliten sagen: 'Ich bin Jahwäh; und ich will euch aus dem Frondienst Ägyptens herausführen... Ich will für euch Gott sein, und ihr sollt erkennen, daß ich Jahwäh bin, euer Gott, der euch aus dem Frondienst Ägyptens hinausführt." Wie in Ez 7,4c heißt es wieder *wîdaᶜtæm kî-'anî JHWH. Zimmerli* spricht in diesem Zusammenhang vom "Ereignis der Erkenntnis"; der in der Erkenntnisaussage gemeinte Vorgang der Erkenntnis meine einen in der Zeit geschehenden Vorgang. Das Erkennen des "Ich bin Jahwäh" habe es

---

³⁰⁴ *Wildberger*, HWAT I, 190: "Abrahams Glaube ist ohne Zweifel als Antwort auf die mit der Verheißung großen Lohnes verbundene Mahnung von V.1 'fürchte dich nicht' gedacht, sodaß *hæ'æmîn beJhwh* in diesem Zusammenhang etwa sagen will: 'er war voll Vertrauen und Zuversicht, wohlgegründet in Jahwe'." S. auch *Smend*, Zur Geschichte von *hæ'æmîn*.

³⁰⁵ *Georg Fischer*, Jahwe unser Gott, 230ff., erkennt auch eine Verwandlung des Mose: In der Erzähleinheit Ex 3-4 geschieht eine Veränderung, die in den Einwänden des Mose deutlich wird und die Ausdruck einer tiefgehenden Verwandlung ist. In Ex 3,1 wird Mose als "Hirt" geschildert, in Ex 4,16 bezeichnet ihn Jahwäh als "Gott" für seinen Bruder Aaron. Ib. 234: "Berufung bedeutet Verwandeltwerden. Mose ist nicht mehr derselbe, der er am Anfang war. Im Feuer der Begegnung mit Gott wird Mose verwandelt zu Jahwes Gesandtem."

³⁰⁶ *Walter Zimmerli* hat auf diesen Sachverhalt aufmerksam gemacht: ThB 19, vor allem ib. 11-119 in den beiden wegweisenden Aufsätzen "Ich bin Jahwe" und "Erkenntnis Gottes nach dem Buche Ezechiel".

nicht mit einem Wesen Jahwähs jenseits der Welt zu tun.[307] "Sie (sc. die Erkenntnis des "Ich bin Jahwe") geschieht immer wieder im Gegenüber zu einer sehr leibhaften, in leibhaften Boten verkörperten und an ihnen sich entscheidenden Geschichte, die im Wort des Verkündigers zum Anspruch wird."[308] Und man wird *Zimmerli* des weiteren zustimmen, wenn er in *diesem* Zusammenhang auf der Unumkehrbarkeit der Reihenfolge 1. Tat Jahwähs, 2. Erkenntnis Jahwähs, insistiert.[309]

Die Erkenntnis Jahwähs durch Israel als Erkenntnis des für es handelnden Gottes ist *Gotteserkenntnis aus der Geschichte*: Gott stellt sich als Jahwäh vor und erweist sich als dieser Jahwäh in seinem für Israels Rettung wirkenden Handeln. Es ist also die geschichtliche Erfahrung, die zur Erkenntnis Gottes führt, und zwar zur Erkenntnis *dieses* Gottes als Jahwäh. Nicht der geringste Hinweis findet sich hier oder in einem parallelen Text, daß die geschichtliche Erfahrung mehrdeutig sei, daß es eines besonderen Glaubensengagements Israels bedürfe, um das geschichtliche Heilswirken Jahwähs als das göttliche Wirken zu verstehen. Hier ist kein "Wagnis des Glaubens" im Blick, wie es seit Luther in unterschiedlichen Modifikationen für den theologischen Glaubensbegriff bezeichnend ist. Nach Martin Luther ist der Glaube einzig und allein vom Worte Gottes bewirkt; der Glaube ist Werk des Heiligen Geistes im Menschen.[310] Der Glaube ist nicht nur auf keine irdischen Sicherungen angewiesen, er darf es gar nicht sein. In dieser Hinsicht zumindest steht *Rudolf Bultmann* in der theologischen Wirkungsgeschichte des Reformators, wenn er seine Theologie der radikalen Entmythologisierung als konsequente Durchführung der paulinisch-lutherischen Rechtfertigungslehre intendiert: "Der Mensch, der an Gott als an seinen Gott glauben will, muß wissen, daß er nichts in der Hand hat, voraufhin er glauben könnte... Denn Grund und Gegenstand des Glaubens sind identisch."[311] Diese bewußte Bestreitung einer Fundierung des Gottesglaubens im empirisch Gegebenen liegt der Sinaierzählung des Penta-

---

[307] Ib. 78f.

[308] Ib. 79.

[309] Ib. 80.

[310] S. dazu immer noch *Althaus*, Die Theol. Martin Luthers, 51ff.

[311] *Bultmann*, KuM II, 207; s. auch *Hübner*, Rechtfertigung und Heiligung in Luthers Römerbriefvorlesung, 162f. Die Differenzen zwischen *Luther* und *Bultmann* dürfen freilich nicht übersehen werden: Für *Luther* lag im Begriff des Vertrauens, des Fiduzialglaubens, das Wagnis, sich vom zornigen Gott zum Gott des Evangeliums zu flüchten (s. auch *Graß*, ³RGG II, 1608f.); beim Ansatz Bultmanns ist diese Perspektive nicht aufgegeben, aber doch in den mehr noetischen Bereich verschoben.

teuchs völlig fern; denn Jahwähs Rettungshandeln widerfährt Israel so augenscheinlich, so unübersehbar als Handeln Gottes, daß unsere moderne Skepsis und Allergie (vor allem auch seit dem Dritten Reich[312]) gegenüber der Möglichkeit, aus dem Verlauf der Geschichte auf Gottes Handeln zu schließen, hier nicht im geringsten einen Platz hat. Nicht erkennen können, was Gott augenscheinlich tut, ist nach unseren alttestamentlichen Texten nur dann gegeben, wenn Gott selbst es verhindert, etwa wenn er das Herz des Pharao verstockt, so daß dieser das, was geschieht, sich nicht mehr zu Herzen nehmen kann (Ex 7,22f.). Das verstockte Herz sieht nämlich auch das nicht, was augenfällig vor ihm liegt. Daß die Israeliten aus dem, was geschieht, Gott als Jahwäh erkennen können, liegt auch und gerade in der Bedeutung des hebräischen Verbs jd^c. Denn dieses Verb impliziert so sehr die sinnliche Erkenntnis, daß es oft im Wortfeld von "sehen", $r^{\flat}h$, (und ähnlichen Verben) und "hören", $\check{s}m^c$, begegnet.[313]

Künstlich ist die Diskussion über das Verhältnis von Offenbarungsgeschichte bzw. über die Frage, ob man Gottes Wort oder seinem Handeln in der Geschichte theologische Priorität für die Offenbarung beizumessen habe. Beides ist im Alten Testament so aufeinander bezogen und so ineinander verschlungen, daß man die *eine* Realität des sich offenbarenden Gottes auseinanderrisse, wollte man hier innerhalb der Aktivität Gottes sezieren.[314]

Ging es zuletzt um den für den Pentateuch zentralen Gedanken, daß sich Jahwäh geradezu sinnenhaft erkennbar offenbart habe und daß dies im Kontext seines geschichtlichen Wirkens an Israel geschehen sei, so ist damit bereits einiges über die *inhaltliche* Seite der Offenbarung deutlich geworden, nämlich daß Gott, in dessen Wesen es liegt, seine Gottheit in seinem geschichtlichen Wirken zu erweisen, sich dem Volke Israel zugesagt hat. Aber ein wichtiger Aspekt, ebenfalls im Blick auf das Wesen Gottes, ist damit noch nicht zur Sprache gekommen. Denn gerade für die priesterschriftliche[315] Pentateuchdarstellung der Offenbarung(en) Gottes ist die Offenbarung seines *kābôd* essentiell. Dieses

---
[312] S. vor allem *Käsemann*, Paulinische Perspektiven, 114.
[313] *Schottroff*, HWAT I, 686f.; *Botterweck*, ThWAT III, 491ff.
[314] Zur Kritik an der Wort-Theologie durch die Pannenberg-Schule s. für das AT vor allem *Rendtorff*, Die Offenbarungsvorstellungen im Alten Israel, in: *Pannenberg* (Hg.), Offenbarung als Geschichte, 21-41; s. dort auch den Aufsatz von *Pannenberg* selbst, Dogmatische Thesen zur Lehre von der Offenbarung; zuletzt: *ders.*, Syst. Theol. I, 251-281: Offenbarung als Geschichte und als Wort Gottes.
[315] S.u.

hebräische Wort wird, sofern es in diesem Zusammenhang begegnet, zumeist mit "Herrlichkeit" übersetzt.[316] Berücksichtigt man aber, wie noch zu zeigen ist, daß das Wort $kāḇôd$ da, wo es den $kəḇôd$ JHWH meint, nahezu mit Gott synonym ist, so ist die Wiedergabe mit "Herrlichkeit" zu schwach. Dieses deutsche Wort kann die Bedeutungsweite des hebräischen Äquivalents bei weitem nicht abdecken. Deshalb soll $kāḇôd$ unübersetzt bleiben und als aus dem Hebräischen kommendes Fremdwort verwendet werden.[317] Nach von Rad kann Kabod, auf Gott bezogen, das für den Menschen Sinnenfällige an ihm bezeichnen, die Wucht seiner Erscheinung; so etwa, wenn er, der an sich unsichtbar ist, sich offenbart oder in metereologischen Erscheinungen kundtut.[318] "Je mehr die religiöse Reflexion mit dem Gedanken von Jahwes Unsichtbarkeit, ja Naturjenseitigkeit ernst macht, um so mehr mußte der Ausdruck für das je und dann Sinnfällige an Gott zu einem wichtigen *terminus technicus* in der alttestamentlichen theologischen Sprache werden."[319] In diesem Sinne spricht von Rad von einem "präzisen theologischen Begriff".[320]

Die Vorstellung vom Kabod Gottes ist aber, obwohl zentral für das alttestamentliche Offenbarungsverständnis, kein genuin israelitischer Begriff, sondern geht, in der Forschung nahezu unbestritten, auf die ka-

---

[316] Immer noch beachtenswert ist der 1935 erschienene ThWNT-Artikel δόξα, dessen atl. Teil (II, 240-245) *G. von Rad* verfaßte (die Abschnitte LXX und NT schrieb *G. Kittel*); die neuere Forschung berücksichtigen, wenn auch in unterschiedlicher Weise und Akzentuierung, *C. Westermann*, HWAT I, 794-812, und der jüdische Forscher *M. Weinfeld*, ThWAT IV, 23-40 (Lit.). Unbedingt zu nennen ist der alttestamentliche Band des umfangreichen Werkes "Herrlichkeit. Eine theologische Ästhetik" (Bd. III,2,1: Alter Bund) von *Hans Urs von Balthasar*. Dieses Werk ist zwar, auch in seinen beiden exegetischen Bänden, keine im eigentlichen Sinne bibelwissenschaftliche Abhandlung, sondern ein aus einer bestimmten systematisch-theologischen Konzeption geschriebenes Werk, das freilich die alttestamentliche Forschung ausgiebig berücksichtigt. Gewisse exegetische Eigensinnigkeiten werden durch geistreiche Einsichten - im guten Sinne des Wortes! - ausgeglichen. Der evangelische Exeget kann jedoch einigen theologischen Strukturen, in denen der Autor denkt, nicht folgen. Es fällt auf, daß in evangelischen exegetischen Publikationen von Balthasar leider weitgehend ignoriert wird. S. aber *Smend*, Die Mitte des Alten Testaments, 81, Anm. 236.

[317] Das Wort wird also hier ohne Kursive mit großem Anfangsbuchstaben geschrieben; so auch durch *von Balthasar*. So verfuhren wir ja schon bei $bərît$.

[318] *von Rad*, ThWNT II, 241,33ff.

[319] Ib. 40ff.

[320] Ib. 44.

naanäische Vorstellung vom Kabod Els zurück.[321] Dies läßt sich vor allem an einigen Psalmen nachweisen. Doch schauen wir zunächst auf die Aussagen des Pentateuchs über die Sinaioffenbarung. Hier ist vor allem die theologische Konzeption der *Priesterschrift* zu nennen. In ihr ist der Kabod Jahwähs - nach Westermann ist die Verbindung *kəbod JHWH* als geprägter Terminus für die Theologie von P bestimmend[322] - von höchster theologischer Relevanz. Da die P-Theologie wesentlich auf den *Kult* ausgerichtet ist, sieht sie die Sinaioffenbarung vor allem als dessen Legitimierung.

Ex 24,15b-18 ist Beginn eines großen zusammenhängenden Abschnitts der P-Erzählung (bis Ex 31,18), "in dem ausführlich mitgeteilt wird, wie Mose auf dem Berge die detaillierten Anweisungen für die Herstellung des Heiligtums und aller für den kultischen Gottesdienst erforderlichen Einrichtungen von Jahwe erhält".[323] Der entscheidende Begriff in Ex 24,15b-18 ist aber der Kabod Jahwähs. Dieser läßt sich auf dem Berge Sinai nieder, nachdem er zuvor die Wolke der Berg bedeckt hat. Sie dient dazu, den als Feuer erscheinenden Kabod, der unverhüllt eine lebensbedrohende Erscheinung, *mar'äh*, für die Israeliten sein würde, zu verhüllen. In diesem Sinne gehört sie für P zum unverzichtbaren Bestand der Theophanie.[324] Freilich bleibt hier eine eigentümliche Unausgeglichenheit in der Vorstellung: Die Wolke schützt die Israeliten vor dem Sehen des feurigen Kabods, und doch sehen sie nach Ex 24,17 die feurige Erscheinung Jahwes. Der Unterschied zwischen Mose und dem Volk ist aber gerade an dieser Stelle beachtlich: Mose geht in die Wolke hinein und bleibt vierzig Tage und Nächte bei Jahwäh, der ihm Anweisungen für den Kult gibt. Das Volk aber bleibt außerhalb der Wolke. Dieser Kult ist es auch, der dann das Doppelphänomen von Herrlichkeit Gottes und Wolke, die ja das Feuer umhüllt, aufweist (z.B. Ex 40,34f.).[325]

---

[321] *Westermann*, Die Herrlichkeit Gottes in der Priesterschrift; *W.H. Schmidt*, Königtum Gottes in Ugarit und Israel, 25f.
[322] *Westermann*, HWAT I, 808.
[323] *M. Noth*, ATD 5, 162.
[324] *Weinfeld*, ThWAT IV, 32; nicht eingehen können wir hier auf das Theophanieproblem, wie es vor allem *Jörg Jeremias* in seiner Dissertation "Theophanie. Die Geschichte einer alttestamentlichen Gattung" herausgearbeitet hat. Hierzu nur kurz folgendes: Die Gattung der Theophanieschilderung basiert inhaltlich auf der Zusammenstellung der beiden Glieder Kommen Jahwähs und Aufruhr der Natur; das zweite Zentralmotiv der Theophanietexte fehlt aber völlig in den Ausformungen der Sinaitheophanie (*Jeremias* meint hier nicht nur P), ib. 109. Für unsere Fragestellung ist nur wichtig, daß die Erscheinung bzw. Offenbarung Jahwähs in Feuergestalt geschieht, und zwar sowohl nach JE als auch nach P, und daß nach P die Wolke die obengenannte schützende Funktion innehat.
[325] Nicht direkt kultisch, aber als Signum der Gegenwart Jahwähs ist die abwechselnde Präsenz von Wolke und Feuer in Ex 40,36f.; Num 9,15-23 u.ö. verstanden.

Mit dem Zueinander von Kabod Jahwähs und feuerhaltiger Wolke ist die Konstellation gegeben, die den inneren Zusammenhang von Sinaioffenbarung und *Kult* signalisiert. *Westermann* hat diesen Sachverhalt zutreffend dargestellt: "Die Ankunft am Sinai ist ein geschichtlicher Akt, der heilige Berg begründet den Kultus. Alles, was nun folgt, hat an beiden Strukturen Anteil, der des *Erstmaligen* und der des *Bleibenden*. Das 'zum ersten Mal' wird durch das Kabod-Ereignis bezeichnet; es charakterisiert das besondere Ereignis der Stiftung und Bestätigung des Kultes... Damals am Sinai geschah, was von da ab als Offenbarung des *kəbod Jhwh* bezeichnet wird."[326] Westermann ist gemäß dem inhaltlichen Gefälle dieser Aussage des weiteren darin zuzustimmen, daß das Neue des Redens Jahwähs zu Israel auf dem Sinai seinen Ausdruck in der Besonderheit des Redens am heiligen Ort zur heiligen Zeit erhält. Im Sinaiereignis sind also die Grundstrukturen heiligen, d.h. kultischen Geschehens begründet. Es ist somit der heilige Ort, der die heilige Handlung, den Kult also, ermöglicht.[327]

Somit sind durch die P-Darstellung die beiden Grundaspekte ihres Verständnisses vom Kabod Jahwähs abgesteckt, nämlich seine Realisierung in der Geschichte, genauer: im einmaligen geschichtlichen Sinaiereignis, und im Kult. Diese Bipolarität der priesterschriftlichen Konzeption von Geschichte und Kult gilt es im Auge zu behalten, wenn später über ein anderes kultisches Grundverständnis des Alten Testaments zu sprechen sein wird. Daß die genannte Bipolarität trotz aller vorgestellten Konkreta theologische Reflexion in hohem Abstraktionsgrad darstellt, bedarf wohl keiner besonderen Begründung. Im Vollzug dieser Reflexion werden aber alte theologische Traditionen aufgegriffen und weiter ausgestaltet. Es fällt jedoch auf, daß die vorpriesterschaftlichen Sinaiüberlieferungen das Kabodmotiv für das eigentliche Sinaigeschehen nicht bringen. Wohl ist vom Feuer die Rede (nach J wahrscheinlich als vulkanische Erscheinungen, nach E als Gewitter vorgestellt), und zwar wie bei P, um zu zeigen, wie das Volk Israel vom unausweichlichen Widerfahrnis der göttlichen Majestät Jahwähs überwältigt wird. Daß Jahwäh als sein Gott es ist, der sich am Sinai offenbart, ist für das Volk unbestreitbare Tatsache. Seine Erkenntnis des Offenbarungsereignisses resultiert - noch einmal sei es betont gesagt - aus sinnlichen Wahrnehmungen, aus Sehen und Hören; genausowenig wie P reflektieren die äl-

---

[326] *Westermann*, HWAT I, 808f.; Hervorhebungen durch mich.
[327] Ib. 809.

teren Pentateuchquellen, ob das, was sinnlich wahrnehmbar ist, also das unbestreitbare *immanente* Widerfahrnis, die Erkenntnis des *transzendenten* Gottes ermöglicht. Es ist sogar sehr die Frage, ob wir hier schon - vor allem im Blick auf Ex 19 und 24 - von Transzendenz im streng begrifflichen Sinn reden dürfen. Hier gilt, so sehr es auch unserer theologischen Grundeinstellung widerspricht, die sinnlich vermittelte Erfahrung als Kriterium für das Vorliegen von göttlicher *Offenbarung*. Wenn z.B. *Werner H. Schmidt* von jener archaischen, hochmythologischen Szene Ex 24,9-11, in der zunächst vom Sehen des Gottes Israels und dann auch noch vom Essen während der Gottesschau die Rede ist, erklärt, sie wahre Gottes Transzendenz, so kann er zwar dafür mit gewissem Recht darauf verweisen, daß hier Gott selbst nicht beschrieben wird, obwohl er "gesehen" wird, daß eben nur der Boden geschildert wird.[328] Aber man wird zugleich sagen müssen, daß diese auf die Transzendenz Gottes verweisenden Momente das doch gerade mit Hilfe immanenter Vorstellungen tun, die nicht als bloße Metaphern des alttestamentlichen Autors erklärt werden können; deshalb sollte man hier vielleicht besser statt von Transzendenz etwas zurückhaltender vom Weg zur Transzendenz sprechen. In der Theophanie von Ex 19,16-20 war Gott hingegen nicht sichtbar, sondern nur hörbar. Hier fand sich außer den Elementen von Feuer und Rauch auch Gottes Antwort im Donner auf das Reden des Mose.

1.3.1.2 Offenbarung bei Ezechiel

In theologischer Nähe zu P steht Ezechiel. Der Prophet sieht in seiner Berufungsvision eine Erscheinung Gottes, *mar'ōt ælohîm*, Ez 1,1, die dann in Ez 1,4-1,28 näher beschrieben wird. *Zimmerli* überschreibt Ez 1,4-28 mit "Die Erscheinung der Herrlichkeit Jahwes".[329] An keiner Stelle in Ez 1 sagt der Prophet direkt, daß er *Gott* sehe. Nach der Schilderung der Vision der vier Lebewesen schaut er über deren Haupt oberhalb der festen Platte so etwas wie die Erscheinung, *kəmar'äh*, eines Saphirsteins (vgl. Ex 24,10!), nämlich so etwas wie einen Thron, und darauf so etwas wie die Erscheinung eines Menschen, *kəmar'eh 'ādām*, Ez 1,26. Und dann sieht er auch noch so etwas wie eine Erscheinung des Feuers, *kəmar'äh 'ešˇ*, Ez 1,27. Der wie ein Mensch Geschaute war vom Glanz umgeben, so daß der Prophet sagen kann: "Das war die Erscheinung von etwas, das aussah wie die Herrlichkeit Gottes, *mar'eh dəmût kəḇôd*

---

[328] *Schmidt*, Atl. Glaube in seiner Geschichte, 52.
[329] *Zimmerli*, BK.AT XIII/1, 23.

JHWH", Ez 1,28. Das laufend begegnende *mar'äh*, zuweilen in Kombination mit *dəmût*, soll die *Uneigentlichkeit* der Schau des eigentlich unsichtbaren Gottes sprachlich zum Ausdruck bringen. Hier ist also schon eher eine Nähe zur Aussage der Transzendenz gegeben als in der Sinaitheophanie von Ex 24,9-11. Denn Ezechiel sieht nicht Jahwäh, sondern so etwas wie dessen Kabod in der Gestalt eines, der so etwas wie ein Mensch ist. Es bleibt aber dabei: Der Prophet sieht das, was er von Gott um seines Auftrags willen sehen soll.

Die Rede vom Kabod Jahwähs in der Berufungsvision des Ezechiel bestätigt Zimmerlis Ansicht, daß den innersten Kern der Kabod-Aussagen die fast ausschließlich in priesterlichen Texten (P und Ez) faßbaren Aussagen darstellen, in denen Kabod nicht als Attribut Jahwähs ausgesagt werde, sondern die personale Gegenwärtigkeit Jahwähs in seiner Lichtherrlichkeit bezeichne.[330]

Daß der Kabod Jahwähs den Tempel verläßt, schaut Ezechiel in der in Ez 8-11 berichteten Gerichtsvision.[331] Hier zeigt sich, daß der Kabod Jahwähs nicht vom heiligen Ort her definiert werden darf, sondern daß es in entgegengesetzter Weise die geschichtsmächtige Freiheit Jahwähs ist, in der dieser durch seinen Kabod den Ort heilig macht. Vor allem nach Ez 10, 18-22; 11,22f. ist das Theologumenon vom Kabod Jahwähs zum tragenden Element der prophetischen Gerichtsankündigung Ezechiels geworden. Im gleichen Sinne besteht seine kultisch orientierte Heilspredigt darin, daß "der Kabod des Gottes Israels aus dem Osten herankam", Ez 43,2. Der Prophet sieht wieder die Erscheinung, *mar'œh*, wie damals in der Gerichtsvision.[332] Wie der Kabod Jahwähs in Ez 1

---

[330] Ib. 58; vgl. auch Ib. 58f.: "Es ist nicht ausgeschlossen, wenn auch nicht mit Sicherheit nachzuweisen, daß die ursprüngliche Darstellung des Propheten unter dem *kbwd JHWH* die Gesamterscheinung (sc. von Ez 1) verstanden wissen wollte. Bleibt hier auch eine letzte Unsicherheit, so ist doch für die Gesamterscheinung Ez 1 deutlich, daß dem Propheten in dieser Begegnung mit der Lichtherrlichkeit Jahwes auf Exilsboden ein alle Erwartungen sprengendes Geschehen widerfährt, das auch seine folgende Verkündigung entscheidend mitbestimmen muß. Nicht irgendeine unbestimmte Gottnähe weht ihn an, sondern Jahwe, der Gott Israels, tritt ihm in seiner Thronherrlichkeit als *kbwd JHWH*, als der er nach der verwandten priesterlichen Geschichtssicht Israel in den großen Geschehnissen der Wüstenzeit begegnet, entgegen. So wird auch die ganze Verkündigung Ez's Zeugnis von dem Gott Israels sein müssen, der seinem Volk nach seiner ihm eigenen Freiheit zu begegnen weiß."

[331] Zu den komplizierten literarkritischen und traditionsgeschichtlichen Fragen dieses Abschnitts s. die Kommentare, vor allem *Zimmerli*.

[332] Ausdrücklich sagt Ezechiel, daß er dieselbe Erscheinung sah wie damals am Flusse Kebar, Ez 43,3.

durch Feuer und Glanz charakterisiert ist, so auch hier, wenn auch in anderer Terminologie. Das optische Phänomen des Feuers ist diesmal verbal zum Ausdruck gebracht: Die Erde leuchtete von seinem Kabod auf, *he'îrāh mikkəḇodô*. Und dann erfüllte der Kabod Jahwähs den Tempel, V.5.[333] Jetzt ist der Höhepunkt göttlicher Offenbarung Wirklichkeit geworden. Jetzt ist gesagt, woran dem Propheten alles liegt, nämlich daran, daß seine Vision Ez 43 all das bisher nach Ez 40-42 Erschaute übertrifft.[334] Diese Präsenz Jahwähs, der nun zum endgültigen Heil kommt, ist seine *kultische Präsenz*. Jahwäh hat sich als der Gegenwärtige dem Propheten geoffenbart, seine Offenbarung ist das Sich-Sehen-Lassen in seinem Kabod. Der Vorrang der Vision vor der Audition an entscheidenden Punkten des prophetischen Widerfahrnisses, der Vorrang der Vision gerade dort, wo es um die im Kult gegebene bzw. zeitweilig nicht gegebene Präsenz Jahwähs geht, zeigt, daß für Ezechiel das eigentliche Wesen der göttlichen Offenbarung nicht so sehr ein Sprechen Gottes über das ist, was er verderbend oder heilbringend tun wird, sondern ein Geschehen, in dem sich Jahwäh als der Gott Israels diesem seinem Israel als der im Kult Gegenwärtige gibt. Offenbarung ist somit für Ezechiel die Selbsterschließung Gottes, und zwar als das *Geschehen seines Gegenwärtig-Werdens und Gegenwärtig-Bleibens im Kult*. Die Jerusalem-Visionen des letzten Teils des Ez-Buches schließen mit dem bezeichnenden Satz Ez 48,35: "Und der Name der Stadt wird von heute an sein: Jahwäh ist hier, *JHWH šāmmāh*."

Unbestreitbar enthalten natürlich die Visionen Ezechiels vom Kabod Jahwähs auch ein noëtisches Element. Dem Ezechiel wird ja die Selbsterschließung Jahwähs um seiner Berufung zum Propheten willen zuteil; er soll ja den im Kult präsenten bzw. zeitweilig nicht präsenten Jahwäh den abtrünnigen Söhnen Israels verkünden - ob sie es hören oder nicht. Sie müssen ja erkennen, *jd'*, daß ein Prophet mitten unter ihnen war, Ez 2,3-5. Und damit müssen sie Jahwäh als den erkennen, der durch den Propheten zu ihnen gesprochen hat.[335]

---

[333] S. auch Ez 44,4.

[334] *Zimmerli*, BK.AT XIII/2, 1076.

[335] Den hohen Stellenwert der Erkenntnis Gottes in Ez hat *Zimmerli*, ThB 19, 41-119, in einer eigenen Studie herausgearbeitet, in der er die Erkenntnis Gottes nach Ez im Zusammenhang mit dem sonstigen Vorkommen dieses Topos im Alten Testament behandelt; s. auch, was bereits zur Selbstvorstellungsformel gesagt wurde.

Was hier zu Ez ausgeführt wurde, geschah noch nicht thematisch zur Offenbarung Jahwähs im Kontext des Wirkens der Propheten. Der Zusammenhang war vielmehr zuletzt durch den theologischen Begriff des Kabods Jahwähs bestimmt. Trotzdem sei hier schon kurz darauf verwiesen, daß ein Vergleich von Ez 1 mit Jes 6, dessen Grundstruktur in großer Nähe zu der Prophetengeschichte 1Kön 22, vor allem 1Kön 22,19-22, steht, für das Offenbarungsverständnis des Ezechiel von theologischer Relevanz ist.[336] Auch Micha ben Jimla und Jesaja sagen: "Ich habe Jahwäh gesehen, *rā᾽îtî ᾽æt JHWH*." Und bei beiden ist auch von Jahwähs Thron die Rede. Beide sprechen sogar noch direkter von der Gottesschau als Ezechiel. Bei Jesaja kommt noch hinzu, daß seine Berufungsvision - bei Micha ben Jimla liegt gerade keine Berufungsvision vor - im Tempel geschieht, er erfährt also Jahwäh als den im Tempel Gegenwärtigen. Auch hier also Berufung zum Propheten, Berufung zur Weitergabe des Wortes Jahwähs, zum Sprechen mit dem Ich Jahwähs, im Kontext der Gegenwart Gottes im Tempel. Für das Verständnis der Offenbarung Gottes hat auch hier der im Kult gegenwärtige Gott die theologische Priorität gegenüber der Weitergabe des Wortes Gottes.[337]

Offenbarung des Kabods Jahwähs - das ist also in den theologischen Entwürfen von P und Ez ein theologischer Begriff im Kontext der *Heilsgeschichte Israels*, wenn auch in je unterschiedlicher Weise. In P ist der Kabod Jahwähs der Modus der Offenbarung Gottes auf dem Sinai. In Ez wird zwar da, wo von der Geschichte Jahwähs mit seinem Volk die Rede ist (z.B. Ez 20: Gerichts- und zugleich Heilsgeschichte Israels), nicht vom Kabod Jahwähs bzw. Kabod des Gottes Israels gesprochen[338]; doch sind der geschichtstheologische Rückblick, für den das eben genannte Kap. 20 bezeichnend ist, und die Visionen des wegziehenden und wiederkommenden Kabods Jahwähs im prophetischen Aussagegefälle des Buches Ez thematisch zusammengebunden, so daß auch das Sich-Offenbaren Gottes in seinem Kabod im Koordinatensystem der Gesamtgeschichte Israels zu sehen ist und nicht nur im Zusammenhang mit den Ereignissen seit 587 v.Chr. Die Frage, wo in Ez die authentische Verkündigung des Propheten und wo deuteroezechielisches Gut vorliegt, ist in der gegenwärtigen Forschung stark umstritten[339]; vor allem die für un-

---

[336] Zum Vergleich s. vor allem *Zimmerli*, BK.AT XIII/1, 18ff.

[337] Daß der Begriff "Weitergabe" zu schwach und theologisch zu blaß ist, wird sich im Fortgang unserer Überlegungen noch zeigen.

[338] Eigentümlich ist die Verteilung dieser 17mal begegnenden Wendung in Ez: 11mal bis Ez 11,23, vor allem in der Berufungs- und Gerichtsvision, dann aber erst wieder nach Ez 39,21 (eine stilistisch und sachlich aus dem Rahmen des Buches fallende Aussage) in Ez 43,2-5; 44,4 in der Vision des neuen Tempels.

[339] Bezeichnend für die Forschungssituation ist, daß *Kaiser*, Einleitung, 266, "angesichts der Unabgeschlossenheit der Diskussion über die Genese des Buches... zunächst noch einmal das herkömmliche Bild des Propheten skizziert" und im übrigen die Frage offen-

sere Fragestellung wichtigen Abschnitte aus der Vision Ez 8-11 unterliegen in der Sicht so mancher Exegeten dem Verdacht auf Nichtauthentizität.[340] Da es in unserer Konzeption jedoch primär um die Rezeption des Alten Testaments im Neuen geht, ist eine Entscheidung in dieser Hinsicht nicht erforderlich. Entscheidend ist vielmehr, wie das sich im Buche Ez dokumentierende Offenbarungsverständnis mit dem neutestamentlichen Offenbarungsverständnis in Relation gebracht werden kann.

1.3.1.3 Offenbarung in den Psalmen

Eine andere Sicht des Offenbarwerdens des Kabods Jahwähs im Kult, nämlich ohne den heilsgeschichtlichen bzw. gerichtsgeschichtlichen Kontext, findet sich in einer Reihe von Psalmen. *Hermann Spieckermann* hat in seiner Habilitationsschrift "Heilsgegenwart" - sie trägt den bezeichnenden Untertitel: Eine Theologie der Psalmen - den Versuch unternommen, "das theologische Zentrum der Psalmtheologie, die den Psalmen ursprünglich eigentümliche Frömmigkeit und theologische Denkweise aufzuspüren."[341] Er versteht den Tempelkult in erster Linie als Geschehenszusammenhang, in zweiter Linie aber als Gedankenzusammenhang, der sich ganz entschieden in den Psalmen zeige, also in Texten, die das kultische Geschehen leiten, begleiten und deuten.[342] Insofern es in unseren Darlegungen um die Theologie der Bibel geht, ist es von nicht geringem Interesse, wenn Spieckermann manche Psalmen als "Verdichtungen theologischer Reflexion" charakterisiert.[343] Zu seiner Grundthese gehört, daß sich die Psalmtheologie in einer bis in Israels frühe Königszeit zurückreichenden Form als *Tempeltheologie* darstellt.[344] Ihr zufolge wohnt und thront der königliche Deus praesens in seinem Heiligtum. Der kultisch gegenwärtige Gott - also wieder die Definition des Kultes von der Gegenwart Gottes her; vom Opfergottesdienst ist in

---

läßt. Auch *Werner H. Schmidt* ist zumindest im Blick auf die Authentizität der Heilsworte des Ez recht skeptisch; am ehesten stoße man auf authentische Heilworte in Kap. 37 (Einführung, 254).

[340] *Zimmerli*, BK.AT XIII/1, passim, betrachtet die Grundsubstanz von Ez 8-11 als authentisch; Rekonstruktion ib. 205f. M.E. ist *Zimmerli* im Prinzip zuzustimmen.
[341] *Spieckermann*, Heilsgegenwart, 7.
[342] Ib. 9.
[343] Ib. 9, Anm. 3; er beklagt dort die mangelnde Berücksichtigung gerade dieses Aspektes.
[344] Ib. 9f.

Spieckermanns Monographie an zentraler Stelle nicht die Rede! - ist unsichtbar und unverfügbar, aber gegenwärtig und heilsam erfahrbar, auch über den Bereich des Tempels hinaus, aber eben vom Tempel her. Dem Autor liegt daran, daß gemäß dieser Tempeltheologie die Zuwendung Gottes primär eben nicht zum Volk Israel erfolgt, sondern zum einzelnen Menschen, zum *Individuum*.[345] Er spricht vom "garstigen Graben", dem unübersehbaren Auseinanderklaffen von Psalmenfrömmigkeit und -theologie einerseits und Heilgeschichtstheologie in Hexateuch und Credoformulierungen andererseits. Für ihn wiegt der "exegetische Tatbestand" schwer, daß die Psalmen nicht viel über den Väter-, Exodus-, Wüsten- und Landnahmegott wissen oder sagen. Die Konsequenz: "Damit muß die in der alttestamtlichen Forschung verbreitete Denkgewohnheit ins reine kommen, die im Zentrum alttestamentlicher Theologie Jahwe als den Gott Israels erkannt hat, der an seinen Verehrern in Patriarchen-, Exodus- und Wüstenzeit segnend, rettend und führend gehandelt und sie durch seinen kriegerischen Beistand in das ersehnte Land gebracht hat."[346] In diesem Sinne wendet sich Spieckermann dezidiert gegen Gerhard von Rad.

Dieses von Spieckermann anvisierte Ziel sei an folgendem Beispiel illustriert. Er sieht Ps 30 Vers für Vers von tempeltheologischem Gedankengut geprägt.[347] Das *Wirklichkeitsverständnis*, das sich im tempeltheologischen Denken artikuliere, sei die *Entgegensetzung zweier Machtssphären*: Da ist die durch das Formular ausgesprochene Gegenwelt von Feind, Krankheit, Todeswelt und Grube; ihr gegenüber steht lokal und spirituell die Jahwähsphäre, gedacht als das "Wirkungsfeld des Tempels". Die Repräsentanten der beiden Machtbereiche sind Jahwäh und die Feinde, wobei natürlich beider Machtkompetenz dann doch nicht gleichwertig ist.[348] Ps 30,8 ist "eine Art theologischer Grundsatzerklärung": Aus der Gegenüberstellung der eigenmächtigen existentiellen Entscheidung des Menschen und Jahwähs Entscheidungsgewalt über den Menschen folgert er den tempeltheologischen Gedanken "der existenzgründenden Anteilgabe Jahwes an sich selbst

---

[345] Ib. 10; er greift ib. 12 auf *Westermann*, Ausgewählte Psalmen, 14, zurück, der für die Geschichte des Gottesdienstes Israels die chronologische Priorität dem Psalter als "Psalmen des Einzelnen" zumißt, die "Psalmen des Volkes" aber erst mit der Volkwerdung hinzukommen sieht.
[346] Ib. 12.
[347] Ib. 257.
[348] Ib. 258.

und des existenzvernichtenden Entzuges dieser Gabe".[349] In den beiden letzten Zeilen des Psalms werde alles zuvor Gesagte gebündelt; denn hier werde alles in den zentralen tempeltheologischen Kategorien der Teilgabe und Teilnahme an der Jahwänähe ausgedrückt. So gibt also Jahwäh dem Beter Anteil an seinem Kabod. Spieckermann spricht ausdrücklich von der Kabod-Theologie vom Ps 30, die ganz dicht bei derjenigen von Ps 29 sei.[350] Das Fazit der Auslegung vom Ps 30: Tempeltheologie zielt ihrem innersten Wesen nach "auf das Lob des gnädigen Gottes aus dem Munde des begnadeten Menschen".[351]

Ist auch mit kritischen Einwänden angesichts einer so provokativ vorgelegten These zu rechnen, so hat doch[352] auf jeden Fall Spieckermann richtig gesehen, daß die Psalmtheologie von ihren Anfängen an die individuelle Orientierung gekannt hat, selbst wenn man seine exklusive Formulierung, "daß Psalmtheologie von ihren Anfängen an keine andere als die individuelle Orientierung gekannt hat"[353], als überspitzt ansehen sollte. Und weiterhin trifft zu, daß die Psalmtheologie in entgegengesetzten, für den individuellen Beter existenzrelevanten Machtsphären denkt. Genau dieser Gedanke ist es aber, der bei unserem Versuch, den neutestamentlichen Offenbarungsbegriff zu verstehen, von erheblicher Wichtigkeit sein wird. Daß im theologischen Bedenken des Alten Testaments das persönliche Gottesverhältnis, wie es Spieckermann überzeugend etwa für Ps 8 oder Ps 23 herausgearbeitet hat, in den letzten Jahrzehnten zu kurz gekommen ist, weil die theologische Scheu vor dem angeblichen Gespenst des Individualismus übergroß geworden war, ist m.E. unbestreitbar. Gegen einen *überspitzten* Individualismus, wie er symptomatisch vor allem von der sog. liberalen Theologie vertreten wurde, war mit der Betonung der kollektiven Größe des Volkes Israels als des eigentlichen Gegenübers zu Jahwäh schon ein notwendiges Gegengewicht gesetzt. Wo aber das Individuum theologisch zu kurz kommt, kann auch

---

[349] Ib. 259f.
[350] Ib. 261.
[351] Ib. 262.
[352] Interessant wäre ein detaillierter, hier nicht möglicher Vergleich der Auffassungen *Spieckermanns* mit denen, die *Jörg Jeremias*, Das Königtum Gottes in den Psalmen, vertritt. Übereinstimmungen und Differenzen würden zeigen, wie *Jeremias* in einigen Punkten dem Moment der *Geschichte* gerechter wird als *Spieckermann*. So sehr ich in der Interpretation bestimmter Psalmen mehr *Jeremias* folgen möchte, sei aber ausdrücklich betont, daß die Argumentations*richtung*, in die *Spieckermann* geht, ein bisher vernachlässigtes Spektrum der Theologie der Psalmen deutlich werden läßt.
[353] Ib. 275.

theologisches Denken in den Sog eines gefährlichen untheologischen Kollektivismus geraten.[354]

Das eigentliche Problem, das sich mit den beiden genannten Konstituenten "persönliches Gottesverhältnis" als "Grundstruktur der Psalmtheologie von ihren Anfängen an"[355] und psalmtheologische Denkform der "Anteilgabe an der Gottessphäre"[356] meldet, ist die Frage nach dem Zueinander von individuellem "Dasein *coram Deo*" und dem das individuelle Moment übersteigenden "In-der-Gottessphäre-Sein". Mit dieser Doppelformulierung ist zugegebenermaßen eine sprachliche Anleihe bei der Existenzialphilosophie *Martin Heideggers* gemacht. Ohne daß hier dessen Daseinsanalyse[357] als die für die Interpretation biblischer Texte maßgebliche Philosophie dogmatisiert werden soll, darf gesagt werden, daß zumindest wesentliche Aspekte dieser Daseinsanalyse für das Verstehen biblischer Texte äußerst fruchtbar sind.[358] Zum unbestreitbaren Erkenntnisgewinn der als Daseinsanalyse konzipierten Fundamentalontologie Heideggers gehört m.E. das Verständnis menschlicher Existenz mit ihrer Grundbefindlichkeit des *In-der-Welt-seins*[359], womit er die phänomenologische Konsequenz aus *Franz Brentanos* Erkenntnis der *Intentionalität* als der Struktur zieht, die die eigentliche Natur eines psychischen Phänomens ausmacht.[360]

---

[354] Daß dieser Kollektivismus sich in das Denken so mancher Theologen eingenistet hat, ist bekannt. Der Umbruch in der DDR und anderen Ländern und die damit erfolgte Befreiung des Individuums (und der Gesellschaft!) von der menschenentwürdigenden Ideologie des Kollektivismus hat diese Gefahr nicht endgültig gebannt.

[355] Ib. 278; Hervorhebung durch mich.

[356] Ib. 279; Hervorhebung durch mich.

[357] Dasein im Sinne *Heideggers* als menschliches Dasein verstanden.

[358] Der Verf. hat auf diesen Sachverhalt immer wieder in unterschiedlichen Publikationen hingewiesen, vor allem im Zusammenhang mit der Diskussion der existentialen Interpretation des Neuen Testaments durch *Rudolf Bultmann*, so u.a. in Politische Theologie und existentiale Interpretation, im Aufsatz über die existentiale Interpretation der Gerechtigkeit Gottes und im Art. Entmythologisierung (^{2}EKL). Dabei wurde nicht verschwiegen, daß *Bultmanns* Inanspruchnahme von *Heideggers* Fundamentalontologie in "Sein und Zeit" nicht geringe Probleme aufweist, daß darüber hinaus die Frage der existentialen Interpretation der biblischen Texte *ab ovo* neu bedacht werden muß. Diese Thematik kann hier nicht ausdiskutiert werden; sie muß einer späteren Publikation vorbehalten bleiben.

[359] *Heidegger*, Sein und Zeit, §§ 12 und 13.

[360] S. dazu aus der Sicht *Heideggers* vor allem aus seiner Vorlesung "Prolegomena zur Geschichte des Zeitbegriffs" (SS 1925) den § 5, Die Intentionalität (Gesamtausgabe II, Bd.20, 34ff.).

Hat Heidegger für das Dasein als Grundbefindlichkeit das In-der-Welt-sein herausgestellt, fundamentaler noch, das *In-Sein*, so ist diese philosophisch rein formal gemeinte Bestimmung des Daseins mit der oben vorgeschlagenen Formulierung "In-der-Gottessphäre-Sein" theologisch konkretisiert. Die rein formal intendierte *ontologische* Aussage Heideggers ist dadurch nämlich zu einer *ontischen* geworden, daß ein bestimmtes, eben nicht für jeden Menschen zutreffendes Sein ausgesagt wird. Denn es ist ja eine *theologisch materiale* Aussage, die über den jeweiligen Menschen gemacht wird: *Entweder* befindet er sich *im* Bereich der Gottessphäre, ist also durch die Gottessphäre, innerhalb derer er existiert, durch und durch bestimmt; *oder* er befindet sich *im* Bereich der Gottesferne, also dem Bereich der Negation des Lebens, dem Bereich des Fluches, des Todes, modern gesprochen: der absoluten Sinnlosigkeit. Entweder Gott oder Nihilismus. Tertium non datur! Es ist geradezu ein *theologisches Existenzial*, also eine für jede menschliche Existenz zutreffende Aussage, daß dem nach der oben skizzierten kultischen Vorstellungs- und Denkweise existierenden Menschen grundsätzlich sein Sein als derartige Alternativ-Möglichkeit zukommt. Er kommt aus dem Entweder-Oder nicht heraus; darin ist er, kulttheologisch gesehen, Mensch.

Existiert nun der Mensch in der Machtsphäre Gottes, so ist diese - theologische! - Existenzbestimmung zunächst *von Gott her* zu verstehen. Denn wenn Gott es ist, der für den Menschen Leben bedeutet, mehr noch: für ihn Leben *ist*, so ist er derjenige für ihn, worauf dieser - in welchem Bewußtseinsgrad es auch sein mag - immer schon aus ist. Dem Menschen geht es wesensmäßig um Leben. Der Mensch ist geradezu "definiert" durch sein *Aus-sein-auf-Leben*. Er mag in der schrecklichen Illusion leben, den Tod, den er als Tod nicht durchschaut, für das Leben zu halten - es wird später bei der Behandlung von Röm 7 noch zu zeigen sein, daß dort genau diese Struktur theologischen Denkens vorliegt - ; aber selbst, wenn er in tödlicher Selbsttäuschung die Negation des Lebens für das Leben halten sollte, so kann er doch wesensmäßig gar nicht anders, als sein Leben zu wollen. Indem aber vom Aus-*sein*-auf-Leben die Rede war, ist zweitens die Aussage vom Menschen, der in der Machtsphäre Gottes existiert, *vom Menschen her* zu verstehen.

Es zeigt sich also, daß die existenzialphilosophische Analyse des Daseins mit ihrer Herausarbeitung des Daseins als In-der-Welt-seins ein begriffliches Instrumentarium bereitstellt, mit dem der kulttheologische Ansatz einer theologischen Anthropologie mit ihrem Denken in Machtsphären, in denen ein Mensch notwendig existiert, adäquat ausgesagt werden kann. Aufgrund dieses begrifflichen Ansatzes kann die *theologische* Qualifikation einer Existenzaussage fruchtbar vorgenommen werden. Daß sich Gott im Kult dem Menschen als der offenbar Gewordene zeigt, ist seine Antwort auf des Menschen Intentionalität.[361] Der Mensch ist aus auf Leben, eigentliches und sinnerfülltes Leben - Gott ist darauf in seinem Offenbar-Werden, also in seiner Offenbarung, die eigentliche und definitiv letzte Antwort. Offenbarung ist somit in der von Spieckermann herausgearbeiteten Tempeltheologie einerseits als Akt Gottes verstanden, andererseits aber auch als das, was nur von der menschlichen Intentionalität aus als Akt Gottes sinnvoll wird. *Offenbarung Gottes* ist somit von *Gott* und zugleich auch vom *Menschen* her definiert. Was früher schon angedeutet wurde, wird nun noch deutlicher: Von Offenbarung ist nur da sinnvoll die Rede, wo sie als Offenbarung beim Menschen ankommt. In ihr geschieht, daß Gott dem Menschen gegenwärtig wird und der Mensch von eben dieser Gegenwart Gottes aus bestimmt ist und sich dementsprechend selbst versteht.

1.3.1.4 Offenbarung im Deuteronomium

Als gemeinsames Charakteristikum für P, Ez und eine Reihe von Psalmen zeigte sich trotz des essentiellen Unterschieds von heilsgeschichtlicher (P und Ez) und nichtheilsgeschichtlicher Kulttheologie (Psalmen) die konstitutive Rolle des Kabods Jahwähs für das Verständnis der Offenbarung, sowohl als singuläres als auch als kontinuierliches Ereignis begriffen. Auffällig ist nun, daß ausgerechnet die Theologie des Deuteronomiums den Begriff des Kabods Jahwähs so gut wie nicht kennt. Von ihm ist im ganzen Buche nur einmal, nämlich in Dtn 5,24, die Rede, dort aber ausdrücklich in offenbarungstheologischem Zusammenhang, und zwar in der deuteronomischen Redaktion, wie sie sich im inneren Gürtel der Einleitungsreden Dtn 5-11 präsentiert.[362] Dort heißt es ausdrücklich, daß Jahwäh Israel die Herrlichkeit seines Kabods sehen

---

[361] Dieser Begriff ist freilich um Bedeutungsnuancen gegenüber seiner Definition durch *Brentano* und *Heidegger* verschoben.

[362] Die schwierigen literarkritischen Probleme des Dtn, und gerade auch die von Dtn 5, können hier nicht behandelt werden. M.E. ist diejenige Auffassung, die auch *Werner H. Schmidt*, Einführung, § 10, vertritt, z.Z. die plausibelste. Ihr schließe ich mich hier an. Sollte *Otto Kaiser*, Einleitung, § 11, mit seiner Spätdatierung im Recht sein, so würde dies kaum Weiterungen für unsere Konzeption haben.

ließ. Der Akzent der theologischen Aussage weist jedoch eindeutig darauf, daß Jahwäh zu seinem Volk *gesprochen* hat (Dtn 5,4.23f.)[363]: Jahwäh hat am Horeb Israel seine Berit, nämlich seine Gebote und Rechtvorschriften[364], kundgetan bzw. durch Mose kundtun lassen. Die Berit-Pflicht für Israel ist das *Hören*, und zwar Hören mit der Konsequenz des Gehorsams, des Tuns des göttlichen Willens. Dieser theologische Akzent auf dem Reden Gottes und dem Hören Israels wird in Dtn 1-4, dem ersten Teil der nachdeuteronomisch-deuteronomistischen Redaktion, d.h. dem ersten Teil des äußeren Gürtels, noch verstärkt. Denn ausdrücklich läßt der deuteronomistische Redaktor den Mose in Dtn 4,12 sagen, daß Jahwäh zu Israel aus dem Feuer gesprochen und Israel die Stimme seiner Worte gehört habe. "Eine Gestalt, *temûnāh*, habt ihr nicht gesehen, ihr habt nur die Stimme gehört." Und dieses Reden bedeutet nach Dtn 4,13: "Er hat euch seine Berit kundgetan, *wejjagged*; er hat euch angewiesen, sie zu tun, nämlich die Zehn Worte." Und in Dtn 4,15 wird diese Nichtsichtbarkeit der Berit-Offenbarung noch einmal betont hervorgehoben. Die deuteronomische Aussage Dtn 5,24 vom Sehen des Kabods Jahwähs wird also deuteronomistisch so interpretiert, daß dieses Sehen eben nicht das Sehen der Gestalt Gottes ist. Eine Aussage wie z.B. die archaische von Ex 24,9-11 muß diesem deuteronomistischen Theologen sehr suspekt vorkommen.

Offenbarung wird demnach in den einleitenden Rahmenstücken des Dtn als *Willensoffenbarung*[365] des redenden Jahwäh vorgestellt. Trotz der singulären Aussage Dtn 5,24 - oder vielleicht eher noch: wegen ihrer Singularität - wird man in den redaktionell deuteronomisch-deuteronomistischen Einleitungsreden weniger vom Sich-Erschließen Jahwähs, von seiner Selbstoffenbarung sprechen können. Zwar begegnet in Dtn 5,6 wie schon zuvor in Ex 20,2 die Selbstvorstellungsformel zu Beginn des Dekalogs. Aber mehr noch als dort ist sie hier auf Jahwähs Willensoffenbarung hingeordnet. Mehr noch als dort ist sie durch die Relation "Reden Jahwähs - Hören Israels" bestimmt. Schon in Ex 20,2 war ja die Selbstvorstellungsformel nicht mehr in ihrer ursprünglichen Funktion verwendet.[366] Dann aber stellt sich mit Notwendigkeit die Frage, wie es

---

[363] Die literarkritische Aufgabe, die Unstimmigkeit zwischen dem Reden Jahwähs zu Israel und dem auf Intervention des Volkes erfolgenden Redens des Mose mit Jahwäh zu klären, ist ebenfalls für unsere Fragestellung sekundär.
[364] S. dazu vor allem *Braulik*, Die Ausdrücke für "Gesetz" im Buch Dtn.
[365] Dieser Begriff z.B. auch bei *von Rad*, Theol. I, 235.
[366] S.o.

mit der Selbsterschließung Jahwähs im eigentlichen Corpus des Buches steht, also in Dtn 12-26. Es ist die Frage, welche theologische Vorstellung mit der stereotypen Aussage "der Ort, den Jahwäh auserwählen wird, um dort seinen *Namen* wohnen zu lassen, *ləšakken šemô šām*" (Dtn 12,11; 14,23; 16,2.6.11; 26,2) bzw. "der Ort, den Jahwäh auserwählen wird, um dort seinen Namen hinzusetzen, *lāśûm šemô šām*" (Dtn 12,5.21; 14,24) gegeben ist. Die weithin vertretene Auffassung, der Name Jahwähs sei Ausdruck einer theologisch abstrakten Reflexion im Sinne einer Quasihypostasierung, die von der Person Jahwäh bewußt abgehoben werde[367], wird vor allem von *Walther Zimmerli* und unter Berufung auf ihn auch von *A.S. van der Woude* mit gewichtigen Gründen bestritten. Nach Zimmerli muß ernsthaft erwogen werden, ob nicht die deuteronomische Rede vom Namen Jahwähs statt von einer gegenständlichen Hypostasenvorstellung richtiger von derjenigen Stelle her zu verstehen sei, an der aufgrund einer Manifestation Jahwähs dessen vollmächtiges "Ich bin Jahwäh" ausgesprochen und von ihm her Gnadentat und Recht proklamiert wird. Gemeint sei in dieser Redewendung "der als Subjekt in seinem Namen sich selbst verkündigende Gott".[368] *van der Woude* verweist u.a. noch darauf, daß die kultischen Handlungen auch im Dtn "vor dem Angesicht Jahwähs" und nicht etwa "vor dem Angesicht des Namens Jahwähs" stattfinden (Dtn 12,7.12.18; 14,23.26; 16,11; 26,10).[369]

Wie immer man sich auch in dieser Hinsicht entscheidet, es bleibt im Theologumenon vom Wohnen des Namens Jahwähs im Jerusalemer Tempel[370] das unbestreitbare Element der *Präsenz Jahwähs*. Dieser ist im Tempel gegenwärtig; *deshalb* wird also die deuteronomische Forderung der Kultzentralisation (Kap. 12) erhoben. Das besagt aber, daß nicht der

---

[367] So oder ähnlich z.B. *Grether*, Name und Wort Gottes im AT, 31-35; *Eichrodt*, Theol. II, 20f.; *Fohrer*, Geschichte der israelitischen Religion, 306; *Dummermuth*, ZAW 70, 59-98.

[368] *Zimmerli*, Das Wort des göttlichen Selbstverweises, 126.

[369] *van der Woude*, THAT II, 954. Nach *Georg Braulik*, Studien zur Theol. des Dtn, 75f., vermeidet das Dtn die Aussage, daß Jahwäh im Tempel wohne; doch dürfe die Redeweise vom "Wohnen-Lassen" und "Deponieren" des Namens Jahwähs nicht auf eine Vergeistigung der Gottesvorstellung zurückgeführt werden, sondern meine die Besitzergreifung des Heiligtums durch Jahwäh; ib. 76: "Wie sich das Wohnen des Namens Jahwes im Heiligtum zum Wohnen Jahwes im Himmel verhält, wird freilich im Dtn nicht weiter diskutiert."

[370] Was ursprünglich mit dem Ort, den Jahwäh erwählt hat, gemeint war, ist nicht mehr mit Sicherheit zu eruieren; s. die Lit.-Angaben in ThWAT IV, 1113-1115, zuletzt vor allem *H. Weippert*, BZ NF 24, 76-94.

Kult es ist, von dem aus der Gedanke der Kultzentralisation gedacht ist, sondern daß umgekehrt die Präsenz Gottes am auserwählten Ort die theologische Voraussetzung für diesen Gedanken ist. Die Tatsache, daß der Tempel nicht nur der verpflichtende Ort für die Opfer ist, sondern auch für andere Aktivitäten wie z.B. die Erfüllung der Gelübde (12,26), die Ablieferung des Zehnten (14,22f.), die Gerichtsbarkeit in schwierigen Fällen (17,8.10) und - allerdings nicht mehr im Grundcorpus Dtn 12-26 - die periodische Verlesung "dieser Torah" (31,9ff.), zeigt augenfällig, wie der Begriff des Ortes, *māqôm*, nicht vom Kult her definiert ist, sondern der Kult vom Ort. Im inneren und äußeren Gürtel des Dtn ist aber die Berit-Verpflichtung auf die Torah der fundamentale theologische Tenor, der hermeneutische Schlüssel für die in Dtn 12ff. vorgetragenen Gebote und Rechtsätze.[371]

Die Willensoffenbarung Jahwähs am Horeb, auf die in der Moserede des Dtn zurückgeblickt wird, bringt die *Vergegenwärtigung* der Horeb-Berit, Dtn 5,2f.24: "Nicht mit den Vätern hat Jahwäh eine Berit geschlossen, sondern mit uns, die wir heute hier stehen, mit uns allen, die wir jetzt leben"; "Heute, *hajjôm hazzæh,* haben wir erfahren, daß Gott zum Menschen sprach und diese am Leben bleiben." Die Transponierung des Horeb-Geschehens ins damalige Heute im Lande Moab, Dtn 1,5, bedeutet zugleich die Transponierung dieses Heute ins je neue Heute des Lesens bzw. Vorlesens des Buches, Dtn 31,9ff. Die Willensoffenbarung Jahwähs ist also eine ständig sich ereignende Offenbarung, bezogen aber auf das geschichtliche, einmalige Horeb-Ereignis. Dann bedeutet dieses Heute - nennen wir es *das Große Hermeneutische Heute* des Dtn - aber auch, daß nach Dtn 26,16-19 (Abschluß des Corpus Dtn 12-26) Israel nicht nur damals in Moab die Vergegenwärtigung des Geschehens erfuhr, wonach es am Horeb Eigentums Jahwähs wurde (V. 18: *lihjôt lô lə ᶜam səgullāh*), sondern daß diese Vergegenwärtigung je und je neu geschieht. Je und je ereignet sich damit aber auch neu, daß mit Gott etwas "geschieht", er "wird" im je neuen Heute zum Gott Israels (V. 17: *lihjôt ləka le'lohîm*). Dieses reziproke Geschehen vom *"Werden" Gottes zum Gott Israels* und *vom Werden Israels zum Eigentumsvolk Jahwähs* ist nach dem Dtn das eigentliche Offenbarungsgeschehen. Offenbarung meint also ein je neu werdendes Sein auf seiten Gottes und auf seiten Israels. Bedeutet nun auf seiten Israels, also des Menschen, Offenbarung ein

---

[371] S. den Art. *māqôm* von *J. Gamberoni*, ThWAT IV, 1113-1125; verwunderlicherweise bringt das THAT keinen Art. *māqôm*!

neues Sein, so könnte man fast mit Paulus von der "neuen Schöpfung" (Gal 6,15; 2Kor 5,17) sprechen, die sich an Israel ereignete und immer wieder je neu ereignet. Die Offenbarung Jahwähs erschafft also jeweils Israel neu als das Israel Gottes; durch Jahwähs je neues Sich-als-Gott-Israels-Offenbaren geschieht daher wesentlich mehr als eine bloße Inpflichtnahme. Anders formuliert: Jahwähs Willensoffenbarung gründet in seiner Offenbarung, die das Sein zwischen Jahwäh und Israel radikal verändert und so Israels Sein radikal neu schafft. Indem Jahwäh seine Selbstoffenbarung verwirklicht, bleibt Israel als das Volk, dem sie widerfährt, nicht mehr das, was es zuvor gewesen ist.

Dadurch, daß Israel nun das Eigentumsvolk Jahwähs *ist*, *hört* es auf Jahwähs Stimme (V. 17: $wəlišmo^{ac}$ $bəqolô$) und *tut* dann auch, was Jahwähs Berit mit ihrer Torah fordert. Damit entspricht es dem, was zum Wesen des Menschen gehört, nämlich dem *Hören-Können*. Die Fähigkeit, auf den anderen zu hören, ist ja Wesensmerkmal des Menschen als Person. Gott nimmt aber dann den Menschen als Person ernst, wenn er sein Hören-Können in Anspruch nimmt. Ist Gott nach biblischem Verständnis *Person* und ist er so als der Gott verstanden, der *sich vernehmbar machen kann*, so *gehört sein Reden wesenhaft zu diesem Gottesverständnis*. Ein stummer Gott würde das Verständnis von Gott als Person illusorisch machen. Nun gehört es aber zur Berit Gottes, daß dieser nicht nur die göttliche Willensoffenbarung ausspricht, sondern auch den Menschen als neues Sein schafft. Wie jedoch nach Dtn 31,9ff. Gottes Offenbarung als Willensoffenbarung ein kontinuierliches Geschehen bis in die jeweilige Gegenwart hinein ist, so auch als neuschaffende Offenbarung, die bis ins jeweilige Heute Israel in seinem Sein neu werden läßt, nämlich als Eigentumsvolk Gottes.

Dann aber ist das *Buch Deuteronomium* seinem Selbstverständnis nach zunächst einmal als gelesenes bzw. vorgelesenes das sich jeweils neu aussprechende Gotteswort. Es ist Gott in seinem Sich-Aussprechen, es ist *Gott in der Seinsweise des Wortes*. Diesem Primärverständnis und Primärselbstverständnis des Dtn korrespondiert die sich in der neueren Forschung immer mehr durchsetzende Ansicht, wonach das Dtn, vor allem in seiner jetzt vorliegenden redaktionellen Endgestalt, Dokument einer durchreflektierten, theologischen Konzeption ist. So spricht z.B. *Gerhard von Rad* von der theologischen Einheitsschau des Dtn, die ein beachtliches Abstraktionsvermögen voraussetze; dieses Buch sei vermöge der starken inneren Vereinheitlichung als summarische Verkündigung *der* Torah tatsächlich das einzige theologische (!) Werk im Alten Testament, das eine systematische Darstellung seines Gehalts erfordere.[372] *Rudolf Smend* steht von Rads theologischer Beurteilung des Dtn kritisch gegenüber[373], doch stimmt er ihm im Entscheidenden zu: Das Dtn zeige eine "Tendenz zum Systematischen", die ein "Kennzeichen von Theologie" sei, nämlich "ein Denken, das sich bei den religiösen Aussagen verstärkt bestimmter Begriffe bedient, das Sätze bildet, die dahin tendieren, Lehrsätze zu sein, das argumentiert und das gegebene Texte interpretiert".[374] *Siegfried Herrmann* geht, bezeichnenderweise in der von-Rad-Festschrift, so weit, daß er das Dtn sogar als "Mitte biblischer Theologie" charakterisiert[375]; dieses Buch sei "das Produkt einer vorgefaßten Gedankenbarbeit"[376], in ihm sei "israelitisches Denken in einem Ausmaß konzentriert und auf wenige, klassisch zu nennende Gedankengänge und Begriffe zugespitzt ..., deren Wirkungskraft auf das Alte Testament und darüber hinaus nicht zu verkennen ist".[377] Das Dtn sei so sehr "Konzentrat alttestamentlichen Denkens", daß er die "massive Zuspitzung" wagt: "Theologie des Alten Testaments ... wird letzlich Theologie sein, die sich an den Maßstäben des Dtn orientiert."[378]

Wie aber soll nun der offenkundliche Sachverhalt, daß sich das Dtn einerseits primär als das jeweilige Wort Gottes an Israel versteht, das seinen eigentlichen Sinn erst im Vorgelesen-Werden, also erst im Akt des Gesprochen-Werdens gewinnt, daß es aber andererseits als Dokument einer theologischen Reflexion über die Offenbarung Gottes gewertet wird? Soll dieses Buch als *göttliches* Offenbarungswort und als *menschliches* Wort theologischer Reflexion *zugleich* begriffen werden? Also göttliche Anrede und menschliche Reflexion in einem?

So ungereimt dies im ersten Augenblick erscheint, so wenig ist es jedoch ein wirklicher Widerspruch. Denn jede göttliche Offenbarungsrede

---

[372] *von Rad*, Theol. I, 235f., man beachte allerdings, daß *von Rad* hier nicht sagt, das Dtn *sei* eine systematisch-theologische Darstellung, sondern es *erfordere* sie. Er will das Dtn "theologisch ... verstehen", ib. 234.

[373] *Smend*, Theol. im AT, 110; er kritisiert vor allem die für *von Rads* Verständnis der Theologie des Alten Testaments zentrale These von einem alten "Credo" (bes. in Dtn 26,5-10), das, seinerseits eine bloße Aneinanderreihung von "Fakten", dann später in den großen Pentateuchquellen "theologisch" ausgeführt worden sei.

[374] Ib. 111.

[375] *Herrmann*, Die konstruktive Restauration.

[376] Ib. 157.

[377] Ib. 166.

[378] Ib. 167.

geschieht in menschlichen Worten, in menschlicher Begrifflichkeit, wenn sie überhaupt von Menschen verstanden werden soll. Und es ist immer wieder die eine Frage, wo denn nun jeweils in göttlicher Offenbarungsrede die Grenze vom ursprünglich Gemeinten zum menschlich Reflektierten überschritten wird; unbestreitbar ist es eine Frage, deren Beantwortung äußerst schwierig, wenn nicht sogar im Einzelfall unmöglich ist. Die Diskussion um das Verhältnis von prophetischer Rede und prophetischer Theologie - man denke nur an *Hermann Gunkels* Charakterisierung der Propheten als der ersten religiösen Denker[379] - zeigt das analoge Problem. Die größere Problematik besteht jedoch darin, daß die Frage nach dem Zueinander von Wort Gottes und theologischer Reflexion des Menschen noch nicht das Zueinander von Wortoffenbarung und seinsverändernder Offenbarung im Visier hat.

Ist aber das Dtn je neu Offenbarungsanrede an Israel als *Ereignis* und dieses Ereignis dann jeweiliges Neu-Werden Israels als Gottes Eigentumsvolk, so stellt sich erneut die Frage, ob solche Anrede nur das Volk Israel betrifft oder ob sich der Christ, wenn das Dtn Bestandteil seiner Bibel ist, in irgendeiner Weise von dem in ihm sprechenden Gott angesprochen weiß. Und die Antwort, die sich aufgrund des Literalsinns des Buches ergibt, heißt zunächst eindeutig: Jahwäh spricht zum Volk Israel und zu keinem anderen! Jahwäh gibt sich in seiner Selbstoffenbarung einzig diesem seinem Volke. Es scheint, als ob es eine ungeheure Anmaßung wäre, wenn der Christ diese Wort- und Selbstoffenbarung Jahwähs als an sich gerichtet behauptet - es sei denn, vom Neuen Testament her könnte eine theologisch zu rechtfertigende Kontinuität aufgewiesen werden, die vom Ereignisprozeß des je Neu-Werdens des Volkes Israels als Eigentumsvolk Jahwähs zum Werden der Kirche führte. Anders gesagt: Daß das durch die Selbstoffenbarung Gottes gewordene *Sein* des Gottesvolkes Israel theologisch legitim in Kontinuität zu dem durch die Selbstoffenbarung Gottes in Jesus Christus gewordenen *Sein* des Gottesvolkes der christlichen Kirche stände. Hierauf kann aber an dieser Stelle noch keine Antwort gegeben werden. Erforderlich für eine derartige Antwort ist die Auskunft der neutestamentlichen Autoren über das theologische Verhältnis von Israel und Kirche. So muß hier noch einmal auf den Mittelteil unserer Untersuchungen verwiesen werden,

---

[379] *Gunkel*, ²RGG II, 1925; s. auch ib. IV, 1542 (Hervorhebung durch *G.*): "So sehen wir in der Geschichte der Prophetie einen *fließenden Übergang vom Propheten zum religiösen Denker.*" S. auch das weiter unten zur Theologie der Propheten Gesagte!

vor allem aber auf die abschließende theologische Reflexion in den Epilegomena.

Um das eben genannte Problem noch einmal von einer anderen Seite zu beleuchten: In Abschnitt 1.0 wurde gefragt, ob *Edmond Jacob* und *Gerhard F. Hasel*, wenn sie Gott selbst als Mitte des Alten Testaments verstehen, nicht damit über das hinausgehen, was Theologie als The*ologie* intendiert. Eindeutig nennt *Rudolf Smend* Jahwäh die Mitte des Alten Testaments, betrachtet aber diese Aussage als "Definition". Kurz zuvor sagt er: "So steht in der Mitte des Alten Testaments der Name Jahwes. Damit ist ... gemeint ... die göttliche Person, die sich mit diesem Namen geoffenbart und unter diesem Namen gehandelt hat und die mit diesem Namen angerufen wird."[380] Nehmen wir das Miteinander von göttlicher Anrede und menschlicher theologischer Reflexion im eben dargestellten Sinne, so läßt sich Smends Aussage in genau diesem Sinn der Symbiose von Gottes Anrede und menschlicher Reflexion über die Anrede Gottes begreifen.[381]

Es ist also ein recht problematisches und zugleich äußerst sensibles, ja sogar brisantes Unterfangen, das Dtn als Anrede an die christliche Kirche und an den einzelnen Christen zu verstehen. Leichter steht es da schon mit dem Verständnis dieses Buches als eines hervorragenden theologischen Dokuments des Alten Testaments, wenn nicht sogar *des* theologischen Dokuments des Alten Testaments schlechthin, das auch für das Neue Testament *theologisch* relevant ist. Denn schon ein flüchtiger Blick in das Dtn und das Neue Testament zeigt überdeutlich, wie die theologische Begrifflichkeit des alttestamentlichen Buches in der theologischen Begriffsarbeit des Neuen Testaments reflektiert wird. Das theologische Instrumentarium des Dtn, dessen sich neutestamentliche Autoren bedienen, ist also zumindest in begriffsgeschichtlicher Sicht von erheblicher Bedeutung. Aber ist denn theologische Kontinuität im Sinne von theologisch-begrifflicher Kontinuität bereits eine Kontinuität im Blick auf das Sein vor Gott bzw. das Sein durch Gott?

---

[380] *Smend*, Die Mitte des AT, 74.

[381] Nur am Rande sei zur Vermeidung von Mißverständnissen gesagt, daß die Unterscheidung von Gottes Anrede und der vom Menschen betriebenen Theologie natürlich nicht mit der seit *Johann Salomo Semler* üblichen Unterscheidung von *Religion* und *Theologie* (dazu *Smend*, Theol. im AT, 105ff.) identisch ist, obwohl Berührungspunkte nicht zu leugnen sind.

1.3.1.5 Offenbarung bei den Propheten

Was soeben zum Dtn ausgeführt wurde, läßt sich auch im Blick auf die Prophetenbücher des Alten Testaments sagen. Wir brauchen hier nicht ins Detail zu gehen, um die wesentlichen Elemente dieser Schriften für unsere Fragestellung darzulegen. Unbestritten ist, daß die Propheten das Ich Jahwähs autoritativ aussprechen und somit ihr Sprechen nicht eigentlich ihr eigenes ist, sondern sie sozusagen Gott ihren Mund zur Verfügung stellen.[382] *Walther Zimmerli* nennt in diesem Sinne mit Recht die Prophetie den massivsten neuen Aufbruch des freien Ichs Jahwähs in der Geschichte Israels. Diesem Volke, das sich seines Gottes und dessen Schutzes versichert wähnt, trete das herrische Ich seines Gottes in seinem Gericht entgegen. Dieses drohend freie leidenschaftlichst hörbare "Ich, Jahwäh" sei es aber auch, das dem Volke dann seine Verschuldungen vergebe.[383] Die prophetische Verkündigung von Gericht und Gnade ist zunächst ein in seiner Wucht sich mündlich vollziehendes Geschehen; das prophetische Wort ist Ereignis, das als gesprochenes wirkt. Indem es aber dann, z.T. schon von den Propheten selbst inauguriert[384], schriftlich fixiert wird, ist es zunächst einmal in gewisser Weise domestiziert, ein wenig seiner ursprünglichen Wucht entnommen, weil es aus seiner ursprünglichen historischen Situation entfernt ist und dadurch einen offenkundigen Aussageverlust, d.h. Kompetenzverlust, erleidet. Es trifft eben nicht mehr die brisante geschichtliche Situation, für die es genuin bestimmt war.

---

[382] Zum Verhältnis von Audition und theologischer Reflexion des Propheten s. das in Anm. 379 bereits gebrachte Zitat *Gunkels*; s. auch *Fichtner*, ³RGG V, 623: "Was der Prophet in der Vision sieht und in der Audition hört, *verkündet* er als 'Bote' Jahwes (vgl. Jes 6), als 'sein Mund' (vgl. Jer 15,19). Daher können die Propheten ihr Wort mit kô ʾamar jahwä einführen oder mit nəʾum jahwä schließen; sie können aber auch ohne diese Formeln 'im Namen Jahwes' reden. Das eigene 'Reflektieren' - Nachdenken und Kombinieren - ist dabei durchaus nicht ausgeschlossen, wird aber offenbar in verschiedenem Maße geübt... Wieweit Ekstase und besondere psychische Zustände für das Zustandekommen der prophetischen Botschaft bestimmend waren, ist umstritten; man wird davon nicht völlig abgehen können (z.B. bei Ezechiel), ihre Bedeutung aber keinesfalls als konstitutiv ansetzen dürfen." Vor allem aber s. *von Rad*, Theol. II, 58ff.; wer meint, dieser psychologisiere zu stark, sei auf *Otto Kaiser* verwiesen, der bezüglich der Authentizität sehr vieler Prophetenworte äußerst kritisch ist, aber trotz der Betonung, daß wir es mit einer theologischen Tendenzen verpflichteten Lit. zu tun haben, psychologische Überlegungen zu den Auditionen und Visionen der Propheten vorlegt, Einleitung, § 23,1.
[383] *Zimmerli*, TRE 6, 447.
[384] S. dazu die Einleitungen/Einführungen in das Alte Testament, z.B. *W.H. Schmidt*, § 13a.

Andererseits ist es aber durch seine Verschriftlichung vor dem Vergessen bewahrt worden - freilich um den Preis, daß das einmal als *Anrede* ergangene Wort mit dem gewaltigen Ich Jahwähs seine Metamorphose - im Kontext einer Darstellung *über* sein Ergehen an den Propheten - zum *Bericht* von etwas Vergangenem erfährt und so ein gerütteltes Maß an Verbindlichkeit verliert. Doch auch dieser, eine gewisse Verharmlosung implizierende Prozeß wird dadurch wiederum in aktualisierender Weise eingeholt, daß die Redaktoren der Prophetenbücher aus den Nöten und Interessen ihrer Zeit - zumeist aus der Perspektive des nachexilischen Jerusalems[385] und zumeist auch ohne die Fähigkeit, die theologische Relevanz der Existenz des untergegangenen Nordreichs Israel zu erfassen - je ihr theologisches Interesse in die durch sie gestaltete Redaktion des jeweiligen Prophetenbuches einbringen. So wird z.B. aus der Gerichtspredigt des Amos an Israel die Heilsansage an Juda, daß "ich" die zerfallene Hütte Davids wieder aufrichten will, Am 9,11ff. Amos wurde so zum Verkünder des messianischen Heils gemacht. Und so wird aus der Gerichtspredigt des Hosea, daß Israel - in der Negation der sog. Bundesformel - "Nicht-mein-Volk" werde, Hos 1,9, die Heilspredigt, in der jenes Verdikt durch Gott zurückgenommen wird: Judäer und Israeliten[386] werden sich versammeln, Hos 2,1ff.[387] Und den Jeremia läßt die Redaktion sogar die Neue Berit ansagen, Jer 31,31ff.

Diese wenigen ausgewählten Beispiele zeigen auch, wie aus dem die Gegenwart oder die nahe Zukunft betreffenden Gotteswort mit seinem oft erschreckenden Ich Jahwähs, das den (die) Angeredeten unmittelbar angeht, eine theologisch reflektierte Jahwährede komponiert wird, die freilich ihre theologische Reflexion nicht reinem Theoretisieren verdankt, sondern auch aus dem *Glauben* an Jahwähs künftiges Heilswirken erwachsen ist. Die exilisch-nachexilische Heilsprophetie findet hier ihre theologisch reflektierte Verlängerung.

Dann aber wird das schriftlich fixierte Ich Jahwähs für die, die es *künftig* lesen oder im Gottesdienst vorgelesen bekommen, wieder zum anredenden Ich. Dies gilt in besonderer Weise da, wo das geschriebene Ich Jahwähs im eigentlichen Sinne des Wortes *eschatologisch* - sei es mit oder ohne messianische Konnotation - verstanden oder gar eschatologisch konzipiert ist. Wo diese theologisch reflektierenden, aus der nach-

---
[385] S. Abschn. 1.2 dieser Arbeit!
[386] Die Israeliten natürlich als Teil des regenerierten Südreichs Juda.
[387] S. Abschn. 1.2.1.

prophetischen Situation entstandenen "Propheten"-Worte mit dem behaupteten Ich Jahwähs im eschatologischen bzw. eschatologisch-messianischen Glauben - ein Glaube, der dabei ist, in Hoffung überzugehen - angenommen werden, da gilt dann auch für sie, was bereits in den Überlegungen zum Dtn zu Smends Urteil "Jahwe ist die Mitte des Alten Testaments"[388] gesagt wurde. Auch in der prophetischen Literatur des Alten Testaments findet sich also weithin die für das Dtn herausgestellte Dialektik von autoritativ ergehendem Wort Gottes und theologisch-theoretischer Reflexion über eben dieses Wort Gottes.

Ist aber die prophetische Verkündigung ihrem eigentlichen Wesen nach *Selbst*offenbarung Jahwähs? *Hermann Gunkel*, der ja die Propheten auf dem Wege zu religiösen Denkern sah[389], legt daher verständlicherweise den Akzent auf ihre Wortoffenbarungen. Sind sie auch "nicht kühle, besonnene Denker", sondern "stets voll innerer Glut, erfüllt von gewaltigem Zorn oder von flammender Begeisterung", so ist doch das Entscheidende für ihn, daß *sie denken, was Gott denkt*. Der Prophet "sieht als Gottes Gedanken alle diejenigen Gedanken an, die er notwendig denken muß"; folglich "tritt das psychisch Ungewöhnliche zurück, und das sittlich-religiöse Postulieren der gesamten Persönlichkeit tritt an die Stelle".[390] Das Fazit für Gunkel: Das bleibend Wertvolle bei den Propheten ist der Inhalt: "wir erkennen Gottes Offenbarung in den großen bewegten, frommen Personen und in den ewigen (!) Gedanken, die sie aussprechen."[391] Von Selbstoffenbarung ist bei Gunkel noch nicht die Rede; es war auch angesichts der damaligen theologischen Situation noch nicht zu erwarten.

Daß hingegen *Gerhard von Rad* diesen Begriff verwendet, verwundert nicht. Doch sollte man genau darauf achten, *wie* er das Verhältnis von Wortoffenbarung und Selbstoffenbarung Gottes bestimmt. Er bringt diese Relation ausdrücklich anläßlich seiner Ausführungen zur sog. Denkschrift des Jesaja, Jes 6,1-9,6: Der Prophet hat die durch die Wortoffenbarung erlangte Botschaft ausgerichtet, versiegelte sie nach seiner "Entamtung" und wartete anschließend gelassen darauf, daß Jahwäh "der Wortoffenbarung seines Boten die Tatoffenbarung folgen lassen wird"; denn er "hofft" auf diese Selbstoffenbarung Gottes.[392] Dann aber dürfte

---
[388] *Smend*, Die Mitte des AT, 74.
[389] ²RGG IV, 1542.
[390] Ib. 1542.
[391] Ib. 1543.
[392] *von Rad*, Theol. II, 49.

von Rad Wortoffenbarung gerade nicht als mit Selbstoffenbarung identisch verstehen; vielmehr scheint es, daß für ihn hier Tat- und Selbstoffenbarung Gottes zusammenfallen. Andererseits faßt er aber das den Propheten geschehende Widerfahrnis des Offenbarungsempfangs als ein Ereignis - die Ereignishaftigkeit des Geschehens betont er laufend - , bei dem sie "durch die Anrede Gottes und in der Entscheidung vor Gott zur Persönlichkeit geworden sind"; sie seien dem Worte Jahwähs in einer Intensität ausgesetzt gewesen, wie das zuvor in Israel noch nicht erlebt wurde; ja, von Rad kann sogar angesichts dieses Geschehens vom "Personwerden der Propheten" reden.[393] Erlebten aber die Propheten die Offenbarung in derart betroffen machender Weise, erlebten sie sie als *Begegnung* mit Jahwäh, so ist darin doch deutlich impliziert, was mit dem Begriff der Selbstoffenbarung Jahwähs ausgesagt ist. Es ist die "Unmittelbarkeit der Gotteserfahrung"[394], die sich hier ereignet und die dem entspricht, was von Rad als die von ihm konstatierte "Labilität im Formalen" im Blick auf die "unglaubliche Variabilität der Form" der Verkündigung der Propheten als "ein Symptom für einen sehr grundsätzlichen Vorgang im Innersten ihrer Verkündigung" ansieht, nämlich für ein *ganz neues Verständnis von Gott, Volk und Welt*.[395] Offenbart aber Jahwäh ein neues Verständnis seiner selbst, so wird man doch unbestreitbar - gerade im Sinne von Rads - von Selbstoffenbarung sprechen dürfen.

Dem korrespondiert, wie *Hans Walter Wolff*[396] die Botschaft der Propheten charakterisiert. Er deutet die Visionen des Amos mit dem zentralen Satz Jahwähs Am 8,2 "Das Ende ist gekommen für mein Volk Israel" so, daß dieses Ende durch eine schonungslose *Gottesbegegnung* heraufgeführt werde.[397] Freilich geht es hier nicht um eine Begegnung des Propheten, sondern des Volkes mit Gott. Doch gerade dadurch gewinnt das Moment der Selbsterschließung Gottes an Gewicht: Gott erschließt sich in aller Öffentlichkeit als der, der Israel in seinem geschichtlichen Handeln richtet. Als entscheidend sieht Wolff in des Amos Verkündigung das sich in ihr aussprechende *Ich Jahwähs*, sein wirkendes Ich.[398] Trotz aller Andersartigkeit der Sprache Hoseas sei die-

---

[393] Ib. 86.
[394] Ib. 72.
[395] Ib. 61.
[396] *Wolff*, Die eigentliche Botschaft der klassischen Propheten.
[397] Ib. 551.
[398] Ib. 552.

ser mit Amos darin zutiefst verwandt, daß alles bei ihm um die Ankündigung des Ichs Jahwähs kreise.[399] "Bei aller Verschiedenheit zu Amos finden wir also auch bei Hosea die personale Relation Jahwes zu Israel als den eigentlichen Kern der Botschaft: es ist die vom prophetischen Wort eröffnete dialogische Begegnung des Gottes Israels mit seinem Volk."[400] Und auch für Jesaja gilt analog, daß er seine Hörer vor allem mit Jahwäh selbst konfrontiert.[401]

Wie sehr die prophetische Botschaft in ihrem innersten Wesen Selbsterschließung Gottes sein kann, zeigt sich an der Verkündigung *Hoseas*, die bereits im Zusammenhang der Ausführungen über die alttestamentliche Berit zur Sprache kam. Es ist das für diesen Propheten eigentümliche Miteinander, ja geradezu Gegeneinander von Gerichtsansage und Heilsansage an Israel, in das das Ich Gottes einbezogen ist. Durch den Namen des dritten Kindes Hoseas und seiner "hurerischen Frau" wird das in der Exklusivformel zum Ausdruck gebrachte "Bundes"-Verhältnis zwischen Jahwäh und Israel als definitiv aufgekündigt zum Ausdruck gebracht, Hos 1,9. Israel ist "Nicht-mein-Volk" und Jahwäh nicht der "Ich bin" für Israel. Aber Jahwäh revoziert seine radikale Verwerfung - auf *Jörg Jeremias'* Auslegung von Hos 11,7-11 als "Willensumsturz in Gott" und "theologischen Höhepunkt der Verkündigung Hoseas"[402] wurde schon aufmerksam gemacht - , weil *er* in seinem Schmerz um Israel, in seiner Liebe zu Israel nicht bei seinem Vernichtungsurteil bleiben kann. Nach Hos 11,9 begründet Gott seine Unfähigkeit, den glühenden Zorn zu vollstrecken, mit der Aussage: "Denn Gott bin ich, nicht Mensch, in deiner Mitte der Heilige." Also ausgerechnet sein Gott-Sein als Erklärung seiner Unfähigkeit! Dieser theologische Höhepunkt der Verkündigung Hoseas ist aber zugleich - und das ist für unsere Fragestellung von theologisch großem Gewicht - ein *Höhepunkt der im Alten Testament vorfindlichen Selbsterschließung Gottes*. Hier läßt sich Gott sozusagen in sein Herz sehen; seine uns zunächst recht menschlich erscheinenden Züge werden gerade nicht als menschlich, sondern als göttlich geoffenbart. Man kann hier sogar noch einen Schritt weitergehen und erklären, daß in dieser Aussage von der Reue Gottes Jahwäh durch diese seine Selbstoffenbarung und Selbsterschließung sein göttliches

---
[399] Ib. 552.
[400] Ib. 553.
[401] Ib. 555.
[402] *Jeremias*, ATD 24/1, 143.

Wesen in weit höherem Maße kundtut als bei seiner Selbstoffenbarung anläßlich des Exodus.[403] Indem Gott sein Heil offenbart, offenbart er zugleich den Urgrund dieses Heils, nämlich das, was ihn Gott sein läßt. Mit *Jörg Jeremias* gesprochen: Hosea verlagert das Heil Israels ganz in Gottes eigenes Herz hinein.[404] Die Paradoxie ist offenkundig: Gottes Selbstoffenbarung als göttliche Wesensoffenbarung geschieht trotz der Aussage Jahwähs, daß er Gott und nicht Mensch sei, in nicht mehr zu überbietendem Anthropomorphismus. Aber dieser Anthropomorphismus entspricht genau dem, was der Prophet als Forderung Jahwähs von Israel verlangt: Liebe und Gotteserkenntnis, *ḥæsæd, daʿat ʾælohîm*, Hos 6,6.[405] Indem diese totale Grundausrichtung der Liebe und Treue zu Jahwäh gefordert ist, wird von Hos 11,9 her deutlich, daß aus der Sicht der prophetischen Gottesoffenbarung und gemäß dieser Intention eigentlich gar nicht so sehr Gott anthropomorph ausgesagt werden soll, sondern das, was Israel tun soll, von Gottes Wesen her zu verstehen gegeben wird: Da nach menschlichem Vorstellungsvermögen nichts Höheres als Liebe, Treue und Hingabe gedacht werden kann und da in der Sprache der Immanenz das menschliche Aussagevermögen nur bis dorthin reicht und Gottes Liebe im Vergleich zur menschlichen Liebe nur *via eminentiae* als göttlich ausgesagt werden kann, ist die Intention des Anthropomorphismus deutlich.

Halten wir also zunächst fest: In der Prophetie des Hosea offenbart sich Jahwäh in aller *Unmittelbarkeit* als der maßlos Liebende, als der ganz und gar durch seine Liebe Bestimmte. Hosea nimmt nun in der Theologiegeschichte Israels insofern einen wichtigen Platz ein, als es ja in nicht geringem Maße sein Denken ist, das wirkungsgeschichtlich im theologischen Denken des Deuteronomiums seine Fortsetzung findet.[406]

---

[403] Dieser Gesichtspunkt wird später von erheblicher Bedeutung für die Diskussion mit *Pannenbergs* These von der "Indirektheit der Selbstoffenbarung Gottes", nach der das biblische Gotteswort in aller Regel nicht unmittelbar Gott selbst zum Inhalt habe, sein (Syst. Theol. I, 266).

[404] *Jeremias*, ATD 24/1, 144.

[405] *Jeremias*, ib. 79, übersetzt *ḥæsæd* mit "Hingabe". "Gotteserkenntnis" meint hier nicht intellektuelle Erkenntnis, sondern ist als Grundhaltung des Menschen nahezu synonym mit Liebe.

[406] *Jeremias*, TRE 15,594: "Die größte Wirkung im Blick auf die Gesamtbotschaft des Alten Testaments hat das Hoseabuch indirekt ausgeübt: durch seine starke Beeinflussung des deuteronomischen Programms und über es hinaus der deuteronomistischen Theologie. Die wesentlichen Grundgemeinsamkeiten zwischen Hosea und Dtn (Dtr) sind häufig herausgestellt worden...: Gottes Gegenüber sind nicht Gruppen, sondern das Gottesvolk

Nun könnte allerdings Hoseas Herausstellung der Direktheit der göttlichen Selbstoffenbarung mit seinem so oft wiederholten Ich Jahwähs[407] die theologischen Proportionen verkennen lassen, würde man nicht zugleich herausstellen, daß das, was Jahwäh *mit* seinem Ich *über* sein Ich zu Israel sagt, im Kontext seines Handelns in der Geschichte Israels gesagt ist. Die Exodus- und Wüstentradition des Pentateuchs, die dort Gottes Heilshandeln an Israel als Wesenzug Jahwähs deutlich werden läßt, und zwar als Offenbarung Jahwähs - genauer: Offenbarung Gottes *als* Jahwäh - , wird bei Hosea zur dialektischen Reflexion des sich im Gerichts- und Heilshandeln aussagenden Gottes. Indem aber das Heil Israels in der jenseits des Gerichts liegenden Zukunft verheißen wird, kündet sich bei Hosea bereits die Eschatologisierung an, die für die Heilsprophetie der exilischen und nachexilischen Zeit charakteristisch sein wird.

Der Schwerpunkt der prophetischen Heilsoffenbarung ist bei den Exilspropheten *Deuterojesaja* und *Ezechiel* gegeben; die Heilsprophetie Deuterojesajas findet im teilweise *universalistischen Horizont* ihre Fortsetzung bei *Tritojesaja*. Das gerade für letzteren charakteristische Nebeneinander von partikularistischer und universalistischer Perspektive zeigt in Jes 66,18ff. einen eigentümlichen, beachtenswerten Zug: Jahwäh sagt sich mit seinem Ich (wieder betontes $^{\vphantom{}}\bar{a}nok\hat{i}$) als der Kommende an, der alle Völker sammelt und - terribili dictu für israelitischen Partikularismus! - aus den Heiden Männer zu Priestern bestellt. Diese "für streng gläubige Kreise unerhörte Aussage" provoziert die Korrektur: "Es ist verständlich, daß ein Zusatz hinzutrat, der dieses Wort über die Zukunft der Völker in seine Grenzen wies."[408] Und diese Korrektur erniedrigt die Völker zu Hilfsarbeitern und Tributpflichtigen zugunsten Israels, Jes 66,20 (vgl. auch Jes 60). Aber gerade diese Äußerung im Dienste partikularistischer Interessen Israels geschieht nicht als Ich-Aussage Jahwähs! Doch entscheidend ist, daß sich Gott in Jes 66,18.19.21 als Erlösergott *aller* Menschen offenbart. Gott spricht sein heilvolles Ich zur gesamten Menschheit. Heilsprophetie gewinnt hier ihr volles Maß in der universalen Selbstoffenbarung Jahwähs.

---

als Ganzes; die Erwählung Israels wird mit Gottes 'Liebe' begründet, während vorgängige Qualitäten Israels geleugnet werden; ... Von Israel wird die ungeteilte Hingabe an diesen Gott erwartet...".

[407] Man beachte nur das betonte $^{\vphantom{}}\bar{a}nok\hat{i}$ in Hos 11,3.9, überhaupt das laufende Vorkommen der 1. Pers. Sing für Jahwäh in Hos 11!

[408] *C.W. Westermann*, ATD 19, 338.

Das zuletzt Ausgeführte bedarf der Ergänzung und Abrundung durch die alttestamentlichen Aussagen über das *König*-Sein bzw. Königtum Jahwähs. In Frage kommen hierbei vor allem einige Aussagen in den Jahwäh-König-Psalmen und Prophetenbüchern. Zwar findet sich nicht überall, wo von Jahwäh als dem König die Rede ist, in gleich ausgeprägter Weise der universalistische Aspekt - teilweise entfällt er sogar ganz - , aber er ist doch für den Jahwäh-König-Komplex bezeichnend. Ihm eignet unübersehbar zumindest die *Tendenz* auf Universalismus hin, wobei deutlich Züge auszumachen sind, die das Königtum Jahwähs in seiner theophanen Manifestation, in seinem Offenbar(t)-Werden zeigen. Schwierig ist allerdings die chronologische Fixierung einiger dieser Aussagen, vor allem in den Prophetenbüchern, da die Authentizität strittig ist. Sofern es sich dabei um Aussagen mit dem Ich Jahwähs handelt, gilt wieder im Falle der Nichtauthentizität, daß sie im Verständnis der Redaktoren als schriftlich konservierte Anrede Jahwähs für die jeweilige Gegenwart gelten.

Sicher ist, daß das Theologumenon von Jahwäh als König bereits vorexilisch ist. Die Frage, ob der im Deuteronomistischen Geschichtswerk geschilderte Widerstand gegen die Einführung des Königtums in Israel, mit dem Argument des Königtums Jahwähs begründet (1Sam 8,7), historische Gegebenheit war oder ob es sich hier um ein spätere, nämlich deuteronomistische königsfeindliche Auffassung handelt,[409] ist zweitrangig angesichts des Zeugnisses vor allem einer Reihe von Psalmen, die das hohe Alter des Glaubens Israels an den König Jahwäh zu erkennen geben. *Werner H. Schmidt* hat überzeugend nachgewiesen, daß Jahwähs Königtum kanaanäisches Erbe ist.[410] Die in Frage kommenden Stellen des Pentateuchs (Ex 15,17f.; Num 23,18-24; Dtn 33,5.26) fallen erst in die Zeit nach der Landnahme.[411] In dieser Zeit aber mußte sich

---

[409] *Noth*, Überlieferungsgeschichtliche Studien, 56ff.; die Einwände, die vor allem *Weiser*, Samuel, gegen *Noth* vorgebracht hat, sind m.E. im Prinzip immer noch überzeugend; s. neuerdings *Donner*, Geschichte des Volkes Israel, 170: "Aber das entscheidende Motiv der Ablehnung des Königtums, der theokratische Herrschaftsanspruch Jahwes, ist nach aller Wahrscheinlichkeit schon im vorstaatlichen Israel lebendig gewesen: nicht als theokratische Verfassung, wie in nachexilischer Zeit, wohl aber als Überzeugung, daß Israel eines Königs nicht bedürfe, weil es den König Jahwe habe."

[410] *Schmidt*, Königtum Gottes in Ugarit und Israel; s. auch *ders.*, Atl. Glaube in seiner Geschichte, 170ff.

[411] *Schmidt*, Königtum Gottes, 81-85. So dürfte *Martin Bubers* bekannte These vom Sinaibund als Königsbund (*Buber*, Königtum Gottes, vor allem 115ff.), abgesehen von an-

Israel mit den beiden Königtümern von El und Baal auseinandersetzen, zwei "grundverschiedenen Arten eines göttlichen Königtums, die aus den Ras Schamra-Texten erhoben wurden".[412] Baals Königtum ist gekennzeichnet durch die Motive des Thronsitzes auf dem Gottesberg im Norden, des Richtertums des Königsgottes, des Kampfes gegen Feinde und der ununterbrochenen Dauer der Herrschaft. Das Königtum Els hingegen äußert sich hauptsächlich in Els Titel *mlk* und im Vorsitz der Götterversammlung.[413] Gegenüber der älteren Auffassung in der Forschung, wonach Jahwäh nur Els Königtum usurpiert habe, dürfte Werner H. Schmidt der Nachweis geglückt sein, daß Jahwäh das Königtum Els *und* das Baals auf sich vereinigt hat.

Wie nun Jahwähs Königtum im Laufe der Geschichte Israels verstanden wurde, zeigen die in verschiedenen Zeiten entstandenen *Jahwäh-König-Psalmen*. Sie sind für unsere Fragestellung deshalb von so elementarer Wichtigkeit, weil dem Sich-Erweisen Jahwähs als König der Charakter des Sich-Manifestierens, also des Sich-Offenbarens eignet: Jahwäh offenbart sich als König. Diese Jahwäh-Manifestation gehört konstitutiv zum alttestamentlichen Offenbarungsverständnis, besser vielleicht noch: zum alttestamentlichen Glauben an die Offenbarungsrealität. Damit gehört aber auch das dem König Jahwäh eigene Königsvolk zu dieser Offenbarungsrealität.

Ob Schmidt mit seiner Vermutung, daß Jahwäh von Silo an als thronender König verehrt wurde, recht hat, ist kaum zu beantworten. Aber sicher dürfte er schon in früher Zeit als der Thronende vorstellt worden sein; und ebenso sicher verstärkte sich diese Prädikation in Jerusalem durch die Tradition des Stadtgottes El Äljon, die in den Zionsliedern weiter leben konnte (Ps 46,5; 47,3; 48,2f.).[414] Wichtig ist aber wieder das auch hier begegnende universalistische Moment, das z.B. in Ps 47 von Jahwäh Äljon konfessorisch erklärt wird: Er ist der große König, *mælæk gādôl*, über die ganze Erde, Ps 47,3.[415]

---

deren, hier nicht zu behandelnden unhaltbaren Geschichtskonstruktionen, die exegetische Basis entzogen sein.

[412] *Schmidt*, Königtum Gottes, 86.
[413] Ib. 86f.
[414] Ib. 91.
[415] Ob *gādôl* in V.3, wie oft angenommen, sekundär ist, ist schwer auszumachen. Sollte dies tatsächlich der Fall sein, so ändert das nichts an unseren Überlegungen, da dieses Epitheton in den Jahwäh-König-Psalmen auch sonst noch begegnet.

Aus vorexilischer Zeit dürften auch Pss 29 und 93 stammen, wobei Ps 29 als "mögliche Vorstufe" zu Ps 93 angesehen werden kann.[416] In beiden Psalmen zeigt sich, wie der kanaanäische Mythos vom König-*Werden* Baals zum König-*Sein* Jahwähs transformiert wurde.[417] Ps 29 ist insofern für die Offenbarungsthematik von besonderer Relevanz, als in ihm der Kabod-Topos wieder begegnet; Kabod ist geradezu "Leitwort" dieses Psalms.[418] Spieckermann spricht in treffender Charakterisierung vom "theophane(n) Toben" im Ps 29, das sich zwar kanaanäischer Elemente bediene, aber allemal dem herrisch-herrlichen Wesen des Wüstengottes Jahwäh kongenial sei und das in die Herrschaft des Königs Jahwäh in seinem Tempel-Palast einmünde.[419] Wie in der P-Schicht des Pentateuchs Kabod Ausdruck theophaner Selbstoffenbarung Gottes[420] ist, so auch hier; nur daß im einen Fall der Sinai der Ort der Kabod-Theophanie ist, im anderen Fall der Tempel, also einmal der Horizont der Geschichte maßgebend ist, dann aber der des Tempelkultes. Doch ist der Gegensatz "Geschichte - Kult" nicht so schroff, wie er auf den ersten Blick erscheinen könnte, da ja auch die priesterliche Sinai-Kabodtheophanie in entscheidender Weise auf den Tempelkult ausgerichtet ist. Und gemeinsam ist beiden Konzeptionen auch, daß Israel, indem ihm die theophane Offenbarung Jahwähs in seinem Kabod widerfährt, in die-

---

[416] *Jeremias*, Das Königtum Gottes in den Psalmen, 29ff.

[417] Ib. 27: "Die entscheidende Abwandlung der aus Kanaan übernommenen Thematik des Königtums Gottes ereignet sich in Ps 93 in der Umsetzung von mythischer Erzählung in statisch-nominale Aussagen... Ps 93 schildert eben *keinen* Chaoskampf..., sondern er beschreibt die Voraussetzungen einer gehaltenen und stabilen Welt."; ib. 44: "In Ps 93 ist die Usurpation und Umprägung kanaanäischer Tradition vom Königtum Gottes für den Jahweglauben schon abgeschlossen, in Ps 29 ist sie noch im Vorgang erkennbar; besonders gilt das für den Themasatz V.10, dessen Herkunft aus 'erzählendem' Kontext des Mythos noch nachweisbar ist, während seine Aussage im Text analog V.3 eine statisch-zuständliche ist." Freilich gilt auch, ib. 38: "Das statisch-zuständliche Reden von Gott im Hymnus war Israel schon in Kanaan vorgegeben."

[418] *Jeremias* in sprachlicher Anlehnung an *Martin Buber* ib. 43; nach *Jeremias*, ib. 43, wird an diesem Begriff deutlich, "inwiefern Jahwe das Königtum Els *und* das Königtum Baals beanspruchte: das Königtum Els, insofern das im Tempel Jerusalems feiernde und Gott lobende Israel sich der Präsenz des Weltengottes sicher ist und weiß, daß sein Loben (*kābôd* sagen: V.9) Teil der kosmischen Huldigung ist (*kābôd* darbringen: V.1f.); das Königtum Baals, insofern die in Natur und Kosmos erfahrene göttliche Macht (*kābôd* V.3 im doppelten Sinne des kämpferischen Erschütterns und des gütigen Gedeihenlassens) allein dem im Jerusalemer Tempel verehrten Weltengott Jahwe zukommt."; s. auch *Spieckermann*, Heilsgegenwart, 179: "Aber Jahwes Wesen erheischt nicht nur Els Königsornat, sondern auch Baals theophane Gewitterwaffen."

[419] Ib. 177.

[420] Theophane Selbstoffenbarung ist kein Pleonasmus!

ses Offenbarungsgeschehen hineingenommen ist. Dieses Hineingenommensein ist konstitutiv und essentiell für den Begriff der Kabod-Offenbarung. Das in Ps 29,2 ausgesprochene sacrificium laudis "Bringt Jahwäh dar den Kabod seines Namens!" zeigt, wie durch das Bedeutungsspektrum von Kabod - vom Akt der Ehrerbietung bis zum göttlichen Wesen der "Herrlichkeit" - die Kultteilnehmer, nämlich sowohl die Himmlischen, *bənej ʾelîm*, von V.1 als auch die Menschen von V.9, zum göttlichen heiligen Geschehen gehören. Jahwäh, sein himmlischer Hofstaat und das Volk Israel sind im theophanen Offenbar-Werden Jahwähs sozusagen eine heilige Einheit. Die theophane Offenbarung gewinnt in dem im Tempel sich einfindenden Israel ihren ureigenen Sinn, ihre ureigene Erfüllung. Dem kultischen Sich-Offenbaren Jahwähs, das ja ein Modus des φαίνεσθαι ist, korrespondiert notwendig das Widerfahrnis auf seiten Israels, wenn sinnvoll von Offenbarung die Rede sein soll. Mag man auch in frühstaatlicher Zeit Israels bzw. Judas prophetische Wortoffenbarung als Selbstverständlichkeit angesehen haben, so dürfte doch das damals dominierende Offenbarungsverständnis - wenn auch ohne theologisch präzise Offenbarungsterminologie - das kultische Widerfahrnis der Gegenwart Jahwähs gewesen sein. Die Jahwähs König-Sein proklamierenden Aussagen in den Prophetenbüchern, zumeist aus späterer Zeit, betonen jedoch mehr den geschichtlichen Aspekt der göttlichen Königsherrschaft. Es sei an einigen ausgewählten Stellen symptomatisch gezeigt.

Mi 2,12f. dürfte redaktionelle Einfügung in das *Micha*-Buch aus frühpersischer Zeit sein[421], wobei jedoch unklar ist, ob beide Worte eine Einheit bilden. In V.12 wird Jakob in einem Ich-Wort Jahwähs die Heimholung verheißen: Jahwäh wird den Rest Israels versammeln. V.13 erweckt den Anschein, als würde diese Ich-Rede Jahwähs kommentiert[422]: Den aus dem Exil Ausbrechenden zieht Jahwäh als "Ausbrecher" voran als ihr König. Zwar findet sich hier keine direkte Offenbarungsterminologie. Aber der Sache nach verkündet der "Prophet" aufgrund eines Ich-Wortes Jahwähs dessen Selbstoffenbarung als rettender König. Freilich ist er hier nur König *Israels*; jeglicher universalistische Gedanke fehlt hier. Eine inhaltliche Parallele zu Mi 2,12f. ist Mi 4,6-8. Nimmt man diese Verse für sich, so bleiben sie wie 2,12f. im Rahmen der nationalen und partikularistischen Beschränkung. Es sind wieder aus

---
[421] *H.W. Wolff*, BK XIV/4, 46.
[422] Ib. 56.

der Redaktion des Micha-Buches stammende Worte, wahrscheinlich nicht einmal von nur einer Hand. In einem Ich-Wort verheißt Jahwäh den im Exil Versprengten die Heimholung. Von V.7a auf V.7b wechselt die 1. Pers. Sing. in die 3. Pers. Sing.[423]: "König wird Jahwäh über sie sein auf dem Berge Zion, jetzt und für alle Zeit." Es ist das Bekenntnis der nunmehr endgültigen Königsherrschaft auf dem Berge Zion.[424] Im Zusammenhang von 4,6-8 ist aber dieses Bekenntnis zur ewigen Königsherrschaft Jahwähs in seiner unmittelbar zuvor stehenden Ich-Zusage gegründet. *Artur Weiser* sieht in dem hier vorliegenden Nebeneinander der Vorstellungen von Jahwäh als verurteilendem Richter (Mi 3,12!) und als gutem Hirten, also im Zusammensein der beiden Komponenten, daß einerseits Gottes Gerechtigkeit letztlich nur von seiner Gnade her und andererseits sein gnädiges Erbarmen nicht ohne den Ernst seiner Gerechtigkeit zu verstehen sei, ein vollständiges Bild der *Wesensoffenbarung Gottes* im Alten Testament.[425] Im Sinne der Endredaktion des Micha-Buches wird man 4,6-8 als Einheit sehen und so Israels Bekenntnis zu Jahwäh als dem König verstehen müssen als Glaube an seine Offenbarung als König. Diese seine Königsherrschaft konkretisiert sich aber, wie V.8 zeigt, in der für die Zukunft erwarteten Restauration der davidischen Dynastie. Denn zur endgültigen Theokratie Jahwähs gehört als geschichtliche Dimension die Herrschaft des davidischen Königs. Von einer Spannung zwischen dem himmlischen und dem irdischen König, wie sie sich vor allem in 1Sam 8 widerspiegelt, findet sich in Mi 4,6-8 keine Spur.

Ist Mi 4,6-8 für sich genommen ohne universalistischen Zug, m.a.W., sind diese Verse in ihrem ursprünglichen Verständnis allem Anschein nach ohne universalistische Intention formuliert worden, so gewinnen sie sofort einen weiteren Horizont, wenn man sie im Lichte der Einheit Mi 4,1-8 liest; denn 4,1-5, weithin mit Jes 2,2-4 inhaltlich und z.T. sogar wörtlich identisch, bringt den universalistischen Gedanken mittels der Aussage der *Völkerwallfahrt* nach Jerusalem. Die Völker und Nationen werden zum Berge Jahwähs hinaufziehen, um Jahwähs Torah zum emp-

---

[423] *Wolff* sieht deshalb ib. 96 im V.7b eine andere Hand am Werk, wahrscheinlich mit Recht.

[424] Ib. 96; für *Artur Weiser* erklärt sich der Wechsel und "der liturgische Ausklang des Verses" "am besten durch die Annahme einer liturgischen Responsion der Gemeinde, die sich zur Königsherrschaft Gottes bekennt"; dieser Gedanke sei in V.6 und 7a noch nicht enthalten, ATD 24, 268.

[425] Ib. 267.

fangen, so daß Jahwähs "Richten", *špt*, Völkerfrieden, Weltfrieden bewirkt. Im Lichte dieser Offenbarung Jahwähs als des Friedensgottes steht nun Mi 4,6-8 - ein Text also, der in seinem Wortlaut von dieser Friedensvision noch weit entfernt ist, der aber das Königsprädikat dem Leser zur Verfügung stellt, damit dieser die universale Offenbarung des Friedensgottes als die Offenbarung des Königs Jahwähs interpretiert. In diesem Sinne läßt sich dann sagen, daß im Micha-Buch *sich Jahwäh als der universale Friedenskönig offenbart*.[426]

In das anfängliche Werden einer universalistischen Auffassung von Theokratie führt in recht plastischer Weise der Einblick in die literarische Entstehung des *Obadja*-Buches. Nach allgemeiner Übereinstimmung bildet Obd 15a.16-21 den zweiten Teil dieser Schrift. Und wiederum gehören die für unsere Fragestellung entscheidenden V.19-21 nicht ursprünglich zu diesem Abschnitt, dessen integrierenden Teil sie nun gemäß der Endredaktion ausmachen.[427] Der Abschnitt 15a.16-21 behandelt thematisch den "Tag Jahwähs", und zwar sowohl für Edom als auch für alle Völker. Dabei ist dieser Tag als deren Gerichtstag verstanden: Edom und alle Völker müssen den Kelch des verurteilenden Gerichts trinken. In V.18 wird freilich der Blick wieder von dieser universalistischen Gerichtsperspektive allein auf das Haus Esau, also Edom, gelenkt: Jahwäh hat gesprochen, daß kein Entkommener vom Hause Esau bleibt, während zuvor nach V.17 Jakobs Haus diejenigen in Besitz nehmen wird, die es zuvor in Besitz genommen hatten. Dazu dürfte V.19 - so mit *Hans Walter Wolff*[428] - den ersten Kommentar bieten: Die in Besitz

---

[426] Man sollte aber nicht zu früh mit einer m.E. unerlaubten Hermeneutik Mi 4 für den christlichen Glauben reklamieren, wie dies *Hans Walter Wolff*, op.cit. 98, tut: "Nur um der verheißenen Königsherrschaft Jesu willen (vgl. Lk 1,32f. mit Mi 4,7) darf diese Zusage an die befreite Exilsgemeinde auch Geduld und Hoffnung der Gemeinde aus der Völkerwelt stärken." Zustimmen kann ich ihm jedoch zumindest im Prinzip, wenn er abschließend zu diesem Text schreibt, ib. 99: "Die Redaktion bezeugt mit der Zusammenstellung und Bearbeitung der drei Sprüche ein enormes theologisches Ringen um die Frage nach dem neuen Jerusalem. Sie forscht in den prophetischen Überlieferungen der exilischen Zeit und trägt eine Verheißungsgewißheit über den Zusammenbruch hinaus und durch die nachexilischen Zeiten hindurch, weit offen für Gottes neue Taten."

[427] Nach der heutigen *opinio communis* bilden nur diese Schlußworte einen jüngeren Zusatz; so z.B. *Schmidt*, Einführung, 233; nach *Otto Kaiser* ist zur literarkritischen Lösung der älteren Forschung zurückzukehren, wonach bereits als Grundbestand ein an Edom angesichts seiner Vertreibung aus seinen alten Wohnsitzen gerichteter Gottesspruch anzunehmen ist, der das Unglück Edoms als Folge seines Verhaltens gegenüber den Jerusalemern 587 v. Chr. deutet und aus der ersten Hälfte des 5. Jhs. v. Chr. stammen könnte, Einleitung in das Alte Testament, 270f.

[428] *Wolff*, BK XIV/3, 46f.

Nehmenden von V.17b, also die kleine judäische Restgemeinde, werden lediglich die nächstbenachbarten Landschaften Negev, Schephela, Ephraim und Gilead besetzen. Der zweite Kommentar in V. 20, der offenbar später anzusetzen ist, "denkt in jeder Hinsicht weiträumiger als die Jerusalemer Restgemeinde in den ersten Jahren nach der Katastrophe von 587".[429] Die Exulanten des Nordreichs werden das Land der Kanaanäer bis Sarepta in Besitz nehmen, die Exulanten Jerusalems aus Sepharad[430] die Städte des Negev. Nach V.21 werden die Geretteten auf den Berg Sinai kommen, um - lediglich! - den Berg Esau zu beherrschen, also höchstwahrscheinlich das edomitische Wohngebiet. Mehr nicht! Und diese Vorherrschaft über Edom ist nicht ihr eigenes Königtum, sondern das Jahwähs! So lauten die letzten Sätze dieses Verses und zugleich des ganzen Buches: "Aber Jahwäh gehört das Königtum!", *wəhājətāh laJHWH hamməlûḵā*. Der in V.15ff. zunächst angeklungene Gerichtsuniversalismus schrumpft geographisch zur Königsherrschaft Jahwähs über Juda und Edom zusammen. Die zunächst weite Perspektive des sich im Gericht offenbarenden Weltenrichters ist am Ende sehr eng. In despektierlicher Diktion könnte man von einer Provinzperspektive reden. Sollte der Grundstock des Obadja-Buches wirklich kurz nach 587 v. Chr. geschrieben sein - und dafür spricht m.E. viel - , dann zeigt sich, wie in dieser Zeit die ersten Ansätze des sich universal als Weltenkönig offenbarenden Jahwähs in recht winzigem Maßstab gedacht wurden. Jerusalem ist Mittelpunkt der Welt - und der Radius des Zirkels um diesen Mittelpunkt ist noch recht klein!

Nicht übergangen werden sollte in diesem Zusammenhang *Sach 14*.[431] Daß in Deuterosacharja Kap. 14 eine eigenständige Rolle spielt und auch von anderer Hand stammt als die übrigen Kapitel, braucht hier nicht eigens bewiesen zu werden. Umso eher können wir dann Sach 14 textimmanent aus sich selbst interpretieren. Dieses Kapitel ist durch hocheschatologische Erwartung bestimmt. Es steht in der Tradition vom Tage Jahwähs. Skopos ist die Theophanie Jahwähs zum Heile Jerusalems nach dessen Katastrophe. Und diese Theophanie ist *theokratische Theophanie*: Jahwäh wird sich als eschatologischer König im universalistischen Horizont offenbaren, wie es vor allem in V.9 programmatisch

---

[429] Ib. 47.

[430] Nach *Wolff*, der sich auf *André Dupont-Sommer* stützt, ist Sepharad identisch mit dem lydischen Sardes, ib. 47.

[431] Zum Verständnis dieses Kap. s. vor allem W. Rudolph, KAT XIII/4, 230ff.

zum Ausdruck kommt: "Und Jahwäh wird sich als König über die ganze Erde erweisen." Er wird seinen heilvollen Einzug in Jerusalem so vornehmen, daß dies zu wunderhaften geographischen und klimatischen Veränderungen führt. Der Schreiber übernimmt als Tradition also die in unserer Darstellung bereits genannte Vorstellung aus Ez 43,2 von der Rückkehr Jahwähs in seine Stadt, freilich mit recht starker Modifikation. Des weiteren dürfte er auch mit der Vorstellung von dem sich unter dem Druck der Füße Jahwähs spaltenden Ölberg auf die Gottesstraße von Jes 40,3-5 anspielen. Ein anderes aus der Tradition übernommenes Vorstellungselement ist wieder die Völkerwallfahrt (Jes 2,2-4; Mi 4,1-5, s.o.): Wer nach Jahwähs Vernichtungskampf gegen die Völker von diesen übrigbleibt, wird am Ende Jahr für Jahr zum Laubhüttenfest nach Jerusalem wallfahrten, um den König Jahwäh anzubeten, Sach 14,16. Die Theophanie Jahwähs, seine endgeschichtliche Offenbarung bewirkt also die weltweite Bekehrung.[432] Es ist somit die mit fast schon apokalyptischen Farben gezeichnete Selbstoffenbarung Jahwähs, die letztlich nur in universalistischer Weite sinnvoll ausgesagt werden kann. Daß dieses Kapitel (und somit das ganze Sach-Buch) dann mit einem so merkwürdigen kultischen Zungenschlag schließt, vermag seiner eschatologischen Wucht kaum etwas zu nehmen.

Sach 14 führt die Frage nach der Theokratie in doppelter Weise weiter. Indem dieses Kapitel, jedenfalls in der Endredaktion, an die Vorstellung des davidischen Königtums in Sach 12 und 13, aber auch an Sach 9 anknüpft, weitet sich erstens die Frage nach der Herrschaft Jahwähs zur Frage nach der *irdischen Konkretisierung* dieser göttlichen Herrschaft in der Jerusalemer Monarchie aus. Damit greift allerdings diese Ausweitung auch auf alte Vorstellungen zurück (schon Saul!). Diese werden jedoch zumindest schon bei Protosacharja (Sach 4) messianisch überhöht. In der Herrschaft des diesseitigen messianischen Heilskönigs manifestiert sich also die Herrschaft des jenseitigen Gottes. Jahwähs Theokratie wird sozusagen im Abbild der irdischen Königsherrschaft epiphan. Anders formuliert: Jahwäh offenbart sich *als* der Herrschende *im* irdischen Herrscher. Die Selbstoffenbarung Gottes gewinnt dadurch recht immanente Züge. Zweitens liegt Sach 14, wie bereits gezeigt, auf dem Wege zur apokalyptischen Konzeption der Offenbarung Jahwähs. Ohne daß hier der gerade neuerdings so umstrittene Begriff

---

[432] Im Grunde vermag die Einschränkung von V.17 die Absolutheit von V.16 nicht zu tangieren.

der Apokalyptik diskutiert werden kann,[433] sollte doch zumindest der Blick auf die *apokalyptische Variante der Selbstoffenbarung Gottes* in seiner irdisch verstandenen Konkretisierung kosmischen Ausmaßes gelenkt werden.

Dann aber ist vor allem *Dan 7* zu nennen. In der Forschung herrscht relative Einmütigkeit darüber, daß in der Gestalt des Menschenähnlichen von Dan 7,13f., der zunächst vor Gott geführt und dem dann als dem Weltherrscher ewige Macht, Ruhm und ewige, unzerstörbare Herrschaft gegeben wird, "jenes Israel gemeint ist, das sich in seiner theokratischen Sonderstellung eindeutig von den übrigen Völkern und Reichen geschieden weiß und darum in der Figur des *bar ᵓænāš* Züge empfängt, die es stärker von den Tieren abheben und näher an die Gestalt des Urewigen heranrücken".[434] Die Herrschaft Gottes und die Herrschaft Israels bilden, in christologischer Terminologie, geradezu eine "hypostatische Union". Israel ist also wesenhaft in die Selbstoffenbarung Gottes integriert, die Immanenz mit der Transzendenz begabt. Doch ausgerechnet diese Würde Israels ist es, die ihm dann im Neuen Testament bestritten werden wird.

1.3.1.6 Offenbarung im Hiob-Buch

Liegt also die theokratische Konzeption von Dan 7 in eigentümlicher Brechung auf dem Wege zur neutestamentlichen Aussage von der Gottesherrschaft, dort vor allem im Munde Jesu, so gilt, freilich in ganz anderer Weise, Analoges von Hiob. Dieses Buch, das in spezifischer Weise die Krise der Weisheit zu bewältigen sucht, gehört in unsere Thematik wegen der Theophanie Jahwähs mit ihrer doppelten Gottesrede, Hi 38,1-42,6. Hiob hat Gott zur Antwort herausgefordert, 31,35ff. Und Gott antwortet; aber er antwortet auf Hiobs Frage, indem er den Frager in Frage stellt.[435] Seine Theophanie bedeutet zunächst einmal Gericht. Und daß Jahwäh den Hiob in seiner Rede niederbeugt, ist seine Antwort auf des-

---

[433] Verwiesen sei hier nur auf den eigenwilligen, aber anregenden TRE-Art. Apokalyptik von *Karlheinz Müller* und auf *Klaus Kochs* umstrittene Publikation "Ratlos vor der Apokalyptik".
[434] *O. Plöger*, KAT XVIII, 113; s. auch *Noth*, "Die Heiligen des Höchsten". Daß dann in aethHen die Theokratie wieder andere Züge trägt, sei hier nur am Rande erwähnt. Der traditionsgeschichtliche Zusammenhang zwischen Dan 7 und aethHenB ist für unsere Fragestellung von geringem Interesse.
[435] *A. Weiser*, ATD 13, 242.

sen Selbstrechtfertigung, Kap. 31. Das also ist bereits alttestamentlich, wenn auch am äußersten Rande des Alten Testaments: Gottes Antwort auf des Menschen Selbstrechtfertigung ist das Wort des Gerichts, das Wort des Niederstreckens. Gott reagiert gar nicht auf die Argumente, die Hiob besten Wissens und Gewissens vorbrachte. Der Tatbestand der Selbstrechtfertigung als solcher genügt zur harschen Reaktion Gottes. Nur - und daran hängt die ganze Doppelantwort Jahwähs[436] - *ist* die Niederbeugung zugleich seine Aufrichtung. Die zweite Gottesrede, die noch einmal die traditionelle Verbindung von Theophanie- und Gerichtsvorstellung zeigt, bringt Hiob zur Erkenntnis, daß Selbstrechtfertigung einen Angriff auf Gottes Gerechtigkeit impliziert. So vor allem 40,8: "Willst wirklich du mein Recht zerbrechen, mich schuldig sprechen, daß du recht behältst?"[437] Weil Hiob diese zentrale, ihn wirklich treffende Frage versteht, kommt er auch zur Erkenntnis von 42,5: "Vom Hörensagen hatte ich von dir vernommen; nun aber hat mein Auge dich geschaut!"[438] Das Hiobproblem ist also letztlich nur in der *Begegnung* mit Gott gelöst. Und genau sie ist es, worauf Gottes Selbstoffenbarung aus ist. Der Mensch ist aufgrund seiner Begegnung mit dem sich selbst offenbarenden Gott der durch und durch Gewandelte, er ist der in seinem Selbstverständnis völlig neu Gewordene. Gottes Offenbarung ist da zum Ziele gelangt, wo sie der Mensch aufgrund des Widerfahrnisses seiner Begegnung mit Gott ergreift. Hiob ist dem sich ihm offenbarenden Gott begegnet und durch diese Begegnung zum neuen Verstehen Gottes und seiner selbst gelangt. Er hat bereut, 42,6, hat seine Selbstrechtfertigung aufgegeben und ist gerade dadurch der durch Gott Gerechte geworden. Hier am Ende des Alten Testaments zeigt sich, daß Gottes Selbstoffenbarung Ereignis ist, nämlich Geschehen Gottes am Menschen. Hier am Ende des Alten Testaments zeigt sich, daß *Gottes Selbstoffenbarung auf das Neu-Werden der Kreatur aus ist.* Wir sind recht nahe beim Neuen Testament, entscheidende Mosaiksteinchen der neutestamentlichen Sote-

---

[436] Die literarkritischen Probleme der beiden Gottesantworten im Hiob-Buch können wir hier außer acht lassen; es genügt für unsere Fragestellung, die theologische Intention des Endredaktors zu paraphrasieren. Sie ist m.E. immer noch theologisch zutreffend in *Weisers* ATD-Kommentar dargelegt. S. auch den TRE-Art. Hiob/Hiobbuch von *Jürgen Ebach*, daraus vor allem S. 369f.: Abschn. 8. Gottesreden, Hiobs Antworten und Restitution.
[437] Übersetzung nach *Weiser*. Für den Neutestamentler sind MT- und LXX-Text interessant.
[438] Übersetzung wieder nach *Weiser*.

riologie sind bereits zu einem grandiosen theologischen Bild zusammengefügt. Und doch - es fehlt im Hiob-Buch das Tiefste der neutestamentlichen Botschaft, nämlich Gottes Kondeszendenz in Jesus Christus. Die theologische Schlucht zwischen Altem und Neuen Testament ist auch hier immer noch sehr tief. Aber die beiden gegenüberliegenden Steilhänge sind schon sehr nahe beieinander.

Eigens sei hervorgehoben, daß die im Hiob-Buch geschilderte Theophanie ohne Bezug auf die Geschichtstraditionen Israels dargestellt wird. Wiederum zeigt sich, daß von der Selbstoffenbarung Gottes im Blick auf den *Einzelnen* die Rede ist. Was in dieser Hinsicht Hermann Spieckermann über die Kulttheologie der Psalmen ausgeführt hat, gilt hier von der Krise der im Horizont des Tun-Ergehens-Zusammenhangs denkenden Weisheit.[439] Für unsere Fragestellung ist aber vor allem erheblich, daß im Hiob-Buch *über* die Theophanie, *über* die Selbstoffenbarung Jahwähs gesprochen wird. Der Dichter[440] berichtet über sie; sie ist Ausdruck seiner theologischen Reflexion. Damit soll nicht bestritten werden, daß sich in ihr möglicherweise eigene religiöse Erfahrungen widerspiegeln. Aber keineswegs ist die Theophanie Jahwähs in Kap. 38ff. als schriftliche Objektivierung des unmittelbar an den Leser gerichteten Gotteswortes zu verstehen. Der Leser dieser Theophanie soll vielmehr über die vom Dichter vorgetragene theologische Lösung theologisch reflektieren. Dieser will ihn also mit in seine eigene theologische Reflexion hineinnehmen. Das Hiob-Buch will somit - zumindest primär - auf der Ebene des theologischen Nachdenkens verstanden werden. Daß hier nicht die Verschriftlichung des autoritativen Wortes Gottes vorliegt, dürfte schon allein aufgrund des Sachverhaltes gegeben sein, daß das Hiob-Buch seiner Intention nach fiktive Literatur ist und folglich auch ein fiktives Ich Gottes vorstellt. Allerdings berichtet der Dichter über dieses fiktive göttliche Ich mit dem Anspruch seiner eigenen theologischen Autorität.

---

[439] Daß das Hiob-Buch weithin im Stil der Klagepsalmen spricht und eine religiöse Verwandtschaft dieses Buches und des Psalters offenkundig ist, sollte an dieser Stelle nicht übersehen werden.

[440] Bzw. die Dichter, wenn man die beiden Gottesreden auf mehrere Hände verteilen möchte; so z.B. *Maag*, Hiob, 110ff.195ff.

1.3.1.7 Systematisch-theologische Zwischengedanken zum alttestamentlichen Offenbarungsbegriff

Es zeigte sich, daß Gott die Mitte des Alten Testaments ist, nämlich als der Jahwäh Israels und, im prinzipiellen Ansatz jedenfalls, als der Jahwäh der ganzen Menschheit, der ganzen Welt. Gott spricht sich in der Schrift in seinem Jahwäh-Sein aus als der Gott für Israel bzw. für die Menschheit; Gottes Gott-Sein, sein Jahwäh-Sein für Israel oder für die Menschheit realisiert sich in besonderer Weise im jeweiligen Ich-Wort an die Angeredeten. Das eigentliche Wesen des schriftlich fixierten Alten Testaments ist nach diesem Gesichtspunkt, daß es die *objektivierte Form* der Aus-Sage des Ichs Gottes, zugespitzter noch: *des Sich-Aus-Sagens des Ichs Gottes* ist. Im Alten Testament ist also der sich aussprechende Jahwäh präsent, der sich mitteilende, sich offenbarende, sich offenbar machende Jahwäh; sofort ist jedoch mitzubedenken, daß sein Sich-Aussprechen im innersten Zusammenhang mit seinem Sich-Offenbaren in seinem geschichtlichen Handeln an Israel und in der Weltgeschichte steht, aber auch in seinem Handeln am jeweiligen Individuum. Die Mitte des Alten Testaments ist insofern in der Tat Gott als der in ihm Präsente, der in ihm Seiende. *Ist* er in diesem Sinne nach dem Selbstverständnis des Alten Testaments dessen Mitte, so läßt sich von *Gott* als der *ontischen Mitte des Alten Testaments* sprechen. Nach den Ausführungen in Abschnitt 1.3.1 bedarf diese Aussage jedoch unbedingt der Ergänzung: Dann und nur dann ist Gott die ontische Mitte des Alten Testaments, wenn er als der in dieser Schrift sich aussprechende und sich offenbarende Gott *gehört* wird. Außerhalb des Bogens von offenbarendem Reden und glaubendem Hören bleibt das Alte Testament ein totes Ding, bleibt es tote Materie wie beschriebenes Leder, Pergament oder Papier. Mit Paulus - ein Gedanke von 2Kor 3 sei ein wenig variiert - : Es bleibt Gramma.

Nun ist aber das Alte Testament nicht nur Verschriftlichung des sich aussprechenden und sich so manifestierenden Jahwähs, wobei dieser Verschriftlichung die gleiche Autorität wie dem mündlich ausgesprochenen Ich zukommt. In ihm finden sich nämlich auch laufend Aussagen *über* Jahwähs Sich-Offenbaren. Diese Aussagen sind zwar nicht überall als bewußte theologische Reflexionen über das Ich Gottes konzipiert; jedoch sind sie insofern zumindest tendenziell theologische Aussagen, als sie im Rahmen unserer theologischen Reflexion interpretierbar sind. Ist nun der Gott, der sich in seiner Selbstaussprache und, unmittelbar damit verbunden, in seinem Handeln in der Geschichte des Einzelnen, des Volkes Israel und der ganzen Menschheit offenbart, zentraler Gegenstand des alttestamentlichen Redens, so kann man in dieser Hinsicht von *Gott* als der *theologischen Mitte des Alten Testaments* sprechen.

Kann man nun von Gott in doppelter Weise als Mitte des Alten Testaments reden, so ist das durch die jeweils unterschiedliche Aussageebene bedingt. Daß die Grenze zwischen beiden Ebenen zuweilen fließend ist, liegt in der Natur der Sache, vor allem verursacht durch die unterschiedlichen Intentionen der einzelnen Traditionsschichten. So schwierig es aber auch im Einzelfall sein mag, zu einem eindeutigen Urteil zu kommen, so wird man doch prinzipiell an der eben vorgenommenen Unterscheidung festzuhalten haben. Daß die theologische Mitte des Alten Testaments in der ontischen Mitte des Alten Testaments gründet, dürfte evident sein.

Vielleicht mag man Anstoß daran nehmen, daß im Zusammenhang von Ausssagen über Gott ausgerechnet von "ontisch" die Rede ist; suggeriert dies nicht einen inzwischen in der Theologie überwundenen metaphysischen Gottesbegriff? Vielleicht ist es nicht zuletzt jenes bekannte Diktum *Karl Barths* im Vorwort zu Band I/1 seiner Kirchlichen Dogmatik, wonach er die *analogia entis* für *die* Erfindung des Antichrists hält, derentwegen man nicht katholisch werden könne[441], die im innerevangelischen Raum weithin für Allergie gegenüber der Rede vom Sein Gottes gesorgt hat. Aber es ist auch dieser Karl Barth, der von unserer Erkenntnis des Seins Gottes spricht, davon nämlich, daß es für uns eine fortgehende Explikation der Ganzheit des Wesens Gottes - Barth scheint in diesem Zusammenhang Sein und Wesen promiscue zu verwenden - gibt.[442]. Und wichtiger noch als ein, wenn auch noch so großer Theologe unseres Jahrhunderts ist die Redeweise der Schrift. Daß Gott sich als den Seienden - freilich "seiend" im hebräischen Verständnis des Wortes (s.o.) - offenbart, zeigt sich am Gottesnamen Jahwäh im Sinne von Ex 3. Und die neutestamentlichen Belege (Röm 9,5; Hebr 11,6; Apk 1,4 u.ö.) zeigen die Nachgeschichte dieser alttestamentlichen Auffassung, wenn auch z.T. in hellenistischer Perspektive. Die von uns gewählte Redeweise von Gott als der ontischen Mitte des Alten Testaments widerspricht also keinesfalls dem Geist der Schrift.[443]

---

[441] *Barth*, KD I/1, VIIIf.

[442] Ib. II/1 55f.; vgl. auch ib. 288ff., wo *Barth* den "einfachen Satz" "Gott ist." expliziert.

[443] Es ist im Rahmen der hier vorgelegten Ausführungen nicht möglich, das systematisch-theologische Problem der Frage, ob und wie gegebenenfalls Gott und Sein zusammenzudenken seien, als solches zu thematisieren. Natürlich, die Frage nach Gottes Sein kann hier nicht nur "unthematisch" behandelt werden; aber ihre ausführliche Explikation ist in unserer Monographie nicht möglich. Nicht nur am Rande gesagt: Mit *Pannenberg* bin ich

Mit der Herausstellung des doppelten Modus, nach dem im Kontext des Offenbarungsgedankens von Gott als der Mitte des Alten Testaments gesprochen werden kann, meldet sich das Problem, das uns bereits, wenn auch mehr im Vorübergehen, begegnet ist, nämlich die Frage, ob sich nach alttestamentlichem Verständnis Jahwäh primär im *Wort* oder in der *Geschichte* offenbart hat. Es ist bekanntlich eine derjenigen Fragen, die die Diskussion über das Wesen der Offenbarung für Jahre dominiert hat und auch heute noch in der theologischen Diskussion äußerst lebendig ist. Nachdem Offenbarung in der Dialektischen Theologie, einerlei in welcher ihrer auseinanderstrebenden Richtungen, dem Wesen nach als Wortoffenbarung, Theologie überhaupt als Theologie der Offenbarung, die sich im Wort ereignet hat, bestimmt wurde, erhoben 1961 einige jüngere Theologen um den Systematiker *Wolfhart Pannenberg* Widerspruch. In der von ihm herausgegebenen Aufsatzsammlung "Offenbarung als Geschichte" wurde die Offenbarung von der Geschichte her definiert; der programmatische Titel ist Ausdruck eines theologischen Programms. Dem Beitrag des alttestamentlichen Vertreters dieses Kreises, *Rolf Rendtorff*, kommt anscheinend eine Schlüsselrolle bei diesem Programm zu.[444] Dieser konzediert zwar, daß das Wort in der sog. Erkenntnisformel im Munde von besonders von Jahwäh autorisierten Sprechern wesentlichen Anteil am Offenbarungsgeschehen habe, jedoch: "... das prophetische Wort (kann) nicht selbst als Offenbarung verstanden werden; denn es ist ja nicht der Selbsterweis Jahwes, sondern es geht ihm voran und weist immer wieder auf ihn zurück. Die Erkenntnis wird nicht durch das isolierte Wort gewirkt, sondern erst durch das im Wort angekündigte Geschehen in seinem überlieferungsgeschichtlichen Zusammenhang."[445] Der Feststellung, daß für das Alte Israel Jahwäh in seinen geschichtlichen Taten erkennbar werde, daß er

---

darin einig, daß die Exkommunikation des metaphysischen Denkens in der Theologie ein theologischer Kurzschluß war. Hier verweise ich nur auf seinen Aufsatz "Das Ende der Metaphysik und der Gottesgedanke" und auf S. 386f. seiner Syst. Theol. I.

[444] Dies erklärt *Pannenberg* auch ausdrücklich im Nachwort zur 2. Aufl. von "Offenbarung als Geschichte", 132, Anm. 1: Der erste Anstoß ging von *Rendtorff* aus, der *Zimmerlis* Forschungen über das "Erweiswort" mit dem Offenbarungsproblem in Verbindung brachte. Inzwischen hat sich *Rendtorff* von der damaligen Konzeption des *Pannenberg*-Kreises distanziert, da er sein eigenes theologisches und exegetisches Denken im erheblichen Maße jüdischem Denken assimiliert hat; zur jetzigen Differenz zwischen *Pannenberg* und *Rendtorff* s. *Pannenberg*, Syst. Theol. I, 269, Anm. 154; 271, Anm. 158.

[445] *Rendtorff*, Die Offenbarungsvorstellungen im Alten Israel, 40.

sich in ihnen als er selbst erweise, fügt Rendtorff als weiteres Ergebnis seiner Studie hinzu, daß sich das alttestamentliche Reden von der Offenbarung Jahwähs immer mehr und immer eindeutiger auf die *Zukunft* verlagert habe.[446]

Den systematischen Ertrag des theologischen Entwurfs von 1961 brachte Pannenberg in dem Abschnitt "Dogmatische Thesen zur Lehre von der Offenbarung". Entscheidend ist, *wie* der Pannenberg-Kreis am Begriff der Selbstoffenbarung Gottes festhält (1. These): "Die Selbstoffenbarung Gottes hat sich nach den biblischen Zeugnissen nicht direkt, etwa in der Weise einer Theophanie, sondern *indirekt*, durch Gottes *Geschichtstaten*, vollzogen."[447] Pannenberg konstruiert im Gefolge Rendtorffs eine nahezu geradlinige Entwicklung von der Evidenz der heilschaffenden und darin Jahwähs Macht und Gottheit offenbarenden Geschichtstatsache (!) des Exodus (Ex 14,31) über das Dtn mit der Schilderung des ganzen Zusammenhangs des Auszug-Landnahme-Geschehens als Selbsterweis Jahwähs, dann über die Propheten, die als neuen Selbsterweis Jahwähs besonders das Gottesgericht des staatlichen Zusammenbruchs und das erwartete neue Heilshandeln, durch das sich Jahwäh vor den Augen aller Völker in seiner Gottheit erweisen wird, proklamierten, bis schließlich zur Apokalyptik, die den endgültigen Selbstbeweis Jahwähs erwartete.[448] Diese Linie wird dann ins Neue Testament durchgezogen: "Nur im Horizont der Tradition prophetischer und apokalyptischer Erwartung konnte die Auferweckung Jesu und in ihrem Licht auch sein vorösterliches Geschick als eschatologischer Selbsterweis Gottes verstanden werden."[449]

Der *eschatologische* Charakter des Entwurfs wird besonders an der 2. These ersichtlich: "Die Offenbarung findet nicht am Anfang, sondern am Ende der offenbarenden Geschichte statt."[450] Auch hier spielt die Apokalyptik wieder eine hervorragende Rolle. Mit ihrer Vorstellung von den zwei gegeneinanderstehenden Äonen konzipiert sie eine universale Geschichte; diese Vorstellung ist dann im Urchristentum Voraussetzung.[451] Bezeichnend ist: "Die Ausweitung der Gottes Gottheit erweisenden Geschichte auf die Gesamtheit alles Geschehens überhaupt entspricht der

---

[446] Ib. 40.
[447] Ib. 91; Hervorhebungen durch mich.
[448] Ib. 91f.
[449] Ib. 92.
[450] Ib. 95.
[451] Ib. 96f.

Universalität des Gottes Israels, der nicht nur der Gott Israels, sondern aller Menschen sein will."[452] Diese *Ausweitung der Heilsgeschichte zur Universalgeschichte*, die schon durch die große Prophetie Israels vollzogen worden sei, habe in der Struktur ihres Geschichtsdenkens die abendländische Geschichtsphilosophie bis hin zu Hegel und Marx bestimmt.[453] Der Gedanke des Universalismus im biblischen Offenbarungsbegriff hat aber zur Folge, daß Offenbarung etwas Einsehbares ist (3. These): "Im Unterschied zu besonderen Erscheinungen der Gottheit ist die Geschichtsoffenbarung jedem, der Augen hat zu sehen, offen. Sie hat universalen Charakter."[454] Kein Wunder also, daß der Heilige Geist nicht mehr als die "Bedingung" für die Erkenntnis des Christusgeschehens als Offenbarung gesehen wird. Ausdrücklich wird der Offenbarungserkenntnis die Übernatürlichkeit bestritten. Das interpretiert Pannenberg so, daß die Gott offenbarenden Ereignisse und die Botschaft von diesen Ereignissen den Menschen zu einer Erkenntnis bringen, die er nicht von sich selbst aus hat. Die Ereignisse sprechen ihre eigene Sprache, die *Sprache der Tatsachen*; in ihnen habe Gott seine Gottheit erwiesen.[455] Also ist das *Wissen* von Gottes Offenbarung, die in der seine Gottheit erweisenden Geschichte geschieht, der Grund des Glaubens. Man vertraut "auf Grund eines als zuverlässig erachteten greifbar Gegebenen".[456]

Geht es nach unserer Systematik in diesem Abschnitt nur um die alttestamentliche Offenbarung, so ist es doch aufgrund der Systematik Pannenbergs angebracht, kurz auf das Neue Testament zu blicken (4. These): "Die universale Offenbarung der Gottheit Gottes ist noch nicht in der Geschichte Israels, sondern erst im Geschick Jesu von Nazareth verwirklicht, insofern darin das Ende alles Geschehens vorweg ereignet ist."[457] Und wieder ist es für Pannenbergs Denken bezeichnend, daß man wissen kann, daß die Auferweckung des Gekreuzigten der eschatologische Selbsterweis Gottes ist, mag auch niemand ausschöpfen können, was im einzelnen in diesem Selbsterweis Gottes enthalten ist.[458] Wichtig ist, daß nach dieser Konzeption die alttestamentliche Linie geradezu un-

---

[452] Ib. 97.
[453] Ib. 97.
[454] Ib. 98.
[455] Ib. 100.
[456] Ib. 101.
[457] Ib. 103.
[458] Ib. 105.

gebrochen auf das Endgültige, weil das Eschaton vorwegereignende Heilsgeschehen des Christusgeschicks zuläuft. In der Tat, in dieser Konzeption ist alles Geschichte.[459]

Ehe wir uns mit dieser dogmatischen Konstruktion kritisch auseinandersetzen, noch ein Blick auf das 4. Kap. seiner Systematischen Theologie I, überschrieben: "Die Offenbarung Gottes". Der Grundzug, der sich in diesen Ausführungen Pannenbergs deutlich konturiert, ist die Bestimmung der *Vorstellung* vom biblischen Wort Gottes durch den *Begriff* der Offenbarung. "Ohne die im Offenbarungsbegriff zusammengefaßte biblische Geschichtstheologie bliebe die Vorstellung des Wortes Gottes eine mythologische Kategorie und ein Instrument unausgewiesener Autoritätsansprüche."[460] Hingegen integriere der Offenbarungsbegriff seinerseits die verschiedenen Aspekte der biblischen Wortgottesvorstellung, besonders das prophetische Wortverständnis, in dem Gedanken des Selbsterweises Gottes durch sein geschichtliches Handeln, dessen Ergebnis aber dem Propheten oder dem apokalyptischen Seher im voraus enthüllt werde. Und wenn Pannenberg dann vom Offenbarungsgeschehen als der antizipatorischen Eröffnung der Realisierung des göttlichen Geschichtsplans und des damit am Ende der Geschichte verbundenen Erweises der Herrlichkeit Gottes spricht, einer antizipatorischen Eröffnung also, die zum Inhalt einer umfassenden Vorstellung vom Worte Gottes werde[461], dann sind wir im Entscheidenden wieder beim Grundgedanken des Programms von 1961. Einige Akzente sind aber neu gesetzt; und diese müssen im Zusammenhang unserer Erwägungen bedacht werden.

---

[459] Aufschlußreich ist in diesem Zusammenhang das Offenbarungsverständnis des jüdischen Forschers *Shemaryahu Talmon*, Grundzüge des Offenbarungsverständnisses in bibl. Zeit. Einerseits versteht er ib. 32 Offenbarung als Bekundung von Gottes Taten in Vergangenheit und Gegenwart mit einem Bestimmungswert für die Zukunft - also eindeutig im Sinne *Pannenbergs*; andererseits antwortet Offenbarung nicht auf Fragen nach der Identität der sich kundgebenden Gottheit - also hier in Absetzung von *Pannenberg*, der ja am Begriff "Selbstoffenbarung" festhält. Jüdisch ist, wie *Talmon* dann am Ende die Funktion der Offenbarung bestimmt, ib. 36: "Die Offenbarung vermittelt Israel objektive Gesetze, in Jahwes subjektive Gebote gefaßt. Das offenbarte Gesetz ist das Fundament des am Sinai offenkundig gemachten Bundes, den Jahwe dort mit seinem Volk errichtete und der forthin den Weg Israels in der Geschichte bestimmen und sich in ihr erweisen soll." Das Programm der *Pannenberg*-Schule "*Offenbarung als Geschichte*" modifiziert *Talmon* ib. 36: "Die Fusion von Exoduserlebnis und Sinaioffenbarung bewirkt ein neues Phänomen in Israel: *Geschichte als Offenbarung*."
[460] *Pannenberg*, Syst. Theol. I, 280.
[461] Ib. 280.

Da ist zunächst der Hinweis auf einen Sachverhalt, der m.E. in der Tat bei der bisherigen Diskussion zu kurz gekommen ist. Pannenberg stellt betont heraus, auch unter Berufung auf *James Barr*, dessen überspitzte Kritik am Offenbarungsbegriff er allerdings abwehrt, daß die biblische Offenbarungsterminologie bei aller Mannigfaltigkeit der damit verbundenen Vorstellungen in der Regel mit einer *dem Offenbarungsgeschehen bereits vorausgehenden Kenntnis von Gott* rechnet.[462] Dieser Feststellung kann man mit guten Gründen nicht widersprechen. Denn wo in der Schrift - und zunächst geht es hier um das Alte Testament - vom Offenbaren bzw. Sich-Offenbaren die Rede ist, da wird ohne weitere Reflexion vorausgesetzt, daß sich (ein) Gott zu Worte melden kann. Die Welt des Göttlichen, um es einmal sehr allgemein und unscharf zu formulieren, existiert unhinterfragt für den antiken und somit auch für den biblischen Menschen. Man mag es weltanschauliche Vorgabe nennen oder anders - auf jeden Fall ist die Existenz (eines) Gottes für diesen Menschen keine erst zu beweisende, weil zu problematisierende Gegebenheit. Wenn Jahwäh dem Abraham oder einem anderen sich offenbart, sich zu sehen gibt, mit ihm redet, ihm Verheißungen zusagt oder wie immer man es formulieren mag, so ist das nichts Außergewöhnliches. Wo Gott gesehen oder/und gehört wird, da ist das im biblischen Kontext etwas Alltägliches. Die Bedeutsamkeit dieses Sachverhalts besteht aber darin, daß Offenbarung im Alten Testament nie bedeutet, daß Gott, indem er sich kundtut, den, dem er sich kundtut, davon überzeugt, daß ein Gott existiert. *Selbstoffenbarung Gottes* ist im Alten Testament *niemals Existenzoffenbarung Gottes*. Die Selbstverständlichkeit, mit der der alttestamentliche Mensch mit der Existenz Gottes rechnet, ist der unausgesprochene, der "unthematisierte" Horizont, innerhalb dessen genauso selbstverständlich Offenbarungen seitens Gottes akzeptiert werden. Diese, "dem" modernen Menschen oft naiv erscheinende Selbstverständlichkeit kann uns nicht von der uns umtreibenden Gottesfrage befreien. Aber diese Selbstverständlichkeit muß bei allem Nachdenken über alttestamentliches Reden vom Sich-Offenbaren Gottes in Rechnung gestellt werden. Was Offenbarung für den alttestamentlichen Men-

---

[462] Ib. 255; *Pannenberg* stimmt mit *Barr* darin überein, daß in der Schrift der Offenbarungsbegriff (!) nicht den Ausgangspunkt aller menschlichen Kenntnisse von Gott bezeichne (gemeint ist wohl, daß *Offenbarung* diesen Ausgangspunkt bezeichne). Er zitiert *Barr*, Old and New in Interpretation, 88: "Thus there is little basis in the bible for the use of 'revelation' as a general term for man's source of knowledge of God, or for all real communication from God to man."

schen bedeutet, was sie ihm - im strengen Sinne des Wortes - bedeutsam[463] macht, das ist, welches jeweils *neue* Verhältnis Gott zwischen sich und dem Angeredeten herstellt. Im Höchstfall könnte man von Existenzoffenbarung Gottes dort sprechen, wo Jahwäh sich als derjenige Gott kundtut, der einem der Patriarchen oder Israel sein Gott-Sein zusagt. Dann aber ist wiederum etwas elementar Wichtiges als selbstverständlich vorausgesetzt, nämlich daß *Gott-Sein* als *Gott-Sein-für...* begriffen ist. Man sollte jedoch diese sich im Alten Testament aussprechende Grundüberzeugung nicht als "natürliche Theologie" interpretieren; denn es ist keine auch nur von ferne reflektierte Theologie, die sich hier zeigt, sondern ein vor aller noch so primitiven Theologie vorfindliches Vertrauen auf Gott. Was also in den Offenbarungen jeweils geschieht, ist, von den Anfangsoffenbarungen abgesehen, die jeweils neue geschichtliche Konkretisierung des bereits vorgegebenen Gott-Seins. Wir können daher Pannenberg zumindest im Prinzip zustimmen, wenn er davon spricht, daß die biblische Offenbarungsterminologie in der Regel mit einer *dem Offenbarungsgeschehen bereits vorausgehenden Kenntnis von Gott* rechnet.[464]

Nun scheint in der Konsequenz dieser Aussage zu liegen, was Pannenberg mehrfach sagt und ihm anscheinend sehr wichtig ist: Das "Wort Gottes"[465] hat in der Regel nicht Gott selbst, sondern *von Gott verschiedene Sachverhalte* zum Inhalt.[466] Dies steht nach Pannenberg damit in

---

[463] Bedeutsam also stringent verstanden als für die eigene Existenz bedeutend.
[464] *Pannenberg*, Syst. Theol. I, 255. In diesem Zusammenhang muß jedoch darauf hingewiesen werden, daß gerade der "Offenbarungstheologe" *Rudolf Bultmann* von Gott im Sinne des *Vorverständnisses* spricht. Er antwortet auf die Frage, "was die Menschen meinen, wenn sie von Gott reden" (Die Frage der natürlichen Offenbarung, 80), daß zum *Gottesbegriff als solchem* gehören: 1. der Gedanke der Allmacht, 2. der Gedanke der Heiligkeit, 3. der Gedanke der Ewigkeit und Jenseitigkeit (ib. 81f.). Indem aber der Mensch einen *Begriff* von Gott hat, kennt er damit Gott keineswegs; vielmehr hat er damit *nur* die *Frage* nach Gott. In dieser Frage ist im Grunde kein anderes Wissen enthalten als "ein *Wissen des Menschen von sich selbst*", ib. 82. Diese 1941 erstmals publizierte Auffassung bringt er bereits in wesentlichen Grundzügen in dem 1933 veröffentlichten Aufsatz "Das Problem der 'natürlichen Theol.'" Daraus hier nur (ib. 304): "Auch der natürliche Mensch kann von Gott reden, weil er in seiner Existenz um Gott weiß." S. auch *Ernst Kinder*, Das vernachlässigte Problem der "natürlichen" Gotteserfahrung in der Theologie, vor allem ib. 330: "Das Evangelium ... bringt also nicht die Wirklichkeit Gottes als solche wie etwas völlig Neues und Fremdes an den Menschen heran, aber es spricht ihm die *Heilstat* Gottes und die *Versöhnung* mit ihm als etwas völlig und unableitbar Neues zu."
[465] Die Anführungsstriche setzt *Pannenberg*.
[466] So z.B. ib. 259.266.

Korrespondenz, daß Gott, wenn er sich selbst offenbart, dies nicht direkt tut, also nicht sich in seinem Sein erschließt, sondern nur indirekt, nämlich durch sein Handeln in der Geschichte. An dieser Stelle dürfte allerdings die Einseitigkeit seiner Konzeption offenkundig sein. Mehrfach wurde bereits auf die Prophetie Hoseas hingewiesen, in der sich Jahwäh sozusagen ins eigene Herz schauen läßt. Zuzugeben ist, daß natürlich nicht jedes Offenbarungswort, das mit dem Ich Jahwähs ausgesagt ist, in so prononcierter Weise ein Sich-Aussprechen Gottes ist. Und sicherlich geht es auch in Hos 11 um den Kontext des Wirkens Jahwähs in Israels Geschichte. Aber selbst da, wo das - meist prophetische - Wort Jahwähs in erster Linie sein göttliches Eingreifen in die Geschichte Israels aussagt, sei es zum Gericht, sei es zum Heil, ist etwas Wesenhaftes vom Wesen Jahwähs mitausgesagt.[467] Anders gesagt: Weil Jahwäh der heilige, gerechte und barmherzige Gott ist, handelt er in Gericht und Heil an Israel. Wiederum ist zu berücksichtigen, daß für das alttestamentliche Denken Jahwähs *Wesen* und Jahwähs *Handeln* keine begrifflich trennbaren Entitäten sind.

Die Problematik der Auffassung Pannenbergs vom Worte Gottes zeigt sich vor allem an seiner Interpretation der Prophetenworte. Die in ihnen mitgeteilte Information (!) ergehe "nicht als in Sprachlauten", sondern sei "nach der Art telepathischer Erlebnisse zu denken", so daß eine Interpretation solcher Erfahrungen im Medium menschlicher Sprache noch hinzukommen müsse.[468] Diese nach telepathischer Art angenommene Kommunikation Gottes mit uns Menschen, also ohne sprachliches Verlauten vorgestellte Mitteilung Gottes postuliert er, um sie nicht anthropomorph zu denken.[469] Ein derartiger Versuch der Vermeidung eines angeblich unbilligen Anthropomorphismus operiert allerdings mit einer recht thetischen Psychologisierung oder gar Parapsychologisierung des Offenbarungsvorgangs, zu der die meisten prophetischen Texte keinen Fingerzeig geben - einmal ganz davon abgesehen, daß auch die Erklärung des Offenbarungsvorganges mit Hilfe der Telepathie als Anthropomorphismus interpretiert werden kann! Es ist nicht einzusehen,

---

[467] Dies wurde in Abschn. 1.3.1 ausführlich dargelegt.

[468] So in Auseinandersetzung mit und Zustimmung zu William J. Abraham in *Pannenberg*, Syst. Theol. I, 257. Auch diese Auffassung ist für *Pannenberg* wieder damit verknüpft, daß solche prophetischen Erfahrungen immer schon ein anderweitiges Wissen von Gott voraussetzen und daß ihr Inhalt in aller Regel nicht das Dasein oder Wesen Gottes sei; ib. 257.

[469] Ib. 264.

warum der aus den alttestamentlichen Texten nicht deduzierbare Weg der telepathischen Einwirkung die einzige Kommunikationsmöglichkeit für Gott ist. Denn wenn es *Gott* ist, der als der Offenbarer dem Menschen begegnen will, warum muß dann mit einem Postulat die Möglichkeit einer Audition kategorisch ausgeschlossen werden? Ob telepathischer Vorgang oder Audition (oder auch Vision) - so oder so muß eine "Einwirkung" des transzendenten Gottes auf ein Empfangsorgan des immanenten Menschen angenommen werden. Und in *keinem* Fall ist dabei eine "natürliche", d.h. im Blick auf Gott nichtanthropomorphe Erklärung möglich. Meint Offenbarung wirklich, wie gezeigt, ein Geschehen, in das der Mensch wesenhaft impliziert ist, so muß der Mensch als hörendes Wesen thematisiert werden. Während in anderen theologischen Konzeptionen recht unterschiedlicher Art (z.B. bei Rudolf Bultmann und Karl Rahner) das Hören als Wesenskonstituente des Mensch-*Seins* bedacht wird[470], spielt anscheinend dieses so fundamentale Existenzial bei Pannenberg keine große Rolle.[471] Wird aber Gott als Person ernstgenommen und gehört es zur Personhaftigkeit, sich mitzuteilen zu können, so ist der Mensch als hörendes Wesen auch gegenüber Gott unbedingt theologisch zu bedenken. Das gilt auch angesichts der theologisch zwingenden Annahme, daß der Begriff der Person die Wirklichkeit Gottes wesenhaft unzulänglich aussagt. Mit dem Bedenken der Relation von göttlichem Sprechen und menschlichem Hören darf die Art des göttlichen Sprechens nicht festgeschrieben werden. Es ist festzuhalten: Die Annahme, daß Gott Person ist, zwingt zur theologischen Reflexion auf die *Möglichkeit* göttlichen Redens und menschlichen Hörens, mag auch mit dem Aufweis einer solchen Möglichkeit noch nichts über die Faktizität einer Offenbarung Gottes gesagt sein.

Pannenberg sieht die argumentierende Berufung auf das Wort Gottes auch historisch durch die Erinnerung an das *Autoritätsmodell* theologischer Argumentation belastet. Es lasse sich kaum bezweifeln, daß auch die Erneuerung einer Lehre vom Worte Gottes als Prinzip der Theologie im 20. Jh. mit einer Hinneigung zu neuen Formen der Autoritätsbindung

---

[470] S. Abschn. 1.3.3.

[471] M.E. ist aber diese Defizienz bei *Pannenberg* nicht unbedingt notwendig angelegt. Nimmt man nur sein kleines Bändchen "Was ist der Mensch? Die Anthropologie der Gegenwart im Lichte der Theologie", so ergibt sich eine Reihe von Möglichkeiten, die grundsätzliche Bedeutung des Menschen als hörendes Wesen zu explizieren, etwa im Zusammenhang der Darlegungen über die Weltoffenheit des Menschen, die eine Gottbezogenheit voraussetzt (S. 12).

in den Diskussionen der zwanziger Jahre in Verbindung stehe. Die Hinnahme derartiger Autoritätsansprüche falle aber unter den Bedingungen der Moderne unvermeidlich auf einen Glaubenssubjektivismus zurück.[472] Die entscheidende Frage ist hier aber, was Autorität besagt, in welchem Sinne sie verstanden wird. Unbestritten gibt es, wie Pannenberg befürchtet, kirchliches Reden als autoritäre Zumutung.[473] Aber es gibt nach dem Neuen Testament - immer wieder schieben sich alt- und neutestamentliche Fragen eineinander, so daß dann der Blick auf das Neue Testament unvermeidlich wird - die unbedingte Autorität des verkündigten apostolischen Evangeliums, die mit der Apostrophierung "autoritär" wurzelhaft falsch charakterisiert ist. Dann aber besitzt das von der Kirche gepredigte Wort Gottes die innere Autorität des Evangeliums, kraft deren es seine Wahrheit dem Hörenden erschließt. In analoger Weise gilt dies auch für das Wort des Alten Testaments, wo es als Zeugnis des Evangeliums vernommen wird.

Eines ist freilich Pannenberg zuzugestehen: Es ist sein berechtigtes Anliegen, die *Totalität von Wirklichkeit* in den Blick zu bekommen und dies durch das Bedenken dessen, was Gott und was Offenbarung Gottes meinen, zu erreichen. Sein Insistieren auf der Universalgeschichte, wie es sich fast durchgängig in all seinen Publikationen zeigt, geschieht ja in dieser Intention. Und dieser Sachverhalt ist es auch, der das Gespräch und die Auseinandersetzung mit ihm so lohnend macht. Es ist aber die Frage, ob sein wissenschaftstheoretischer Weg wirklich in der Lage ist, die Komplexität der von den biblischen Aussagen anvisierten Wirklichkeit angemessen zu erfassen. Denn es hat sich ja gezeigt, daß der Umfang dessen, was wir mit unserem systematisch-theologischen Begriff Offenbarung zu Sprache bringen wollen, größer ist als der Bereich der Geschichte. Zur Verdeutlichung unserer Methodik: Wir sind nicht von einer bestimmten alttestamentlichen Terminologie ausgegangen; denn *die* Offenbarungsterminologie des Alten Testaments gibt es nicht. Unser Ausgangspunkt war die - zugegebenermaßen - vage Vorstellung, daß das Alte Testament von Gott als dem berichtet, der sich, in welcher Art auch immer, erschließt. Dieses *Vorverständnis* sollte durch das Verstehen dessen, was im Alten Testament über den sich erschließenden Gott gesagt

---

[472] *Pannenberg*, Syst. Theol. I, 264f.

[473] Das trifft vor allem dann zu, wenn nicht zentrale Glaubensfragen, sondern sich aus konkreten geschichtlichen Situationen ergebende Probleme mit der Autorität des Evangeliums ex cathedra entschieden werden.

wird, vertieft werden. Dabei ging es weniger um Definitionen der breiten Offenbarungsterminologie, obwohl auch sie Gegenstand der Untersuchung war, als vielmehr vor allem um die Herausstellung von Grundkategorien, in denen sich der in seinem Tun und Sein erschließende Gott ausgesagt hat. Bewußt wurde von Sich-Erschließen gesprochen, weil damit nicht nur eine begriffliche bzw. kategoriale Erfassung des Offenbarungsvorgangs abgedeckt sein sollte, sondern auch die unterschiedlichen Dimensionen von Offenbarung. Der Begriff der *Dimension* dürfte deshalb geeignet sein, weil er auch das personale Sich-Erschließen Gottes - also das, was wir unter den Begriff der ontischen Mitte des Alten Testaments im Gegensatz zu seiner theologischen Mitte faßten - umgreifen kann.

Der in Abschnitt 1.3.1 ausführlich dargelegte Sachverhalt zeigte, daß Geschichte *als solche* nicht die einzige Dimension der offenbarungsrelevanten Wirklichkeit ist. Damit fällt auch, wie sich mehrfach zeigte, die Restriktion der alttestamentlichen Offenbarung auf Geschichte, mag auch der Begriff der Universalgeschichte das Erfassen der Totalität von Wirklichkeit suggerieren. In etwa kommt *Rolf Knierim* zum gleichen Resultat.[474] Auch er setzt sich mit der Pannenberg-Schule auseinander.[475] Und auch er kommt zum Ergebnis, "daß Geschichte als solche, in welcher Weise sie auch konzipiert wird, für das Alte Testament in keiner

---

[474] *Knierim*, Offenbarung im AT, vor allem 216ff. (Auseinandersetzung mit *R. Rendtorff*) und 224ff. *Knierims* Aufsatz ist m.E. eine der besten Studien zum Komplex der Offenbarung im AT, vor allem aufgrund seiner sorgsamen hermeneutischen Erörterungen.

[475] Völlig zutreffend stellt er ib. 224f. heraus: "Sieht man dabei, daß das Offenbarsein des Namens von dessen Offenbarwerden in kontingenten Wort- oder Tatereignissen unterschieden und diesen vorgegeben ist, dann wird die Frage nach der Vorordnung entweder von Wort oder von Tat im Verhältnis beider im Sinne einer grundsätzlichen Alternative gegenstandslos. Ist der Name bekannt, so kann sowohl ein Wort als auch ein Ereignis als Offenbarung erkannt werden."; ib. 225: "In Ex 6,3 liegt, streng genommen, das Verhältnis von Wort und Geschichte wechselseitig vor. Von der Perspektive der *Jahwe*offenbarung aus gilt die Folge: Geschichte - interpretierendes Wort; dagegen gilt als Reihenfolge von der Perspektive der Väter aus: Ankündigung - Geschichte." Auf *Knierim* bezieht sich zustimmend auch *Oeming*, Gesamtbibl. Theologien in der Gegenwart, 147: "Im Grunde kann jede Wirklichkeitserfahrung auf Gott hin transparent und damit zur Offenbarung werden." Vor allem s. auch die ausgezeichnete Studie von *Lothar Perlitt*, Auslegung der Schrift - Auslegung der Welt. Anders ist die Kritik *Pannenbergs* durch *Peter Eicher*, Offenbarung, 425ff. Er bemüht sich, dessen geschichtstheologischem Anliegen gerecht zu werden. Bezeichnend dafür ist, wie er ib. 433ff. in einem Exkurs die Pannenbergdiskussion von 1961-1972 darstellt. Seine Kritik an *Pannenberg* geht weniger in Richtung des Vorwurfs der Reduzierung von Offenbarung auf Geschichte. Vielmehr wirft er ihm vor, daß dadurch, daß er die Auferstehung Jesu als historisch verifizierbares Faktum sieht, "Offenbarung als Geschichte hier mit dem *Verlust* von Geschichte bezahlt wird", ib. 464.

Weise die einzige Kategorie von Wirklichkeitserfahrung war, auch nicht von universaler Wirklichkeitserfassung".[476] Worin Knierim über das von uns Gesagte - von der inneralttestamentlichen Perspektive her mit vollem Recht, jedoch für die gesamtbiblische Perspektive von geringerem Gewicht - hinausgeht, ist der Bereich der Natur, den er als einen der wichtigsten Modi des Offenbarwerdens Jahwähs erkennt.[477]

Eine der uns leitenden Fragen ist, ob es im Alten Testament um Jahwähs Offenbarung oder um seine Offenbarungen geht. Sie soll hier noch keine Beantwortung finden, sondern nur von der offenbarungstheologischen Konzeption Pannenbergs her beleuchtet werden. Nach ihr geschieht Offenbarung prozeßartig. Der im biblischen Bericht ablesbare Plural wird im kontinuierlichen Offenbarungsprozeß in den Singular "aufgehoben". Die einzelnen Offenbarungsetappen erhalten daher im eschatologisch bestimmten Prozeß von der Endoffenbarung her ihren eigentlichen Sinn. Diese im Kontext der Universalgeschichte zu verstehende Endoffenbarung gibt erst den einzelnen alttestamentlichen Offenbarungsereignissen ihre Aus-Richtung. Als so in die Christus-Zukunft ge-richtete Akte sind sie letztlich ohne die Christus-Offenbarung substanzlos. Denn diese umgreift alles alttestamentliche Offenbarungsgeschehen. Ist somit die Sequenz von Offenbarungsereignissen hin zur Endoffenbarung, die in der Auferstehung Jesu Christi ihre Antizipation gefunden hat, im Rahmen der Konzeption "Offenbarung als Geschichte", genauer: "indirekte Selbstoffenbarung Gottes als Geschichte", verstanden, so eignet zunächst einmal dem Offenbarungsgeschehen eine *noëtische* Dimension, und zwar in essentieller, keinesweg akzidenteller Weise. Aber gerade indem sich Offenbarung als Geschichte ereignet, erweist sich Offenbarungswirklichkeit als geschichtlich erfaßbares Sein. Die *ontische* Dimension ist also für die Offenbarungswirklichkeit ebenso konstitutiv. Daß hierbei Sein als geschichtliches Sein verstanden ist, leuchtet zunächst ein. Alles hängt jedoch daran, wie denn nun *Geschichtlichkeit* zu verstehen ist. An der Deutung dieses Begriffs[478] entscheidet sich, ob Pannenbergs Einspruch gegen die existentiale Interpretation Rudolf Bultmanns berechtigt, zumindest teilweise berechtigt ist.

War im Blick auf Pannenberg die Rede von der ontischen Dimension der Offenbarung und somit der theologische Offenbarungsbegriff

---
[476] *Knierim*, op. cit. 228.
[477] Ib. 229.
[478] S. Abschn. 1.3.3.

ontologisch anvisiert, so erinnert das - bei aller konzeptionellen Differenz - an die *ontologische Interpretation* des biblischen Traditionsprozesses durch *Hartmut Gese*.[479] Von der Prämisse aus, daß sich die Offenbarung mit dem Prozeß der Tradition verbindet, formuliert er die These: "Die Offenbarung setzt die Realität, in der sie sich als Offenbarung erweist, sie schreitet fort, indem sie diese Realität entwickelt, werden läßt."[480] Gese fordert dafür die "Analyse der dem Text zugrunde liegenden ontologischen Struktur, d.h. der Struktur der Wirklichkeit, die der Text aussagt, aus der heraus er konzipiert ist".[481] Bei dieser Analyse gehe es im Gegensatz zu jeder (!) frömmigkeitsgeschichtlichen Betrachtungsweise nicht um die Messung religiöser Höhenlagen, sondern um die Entwicklung von Wahrnehmungskategorien am jeweiligen Text.[482]

Die Überlieferungsgeschichte zeigt nach Gese eine ontologische Dynamik; objektiv gesprochen, gehe es um ein je neues Hereinbrechen, um das Offenbarwerden je neuer Wirklichkeit.[483] Gese verfolgt diesen Prozeß in symptomatischer Weise vom Ausgang des 8. Jh. v. Chr. an: In der Prophetie dieser Zeit tritt an die Stelle des Volkes die Gemeinschaft derer, die sich für Jahwäh entscheiden. Damit werden die heilsgeschichtlichen Traditionen aus dem Israel κατὰ σάρκα, dem Staat, in eine neue Wirklichkeit herausgehoben. Hand in Hand mit der Eschatologisierung im Prophetismus geht eine "ontologische Umorientierung". In der deuteronomischen Bewegung sieht Gese eine ganz eigentümliche Spiritualisierung in den ontologischen Strukturen; erst von ihnen aus konnte ein zusammenfassendes Geschichtswerk entworfen werden. Bei Jeremia verschiebt sich die Gottesoffenbarung auf die Ebene der verinnerlichten, intimen Gotteserfahrung. Der Transzendentalismus Ezechiels vereint Geschichte und Übergeschichte und liefert so die ontologische Begründung der Apokalyptik. Die nachexilischen Texte lassen eine zunehmende Verschmelzung der Traditionskreise erkennen. In einen engen Zusammenhang treten nämlich das apokalyptische und das gesetzliche Element: Das Gesetz ist nun die transzendente Ordnung, die es abzubilden gilt. Zu Torah und nachprophetischer Apokalyptik tritt als dritter Traditionskreis die Weisheit. Dieser gesamten heilsgeschichtlichen Tradition in ihrer futurischen Erwartung des Anderen tritt schließlich Jesus von Nazareth in der Verkündigung des Heils hic et nunc entgegen.[484] "Passion und Tod Jesu aber haben die Grenzen von Sein und Nichtsein aufgesprengt, der Auferstandene hat die Welt überwunden."[485]

---

[479] Vor allem in seinem programmatischen Aufsatz "Erwägungen zur Einheit der Bibl. Theol.".
[480] Ib. 23.
[481] Ib. 23; Hervorhebung durch mich.
[482] Ib. 24.
[483] Ib. 25.
[484] Ib. 25ff.
[485] Ib. 29.

Das Fazit: "Der Offenbarungsprozeß setzt einen ontologischen Prozeß, der sich in dem Ereignis von Tod und Auferstehung Jesu vollendet ... Das Sein wird, und die Wahrheit ist geschichtlich geworden."[486]

Was Gese richtig gesehen hat und was in seinem zunächst faszinierenden Entwurf recht deutlich wird, ist, daß der Prozeß des Offenbarungsgeschehens ein Prozeß ist, in dem es um die Wirklichkeit Gottes und die durch ihn je neu veränderte Wirklichkeit des Menschen geht. Wenn Gese in dieser Hinsicht von einem ontologischen Prozeß spricht, so ist dieser Begriff im Prinzip schon durchaus angemessen. Mit ihm läßt sich in der Tat die *Wirklichkeitsbreite* umfassen, die für das alttestamentliche Offenbarungsverständnis aufgewiesen wurde. Dieser Begriff sagt so, wie Gese ihn meint, weit mehr aus, als was Pannenberg mit seiner Reduktion des Offenbarungsbegriffs auf Geschichte anvisiert. Unter ihm subsumiert Gese auch Kult und Gesetz, Weisheit und Transzendentalismus.

Aber es bleibt hier - wie bei Pannenberg - die Frage, ob nicht der ins Auge gefaßte Offenbarungsprozeß zu sehr im Sinne der *Kontinuität* gesehen wird. In diesem mit ontologischer Dynamik sich vollziehenden Prozeß wird das auf der jeweiligen Stufe Vorfindliche gemäß der Konzeption Geses durch die Offenbarung transzendiert.[487] So transzendiere die Jahwäh-Offenbarung der Propheten des 8. Jh. v. Chr. den Staat als das vorfindliche Sein.[488] Ezechiel stoße vor zur Konzeption einer zeichenhaften Wirklichkeit; das bei Jeremia als transzendent erkannte Eschatologische bilde nun die Grundlage für die Projektion ins geschichtliche Sein.[489] Auch bei der Priesterschrift zeige sich die Ontologie einer zeichenhaften Wirklichkeit, ebenso die Konzeption einer symbolischen Teilhabe.[490] Gewiß läßt Gese bei der Darstellung der sich ablösenden und zum Teil sich verschmelzenden ontologischen Stufen auch Spannungen erkennen, etwa die zwischen Eschatologisierung und späterer Defuturisierung des Eschatologischen.[491] Und Jesus tritt der gesamten heilsgeschichtlichen Tradition in ihrer futurischen Erwartung des Anderen in seiner Verkündigung des gegenwärtigen Heils *entgegen*.[492] Trotzdem spricht Gese von der *Vollendung* des Offenbarungsprozesses

---
[486] Ib. 30.
[487] Ib. 25.
[488] Ib. 26.
[489] Ib. 27.
[490] Ib. 28.
[491] Ib. 28.
[492] Ib. 28.

als des eschatologischen Prozesses im Ereignis von Jesu Tod und Auferstehung.⁴⁹³

Man wird also Gese nicht unterstellen können, daß er alle Diskontinuität in Kontinuität auflöse. Aber seine ganze Konzeption trägt doch allzu sehr den Stempel eines geradlinigen Prozesses nach vorn. Bei aller inhaltlichen Verschiedenheit gleichen sich darin die beiden Entwürfe von Wolfhart Pannenberg und Hartmut Gese. Bezeichnend ist, daß sich beide gezwungen sehen, gegen eine Charakterisierung ihrer Konzeption als hegelianisch zu protestieren.⁴⁹⁴

Der springende Punkt bei Geses Entwurf ist, daß die verschiedenen ontologischen Stufen wohl voneinander abgesetzt und in ihrer Unterschiedlichkeit in den Prozeß der ontologischen Dynamik eingefügt werden, aber in ihm theologische Bewertungen offenbleiben. So bleibt z.B. zu fragen, ob die neue, in der Prophetie des 8. Jh. v. Chr. ausgesagte ontologische Stufe der Ablösung des Staates bzw. des Volkes durch die Gemeinschaft derer, die sich für Jahwäh entscheiden, eine Entwicklungsstufe der alttestamentlichen Geschichte ist, die sich nach unserem theologischen Urteil auf dem Wege zum neutestamentlichen Gottesvolk befindet.⁴⁹⁵ Und was ist mit der priesterschriftlichen Theologie, mit ihrer kultisch definierten Sühne? Wenn nach Gese in der Durchführung des Sühnekultes im Sinne von P der Weg zu Gottes Kabod als Zelebration dieser Wirklichkeit, als die höchste Form, als die wahre Natur des Menschseins bezeichnet wird⁴⁹⁶, ist dann diese Wirklichkeit als Offenbarungswirklichkeit verstanden, in der es in der Tat der auch im Neuen Testament offenbar gewordene Gott ist, der kultisch präsent ist und als der kultisch Präsente wirkt? Ist der Tempelkult wirklich der Weg zur neutestamentlichen Offenbarung in Jesus Christus? Oder gehört er nicht vielmehr zu demjenigen, was im Neuen Testament als theologisch überwunden gilt? Ist das mosaische Gesetz auch für den christlichen Glauben jene von Gott gesetzte Wirklichkeit, die als die transzendente Hoffnung

---

⁴⁹³ Ib. 30.

⁴⁹⁴ *Pannenberg*, Syst. Theol. I, 250f. und 251, Anm. 98; *Gese*, op. cit. 25.

⁴⁹⁵ Damit hätte *Gese* in die inneralttestamentliche Geschichte einen Gedanken eingetragen, den *Bultmann*, Weissagung und Erfüllung, 173, erst als neutestamentliche Erkenntnis sieht: "Der Bund Gottes mit einem Volke, dessen Einzelne als Volksangehörige der sittlichen Forderung Gottes genügen, ist ein eschatologischer Begriff, weil ein solches Volk keine reale empirisch-geschichtliche, sondern eine eschatologische Größe ist."; in ähnlicher Weise bewertet er ib. 176 auch den Begriff der Königsherrschaft Gottes als eschatologischen Begriff. Zu *Bultmann* s. *Hübner*, KuD 30, 250ff.

⁴⁹⁶ *Gese*, op. cit. 28.

anzusehen ist, die es abzubilden gelte? Oder müssen nicht die gesetzeskritischen Aussagen des Neuen Testaments diese vom Alten Testament ausgesagte Wirklichkeit als illusionäre Wirklichkeit verstehen lassen? Kurz: Wo ist alttestamentliche Wirklichkeit, wo sind alttestamentliche ontologische Wirklichkeitsstufen, die auch wir als Christen als die Offenbarungswirklichkeit Gottes erkennen? Und wo behauptet das Alte Testament Offenbarungswirklichkeit, die wir als solche nicht anerkennen? Daß das Alte Testament beide Bereiche aussagt, den illusionären und den nichtillusionären, erklärt das Neue Testament in aller Eindeutigkeit. Seine Autoren sehen im Alten Testament *auch* behauptete, aber in Wahrheit *illusionäre Wirklichkeit Gottes* ausgesagt. Genau an dieser Stelle läßt uns aber Geses Entwurf im Stich.[497]

Insofern zeigt Gese allerdings den richtigen Weg, als dieser vom alttestamentlichen zum neutestamentlichen Offenbarungsdenken abgeschritten werden muß, um erst von dort aus das alttestamentliche theologisch verantwortlich beurteilen zu können. Also stehen wir in unserer Untersuchung auch noch nicht an dem Ort, an dem theologisch verbindlich über das alttestamentliche Offenbarungsgeschehen zu urteilen ist. Wohl aber ist hier schon mit Nachdruck die später zu beantwortende Frage zu stellen, wo das im Alten Testament ausgesprochene Ich Gottes - das fordernde, das richtende oder das begnadende Ich Gottes - tatsächlich das sich offenbarende Ich von Gott her war oder wo es lediglich einer von uns nicht mehr akzeptierbaren theologischen Ansicht die erforderliche göttliche Autorität verleihen sollte. Vor allem da, wo in den alttestamentlichen Schriften Gottes Ich in einem Kontext erscheint, der seinem Inhalt nach über die damalige Situation hinausgeht und Offenbarungsrelevanz auch für den Leser beansprucht, ist die eben formulierte Frage von höchster theologischer Brisanz.

---

[497] Die Bedenken gegenüber *Gese* werden m.E. noch größer, wenn man neben dem eben herangezogenen Aufsatz seinen späteren "Das biblische Schriftverständnis" legt. In ihm dürfte das Moment der Kontinuität noch mehr dominieren, z.B. wenn er ib. 16 hinter dem mannigfachen, vielgestaltigen produktiven schriftlichen Traditionsprozeß ein offenbarungsgeschichtliches Fortschreiten sieht, eine Entfaltung der Wahrheit. Ib. 17 fragt er, warum im offenbarungsgeschichtlichen Traditionsweg das Alte nicht abgestoßen und durch das Neue ersetzt, sondern im Gegenteil das Alte bewahrt und nur (!) in ein neues Licht gestellt werde. Die Antwort: "Das hängt damit zusammen, daß die in diesem Traditionsprozeß zugrundeliegende Offenbarungsgeschichte nicht ein Weg hin zu der erst endgültig zu findenden Wahrheit ist, sondern Wahrheit von Anfang an, aber nicht jene statische Wahrheit einer zeitlosen Doktrin, sondern die den Menschen ergreifende und ihn wandelnde, die Sein schaffende Wahrheit."

Die Problemlage wird aber dadurch noch komplizierter, daß die Sinaioffenbarung, wie sie im Pentateuch ihren klassischen Ausdruck gefunden hat, Reprojektion des späteren Glaubens Israels an Jahwäh als seinen Gott in die Frühzeit ist. Was immer auch in vorisraelitischer Zeit am Sinai geschehen ist, womöglich als Verehrung Jahwähs - keinesfalls wurde damals Israel das Volk Jahwähs. Zur theologisch heiklen Frage nach dem Verhältnis des Sich-Offenbar-Machens Gottes in Jesus von Nazareth zum Sich-Offenbar-Machen Jahwähs als Gott Israels in alttestamentlicher Zeit tritt also auch noch die historische bzw. religionsgeschichtliche Frage nach dem, was sich tatsächlich ereignet hat. Die Diskussion um Gerhard von Rads Theologie, die ja auch und gerade um die Frage ging, ob die geglaubte oder die tatsächlich geschehene Geschichte Israels von theologischer Bedeutung ist[498], beleuchtet die Problematik zur Genüge.

Für das leidige Problem, ob das Alte Testament von der einen Offenbarung Jahwähs her verstanden sein will oder ob die Vielzahl von Jahwäh-Offenbarungen dem alttestamentlichen Selbstverständnis näherkommt, läßt sich vielleicht von der gerade genannten, zunächst aporetisch erscheinenden Situation eine mögliche Lösung aufweisen, zumindest in einer gewissen Vorläufigkeit. Gerade indem die Sinaioffenbarung sowohl in vorexilischen (J, E) als auch in nachexilischen Pentateuchquellen (P, Zusätze zum Corpus des Dtn) zum theologischen Mittelpunkt aufgewertet wurde und das alttestamentliche Israel sich von diesem in seine Vorgeschichte reprojizierten "Ereignis" her verstand, sind für dieses Volk die vielen Jahwäh-Offenbarungen in der einen, fundamentalen Sinaioffenbarung gegründet. Diese hat nun *integrierende Funktion* für jedes neue Sich-Kundtun Jahwähs, sei es in positiver, sei es in negativer Hinsicht. Der Bezug der von den Pentateuchquellen in die vorsinaitische Zeit plazierten Offenbarungen Jahwähs auf dessen Sich-Offenbaren am Sinai ist deutlich. Und spätere göttliche Offenbarungen wurden als Offenbarungen eben des Gottes verstanden, der sich zuvor schon als der Gott Israels erwiesen hatte. Daß Israel die grundlegende Offenbarung Jahwähs in die angebliche Frühzeit seiner völkischen Existenz verlegte, bringt zum Ausdruck, daß es sich in seiner jeweiligen Gegenwart immer schon vom "Bund" mit Jahwäh her versteht. Das chronologische prae meint letztlich ein theologisches prae. Insofern ist also die *Sinaioffenbarung*, in der Israel von Gott mit einem neuen, von ihm ge-

---
[498] Genannt sei hier nur *Hesse*, ZThK 57, 17-26.

schenkten Sein bedacht wird, das *Woher seiner Existenz.* Es ist das Woher, in welchem Israel in das göttliche Offenbarungsgeschehen hineingenommen ist. Indem am Sinai Israel in besonderer Weise Jahwähs Volk wurde, "wurde" Jahwäh in besonderer Weise Israels Gott.[499] Jahwähs Offenbarung am Sinai kam in seinem Volk zum Ziel. Nochmals: Ohne Israel ist Jahwähs Sich-Offenbaren ohne Ziel und somit ohne Sinn. Israel gehört ins Offenbarungsgeschehen am Sinai hinein.

Fundamentaltheologische Klassifizierungen können helfen, das zum alttestamentlichen Offenbarungsgeschehen Ausgeführte terminologisch weiter zu klären. Hilfreich sind in dieser Hinsicht vor allem *Max Secklers* Ausführungen über den Begriff der Offenbarung.[500] Unserer Unterscheidung von Offenbarung Gottes als den Menschen von damals und heute ansprechendem Wort Gottes und als Rede über Gottes Offenbarung entspricht in gewisser Weise seiner Unterscheidung von Offenbarung als *Erfahrungsbegriff* und als *Reflexionsbegriff*.[501] Als Erfahrungsbegriff ist Offenbarung bezogen auf konkrete Erfahrungen, denen erlebnismäßig eine "offenbarende" Bedeutung zukommt. Im Bereich der Heiligen Schrift versteht Seckler unter Offenbarungen im Sinne des Erfahrungsbegriffes alle Gottes-, Geist- und Worterfahrungen mittelbarer oder unmittelbarer Art, soweit sie kognitiv und außergewöhnlich sind. Darüber hinaus versteht er darunter in einem speziell bibelbezogenen Sinn geistgewirkte kognitive Erfahrungen, die im Umgang mit der Heiligen Schrift eintreten, so beim Lesen und Meditieren des Textes.[502] Hingegen bezeichne der Reflexionsbegriff Offenbarung *gesamthaft* die Wirklichkeit, auf die sich der christliche Glaube bezieht. Das Entscheidende an diesem Reflexionsbegriff ist also das Ergebnis seiner theologischen Reflexion, durch die erkannt wurde, daß alle vom prozedural-kognitiven Erfahrungsbegriff angesprochenen Phänomene nur ein Teilmoment dessen sind, worauf sich der christliche Glaube richtet.[503] Es ist deutlich, daß Seckler damit Offenbarung als Reflexionsbegriff vor allem von der neutestamentlichen Offenbarung her definiert.

---

[499] S. das in Abschn. 1.2.1 zur Exklusivformel Gesagte.
[500] Handbuch der Fundamentaltheologie 2, 60ff.: Der Begriff der Offenbarung. S. auch seinen früheren Aufsatz "Dei verbum religiose audiens: Wandlungen im christlichen Offenbarungsverständnis".
[501] Ib. 67ff.
[502] Ib. 68.
[503] Ib. 69.

Vor allem ist aber Secklers Unterscheidung von epiphanischem Offenbarungsverständnis, instruktionstheoretischem Offenbarungsverständnis und Offenbarung als Selbstmitteilung Gottes für unsere Darlegungen von begrifflichem Belang. Auch bei dieser Differenzierung hebt er vornehmlich wieder auf neutestamentliche Sachverhalte ab. Aber die Anwendbarkeit auf das Alte Testament ist durchaus gegeben.

1. Zum *epiphanischen* Offenbarungsverständnis: Göttliche Offenbarungen sind nicht nur im biblischen Raum, sondern auch für die ganze Antike und selbst noch für das Mittelalter nichts Außergewöhnliches. Derartige Offenbarungen beschreibt Seckler phänomenologisch: "Das Heilige, das Göttliche, der Gott zeigt sich, seine Macht, seinen Willen, seine Nähe, seinen Zorn, seine Heilsmacht auf vielfache, teils paradigmatisch festgelegte, teils auch überraschend neue Weisen in seinen Epiphanien, und der Mensch sucht und erfährt in diesen Erfahrungen Weisung und Führung."[504] Diese phänomenologische Bestimmung von Offenbarung ist also nichts spezifisch Biblisches. Doch Seckler geht im Anschluß an die phänomenologische und zugleich religionsgeschichtliche Definition unmittelbar auf das biblische Offenbarungsverständnis ein, und zwar ohne es inhaltlich von den religionsgeschichtlich aufweisbaren Phänomenen zu unterscheiden. Er sucht nach einem gemeinsamen Grundzug in der paradigmatischen Vielgestaltigkeit der Phänomene und findet ihn vor allem im Epiphaniebegriff. Er verweist auf ἐπιφάνεια, φανέρωσις und φανεροῦσθαι als biblische Zentralbegriffe. "Der lebendige Gott bringt sich in seinem heiligen Sein als schöpferische, führende, richtende und erlösende Macht je und je als konkret gegenwärtige Wirklichkeit zur 'Erscheinung' und zur Erfahrung."[505] Das epiphane Offenbarungsmodell sieht in der Offenbarung also nicht theoretische Belehrungen, auch nicht theoretische Existenzbehauptungen über das Da-Sein Gottes; vielmehr geht es um die Erfahrung seiner lebendigen Gegenwart.[506]

Daß dieses epiphanische Offenbarungsmodell für das alttestamentliche Offenbarungsverständnis weitgehend zutrifft, ist evident (z.B. Sinaitheophanie, Hiobs Begegnung mit Jahwäh). Daß es mit seiner Vorstellung eines direkten Offenbar-Werdens Gottes nur ganz am Rande mit der Konzeption Pannenbergs vermittelbar ist, liegt auf der Hand. Eher

---

[504] Ib. 63.
[505] Ib. 63; von *Seckler* von "je und je" an durch Kursivdruck hervorgehoben.
[506] Ib. 63.

gäbe es schon Affinitäten zur ontologischen Konstruktion Geses. Sagt aber das epiphanische Offenbarungsmodell aus, was an zentraler Stelle für das Alte Testament gilt, so bleibt jedoch die Frage, ob es im Einzelfall um die Schilderung einer wirklichen Gottesbegegnung geht oder ob eine Reflexion über eine Theophanie Gottes vorliegt. Was in den Ausführungen Secklers über die Epiphanie Gottes zu kurz kommt, ist die Thematisierung dessen, der sie erfährt. Die Phänomenologie der Epiphanie und die Phänomenologie des Glaubenden werden zu wenig in ihrem inneren Bezug gesehen.

2. Zum *instruktionstheoretischen* Offenbarungsverständnis: Gemeint ist, daß durch Offenbarung göttliche Belehrung über Sachverhalte erfolgt, die aufgrund menschlichen Nachdenkens nicht erkannt werden können. Offenbarung und Heil treten hier, zumindest im Prinzip, auseinander. "Das Heil selbst wird dann nicht mehr im Offenbarungsbegriff mitgedacht, sondern in anderen soteriologischen Kategorien. Der Offenbarungsbegriff wird damit eingeengt auf den informativen und in Lehre umsetzbaren theoretischen Teil der Heilsgeschichte."[507] Seckler spricht hier von Intellektualisierung, an anderer Stelle von einem Typus des Offenbarungsdenkens, den man als Offenbarungs-Intellektualismus zu bezeichnen pflege.[508] Daß hier ein äußerst reduktionistisches Offenbarungsverständnis vorliegt, bedarf in der Tat keiner Begründung. Und doch ist es lange Zeit hindurch allgemein akzeptiert worden und somit dominant gewesen. Es wurde vor allem in der Hochscholastik des Mittelalters theoretisch fundiert, seine Dominanz ist bis ins 20. Jh. hinein zu verfolgen.[509]

---

[507] Ib. 64.
[508] *Seckler*, Dei verbum religiose audiens, 223.
[509] S. vor allem *Waldenfels/Scheffczyk*, HDG I/1b, vor allem 79ff.; dort die katholischen Theologen des 19. Jh., z.B. *Johann Evangelist von Kuhn* (Hauptnachdruck auf der uns von Christus mitgeteilten göttlichen Wahrheit als solcher, also auf dem "An-Sich-Sein" der Offenbarung, das unabhängig von der subjektiven Annahme im Glauben ist; vor allem *Josef Kleutgen* mit seiner vornehmlich intellektuell-dokrinären Auffassung der Offenbarung, die die Erkenntnis der göttlichen Dinge in uns vermehren soll. Ib. 135ff. werden die Bemühungen der evangelischen Theologie um das Verständnis der Offenbarung dargestellt. - Die Vorstellung von der Offenbarung als Mitteilung von auf göttliche Autorität hin zu glaubenden veritates revelatae ist im AT kaum verifizierbar. Höchstens könnte man darunter Willenskundgebungen Gottes (z.B. die Speisegesetze) subsumieren. Aber der scholastische und neuscholastische Begriff der veritates revelatae ist nicht von dort entwickelt, sondern vom christologischen und trinitarischen *Dogma*, von einem Dogma also, das im NT schon in der Substanz ausgesagt ist.

3. Zum Modell der Offenbarung als *Selbstmitteilung Gottes*: Der katholische Autor verweist hierzu auf das Zweite Vaticanum. Dieses habe in seiner dogmatischen Konstitution über die göttliche Offenbarung das ganze Heilsgeschehen seinem Grund und seiner Substanz nach dem Offenbarungsbegriff unterstellt und als Selbstoffenbarung Gottes begriffen.[510] Selbstoffenbarung Gottes bedeutet aber nicht nur, daß Gott sich selbst offenbart, also nicht nur Selbst-Erschließung (für das Erkennen), sondern Selbst-Mitteilung.[511] Alles hängt jedoch daran, wie der Begriff der Selbst-Mitteilung definiert wird. Seckler bestimmt ihn als "reale, seinshafte Teilhabegewährung an der Erlösungswirklichkeit Gottes selbst".[512]

Es ist aber genau an dieser Stelle, daß theologische Differenzen in konfessioneller Hinsicht keine geringe Rolle spielen. Und es ist zugleich die Aufgabe einer ökumenisch orientierten und ökumenisch verantwortlichen Theologie, hier durch fundamentaltheologische Bemühung den theologischen Dialog zu ermöglichen. Der evangelische Theologe hat seine erheblichen kategorialen Schwierigkeiten mit der Deutung der Offenbarung bzw. der Selbst-Erschließung Gottes als reale, seinshafte Teilhabegewährung an der Erlösungswirklichkeit Gottes selbst. Was ist gemeint? Daß Gott durch sein Erlösungswirken die Wirklichkeit des erlösten Menschen bewirkt? Oder daß er Erlösung als Teilhabe an seiner eigenen Wirklichkeit gnadenhaft gewährt? Die zweite Möglichkeit würde

---

[510] *Seckler*, Der Begriff der Offenbarung, 66. Der Text in Cap. I lautet: "Placuit Deo in sua bonitate et sapientia Seipsum revelare et notum facere sacramentum voluntatis suae (cfr. Eph. 1,9), quo homines per Christum, Verbum carnem factum, in Spiritu Sancto accessum habent ad Patrem et divinae naturae consortes efficiuntur (cfr. Eph. 2,18; 2Petr 1,4)." Der Text ist abgedruckt in LThK, Das Zweite Vatikanische Konzil II, 506; s. auch die Einleitung zur Dogmatischen Konstitution von *Joseph Ratzinger*, ib. 498ff.

[511] *Seckler*, Der Begriff der Offenbarung, 67; bereits bei *Hermann Schell*, Vorlesung SS 1900 über "Begriff und Wesen der Offenbarung" findet sich folgende Aussage: "Die übernatürliche Offenbarung Gottes bedeutet die freie Selbstmitteilung Gottes durch Wort und Tat zu persönlicher und sachlicher Lebensgemeinschaft mit dem geschöpflichen Geist.", in *Schell*, Katholische Dogmatik, 28, Anm. 1. Dies ist der früheste Beleg, den ich für den Begriff "Selbstoffenbarung" gefunden habe. Ob er sich schon zuvor bei früheren Theologen findet, ist mir unbekannt. Aber einige katholische Theologen sind zumindest auf dem Wege dorthin, s. HDG I/1b, 79ff. *Biemer*, Überlieferung und Offenbarung, 185, spricht für *John Henry Newman* von der personalen Selbsterschließung Gottes, zitiert aber dafür ib. 185, Anm. 121: "God's voice speaking". Die Kategorie des Personalen spiele bei *Newman* eine fundamentale Rolle bei der Übermittlung der Offenbarungswahrheit. HDG I/1b, 95, ist für *Newman* von der Offenbarung als der stufenweise erfolgenden Selbstenthüllung des personalen Gottes die Rede.

[512] *Seckler*, Der Begriff der Offenbarung, 67.

für den evangelischen Theologen bedeuten, die Grenze zwischen Gott und Mensch, zwischen Schöpfer und Geschöpf zu verwischen. Für ein Verständnis im ersten Sinne könnte sprechen, daß Seckler kurz danach die Aussage "Selbst-mit-teilung zur realen Teil-habe an den bona divina" dahingehend erläutert, daß er die bona divina als "Wahrheit, Gerechtigkeit, Liebe, Friede usw." definiert.[513] Aber immerhin hat Thomas von Aquin und mit ihm die thomistische Schule die gratia sanctificans unter Berufung auf 2Petr 1,4 (divinae consortes naturae) als Teilhabe an der göttlichen Natur definiert.[514] Und der vielleicht bedeutendste katholische Theologe des 20. Jh., *Karl Rahner*, versteht ausdrücklich Selbstmitteilung Gottes so, "daß das Mitgeteilte wirklich Gott in seinem eigenen Sein und so gerade die Mitteilung zum Erfassen und Haben Gottes in unmittelbarer Anschauung und Liebe ist"; die künftige, mit der eschatologischen Vollendung des Menschen gegebene endgültige Anschauung Gottes versteht er, ebenso ausdrücklich, als "die naturgemäße Vollendung jener innersten, *wirklich seinshaften Vergöttlichung des Menschen*".[515]

In einem späteren Stadium unserer Überlegungen[516] wird zu fragen sein, ob nicht möglicherweise ein evangelisches Mißverständnis katholischer theologischer Aussagen dieser Art auf einem falschen Vorverständnis beruht, ob nicht gerade in dieser katholischen Position Ansätze gegeben sein könnten, die zumindest partiell bejahbare theologische Intentionen erkennen lassen. Zunächst ist aber zu sagen, daß auch Secklers drittes Offenbarungsmodell seinen eigentlichen Sinn erst von der neutestamentlichen Offenbarung her gewinnt. Trotzdem ist es in nicht geringem Ausmaß der alttestamentlichen Jahwäh-Offenbarung angemessen, vor allem, wenn die seinshafte Teilhabegewährung an der Erlösungswirklichkeit Gottes so interpretiert wird, daß Israel in der bereits aufgewiesenen Weise in das Offenbarungsgeschehen einbezogen ist. Daß Is-

---

[513] Ib. 67.

[514] *Thomas*, S.th. I-II, qu. 110,3: " ... ita etiam ipsum lumen gratiae, quod est participatio divinae naturae, est aliquid praeter virtutes infusas, ..."; s. auch *Auer*, ²LThK 4, 989: In der Thomas-Schule wurde die Gnade mehr aristotelisch als vom Tugendhabitus verschiedener *habitus supernaturalis* der Seele im Anschluß an 2Petr 1,4 erklärt. S. auch *Landgraf*, Dogmengeschichte der Frühscholastik I,2, 41-56. Zu Luthers Modifikation *Hübner*, Rechtfertigung und Heiligung in Luthers Römerbriefvorlesung, 155-162, vor allem das Fazit ib. 162.

[515] *Rahner*, Grundkurs des Glaubens, 124; Hervorhebung durch mich; s. auch z.B. *Rahner/(Ratzinger)*, Offenbarung und Überlieferung, 14: "vergöttlichende Gnade durch Selbstmitteilung Gottes".

[516] Abschn. 1.3.3.

rael gemäß der Exklusivformel Jahwähs Volk *ist*, meint ja, daß es in seinem Israel-Sein durch Jahwähs Selbstmitteilung konstituiert wurde. Das nämlich vermag das Modell der Offenbarung als Selbstmitteilung Gottes zu zeigen, daß der, dem sich Gott offenbart, konstitutiv ins Offenbarungsgeschehen hineingehört. Die Gnadenwirklichkeit Israels macht die Selbstmitteilung Jahwähs erst in sich sinnvoll.

Dann aber dürften das epiphanisches Offenbarungsverständnis und das Verständnis von Offenbarung als Selbstmitteilung Gottes gar nicht so scharf voneinander geschieden sein, wie es in Secklers Darstellung erscheinen mag. So bringt dann das dritte Modell jene Ergänzung, die man beim ersten vermißt. Denn Secklers Charakterisierung des epiphanischen Offenbarungsverständnisses ließ ja den, dem die Epiphanie Gottes widerfährt, *thematisch* außer Betracht. Es wird bei der systematisch-theologischen Erörterung des Offenbarungsverständnisses noch näherhin zu zeigen sein, daß es, auch in der Konsequenz des theologischen Ansatzes von Karl Rahner, angemessen ist, Offenbarung als *transzendentaltheologischen* Begriff zu fassen und dabei das epiphanische und das von der Selbstmitteilung Gottes her begriffene Offenbarungsverständnis als letzten Endes notwendig einander zugeordnet zu sehen. Als transzendentaltheologischen Begriff faßt auch *Heinrich Fries* den Offenbarungsbegriff. Und seine Charakterisierung des Offenbarungsgeschehens ist durchaus sinnvoll auch im Blick auf das Alte Testament: "Offenbarung und Glaube sind ein Ganzes, das in seiner gegenseitigen Verwiesenheit unauflöslich ist. *Der Glaube ist beantwortete Offenbarung. Angenommene Offenbarung ist Glaube. Der Glaube ist die ans Ziel gelangte Offenbarung.*"[517]

1.3.2 Offenbarung im Neuen Testament

Was bisher zur Offenbarungsthematik im Alten Testament gesagt wurde, verlangt die Fortsetzung für den neutestamentlichen Bereich. Nun liegen jedoch über die in Christus geschehene Offenbarung Gottes recht unterschiedliche Aussagen bei den einzelnen neutestamentlichen Autoren vor. In dieser Unterschiedlichkeit spiegelt sich auch der unterschiedliche theologische Umgang der neutestamentlichen Autoren mit dem Alten Testament. Von daher wäre diese Thematik der geradezu

---

[517] *Fries*, Fundamentaltheologie, 165; Hervorhebung durch *Fries*.

klassische Gegenstand für den Mittelteil unserer Darstellung. Trotzdem kann in den Prolegomena nicht auf die Thematisierung der neutestamentlichen Offenbarungsaussagen verzichtet werden - nicht nur, weil sonst der Abschnitt über die Offenbarung mit der bloßen Berücksichtigung des Alten Testaments in einer eigentümlich anmutenden Asymmetrie bliebe, sondern in erster Linie deshalb, weil gerade das Spektrum der nicht einheitlichen neutestamentlichen Konzeption von Offenbarung in besonderer Weise den Horizont absteckt, innerhalb dessen das Verhältnis der beiden Testamente zueinander sein theologisches Profil erhält. Es zeigt sich somit an dieser Stelle, daß eine rein säuberliche Scheidung von Prolegomena und Mesolegomena nicht möglich ist.

Bei aller begrifflichen und vorstellungsmäßigen Unterschiedlichkeit konvergieren die neutestamentlichen Autoren jedoch hinsichtlich ihres Verständnisses der in Christus ergangenen Offenbarung Gottes im erstaunlichen Maße. Es wird im Folgenden auch deutlich werden, daß es in den Prolegomena eben nicht um bloß "formale" Zusammenhänge geht, sondern im Abstecken des für die Mesolegomena gegebenen Horizontes selbst schon theologische Sachverhalte von hoher Relevanz zur Sprache kommen. Die theologische Verschränkung der Themenkomplexe von Prolegomena und Mesolegomena ist recht eng. Was im Neuen Testament Offenbarung meint, soll symptomatisch an vier Beispielen aufgezeigt werden, an Paulus (vor allem Röm 1,16.; 3,21), den Gleichnissen Jesu, dem Johannes-Evangelium und der Ankündigung der Parusie.

1.3.2.1 Paulus (Röm 1,16f.; 3,21): Die sich offenbarende Gerechtigkeit Gottes

Röm 1,16f. ist die theologische Überschrift des Briefes.[518] Paulus bekennt freimütig[519] das Evangelium, das er als Kraft Gottes, δύναμις θεοῦ, versteht. Dynamis ist aber vom außerbiblischen und alttestamentlichen Sprachgebrauch her ein Kennzeichen Gottes.[520] Und Paulus dürfte in der Tat eine Reihe alttestamentlicher Aussagen bei der Formulierung von Röm 1,16f. vor Augen gehabt haben, zumindest dürfte seine Vertrautheit mit der LXX und insonderheit mit den Psalmen hier ihren Ausdruck

---

[518] Ob man gar in Röm 1, 16f. die Disposition für den Röm findet (so z.B. *Dunn*, Romans I, 37f.), ist für die folgenden Ausführungen von sekundärer Bedeutung.
[519] Zu οὐ ἐπαισχύνομαι als "bekennen" s. die Kommentare.
[520] *Friedrich*, EWNT I, 862; dort Belegstellen.

finden.⁵²¹ Nach ψ 45,2 ist unser Gott καταφυγὴ καὶ δύναμις, βοηθὸς ἐν θλίψεσιν. Nach ψ 62,3 hat sich der Beter im Tempel sehen lassen⁵²², um Gottes Dynamis und Doxa⁵²³ zu sehen. Noch wichtiger ist ψ67,12: Mit viel Macht wird der Herr sein Wort denen geben, die das Evangelium verkünden. So jedenfalls dürfte Paulus den LXX-Text aufgefaßt haben: κύριος δώσει ῥῆμα τοῖς εὐαγγελιζομένοις δυνάμει πολλῇ.⁵²⁴ Und dieser Kyrios ist nach V.13 ὁ βασιλεὺς τῶν δυναμένων τοῦ ἀγαπητοῦ.⁵²⁵ Deutlich ist hier die Evangeliumsverkündigung im Kontext göttlicher Dynamis ausgesagt. Und so wird im selben Psalm Gott angerufen: ἔντειλαι, ὁ θεός, τῇ δυνάμει σου, δυνάμωσον, ὁ θεός, τοῦτο, ὃ κατειργάσω ἡμῖν, V.29. Im Kontext des göttlichen Evangeliumswortes könnte Paulus auch V.34 verstanden haben: ἰδοὺ δώσει ἐν τῇ φωνῇ αὐτοῦ φωνὴν δυνάμεως. Auch ψ 76,15 darf in diesem Zusammenhang nicht unerwähnt bleiben: Gott hat den Völkern seine Dynamis kundgetan, ἐγνώρισας. Im Blick auf das Zitat Hab 2,4 in Röm 1,17 ist zu fragen - und diese Frage verliert auch nicht dadurch an Gewicht, daß eine endgültige Beantwortung nicht möglich ist -, ob nicht vielleicht sogar Paulus bei diesem Zitat den weiteren Kontext vor Augen hatte, vor allem Hab 3,19: κύριος ὁ θεὸς δύναμίς μου.⁵²⁶ Das gemeinsame Wortfeld von δύναμις und σωτηρία haben Röm 1,16 und ψ 139,8, wo es heißt: κύριε κύριε, δύναμις τῆς σωτηρίας σου. Auch das gemeinsame Wortfeld von Jes, vor allem Deutero- und Trito-Jes, und Röm 1,16 ist zu berücksichtigen. Zwar findet sich in Deutero- und Trito-Jes nicht die Verbindung δύναμις - σωτηρία, wohl aber das mit δύναμις (fast) synonyme ἰσχύς in näherem oder weiterem Kontext von σωτηρία/σῴζειν.

---

[521] Ähnlich *Richard B. Hays*, Echoes of Scripture in the Letters of Paul, zu Röm 1,16f. vor allem S. 36ff. Dort interessante Ergänzungen zu dem hier Dargelegten!

[522] Anders Ps 63,3MT: *hazîtîkā*.

[523] S. das in Abschn. 1.3.1 zu Kabod Gesagte!

[524] Anders Ps 68,12MT. Nach dem LXX-Text kann freilich δυνάμει πολλῇ auch auf τοῖς εὐαγγελιζομένοις bezogen werden. Sollte Paulus in diesem Sinne den Psalmvers verstanden haben, so dürfte er die von den Evangeliumsboten ausgeübte große Macht als Partizipation an der Macht Gottes gesehen haben. Auf jeden Fall wird er das Verb εὐαγγελίζεσθαι als "Evangelium verkündigen" aufgefaßt haben. S. z.B. Röm 10,15!

[525] Wiederum anders Ps 68,13MT. Sieht Paulus womöglich in dem Geliebten den geliebten Sohn Gottes? S. Mk 1,11parr. Allerdings steht bei Paulus ἀγαπητός zumeist im Plural, und zwar als Anrede.

[526] S. auch Hab 3,5: πρὸ προσώπου αὐτοῦ πορεύσεται λόγος. Hab 3,5MT freilich *dæbær* (Pest!), nicht *dābār* (Wort).

So bekennt Israel, dem Gott das Heil der Zusammenführung aus der Zerstreuung zusagt, Jes 49,5: ὁ θεός μου ἔσται μου ἰσχύς. Und genau in diesem Zusammenhang findet sich auch die Verheißung, von Gott zum Licht der Völker zu deren Heil gesetzt zu sein, V.6: ἰδοὺ τέθεικά σε εἰς φῶς ἐθνῶν τοῦ εἶναί σε εἰς σωτηρίαν ἕως ἐσχάτου τῆς γῆς. Zur Deutung dieser Stelle im Sinne des Paulus ist aber im weiteren Kontext V.1 zu berücksichtigen, mit dessen Worten er Gal 1,15f. seine Berufung zum Völkerapostel formuliert hat. Im selben Kapitel findet sich zweifaches σωθήσεται im Wortfeld mit ἰσχύειν/ἰσχύς, Jes 49,24-26[527]. Außerdem begegnet in V.23 als Parallele zum οὐ γὰρ ἐπαισχύνομαι von Röm 1,16: καὶ γνώσῃ ὅτι ἐγὼ κύριος, καὶ οὐκ αἰσχυνθήσῃ.

Diese Auswahl an LXX-Stellen dürfte zur Genüge verdeutlichen, daß hinter Röm 1,16 die christologisch gelesene Schrift steht. In ihr findet Paulus bereits ausgesprochen, daß die Verkündigung des Evangeliums mit göttlicher Dynamik geschieht. In Röm 1,16 wird dieser Gedanke zugespitzt: Das Evangelium *ist* die göttliche Macht (s. auch 1Kor 1,18!).[528] Und wenn die göttliche Macht für den machtvollen Gott steht - das ist der Fall, wenn Dynamis wirklich Wesensmerkmal Gottes ist - , dann ist das *Evangelium* die *Präsenz des machtvollen Gottes*, der die in die Katastrophe der Hamartia geratenen Menschen zum Heil, zur Soteria führen kann und auch tatsächlich führt.[529] Das Evangelium ist danach

---

[527] Nach Jes 49,25LXX wird Israel durch den Herrn gerettet, der von einem Starken, παρὰ ἰσχύοντος, die Beute nimmt. Der Herr ist also stärker als der Starke. Nach Jes 49,26 offenbart sich der Herr als ἀντιλαμβανόμενος ἰσχύος Ἰακώβ. Somit versteht LXX ἰσχύς als Stärke Jakobs und nicht wie MT ᵓabîr jaᶜaqob als Gottesprädikat. Aber die Stärke Jakobs ist ja die Partizipation an der Stärke Gottes.

[528] *H.W. Schmidt*, ThHNT 6, 26f.: "Der Hauptakzent liegt in V.16 wohl auf δύναμις: Ich schäme mich nicht des Evangeliums, denn es ist eine *Gotteskraft*, und zwar für 'jeden, der glaubt' ..., d.h., der diese Kraft erfahren und in seinem Glauben den Erweis für die Macht des Evangeliums hat (*A. Nygren*)."

[529] *Otfried Hofius*, ZNW 71, 3ff., unterscheidet mit Recht in 2Kor 5,18-21 drei Argumentationsschritte des Paulus, in denen dieser Gottes Versöhnungs*tat* expliziert. *Hofius* sieht auch einen Gedankenfortschritt hinsichtlich des Versöhnungswortes von τὴν διακονίαν τῆς καταλλαγῆς V.18 zu τὸν λόγον τῆς καταλλαγῆς V.19. Beides sei streng auseinanderzuhalten. Der Logos der Versöhnung sei "in strenger Ausschließlichkeit *Gottes* eigenes Wort" (ib. 19), dem Dienst der Versöhnung, der apostolischen Predigt prinzipiell vorgegeben (ib. 16). Es fragt sich jedoch, ob hier nicht an paulinische Aussagen Differenzierungen herangetragen werden, die *wir* zwar in unserem Weiterdenken als sinnvolle sachliche Implikationen der Äußerungen des Paulus herausstellen können, die aber dieser so *noch nicht* gedacht hat (die Beweisführung mit ψ 77,5 ist interessant, aber nicht zwingend, *Hofius*, op. cit. 14ff.). Indem für Paulus das *gepredigte* Wort mit der Autorität des Evangeliums dem Hörer begegnet, partizipieren Prediger und Predigt an die-

nicht Information über Gottes Heilsplan, es gehört vielmehr in das Heilsgeschehen hinein, und zwar als die machtvolle irdische Repräsentation des heilschaffenden Gottes.[530] Dieses Heil ist aber von kosmischer Weite. Ist es zunächst auch nur für Israel bestimmt - und das Israelthema ist für den Röm konstitutiv (Röm 9-11) - , so will doch Gott schließlich das Heil aller Menschen. Die chronologische Heilspriorität Israels, die dann freilich gemäß Röm 11 zu einer Heilsposteriorität wird, bedeutet in keiner Weise eine soteriologische Priorität. Röm 1,16 impliziert zwar ein gewisses heilsgeschichtliches Moment; dieses wird aber letztlich durch die gleiche Heilsgabe an Juden wie Heiden aufgehoben, zumindest relativiert. Worauf alles ankommt, ist, daß diese gleiche Heilsgabe für jeden Glaubenden in gleicher Weise Wirklichkeit wird.

Was in Röm 1,16 gesagt ist, steht in einer Begründungssequenz. Der Vers begründet, warum sich Paulus des Evangeliums "nicht schämt". Wie der in Jes 49,23 Angesprochene "sich nicht schämt", weil er erkennt, daß "ich der Herr bin", nämlich der rettende Herr, so schämt sich Paulus des Evangeliums nicht, weil es Gottes Kraft für den Glauben ist. Und das Evangelium ist Gottes Kraft, weil in ihm Gottes Gerechtigkeit ist, sofern nur der, dem es geoffenbart wird, als der Glaubende seine Existenz im heilschaffenden Gott gegründet weiß.[531] Das sechsmalige γάρ in Röm

---

ser Autorität des Wortes Gottes. So wird man auch für Röm 1,15-17 nicht zu scharf zwischen εὐαγγελίσασθαι und εὐαγγέλιον differnzieren dürfen. *Günter Bader*, Symbolik des Todes Jesu, 79f., folgt zwar *Hofius* in der Unterscheidung von Gottes eigenem Wort und der apostolischen Predigt, kritisiert aber dann in recht eigenwilliger, z.T. auch sprachlich eigenwilliger, jedoch erwägenswerter Argumentation dessen zu schnelle Zuordnung von Tat und Wort im Versöhnungsgeschehen Gottes. Zu *Baders* Buch s. *H. Hübner*, Kreuz und Auferstehung, 2. Tl., voraussichtlich ThR 1991.

[530] Ähnlich *Hofius*, ZThK 77, 193: "Mit beidem 'sc. Heilszueignung als "Offenbarung" des Heils und Heilsempfang als "Erkenntnis" des Heils' sind keineswegs bloß noëtische Sachverhalte gemeint - als wäre das verkündigte Wort lediglich eine formale Information über Gottes Versöhnungstat ... In dieser Selbsterschließung Gottes im Wort vollzieht sich nicht erst die Versöhnung, sondern tritt in ihr zutage. Die im Kreuzestod Jesu geschehene Versöhnungstat erweist eben darin ihre Kraft - Wirklichkeit, daß das gepredigte 'Wort von der Versöhnung ' den Menschen darin befreit, nicht länger unter der Macht der Sünde ..., sondern ... als ein versöhnter Mensch im Stande des 'Friedens mit Gott' zu *leben*."

[531] Mit den meisten Auslegern verstehe ich ἐκ πίστεως εἰς πίστιν als rhetorische Figur, mit der die hohe Bedeutung des Glaubens zum Ausdruck gebracht werden soll. *Dunn*, WordBC 38a, 43f., erwägt erneut die Deutung *Karl Barths* u.a., "whether Paul intended the ἐκ πίστεως to refer to God's faithfulness and only the εἰς πίστιν to man's faith - from (God's) faithfulness to (man's) faith". M.E. bedeutet dies eine von Text und Kontext her nicht begründbare Differenzierung.

1,16-20 ist für den theologischen Argumentationswillen des Paulus bezeichnend.

Wie sehr Paulus den *Glauben*[532] theologisch akzentuiert, zeigt sich auch daran, daß er ausgerechnet für ihn den Schriftbeweis mit Hab 2,4 bringt, für alle anderen Inhalte von Röm 1,16f. aber, die, wie sich soeben zeigte, erst im alttestamentlichen Horizont ihre plastische Aussagekraft erhalten, es nicht für nötig hält, auf die Schrift zu verweisen. Demnach ist es die Absicht des Apostels, den Römern zu sagen, daß das Evangelium für den Menschen dann Gottes Macht ist, wenn er glaubt. Zugespitzt: Das Evangelium *wird* für den Glaubenden Gottes Macht. Es kommt erst beim Glaubenden zur seinem Ziel. Es zeigt sich somit an dieser theologisch zentralen Stelle des Neuen Testaments eine analoge theologische Struktur des Offenbarungsgedankens wie in zentralen alttestamentlichen Aussagen. Hinsichtlich des *Offenbarungsbegriffs* erweist sich also eine *theologische Argumentationsanalogie von Altem und Neuem Testament*: Offenbarung ist nicht allein von Gott her definierbar, sie ist kein rein "objektives", auch ohne den betroffenen Menschen existentes depositum.[533]

Warum ist das Evangelium also Gottes Kraft? Weil in ihm die Gerechtigkeit Gottes geoffenbart wird, sofern es auf Glauben trifft. Gerechtigkeit Gottes ist für den Röm theologischer Zentralbegriff. Da seine theologische und hermeneutische Relevanz erst im Paulus-Teil unserer Arbeit ausführlich reflektiert wird, hier eine kurze Antizipation, soweit sie für die Offenbarungsthematik erforderlich ist. Mit *Ernst Käsemann* sei Gerechtigkeit Gottes zugleich als Gabe Gottes und Macht Gottes gefaßt.[534] Dieser Begriff kommt allerdings in der Bedeutung, wie ihn Paulus im Röm verwendet, im übrigen Corpus Paulinum nicht vor.[535] Gerechtigkeit Gottes ist also für Paulus der aus seiner theologischen Entwicklung erwachsene Begriff seiner Spättheologie.[536]

---

[532] Zum Glaubensverständnis des Paulus s. vor allem: *Lührmann*, Das Offenbarungsverständnis bei Paulus; *Lohse*, ZNW 68, 147-163, (überzeugend gegen *Buber*, zwei Glaubensweisen).

[533] Selbst der Begriff des depositum fidei ist mit durch den Glauben definiert!

[534] *Käsemann*, Gottesgerechtigkeit bei Paulus; ders., HNT 8a, passim.

[535] δικαιοσύνη θεοῦ sonst nur noch 2Kor 5,21, dort allerdings in der Bedeutung "die Realität der erlösten Gemeinde", *Käsemann*, Gottesgerechtigkeit bei Paulus 182. Vor allem ist auffällig, daß dieser Begriff im Gal nicht vorkommt, daß also Paulus ihn z.Z. der Niederschrift dieses Briefes noch nicht als theologischen Terminus benutzte.

[536] *Hübner*, Das Gesetz bei Paulus, 104ff.

Eignet nun der Gerechtigkeit Gottes die Macht, ist also das Evangelium deshalb Macht Gottes, weil in ihm die machtvolle Gerechtigkeit Gottes geoffenbart wird, dann hängt für das Verständnis dieser Aussage sehr viel an der Bedeutung von ἀποκαλύπτεται. Die entscheidende Frage, die in einer Reihe von Kommentaren und Monographien nicht in der erforderlichen Schärfe gestellt wird, lautet dann: Meint δικαιοσύνη θεοῦ ἀποκαλύπτεται "die Gerechtigkeit Gottes wird als bisher verborgenes Mysterium enthüllt, kundgetan" oder "die Gerechtigkeit Gottes wird als solche offenbar"? Anders formuliert: Geht es bei dem Akt ihres Offenbart-Werdens um ein *noëtisches* oder ein *ontisches* Geschehen? Wiederum stoßen wir also auf eine Frage, die sich in analoger Weise schon in den Erörterungen zum alttestamentlichen Offenbarungsverständnis stellte.

Gewiß ist es hilfreich, wenn auf die apokalyptische Herkunft von ἀποκαλύπτειν bzw. sein hebräisches Äquivalent *glh* ni. verwiesen wird.[537] Die apokalyptischen Konnotationen zu diesem Verb sind insofern vor allem aufschlußreich, als "Offenbaren" hier das Enthüllen, das enthüllende Kundtun verborgener, bei Gott bereits im himmlichen Bereich bereitliegender Geheimnisse, *rāsîn*, besagt (z.B. Dan 2).[538] Dies gilt auch und besonders für Qumran.[539] Ist aber nach apokalyptischem Verständnis Offenbarung die Enthüllung von bisher verborgenen Geheimnissen durch eigens begnadete Seher, so hätten wir es mit einem noëtischen Geschehen zu tun: Offenbarung meinte dann durch Gott initiierte Kenntnisgabe des bisher Unbekannten. Wollte man nun Röm 1,17 in diesem apokalyptischen Sinn auslegen, dann wäre die oben gestellte Frage im ersteren Sinne zu beantworten.

Es ist sicher richtig, daß die Forschung die apokalyptische Dimension der paulinischen Theologie gerade in den letzten Jahrzehnten so stark herausgestellt hat.[540] Aber entscheidend ist nicht, daß Paulus *auch*

---

[537] Hilfreich sind hierzu die Ausführungen von *U. Wilckens*, EKK VI/1, 86ff. (zu Röm 1,17); vor allem sei auf *O. Betz*, Offenbarung und Schriftforschung in der Qumransekte, verwiesen.

[538] S. u.a. *Bornkamm*, ThWNT IV, 820ff.

[539] Freilich sollte man im Blick auf Qumran mit der Klassifizierung "apokalyptisch" ein wenig vorsichtig sein. Die Diskussion über das Wesen der Apokalyptik kann, wie bereits gesagt, hier nicht geführt werden, auch nicht über die etwas eigenwillige Interpretation von *Karlheinz Müller*, TRE 3, 202ff.

[540] Zur Diskussion s. im Bericht über die Paulus-Forschung seit 1945 den Abschn. über die paulinische Eschatologie: *Hübner*, ANRW II, 25.4, 2765-2796.

in apokalyptischer Begrifflichkeit denkt, daß darüber hinaus diese Begrifflichkeit in großem Ausmaß für sein theologisches Denken konstitutiv ist. Entscheidend ist vielmehr, wie Paulus theologisch mit der apokalyptischen Gedankenwelt umgeht, wie er sie in den Grundzug seines theologischen Denkens integriert, nämlich wie er sie christologisch interpretiert. Entgegen einer immer wieder vertretenen Auffassung besteht das Spezifikum seiner Modifikation des apokalyptischen Denkens nicht darin, daß er den alten und neuen Äon ineinanderschiebt (das geschieht auch in Qumran!)[541], sondern daß dieses Ineinanderschieben in christologischem Horizont geschieht. Die Christologie ist also nicht eine Funktion der Überlappung der beiden Äone, sondern diese eine Konsequenz der Christologie.

Dann aber besteht die Aufgabe darin, zunächst das ἀποκαλύπτεται in Röm 1,17 textimmanent aus dem Röm zu interpretieren und nicht von einer vorgefaßten Konzeption von Apokalyptik auszugehen. Der unmittelbare Kontext V.18 gibt den Schlüssel in die Hand. Denn durch das γάρ ist das zweite ἀποκαλύπτεαι die Begründung des ersten. Nach Röm 1,18 wird der Zorn Gottes vom Himmel her über alle Gottlosigkeit, ἀσέβεια, und Ungerechtigkeit der Menschen, die die Wahrheit in Ungerechtigkeit niederhalten, geoffenbart. Doch gerade in dieser Aussage geht es nicht um einen noëtischen Prozeß, in dem Gott über seinen Zorn eine mitteilende Offenbarung machte. Gott offenbart vielmehr darin seinen Zorn, daß er ihn sich im Geschick der Menschen auswirken läßt. An sich ist ὀργὴ θεοῦ ein eschatologischer Begriff, der das Zorngericht Gottes am Jüngsten Tag aussagt. Aber genau wie Gottes Gerechtigkeit von Haus aus eschatologisch verstanden ist, nämlich als Umschreibung der Richtertätigkeit Gottes an jenem Tage, jedoch in der paulinischen Theologie in erster Linie die *Antizipation* dieser Richtertätigkeit meint, so gilt das auch analog für den Zorn Gottes. Ist aber nach Röm 1,18 die gegenwärtige Offenbarung des Zornes Gottes die Manifestation göttlicher Macht, so ist dies auch für die gegenwärtige Offenbarung der Gerechtigkeit Gottes anzunehmen: Im Evangelium wird Gottes Gerechtigkeit offenbar, im Evangelium ist die machtvolle Gerechtigkeit Gottes präsent. Dann aber wird man mit *Peter Stuhlmacher* sagen können, "daß Paulus im Evangelium eine persönliche Erscheinungsweise Gottes, dessen worthafte Manifestation, gesehen hat".[542]; Stuhlmacher geht so weit, daß er Evangelium

---
[541] *Hübner*, NTS 18, 286ff.
[542] *Stuhlmacher*, Gerechtigkeit Gottes bei Paulus, 79.

und Gottes Erscheinen in der niederbrechenden Welt als in der Sicht des Paulus identisch sieht.[543] Ob man wie er Zorn Gottes und Gerechtigkeit Gottes als apokalyptische termini technici bezeichnen kann[544], wäre zu diskutieren.[545] Aber mit ihm ist festzuhalten, daß Röm 1,17 die Gerechtigkeit Gottes als dessen eigene, im Evangelium durch die Welt ziehende Schöpfermacht[546] aussagt.[547] "Die Endereignisse sind im Gang. Gottes neuschaffende Rechtsmanifestation ist in die alte Welt eingebrochen und beginnt ihren Siegeszug."[548]

Ist diese Auslegung richtig, dann kann man Röm 1,16f. interpretierend paraphrasieren: "Ich bekenne das Evangelium. Denn es ist der sich machtvoll manifestierende Gott, dessen Manifestation für jeden Glaubenden das ewige Heil bedeutet, zunächst für den Juden, dann für alle Welt. Denn in diesem Evangelium als dem im Wort präsenten Gott wird für den, der seine Existenz ganz im Glauben an das Evangelium gegründet weiß, dieser Gott als der Gerechtsprechende und Gerechtmachende offenbar. So sagt es schon die Schrift: 'Nur der aus Glauben Gerechte wird leben.'" Ja, man könnte sogar so paraphrasieren, als wäre ἀποκαλύπτεται eine mediale Form: "*Gott offenbart sich* in seinem machtvollen Evangeliumswort als der die Gerechtigkeit Schaffende."[549] Klassisch hat es *Ernst Käsemann* formuliert: "Das Evangelium

---

[543] Ib. 79.

[544] Ib. 80.

[545] Man sollte eher sagen, daß sie dies *auch* sind.

[546] Gemeint ist natürlich die Macht Gottes, die sich in der neuen Schöpfung (Gal 6,15; 2Kor 5,17) manifestiert.

[547] *Stuhlmacher*, op. cit. 83.

[548] Ib. 84.

[549] Wurde ἀποκαλύπτεται mit "er (sie) wird offenbar" statt "er (sie) wird offenbart" übersetzt, so ist das natürlich - vorausgesetzt, die Form wird als Passiv verstanden - philologisch nicht ganz exakt. Auffälligerweise übersetzt allerdings *U. Wilckens*, EKK VI/1, 87, mit *Lohse*, Die Texte aus Qumran, 163, die Niphal-Form wənigləṭāh 1QH XIV,16: "Alle Ungerechtigkeit aber und Frevel wirst du ewig vertilgen, und deine Gerechtigkeit *wird offenbar* vor den Augen all deiner Werke." Der erste Teil des Satzes sagt Gottes Wirken aus, wodurch auch das Offenbar-Werden der Gerechtigkeit Gottes - wie auch in Röm 1,17 - als Akt der *Selbstmanifestation* des Gerechtigkeit schaffenden Gottes ausgesagt ist. In der Tat ist 1QH XIV,16 eine der engsten Parallelen zu Röm 1,17, ohne daß damit eine literarische Abhängigkeit behauptet werden dürfte. Zugleich ist mit Nachdruck darauf hinzuweisen, daß dieser Qumrantext nicht die apokalyptische Auffassung von der Offenbarung eines Geheimnisses, rāz, bringt. Und mit vollem Recht stellt *Dieter Lührmann*, Das Offenbarungsverständnis bei Paulus, 157, für paulinisches ἀποκαλύπτειν/ἀποκάλυψις heraus: "Die etymologisch richtige Bestimmung als Enthüllung von etwas vorher Verborgenem, die auch für das hebräische *glh* gilt, darf nicht zur Erklärung der paulinischen Aussagen herangezogen werden." Insofern unterscheidet

ist... die Epiphanie der eschatologischen Gottesmacht schlechthin... Das Evangelium ist darum Gottesmacht, weil in ihm die göttliche Gerechtigkeit als die endzeitliche Offenbarung in die Welt einbricht."[550] [551]

Röm 1,16f. findet in *Röm 3,21* seine Ergänzung. Ist an ersterer Stelle vom *gegenwärtigen* Geschehen des Sich-Offenbarens Gottes in seiner heilschaffenden Gerechtigkeit die Rede, wird also dort auf das kontinuierliche Geschehen des sich je neu im Vorgang der Verkündigung offenbarenden Gottes abgehoben, wodurch, ekklesiologisch gesehen, der gottesdienstlichen Verkündigung des Evangeliums eschatologische Qualität zukommt[552], so rekurriert Röm 3,21(ff.) auf das *damalige* Offenbargeworden-Sein der Gerechtigkeit Gottes. Das Perfekt πεφανέρωται verweist vor allem auf das Kreuzesgeschehen, das freilich, der Glaube vorausgesetzt, die Gegenwart bestimmt.[553] Gott ist im Christusgeschehen als

---

sich allerdings seine Auffassung von der hier dargelegten, als er ib. 79 (in Blick auf Gal 1,16) Offenbarung nicht als das Christusgeschehen als solches, sondern als "eine auf den Menschen bezogene *Interpretation* dieses Geschehens als den Menschen angehend durch ein neu einsetzendes Handelns Gottes" versteht (Hervorhebung durch mich). Ist nun, im Einklang mit 1QH XIV,16, δικαιοσύνη θεοῦ ἀποκαλύπτεται zu interpretieren als "Gott als der Gerechtigkeit Schaffende wird offenbar", so ist trotz der opinio communis, daß eine Passivform vorliegt, zu fragen, ob das Verb nicht doch als Medium zu lesen ist; paraphrasiert übersetzt: Gott *offenbart sich* in seiner heilschaffenden Gerechtigkeit. S. auch die Paraphrase von Röm 1,16f. in *Hübner*, Das Gesetz bei Paulus, 106.

[550] *E. Käsemann*, HNT 8a, 19.27.

[551] Ein philosophischer Zugang zur Macht des zugesprochenen Evangeliums wäre auch von der Theorie der Sprechakte *Austins* möglich, genauer, von seinem Begriff der "performativen Äußerung", *Austin*, Zur Theorie der Sprechakte, 29. Doch sei dieser Weg hier nicht weiter expliziert. Weiterführender und dem theologischen Sachverhalt angemessener ist m.E. *Paul Ricoeurs* Metaphertheorie. Er faßt die Metapher als "impertinente" Prädikation und insofern als Sinnerweiterung; ib. VIf.: "Dann muß man aber den semantischen Mechanismus der Metapher, nämlich das Entstehen einer neuen Bedeutung auf den Trümmern der Prädikation, die den gewöhnlichen lexikalischen Regeln entspricht, begriffen haben, um zu verstehen, daß dieser andere Sinn eine andere Dimension der Wirklichkeit aufdeckt und damit eine neue Deutung der Welt und unserer selbst freisetzt." Auch hierzu möge die Andeutung genügen.

[552] *Bultmann*, Theol. des NT, 301f.307ff., kurz zusammengefaßt ib. 308: "Im Wort ist also das Heilgeschehen präsent ..." Auf diesen Seiten dokumentiert sich der *Lutheraner Bultmann*, der zugleich einer fundamentalen Einsicht des Paulus gerecht wird. In diesem Punkte können sich lutherische Theologen auf Paulus - und *Bultmann*! - berufen, selbst wenn der eine oder andere von ihnen gewisse Vorbehalte gegen letzteren anmeldet. Zur Frage des Verhältnisses von *Bultmann* zu Luther s. *Bultmann*, KuM II, 207f., und *Hübner*, Rechtfertigung und Heiligung in Luthers Römerbriefvorlesung, passim.

[553] Paulus dürfte also mit Bedacht die Perfektform verwendet haben, die Vergangenes in seiner Gegenwartsrelevanz herausstellt; so z.B. treffend *Dunn*, WordBC 38a, 165 (πεφανέρωται): "Paul reiterates the thematic assertion of 1:17, with φανερόω used in place of ἀποκαλύπτω (but obviously as synonyms ...), and the perfect tense emphasizes that

der die Gerechtigkeit Schaffende offenbar geworden, Gott hat sich im Erweis seiner Gerechtigkeit (πρὸς τὴν ἔνδειξιν τῆς δικαιοσύνης αὐτοῦ[554]) als der Gerechte und der, der den aus Glauben Existierenden gerecht macht, manifestiert, Röm 3,26. Der enge inhaltliche Bezug von Gerechtigkeit Gottes und Glaube in Röm 3,21-26[555] läßt diese Stelle als theologische Weiterführung von 1,16f. erkennen. Und durch die präsentische Aussage Röm 3,23 ὑστεροῦνται τῆς δόξης τοῦ θεοῦ wird der Rückverweis auf 1,16f. ausgeweitet auf 1,18(ff.). Röm 1,18ff. seinerseits zielt auf 3,9, also auf eine direkte Parallele zu 3,23!

Schauen wir zur theologischen Klassifizierung des in Röm 1,16ff.; 3,21ff. zum Ausdruck kommenden Offenbarungsverständnis des Paulus wieder auf die von *Max Seckler* gebotene Begriffsunterscheidung, so zeigt sich sofort, daß ein instruktionstheoretisches Offenbarungsverständnis dem theologischen Denken des Apostels unangemessen ist.[556] Es ist angesichts der von Paulus ausgesagten Wirklichkeit in erheblichem Maße theologisch defizient. Dieses Offenbarungsverständnis ist, gemessen am paulinischen Denken, "doktrinalistisch und konzeptualistisch eingeengt", die Mysterien des Glaubens werden so zu übernatürlichen Verstandesgeheimnissen abgeflacht und die Tugend des Glaubens in das gehorsame Fürwahrhalten von uneinsichtigen veritates revelatae gelegt (Seckler).[557] So flach, mit so wenig Tiefgang hat Paulus nicht von der Offenbarung in Christus gedacht! Die verbreitete Rede von der Rechtfertigungs*lehre* des Paulus kann freilich eine derartige Verflachung zu Folge habe. Sie braucht es nicht, wenn von der Rechtfertigungslehre im Kontext der Rechtfertigungsverkündigung und Rechtfertigungstheologie des Apostels gesprochen wird.

Wie schon zuvor für das alttestamentliche Offenbarungsverständnis zeigt sich auch für Paulus, daß Secklers Unterscheidung vom epiphanischen Offenbarungsverständnis und dem Verständnis der Offenbarung als Selbstmitteilung Gottes zwar begrifflich vorgenommen werden kann,

---

a decisive act has already taken place which has proved to be the eschatological turning point in the history of salvation..." Anders *Böckmuehl*, BZ 32, 95f.: Da es sich in Röm 3,21(ff.) um das historische Heilsereignis in Jesus Christus handelt, kann eine vorschnelle Gleichsetzung mit Röm 1,17 kaum aufrecht erhalten werden. Schon allein das soeben gebrachte Zitat von *Dunn* zeigt, wie unhaltbar die Argumentation *Böckmuehls* ist.
[554] *Kümmel*, Πάρεσις und ἔνδειξις.
[555] Er wird symptomatisch vor allem an der Einfügung von διὰ τῆς πίστεως in das Traditionselement Röm 3,25 ersichtlich.
[556] Es greift "wesentlich" - sensu stricto verstanden! - zu kurz.
[557] *Seckler*, Der Begriff der Offenbarung, 65f.

daß sie aber im Grunde doch recht künstlich ist. Einerseits ist die Gerechtigkeit Gottes epiphan, wie vor allem Paulus Röm 3,21 ausdrücklich herausstellt. Andererseits eignet gerade der geoffenbarten Gerechtigkeit Gottes, verstanden als das Sich-Offenbaren Gottes in seiner Gerechtigkeit, das Moment der Selbstmitteilung. Der Glaubende gehört nach Paulus ins Offenbarungsgeschehen hinein, wenn wirklich Offenbarung als *Offen*-barung verstanden sein will.

Secklers Unterscheidung von Offenbarung als Erfahrungsbegriff und Reflexionsbegriff zugrunde gelegt, dürfte in Röm 1,16ff.; 3,21ff. unbestreitbar Offenbarung als *Reflexionsbegriff* verstanden sein. Paulus *argumentiert* ja im Röm, er legt den Römern sein "Evangelium" (s. auch Gal 1,8.11!) in theologischer Beweisführung und wohl auch mit apologetischer Zielsetzung vor, wobei Jerusalem als "die heimliche Adressatin des Römerbriefes"[558] mitzubedenken ist.[559] Aber sosehr es zutrifft, daß die theologische Argumentation des Apostels die Offenbarung als Reflexionsbegriff verstehen läßt, so muß doch zugleich bedacht werden, daß für ihn mit dem Berufungswiderfahrnis von Damaskus aufgrund der damit gegebenen existenziellen Betroffenheit Offenbarung auch ein *Erfahrungsbegriff* ist. Paulus theologisiert aus "Erfahrung", theologisiert so in begrifflicher Darlegung. Sein missionarisches Ziel ist es aber, den in theologischer Sprache Angeredeten selber wieder zur "Erfahrung" der Offenbarung zu führen. Wer so zum Glauben gebracht worden ist, der begegnet *als* Glaubender dem sich im Wort des Evangeliums offenbarenden Gott. Offenbarung ist somit Begegnungsgeschehen; das Wort Offenbarung ist, wenn man so will, ein *Begegnungsbegriff*. Genau dies hat sich aber schon bei der Erörterung des alttestamentlichen Offenbarungsverständnisses herausgestellt.[560]

Mit den Ausführungen über Röm 1,16f.; 3,21 befinden wir uns bereits mitten in der Reflexion zentraler theologischer Gehalte des Neuen Testaments, obwohl es doch in den Prolegomena "nur" um das Abstecken des Horizonts geht, innerhalb dessen der theologische Umgang der neutestamentlichen Autoren mit dem Alten Testament thematisiert und

---

[558] *Fuchs*, Hermeneutik, 191.

[559] S. in den Mesolegomena den Abschn. über den Röm, außerdem *Hübner*, Das Gesetz bei Paulus, 53-58.

[560] Verzichtet habe ich hier auf die Diskussion von φανερόν, ἐφανέρωσεν und καθορᾶται in Röm 1,19f. Diese Frage muß bei der Thematisierung des Röm und insonderheit des Abschnitts über Röm 1,18ff. im Zusammenhang der Frage nach einer möglichen Beziehung zu Sap behandelt werden.

von da aus die neutestamentliche Theologie entfaltet werden soll. Diese Antizipation fundamentaler theologischer Inhalte könnte man jedoch nur dann als Unausgeglichenheit im formalen Aufbau beanstanden, wenn man sich selbst in der Lage sähe, den genannten Horizont als rein formales Gestaltungsprinzip zu konstruieren, in den man materiale theologische Aussagen wie in ein Gehäuse einfügt. Dies wäre jedoch eine Karikatur des theologischen Denkens. Man sollte eher die eminent material-theologische Dimension der Prolegomena-Themen als Vorteil betrachten, weil durch ihre Behandlung und die daraus resultierenden Ergebnisse, in denen bereits zentrale Inhalte des Neuen Testaments zur Sprache gebracht sind, die Ausführungen der Mesolegomena bereits von genuin theologischen Fragestellungen aus in den Blick kommen.

In diesem Sinne ist das zu Röm 1,16f.; 3,21 Gesagte von *2Kor 4* und vom sog. Vierkapitelbrief *2Kor 10-13* her zu beleuchten. Es wurde bereits für das in Röm 1,16 stehende δύναμις θεοῦ auf 1Kor 1,18 verwiesen: Das in Röm 1,16 als Kraft Gottes charakterisierte Evangelium wird dort als λόγος τοῦ σταυροῦ konkretisiert. Daß dieses "Wort vom Kreuz" nicht bloß den Hinweis auf damals Geschehenes beinhaltet, sondern selbst ein existenzielles Moment wesenhaft impliziert, zeigt die Fortsetzung von 1Kor 1,18. Gottes Schwachheit, τὸ ἀσθενὲς τοῦ θεοῦ, 1,25, spiegelt sich im Zustand der korinthischen Gemeinde: Gott hat, was in der Welt schwach ist, auserwählt, τὰ ἀσθενῆ τοῦ κόσμου, 1,27.

Diesen Gedanken bezieht er auf sein apostolisches Amt: Paulus ist in Schwachheit, ἐν ἀσθενείᾳ, und in Furcht und großem Zittern zu den Korinthern gekommen, 1Kor 2,3. Im 2Kor spitzt er diese Aussage zu und verdeutlicht den christologischen Bezug der existenziellen Aussagen über seinen Apostolat, und zwar in der Polemik gegenüber seinen Gegnern, die von der *theologia crucis* nicht halten. *Gustav Stählin* hat 2Kor 12,9 auf den theologischen Punkt gebracht: Die Schwachheit des Apostels kann "im Christusbereich zugleich *Offenbarungsort der göttlichen* δύναμις *auf Erden* sein: ... 'die Kraft stellt sich in ihrer Fülle in Schwachheit dar'."[561] *Ernst Käsemann* führt diesen Gedanken weiter: Die von seinen Gegnern kritisierte Schwachheit ist die Offenbarungsart der göttlichen Dynamis auf Erden, ist ihr Medium und notwendiges Korrelat.[562] Er zitiert *Heinz-Dietrich Wendland*: Das Leiden ist die eigentliche "Erscheinungsform des

---
[561] *Stählin*, ThWNT I, 489,41ff.
[562] *Käsemann*, Die Legitimität des Apostels, 500.

apostolischen Christusdienstes".⁵⁶³ Diesen Gedanken hat *Erhardt Güttgemanns* in überzeugender Weise weitergeführt. "Sind die Leiden des Apostels *Epiphanie* des Christus, dann kann man an dieser Epiphanie 'ablesen'⁵⁶⁴, *wer der paulinische Christus ist.*"⁵⁶⁵ Er spricht vom "Epiphaniecharakter der apostolischen Leiden". "Im Apostolat vollzieht sich die praesentia der Christuskraft; die ἀσθένεια ist die irdische Manifestation des Christus selbst."⁵⁶⁶

Die Dynamis Gottes ist also identisch mit dem Evangelium, dem Wort Gottes, ist identisch mit dem "Wort des Kreuzes". Sie ist aber in dem präsent, der sozusagen die Verkörperung des Evangeliums ist, nämlich im Apostel. Dieser ist in seinem Leiden, in seiner Schwachheit die Dynamis Gottes; doch genauso ist das von ihm verkündete Evangelium, das Wort vom Kreuz, diese Dynamis Gottes. Der offenbarungstheologische Zusammenhang des Dreiecks "Evangelium als Wort vom Kreuz - leidender, schwacher Apostel - Dynamis Gottes" ist also offenkundig. So ist es bezeichnend, wenn Paulus 2Kor 4,10f. von sich sagt, er trage fortwährend das Sterben⁵⁶⁷ Jesu an seinem Leibe herum, damit auch das Leben Jesu an seinem Leibe offenbar werde, φανερωθῇ; ständig werde er, obwohl lebend, um Jesu willen in den Tod dahingegeben, damit auch an seinem sterblichen Fleisch das Leben Jesu offenbar werde. Das zweifache ἵνα καὶ ... φανερωθῇ zeigt also, wie dasselbe Verb, das Paulus in Röm 3,21 für das Offenbar-geworden-Sein der Gerechtigkeit Gottes verwenden wird und das dort also - mit Max Seckler - epiphanes Offenbarungsverständnis unter dem Verständnis der Selbstmitteilung Gottes artikuliert, hier wiederum zur Aussage des epiphanen Offenbarungsverständnisses begegnet. Zwar heißt es nicht eigens, daß das *Ster-*

---

⁵⁶³ Ib. 499; *H.-D. Wendland*, NTD, 138.

⁵⁶⁴ Zitat *Käsemann*.

⁵⁶⁵ *Güttgemanns*, Der leidende Apostel und sein Herr, 29f.; Hervorhebungen durch *Güttgemanns*.

⁵⁶⁶ Ib. 118; über 7 Seiten widmet er in der Auslegung von 2Kor 4,7-15 dem Thema "Die Epiphanie und Präsenz des irdischen Jesus".

⁵⁶⁷ Ob νέκρωσις mit Sterben (z.B. *H. Windisch*, KEK, 145: "nicht wie Röm 4,19 ... der Zustand des Totseins ..., sondern ... die (ständig wiederholte) Tötung"; *R. Bultmann*, KEK, 119: "Paulus gebraucht νέκρωσις im sakramentalen Sinn; und zwar sagt er νέκρωσις statt θάνατος, ... sofern es sich im konkreten geschichtlichen Leben dauernd vollzieht.") oder mit Tod (z.B. *Güttgemanns*, op. cit. 116) zu übersetzen ist, ist im Augenblick zweitrangig. Mir scheinen jedoch die von *Güttgemanns* vorgetragenen Argumente gegen die Deutung von νέκρωσις als "Sterben als ein ständiger Prozeß" zwar gewichtig, aber nicht zwingend.

ben Jesu am Leibe des Paulus offenbar werde, sondern nur das Leben Jesu (natürlich als das Leben des Auferstandenen!). Aber da Paulus sagt "damit *auch* das Leben Jesu offenbar werde", will er aller Wahrscheinlichkeit nach sein Leiden als Offenbarung auch des Sterbens Jesu interpretieren. Der Apostel gehört also christologisch[568] und existenziell ins Offenbarungsgeschehen hinein. Er veranschaulicht nicht nur das Sterben bzw. den Tod Jesu, er *repräsentiert* auch dieses Sterben, diesen Tod.

1.3.2.3 Die Gleichnisse Jesu: Die sich in der Ansage Jesu manifestierende Herrschaft Gottes

Ein Beitrag zu der in jüngster Zeit geführten, aber längst nicht zu Ende geführten Diskussion über das Wesen der Gleichnisse Jesu kann und will hier nicht gegeben werden. Daß trotzdem einiges Wesentliche in zu verantwortender Weise auch ohne näheren Dialog mit der relevanten Gleichnisliteratur gesagt werden kann, ist darin begründet, daß über entscheidende Grundfragen bei aller sonstigen Differenz doch eine gewisse Einigkeit in der Forschung besteht. Unbestritten ist nämlich weithin, daß es in einer Reihe von Gleichnissen Jesu um die Herrschaft Gottes geht, allerdings nicht um eine im bloßen Vergleich nur anschaulich gemachte Gottesherrschaft. Ebenso reicht es nicht hin, Jesu Gleichnisse lediglich als Ansage der kommenden bzw. schon gekommenen Gottesherrschaft zu deuten. Vielmehr will Jesus seine Hörer so in das Aussagegeschehen der Gleichnisse hineinnehmen, daß sie im Hören dem zeitlich und existenziell nahen Herrschergott konfrontiert sind. Darüber hinaus gehört Jesus selber als der Sprecher der Gleichnisse in diese Gottesherrschaft hinein.

Die Übereinstimmung hört aber auf, wenn es um die Frage der Naherwartung Jesu geht. Mit *Werner Kümmel* sei hier vorausgesetzt, daß Jesus die Naherwartung vertrat und so die in Bälde einbrechende Gottesherrschaft erwartete, daß er aber zugleich bereits in seinem Auftreten und Wirken die Antizipation dieser nahen Zukunft wußte, Mt 12,28/Lk 11,20.[569] Ohne *Hans Weders* Metaphertheorie zu thematisieren, kann ihm darin zugestimmt werden, daß die Gleichnisse Jesu die Gottesherrschaft in die Nähe zur Welt bringen und so Gott als Kommenden gegen-

---

[568] Den christologischen Aspekt hat *Güttgemanns* mit Recht hervorgehoben.
[569] *Kümmel*, Verheißung und Erfüllung; *ders.*, Die Naherwartung der Verkündigung Jesu.

wärtig machen. "Sofern einerseits die Zukunft Gottes die Gegenwart Jesu interpretiert und andererseits die Gegenwart Jesu der Anbruch der Zukunft Gottes ist, wird dem Hörer Jesu schon jetzt zugesprochen, was am Ende der Zeit offenbar werden wird."[570] Mit *Eberhard Jüngel* soll darüber hinaus die enge theologische Beziehung zwischen der paulinischen Rechtfertigungslehre[571] und Jesu Verkündigung der Gottesherrschaft angenommen werden.[572] Röm 14,17 gebe das Recht zur Behauptung, daß Paulus den Begriff der βασιλεία durch den der δικαιοσύνη ersetzt hat, freilich nicht im Sinne eines bloßen Austausches von Vokabeln. Paulus habe vielmehr den für die Verkündigung Jesu zentralen Begriff der Gottesherrschaft als Ausdruck für das Eschaton *interpretieren* müssen, weil er auf dieses Eschaton bereits zurückblickt. "Dieser Zwang zur Interpretation nötigte Paulus dazu, eine Theologie zu entwerfen, so daß er *gleichzeitig* zu verkündigen und zu interpretieren hatte ... Der Glaube brauchte eine Theologie. Denn er gab zu denken. Dieser Denkverpflichtung hat sich Paulus gestellt."[573] Für die Frage nach dem Offenbarungsmodus bedeute dies, daß sowohl die Gottesgerechtigkeit als auch die Gottesherrschaft als ein sich extra nos ereignendes Geschehen zu verstehen ist, das das Sein des Menschen als nos extra nos esse erhellt. "Indem Paulus und Jesus den Menschen mit ihrer Botschaft extra se ansprechen, sprechen sie ihm nämlich ein neues Sein extra se zu. In der Verkündigung der eschatologischen Gottesgerechtigkeit bei Paulus gewährt Gottes eschatologisches Ja dem Menschen ein neues Sein. In der Ansage der eschatologischen Gottesherrschaft bei Jesus gewährt Gottes eschatologisches Ja dem Menschen ein neues Sein."[574] Für die Frage nach dem Offenbarungsmodus bedeutet dies, daß auch für die Verkündigung Jesu, zugleich aber auch für die Theologie der Synoptiker ein Offenbarungsverständnis im instruktionstheoretischen Sinne nicht in Frage kommt. Auch hier zeigt sich wieder das *Ineinander* von *epiphanischem Offenbarungsverständnis* und dem *Verständnis der Offenbarung als Selbst-*

---

[570] *Weder*, Die Gleichnisse Jesu als Metaphern, 282; von "wird dem Hörer Jesu ..." an von *Weder* hervorgehoben.
[571] Das cavaet gegenüber einer isolierten Verwendung des Begriffs Rechtfertigungs*lehre* ist bei *Jüngel* nicht erforderlich.
[572] *Jüngel*, Paulus und Jesus.
[573] Ib. 267.
[574] Ib. 266.

mitteilung Gottes. Wer sich auf die Botschaft der Gottesherrschaft einläßt, gehört schon konstitutiv zum Herrschaftsbereich Gottes.[575]

1.3.2.3 Das Johannes-Evangelium: Jesu Selbstoffenbarung als Offenbarung Gottes

Wenn es um das Offenbarungsverständnis des Joh geht, dann ist es im jetzigen Stadium unserer Überlegungen zu verantworten, diese Schrift als ein Ganzes auf seine Aussage über die Offenbarung Gottes zu befragen. Die literarkritische Frage ist nämlich in der gegenwärtigen Forschungssituation derart umstritten, daß sich in absehbarer Zeit kein Konsens abzeichnen dürfte. Eine Option für eine bestimmte literarkritische Hypothese würde grundlegende Aussagen im Rahmen der Prolegomena unnötig belasten, die hier vorgetragenen Aussagen über das Offenbarungsverständnis des Joh würden an einer Nebenfront die Kritik provozieren. Die eigentliche Intention, die theologische Aussagerichtung, der hier versuchte Aufweis des johanneischen Wirklichkeitshorizontes, innerhalb dessen von Offenbarung zu sprechen sinnvoll, ja geboten erscheint - all das würde möglicherweise in einer falschen Optik zu leicht verdeckt werden, wenn die literarkritische Frontstellung die theologischen Aspekte dominierte.

Keinesfalls soll jedoch mit der Sicht auf das Ganze des Joh die literarkritische Frage als unerheblich bewertet werden. Sie wird auf jeden Fall bei der thematischen Behandlung des Joh zu berücksichtigen sein. Sie wird dann auch zu vertiefter Einsicht in die Fragen der Rezeption des Alten Testaments führen. Da es aber im jetzigen Stadium der Darlegungen um nur symptomatische, wenn auch zentrale neutestamentliche Offenbarungskonzeptionen geht, ist die theologische Grundaussage des Joh in seiner Endredaktion, zu der essentiell das Offenbarungsverständnis zu rechnen ist, innerhalb der Entwicklungsstufen dieser Schrift *eine* der zu berücksichtigenden Realitäten, und sicher nicht die unbedeutendste.[576] Von theologischer Relevanz ist auch die Frage der religionsgeschichtlichen Einordnung des Joh. Doch auch sie kann zunächst zugunsten einer zumeist textimmanenten Auslegung der johanneischen Offenbarungsaussagen unberücksichtigt bleiben.

Die Frage, die zunächst von Bedeutung und Bedeutsamkeit ist, ist die nach der *Offenbarungsfunktion Jesu.* Der dem Evangelium vorangestellte Prolog bringt in dieser Hinsicht den programmatischen Satz Joh

---

[575] Ich hoffe, daß der hier nur kurz skizzierte Gedanke von einer meiner Doktorandinnen in absehbarer Zeit vor allem im Blick auf das hermeneutische Problem expliziert sein wird.

[576] In einer Hinsicht sei hier jedoch schon die eigene literarkritische Entscheidung genannt: Trotz einiger neuerer Einsprüche (s. nur *Thyen,* TRE 17, 208ff.) ist m.E. unbestreitbar, was *Bultmann* an Gründen für die Existenz der "kirchlichen Redaktion" angeführt hat, mag man auch über diesen Begriff streiten. Hingegen halte ich die Existenz einer sog. Offenbarungsquelle für äußerst spekulativ. Besonders schwierig ist das literarkritische Problem der Abschiedsreden.

1,18, der in eigentümlicher Spannung zu 1,5 steht. Während dort das Scheinen des göttlichen Lichtes in die Dunkelheit der gottfeindlichen Menschheit ausgesagt ist, ist in 1,18 die grundsätzliche Unsichtbarkeit Gottes in vorinkarnatorischer Zeit vorausgesetzt. Das verbum incarnatum aber "exegesiert" Gott. Dieser eigentümliche Schwebezustand findet in der Auseinandersetzung Jesu mit den Juden seinen konkreten Ausdruck. Erst mit dem Kommen des von Gott Gesandten vollzieht sich im Unglauben das Urteil Gottes. Aber die Juden kommen bereits von ihrem Sein ἐκ τοῦ πατρὸς τοῦ διαβόλου her und können deshalb nicht hören, also nicht glauben, Joh 8, 43f. Ihre Unfähigkeit zu glauben wäre also schon vor der Sendung Jesu gegeben. Dieses Nicht-hören-Können bzw. Nicht-glauben-Können ist im Dualismus des Joh begründet. Dieser Dualismus ist durch gängige Kennzeichnungen wie metaphysisch oder ethisch nicht hinreichend beschrieben, da damit außertheologische Begründungen versucht würden. Worum es hier geht, ist, daß der Evangelist die kontradiktorisch entgegengesetzten Sphären des göttlichen und des widergöttlichen Wirkens beschreibt. Es geht hier auch nicht um unumstößliche Prädestination; diese Fragestellung steht hier einfach nicht an. Es geht vielmehr um das unvermittelbare *Woher* von Offenbarung und Unglaube. Weil Jesus der vom Vater Gesandte ist - so nach der stereotypen Wendung ὁ πατὴρ ὁ πέμψας με o.ä. - , offenbart er Gott. Jesus ist "von oben", ἄνωθεν. Daher redet er nicht ἐκ τῆς γῆς wie der, der ἐκ τῆς γῆς ist, Joh 3,31. Weil er ὁ ἐκ τοῦ οὐρανοῦ ἐρχόμενος ist, bezeugt er, was er gesehen und gehört hat, 3,32 (vgl. 1,18). Weil ihn Gott gesandt hat, redet er die Worte Gottes und gibt in maßloser Weise den Geist, 3,34. Und wer diesem Reden glaubt, wer also an den Sohn glaubt, hat das ewige Leben, 3,36. In diesem programmatischen Abschnitt des johanneischen Dualismus Joh 3,31-36 ist also in nuce die johanneische Offenbarungstheologie, die zugleich Glaubenstheologie ist, zusammengefaßt.

In diesem Abschnitt ist aber auch die *christologische* Dimension dieser Offenbarungstheologie angelegt. Um als der von Gott, von oben, vom Himmel Kommende diesen Gott zu offenbaren, offenbart er sich selbst. Die *Begegnung* des Glaubenden mit Gott findet als Begegnung mit Jesus statt *(Rudolf Bultmann)*: "Daß in Jesus Gott selbst begegnet, und zwar gerade in Jesus als einem Menschen, an dem nichts Außerordentliches wahrnehmbar ist als seine kühne Behauptung, daß in ihm Gott begegne - daran liegt die *Paradoxie des Offenbarungsgedankens*, die erst Johannes ins Auge gefaßt hat."[577]

Offenbarung zielt natürlich auf *Erkenntnis* Gottes bzw. auf Erkenntnis des Gesandten Gottes. Das Verb γινώσκειν (bzw. εἰδέναι) spielt deshalb im Joh eine hervorragende theologische Rolle. Glauben und Erkennen sind theologisch nicht zu trennen; beide Verben überschneiden sich erheblich in ihrem Bedeutungsgehalt.[578] Bei der Erkenntnis Gottes und im Glauben an Jesus geht es aber gerade nicht um einen bloß intellektuellen Prozeß, sondern darum, daß der von Gott Gesandte, der vom Himmel Gekommene das gibt, was aus dem Himmel stammt. So *ist* Jesus das Brot ἐκ τοῦ οὐρανοῦ, er *gibt* das Brot ἐκ τοῦ οὐρανοῦ, Joh 6,32ff. Jesus, der sich in einem ἐγώ-εἰμι-Wort als Brot des Lebens offenbart,[579] 6,35, *ist* dies für den Glaubenden: Wer an Jesus als das Brot des Lebens glaubt, hat selbst ewiges Leben, 6,40 (vgl. auch 4,14; 5,24).

Joh 5,26 bringt dies Theologumenon in einer theologischen Spitzenaussage: Gott selbst hat ewiges Leben in sich und daher dem Sohn gegeben, ewiges Leben in sich zu haben. Und genau diese Linie der Weitergabe des Lebens ist es, in die der Glaubende hineingenommen ist. Offenbart also der Sohn den Vater, den er gesehen und gehört hat, so offenbart er ihn als das ewige Leben. *Offenbarung des Lebens* ist aber *Vermittlung des Lebens*. Wieder zeigt sich, daß Offenbarung ein Prozeß ist, der sinnvoll nur ausgesagt werden kann, wenn der, dem Offenbarung widerfährt, in diesen Prozeß einbezogen ist. Zum Offenbarungsgeschehen gehört also konstitutiv der Glaubende hinzu. Offenbarung wäre nicht *Offen*-barung, wenn der Mensch ihr gegenüber *verschlossen* bliebe. Das ist ja gerade das Wesen des Glaubens, daß er empfangsbereit für das Wort der Offenbarung und darin offen für die Gabe des Offenbarungswortes ist. Dann aber zeigt sich im Offenbarungsverständnis des Joh - und ähnliches gilt für Paulus und die Gleichnisse Jesu - die Analogie zu wichtigen Aspekten des alttestamentlichen Offenbarungsverständnisses. Mit dem Herausstellen dieser Analogie ist allerdings nur die Kontinuität im Offenbarungs-*Verständnis* aufgewiesen. Der Aufweis als solcher bedeutet aber noch nicht den *theologischen* Zusammenhang zwischen alt-

---

[577] *Bultmann*, Theol., 403; Hervorhebung durch *Bultmann*.

[578] *Schmithals*, EWNT I, 603: "γινώσκω bezeichnet das Zum-Glauben-Kommen angesichts des Offenbarers, ferner und vor allem die Glaubensgewißheit bzw. das Beharren ('Bleiben') im Glauben, schließlich das dem Glauben eigene Verstehen ..."; s. auch immer noch *Bultmann*, ThWNT I, 688-719.

[579] R. *Schnackenburg*, HThK IV/2, 59-70.

und neutestamentlicher Offenbarung. Möglich ist ja durchaus, daß eine *antike Denkweise* sowohl von alttestamentlichen wie von neutestamentlichen Autoren aufgegriffen wäre und somit durch außertheologische Einflüsse theologische Kontinuität suggeriert würde. Eine Antwort soll an dieser Stelle noch nicht gegeben werden; wohl aber soll bereits an dieser Stelle die Problemanzeige erfolgen.

Ist nun der Glaube an den Offenbarer im Sinne des Evangelisten identisch mit dem Glauben an den Geoffenbarten, also an Gott, den der Offenbarer gesehen und gehört hat, so stellt sich erneut die Frage, die sich bereits wie ein roter Faden durch die Ausführungen über die Offenbarung hindurchgezogen hat, diesmal in folgender Weise: Ist die in Joh zu Sprache kommende Offenbarung des Offenbarers im Sinne des Evangelisten *theologische Reflexion über die Offenbarung* oder ist sie die *an den Leser gerichtete Offenbarung Gottes*? Ist es die Intention des Evangelisten, in seinem Werk eine Theologie der Offenbarung vorzustellen, oder will er den Leser unmittelbar mit dem Ich des Offenbarers konfrontieren? Anders gefragt: Wenn gemäß der johanneischen Konzeption - mit Bultmann gesprochen - in Jesus Gott selbst begegnet, begegnet dann der Leser in dem im Evangelium geschriebenen Ich Jesu, vor allem in seinen für diese Schrift konstitutiven Ich-bin-Worten, dem Ich Gottes? Daß in den Ich-bin-Worten ein gehöriges Stück theologische Reflexion steckt, ist unbestreitbar - selbst wenn spätere Redaktion möglicherweise in ihnen authentische Jesusworte sah. Aber der Sinn einer solchen Konzeption im Verständnis ihres theologischen Schöpfers ist doch wohl, daß diese Worte als "authentische" und somit Autorität fordernde *Offenbarung an den Leser* oder an den, dem sie vorgelesen werden, ergehen sollen. Man wird hier, wo bewußte theologische Intention auf Weitergabe der Offenbarung zielt, das *innere Verflochtensein von Theologie und Verkündigung als autoritative Weitergabe von Offenbarung* sehen müssen. Auch an dieser Stelle sind alttestamentliche Analogien unübersehbar.

Es fragt sich sogar, ob nicht da, wo Jesus sein unprädiziertes "Ich bin", ἐγώ εἰμι, spricht (z.B. Joh 8,24.28; 13,19), dieses Offenbarungswort im alttestamentlichen Sich-Erschließen Jahwähs, wo er sich Israel mit seinem göttlichen Ich offenbart, gründet. Wurzelt Jesu ἐγώ im alttestamentlichen ᶜ*anî JWHW*? Sollte dies der Fall sein, so würden im Joh alt- und neutestamentliche Offenbarung in engstem Zusammenhang stehen. Dann würde nämlich das Ich des sich im Alten Testament aussprechenden und offenbarenden Gottes Israels mit dem Ich Jesu, der in diesem seinen Ich das Ich Gottes den Menschen zur Begegnung bringt, tendenziell identisch sein. Der eigentümliche Tatbestand, daß Jesus einerseits vom Vater sein Wirken empfängt und dementsprechend im Gehorsam gegenüber dem Vater wirkt (z.B. Joh 3,35; 5,19-22.26; 13,3; 17,2.11), er aber andererseits seine Einheit mit dem Vater ausspricht (Joh 10,30), wäre auch für die Bewertung der Identität von alttestamentlichem und neutestamentlichem göttlichen Ich zu bedenken - vorausgesetzt, daß in der Tat das ἐγώ εἰμι Jesu das ἐγώ εἰμι des alttestamentlichen Kyrios aufgreift. Zu denken ist dabei vor allem an Jes 43,10LXX: ἵνα γνῶτε καὶ πιστεύσητε καὶ συνῆτε ὅτι ἐγώ εἰμι. Es geht dabei um die Einzigkeit Gottes; er als der einzige ist der rettende Gott, V.11: ἐγὼ ὁ θεός, καὶ οὐκ ἔστι πάρεξ ἐμοῦ σῴζων.

Bestritten wird dies von *Jürgen Becker*.[580] Eigentümlich in der Schwebe bleibt die Stellungnahme *Rudolf Bultmanns*.[581] Hingegen hat sich *Rudolf Schnackenburg* eindeutig dafür ausgesprochen, daß der Ursprung der Formel nicht in der Selbstprädikation des gnostischen Erlösers liegt, sondern in der Gottesrede des Alten Testaments. "Es ist die alttestamentliche Offenbarungsformel, die der johanneische Jesus als der neutestamentliche Offenbarer für sich in Anspruch nimmt: In ihm ist Gott präsent, um sein eschatologisches Heil zu offenbaren und den Menschen anzubieten." Es sei über die LXX diese Formel in die Sprechweise des vierten Evangelisten eingegangen.[582] Allerdings nennt er außer Jes 43,10 noch eine Reihe weiterer Stellen aus Deutero- und Trito-Jes.[583] Wie Schnackenburg bestreitet auch *Günter Reim* eine Ableitung der johanneischen Offenbarungsformel ἐγώ εἰμι aus dem gnosti-

---

[580] *J. Becker*, ÖTK 4/1, 294: Die Erklärung kommt auch ohne einen solchen Bezug aus. "Man muß sich nur vergegenwärtigen, daß hier interne, zur Abbreviatur neigende Gemeindesprache vorliegt: 'Daß ich es bin' (so auch V.28), faßt den gesamten joh traditionellen Gehalt der Christologie zusammen ..."

[581] *R. Bultmann*, KEK II, 265: Der Sinn des ἐγώ εἰμι ist: "ich bin alles *das*, von dem ich sagte, daß ich es bin. Alle anderen ἐγώ-εἰμι-Sätze sind also gleichsam auf dieses prädikatlose ἐγώ εἰμι reduziert."; ib. 265, Anm. 6: "Die kühne Ausdrucksweise legt sich dem Evangelisten gleich nahe durch die Erinnerung an das Gotteswort Jes 43,10: ... nämlich all das, was Gott von sich Jes 43 sagt ..."

[582] *R. Schnackenburg*, HThK IV/2, 253; er beruft sich dafür vor allem auf *Dodd*, Interpretation, 93-96.349f.; *C.K. Barrett*, The Gospel according to St. John, London 1955, zur Stelle, und *Zimmermann*, BZ NF 4, 54-69.266-276.

[583] *Schnackenburg*, op. cit. 253, Anm. 4; s. auch *Reim*, Studien zum atl. Hintergrund des Joh, 172f., der vor allem auf Jes 43,10 verweist; ib. 173: "Wo wir der Offenbarungsformel Ego Eimi im Johannesevangelium begegnen, werden wir unbedingt den deuterojesajanischen Hintergrund zu berücksichtigen haben."

schen Bereich.⁵⁸⁴ Angesichts der Tatsache, daß der Evangelist gut mit Jes vertraut ist⁵⁸⁵, dürfe mit hoher Wahrscheinlichkeit anzunehmen sein, daß auch das absolute "Ich bin" im Munde des johanneischen Jesus den ausdrücklichen Bezug auf das offenbarende "Ich bin" des Alten Testaments herstellen wird. Man wird Günter Reim schwerlich widersprechen können: "Kein Buch des AT hat die Theologie des Johannes stärker geprägt als Dtjes und keiner der Verfasser neutestamentlicher Schriften ist von Dtjes so stark beeinflußt wie Johannes, in dessen Evangelium wir auch die universale Weite bewundern, wie wir sie bei Dtjes bewundern können."⁵⁸⁶ Dann aber ist durch Stellen wie Joh 8,24.28 die Offenbarung Gottes in seinem Sohn als Erfüllung und Überbietung der alttestamentlichen Offenbarung zu verstehen. So kann Jesus Joh 5,39 zum Forschen in den Schriften auffordern; "denn es sind jene, die von mir Zeugnis geben". Unmittelbar zuvor (V.37) hat er auf seinen Vater verwiesen, der Zeugnis von ihm ablegt.⁵⁸⁷ Gott und die Schriften stehen also in Funktionseinheit. Er aber, Jesus, bezeugt seinerseits, was er gesehen und gehört hat, Joh 3,11.31f.⁵⁸⁸

Man wird also gerade im Offenbarungsverständnis des Joh einen Ansatz für eine Biblische Theologie des Neuen Testaments sehen können - *Biblische* Theologie insofern, als es hier um ein zentrales neutestamentliches Theologumenon geht, das expressis verbis den Bezug zum Alten Testament aussagt; Biblische Theologie des *Neuen Testaments* insofern, als die Offenbarung Gottes durch den, "den der Vater gesandt hat", die eigentliche Offenbarung ist, durch die die alttestamentliche Offenbarung im bekannten doppelten Sinne "aufgehoben" ist. Das Alte Testament - in johanneischer Diktion: die Schrift - hat kein Ziel in sich selbst, es ist wesenhaft auf die Offenbarung Jesu hin ausgerichtet. Von dort empfängt es

---

⁵⁸⁴ *Reim*, op. cit. 173. Um hier urteilen zu können, bedürfte es einer Diskussion des religionsgeschichtlichen Hintergrundes des Joh. Das ist im hier vorliegenden Zusammenhang nicht angebracht. Im Vorgriff auf später Auszuführendes sei lediglich gesagt, daß m.E. am Ende des 1. Jh. n. Chr. gnostische Vorstellungen sich allmählich zu einem Gesamtsystem verdichteten und daß für die joh Christologie zumindest die Kenntnis gewisser gnostischer Grundvoraussetzungen durch den Evangelisten anzunehmen ist. Doch ist für mich, mit *Schnackenburg* und *Reim*, die gnostische Ableitung des joh ἐγώ εἰμι wenig überzeugend.

⁵⁸⁵ *Reim*, op. cit. 162f., nennt für Joh aus Jes immerhin 7 Zitate und zahlreiche Anspielungen!

⁵⁸⁶ Ib. 183.

⁵⁸⁷ Zumindest am Rande ist auch das Täuferzeugnis zu nennen: Joh 1,19-34; 3,25-30; 5,33.

⁵⁸⁸ *Beutler*, EWNT II, 960-962.965f.

seinen Sinn. Offenbarung aber ist es, was nach Joh Altes und Neues Testament theologisch zusammenbindet. Es gilt zwar die Berufung auf die Schrift, auf das Geschriebene[589], aber dieser Bezug ist doch nur das äußere Gewand für die eigentliche Beziehung zwischen der in der Schrift ausgesprochenen Offenbarung Gottes und der im Ich Jesu ausgesprochenen Offenbarung Gottes: *Die alttestamentliche Offenbarung geschah um der neutestamentlichen willen*. Das *Geschehen* des Sich-Offenbarens Gottes ist es aber, worum es letzlich dem Evangelisten geht. Bei kaum einer anderen neutestamentlichen Schrift ist der Akzent so sehr auf Offenbarung als solche gesetzt wie in Joh. Diese Schrift ist es, in der in besonderer Weise und mit besonderer Betonung das Offenbarungsgeschehen zur alles beherrschenden Mitte geworden ist. Johannes ist schlechthin der Theologe der Offenbarung.

Die Offenbarungskonzeption des Joh steht im engsten Zusammenhang mit seinem Verständnis von *Wahrheit*, ἀλήθεια.[590] Keine Schrift des Neuen Testaments bietet mehr Belege für dieses Wort (25 von 109). Wahrheit ist hier als *Ereignis* verstanden. Eine ausgeglichene Begrifflichkeit liegt allerdings nicht vor. Einerseits ist durch den Fleisch gewordenen Logos (Gnade und) Wahrheit "geworden" (Joh 1,17); es ist sicher nicht zufällig, daß bereits in V.18, dem Abschluß des Prologs, dieses Geworden-Sein der Wahrheit in den Kontext der Offenbarungsterminologie (ἐξηγήσατο) gestellt ist. Andererseits "ist" Jesus als Offenbarer der Weg, die Wahrheit und das Leben (14,6). Nur weil er die Wahrheit *ist, sagt* bzw. bezeugt er sie (8,40.45f.; 16,7; 18,37). Als "die in ihm sich offenbarende, geschehende Wirklichkeit Gottes selbst"[591] bedeutet sie für den Glaubenden, der sie sieht und im Sehen erkennt (14,9), das "Haben" des in präsentischer Eschatologie gedachten ewigen Lebens (5,24f.). Deutlich ist also, wie der Evangelist das Ereignis der Wahrheit vom Ereignis der Offenbarung her begreifbar machen will. Wahrheit ist sozusagen ein Offenbarungsbegriff. Weil Jesus der Offenbarer ist, ist er die Wahrheit; weil Jesus der Offenbarer ist, erschließt sich in ihm für den Glaubenden die Wahrheit als das Offenbar-geworden-Sein Gottes. Wem

---

[589] 5 Zitate sind mit der formula quotationis γεγραμμένον ἐστιν o.ä. eingeleitet; ab Joh 12,38 5 Zitate mit der Erfüllungsformel ἵνα ἡ γραφὴ πληρωθῇ, und zwar 3mal als Bemerkung des Evangelisten, 2mal als Wort Jesu.

[590] Zum Folgenden *Bultmann*, ThWNT I, 242ff.; *ders.*, Untersuchungen zum Joh, 124-197; *Hübner*, EWNT I, 143-145; ib. 139 Lit.; *R. Schnackenburg*, HThK IV/2, 265-281: Exkurs: Der joh Wahrheitsbegriff.

[591] *Bultmann*, Theol., 371.

aber die Wahrheit durch Jesus und in Jesus zuteil geworden ist, an dem hat die Wahrheit gewirkt; denn Erkennen der Wahrheit wirkt sich aus als Befreiung von der Knechtschaft der Sünde. So heißt es programmatisch Joh 8,32: καὶ γνώσεσθε τὴν ἀλήθειαν, καὶ ἡ ἀλήθεια ἐλευθερώσει ὑμᾶς - ein Satz, der in der theologischen Nähe des Paulus steht: Die Hamartia ist als versklavende Macht vorgestellt, und die Erkenntnis der Wahrheit, also der Glaube an Jesus als den Sohn Gottes, befreit von dieser fuchtbaren Sklaverei.

Hier ist Wahrheit als Handelns Gottes gefaßt; doch kann sie - wie es zunächst scheint, in begrifflicher Unausgeglichenheit - auch als Handeln des Menschen ausgesagt werden (3,21): Wer die Wahrheit tut, kommt zum Licht des Offenbarers (s. das fünffache φῶς in 3,19-21, dazu die Prolog-Parallele 1,4.9); es sollen ja seine Werke offenbar werden (φανερωθῇ!), daß sie in Gott getan sind. Indem es aber der Glaubende ist (3,18), der die Wahrheit tut, ist jedes "pelagianische" oder auch nur "synergistische" Verständnis ausgeschlossen. Denn der Glaubende hat ja das Licht bereits gesehen, weil Glaube Erkenntnis ist. Das Kommen zum Licht kann also nur als Intensivierung des im Glauben bereits zum Licht Gekommen-Seins verstanden werden. Das wird auch dadurch bestätigt, daß die Werke des Glaubenden durch das Tun der Wahrheit als solche offenbar werden, die im Erlösungsbereich Gottes getan sind. Das bezeichnende φανερωθῇ von V.21 stellt ja das Wirken dessen, der dem Offenbarer glaubt, in den Vollzug der Offenbarung hinein. Somit ist im Sinne des Evangelisten die doppelte Aussagemöglichkeit von Wahrheit, nämlich als Tun Gottes und als Tun des Menschen, äußerst konsequent: Gott nimmt den Menschen derart in das Offenbarungsereignis hinein, daß sich die mit Offenbarung nahezu synonyme Wahrheit im Glaubenden aus-wirkt. Wiederum zeigt sich, und hier vielleicht noch mehr als andernorts in der Schrift: Dem Glaubenden widerfährt nicht nur Offenbarung, er selbst wird konstitutiver Part in diesem Geschehen. Gott beteiligt den Menschen sozusagen an seiner Offenbarungsaktivität.[592] Wie das "Werden" der Wahrheit Gottes in der Inkarnation Initiative Gottes ist, so auch das Sich-Erschließen dieser Wahrheit im glaubenden Erfas-

---

[592] Dann aber zeigt die "Unausgeglichenheit" zwischen Joh 8,31 und 3,21, die um der Offenbarungstheologie des Evangelisten willen konzipiert ist, daß dieser keine geschlossene Theorie über eine Psychologie des Zum-Glauben-Kommens bringen will. Schon die "prädestinatianischen" Aussagen (z.B. 12,37ff.: das johanneische "Messiasgeheimnis") verbieten das. Sie sind die theologische Umschreibung für das Glauben-Können als Gnade.

sen und das Tun der Wahrheit durch den Glaubenden. Wer aus der Wahrheit ist, hört Jesu, also Gottes Stimme (18,37); wer nicht aus Gott ist, der kann sein Wort nicht hören, er ist ja "aus dem Teufel als (seinem) Vater", der seinerseits, wenn er die Lüge redet, "aus dem Eigenen redet" (8,14ff.). Der Nichtglaubende kann nur heillos fragen: "Was ist Wahrheit?" (18,38).

Der Offenbarungs- und Erschließungscharakter der johanneischen ἀλήϑεια zeigt, daß sie trotz unleugbarer Analogien zu zentralen Aspekten des alttestamentlichen Offenbarungsverständnisses in nur recht geringem Ausmaß inhaltlich mit dem hebräischen Wort ʾæmæt koinzidiert.[593] Dieser alttestamentliche Begriff meint ja, sofern er auf Personen bezogen ist, mehr das Moment der Beständigkeit und Zuverlässigkeit, er meint des Menschen Treue. Wer ein Mensch der ʾæmæt ist, auf den kann man sich verlassen, auf den kann man bauen. Dann aber gilt erst recht von Jahwäh, daß er der Gott dieser ʾæmæt ist. So paraphrasiert *Alfred Jepsen* zutreffend Ps 31,6: "Du hast mich frei gemacht, Jahwäh, du Gott, dessen Wesen durch ʾæmæt bestimmt ist."[594] Die Übersetzung von ʾæmæt durch "Wahrheit" ist also nur cum grano salis richtig.[595] Dieser Sachverhalt ist unbedingt zu berücksichtigen, wenn für ὁ δὲ ποιῶν τὴν ἀλήϑειαν (Joh 3,21) als qumranische Parallele immer wieder *laʿasôt ʾæmæt* (1QS I,5; V,3; VIII,2) angegeben wird. Alttestamentlich ist diese Wendung für die Biblia Hebraica nicht bezeugt, wohl aber das griechische Äquivalent für Jes 26,10LXX (anders MT) und Tob 4,6; 13,6.[596] Sowohl für Qumran als auch für die beiden LXX-Stellen ist "Tun der Wahrheit" im ethischen Sinne verstanden.[597]

---

[593] Zu ʾæmæt s. nur *Wildberger*, THAT I, 201ff.; *Jepsen*, ThWAT I, 333ff.

[594] *Jepsen*, ThWAT I, 337.

[595] *Wildberger*, THAT I, 204: "ʾæmæt im Sinne von 'Wahrheit' besitzt keine wirkliche Parallele, wie denn das Hebr. faktisch kein selbständiges Wort für 'Wahrheit' kennt. Das heißt nicht, daß es den Begriff Wahrheit nicht kennt, aber sein Wahrheitsbegriff ist unablösbar mit der Vorstellung der Verläßlichkeit verknüpft ..."

[596] Daher kann *Braun*, Qumran und das NT I, 113, sagen, daß die Analogie zwischen Joh 3,21 und 1QS "nicht für Qumran typisch" ist. "Denn das Tun der Wahrheit ist hellenistisch-jüdisch als ποιεῖν τὴν ἀλήϑειαν in LXX Jes. 26,10; Tobit 4,6; 13,6, rabbinisch als *ʿbd qostʾ* in Targ. Hos. 4,1, also allgemein-jüdisch, bezeugt..."

[597] *Lohse*, Die Texte aus Qumran, ad loca, übersetzt für die genannten Stellen ʾæmæt mit "Treue", ebenso *Maier*, Die Texte vom Toten Meer, ad loca. Hingegen übersetzt *Wernberg-Møller*, The Manual of Discipline, ad loca: "do truth" o.ä. In beiden Fällen steht "Tun der Wahrheit" in keinem mit Joh vergleichbaren theologischen Zusammenhang.

Die johanneische Wahrheit als Erschlossen-Sein, als das nämlich, was als Offenbar-Gewordenes sich zeigt, läßt aber deutliche Affinität zu dem erkennen, was die *griechische* ἀλήϑεια aussagt. Nach frühgriechischem Sprachgebrauch meint die von λανϑάνω/λήϑω (jemandem etwas verhehlen, verborgen sein) abgeleitete Privativbildung ἀλήϑεια die Sache, insoweit sie eine gesagte ist; die ἀλήϑεια sagen heißt: sagen "wie es ist".[598] Für die klassische Epoche bleibt der vor allem von *Martin Heidegger*[599] und *Rudolf Bultmann*[600] geführte Nachweis unwiderlegt, wonach ἀλήϑεια Wahrheit im Sinne von *Unverborgenheit*[601] und *Erschlossenheit* des sich zeigenden und deshalb wahrgenommenen wirklichen Tatbestandes meint und somit, durchaus in Kontinuität zum frühen Sprachgebrauch, *Wirklichkeit* und *Eigentlichkeit* bzw. *Richtigkeit* der Aussage des sehen lassenden Redens.[602]

Wenn *Rudolf Bultmann* die johanneische ἀλήϑεια von der griechischen Auffassung als der Erschlossenheit aller Seienden schlechthin absetzt, weil die Frage nach der ἀλήϑεια bei Joh an der Frage nach dem Leben als dem eigentlichen Sein des um sein Sein besorgten Menschen orientiert sei[603], so darf man doch nicht übersehen, daß gerade nach Bultmann diese Interpretation auf dem Boden der Existenzialanalyse *Martin Heideggers* geschehen soll. Und gerade diese Analyse baut auf dem griechischen Verständnis von ἀλήϑεια auf! Somit dürfte das johanneische Verständnis von ἀλήϑεια als spezifisch theologische Modifikation des griechischen Wahrheitsverständnisses zu begreifen sein, wobei der alttestamentliche Einschlag darin unübersehbar ist, daß es sich um die Offenbarung *Gottes* handelt.[604] [605]

---

[598] *Boeder*, ABG 4, 99; ähnlich *Frisk*, Wörterbuch I, 71
[599] *Heidegger*, Sein und Zeit, § 44.
[600] *Bultmann*, Untersuchungen zum Joh, 144ff.
[601] Also im Sinne der Etymologie!; so *Heitsch*, Hermes 90, 24-33, gegen *Friedländer*, Platon I, 233-248.
[602] *Aristoteles*, Interpr. 4,17a: λόγος ἀποφαντικός; *Heidegger*, Logik, 127ff.
[603] *R. Bultmann*, KEK II, 332f.
[604] Man kann fragen, ob *Bultmanns* Verständnis der johanneischen ἀλήϑεια nicht schon näher bei bestimmten Gedanken aus *Heideggers* "Vom Wesen der Wahrheit" (zu dieser Schrift als Dokument der "Kehre" s. *Tugendhat*, Der Wahrheitsbegriff bei Hussel und Heidegger, 377f.) steht als bei der existenzialen Interpretation der Wahrheit in "Sein und Zeit", § 44.
[605] Die gewichtigste Entgegnung auf *Bultmanns* Konzeption von ἀλήϑεια geschah durch *I. de la Potterie*, La vérité dans St. Jean. Dieser lehnt *Bultmanns* Ableitung der religionsgeschichtlichen Herkunft der johanneischen ἀλήϑεια-Thematik aus dem griechi-

1.3.2.4 Die Parusie als zukünftige Offenbarung

Die bisherigen Ausführungen zur Offenbarung im Neuen Testament blickten auf die geschehene Offenbarung im Christusereignis und auf das jeweils neu geschehende Offenbar-Werden der Gerechtigkeit Gottes in der Verkündigung (Paulus), sie blicken auf die in der Verkündigung der Gleichnisse bereits präsente Herrschaft Gottes und auf die die Gegenwart theologisch qualifizierende Offenbarung des johanneischen Christus. Ausgeblendet blieb bisher die Offenbarung Jesu bei seiner künftigen Parusie. Ausgeblendet blieb also die Offenbarung als Geschehen der *Zukunft*.[606] Der theologische Ort der bereits behandelten neutestamentlichen Offenbarungsaussagen sei an Paulus veranschaulicht. Die paulinische Anschauung vom Offenbarungscharakter des Evangeliums, vom Wort als Offenbarungsgeschehen, wie sie etwa in Röm 1,16f. zum Ausdruck kommt, ist ein Stadium fortgeschrittener theologischer Reflexion, auch schon innerhalb der Entwicklung der paulinischen Theologie. Gewiß findet sich im ältesten Brief des Apostels, im 1Thess, bereits das Moment einer für die Gegenwart gedachten Selbstmitteilung Gottes. In 1Thess 4,8 ist eindeutig auf Ez 36,27; 37,14 angespielt; die fast wörtliche Übereinstimmung zwischen der Aussage des Paulus und den beiden Ez-Stellen - "Gott gibt (Paulus spricht hier im Präsens!) seinen Geist in euch" - zeigt, wie er hier bereits in Kurzform ausspricht, was er in Röm 8 in ausführlicher theologischer Reflexion sagen wird.[607] Trotzdem ist das präsente Offenbarungsge-

---

schen und gnostischen Dualismus ab. Hierüber ist in der Tat das letzte Wort noch nicht gesprochen. Für unsere Thematik ist sein Versuch wichtiger, die johanneische ἀλήθεια als erschlossene Wirklichkeit Gottes zu bestreiten, ib. 1009: "La vérité ... n'est pas identifiée à Dieu, mais au Christ et à l'Esprit." Kommt aber hier nicht der johanneische Gedanke der Inkarnation zu kurz: Gott erschließt sich im Menschen Jesus? Stimmt es wirklich, daß allein das inkarnierte Wort die volle Wahrheit war, daß dieses allein die Offenbarung war (Joh 1,18)? Gibt es also keine präexistente Wahrheit?

[606] Eine Einschränkung ist freilich zu machen: Die Verkündigung der Gleichnisse Jesu impliziert auch die zukünftige Herrschaft Gottes.

[607] Freilich wird Ez in Röm 8 genausowenig wie in 1Thess 4 *zitiert*. Zum alttestamentlichen Hintergrund von Röm 8,1ff. s. *Hübner*, KuD 36, 181-208. Röm 8 hätte bereits in Abschn. 1.3.2.1 behandelt werden können, schon allein als Pendant zu den Ausführungen über Ez 36f. im Abschn. 1.3.1.1. Da aber in der Prolegomena, auch in ihren Ausführungen über die Offenbarung, nur der Horizont durch symptomatisches Eingehen auf zentrale biblische Aussagen abgesteckt werden sollte, wird der alttestamentliche

schehen nicht für den 1Thess zentral. Charakteristisch ist vielmehr die mehrfache Erwähnung der Nähe der Parusie. Allein in 4 Stellen ist von der Parusie unseres Herrn Jesus o.ä. die Rede (1Thess 2,19; 3,13; 4,15; 5,23). Außerdem ist das vierfache eschatologische, nämlich den Bezug auf den Jüngsten Tag aussagende ἔμπροσθεν τοῦ θεοῦ καὶ πατρὸς ἡμῶν/τοῦ κυρίου ἡμῶν Ἰησοῦ (1,3; 2,19 [zugleich Parusie-Aussage]; 3,9.13) von theologischem Gewicht. Und in 4,13-18 wird die Parusie in bekanntem Zusammenhang behandelt (zweifaches ἡμεῖς οἱ ζῶντες, 4,15.17). Entscheidend ist, daß Paulus und seine Gemeinde in ihrer Grundeinstellung von der *Naherwartung* geprägt, ja beherrscht sind. Eine solche Einstellung läßt aber Vergangenheit und Gegenwart geradezu als quantité négligeable erfahren. Durch religiöse Einstellungen erhalten aber religiöse Überzeugungen erst ihre eigentliche Kraft. Die im 1Thess zum Ausdruck kommende Naherwartung war aber - und dafür ist 1Thess nur Symptom - bestimmend für die früheste Zeit des Christentums. Wir können davon ausgehen, daß die ersten Christen, die auf den wiederkehrenden Christus zum Gericht warteten, dessen Parusie als *das* Offenbarungsereignis erwarteten (vgl. 1Thess 1,10: ἀναμένειν τὸν υἱὸν αὐτοῦ ἐκ τῶν οὐρανῶν). Das In-Beschlag-genommen-Sein durch die nahe Zukunft und somit die Ausrichtung der gesamten Existenz auf Zukunft hin blieb jedoch nicht lange die dominierende Haltung. Dies muß aber in Betracht gezogen werden, wenn über Offenbarung im Neuen Testament gesprochen wird. Theologische Reflexion der Offenbarung bedeutet also für eine neutestamentliche Theologie die Reflexion dessen, was *Zeit* ist, die Reflexion der unterschiedlichen Erfahrung von Zeit, die Reflexion der *Zeitlichkeit* der im Neuen Testament redenden und angeredeten Menschen. Da der Mensch im Neuen Testament grundlegend in seiner Geschichtlichkeit gesehen ist - hierin ist auf jeden Fall Bultmann zu folgen - und die Geschichtlichkeit des Menschen in seiner Zeitlichkeit fundiert ist[608], muß also in den systematisch-theologischen Überlegungen auch dieser fundamentale Aspekt der Offenbarung thematisiert werden.

Es wäre aber falsch, wollte man im Schwinden der Naherwartung ein völliges Aufgehen der Zukunftsgerichtetheit in der frühen Christenheit sehen. Einmal abgesehen davon, daß es schon eine anthropologische

---

Hintergrund von Röm 8 erst im Paulus-Teil der Mesolegomena ausführlich thematisiert werden.
[608] *Heidegger*, Sein und Zeit, 2. Abschn. 5. Kap.

Elementarkonstituente ist, daß im menschlichen Dasein Gegenwart und Zukunft immer schon in einer, freilich je nach Situation unterschiedlichen Relation stehen, sind im Neuen Testament auch diejenigen Theologien, die die Heilsgegenwart stark betonen, nie ohne völligen Zukunftsbezug. So sehr z.B. die deuteropaulinischen Theologien des Kol und Eph das Heil als präsentische Größe vorstellen, so verlieren sie doch nicht das Endheil aus dem Auge. Sicherlich ist der Gegensatz von oben und unten für sie in theologischer Hinsicht konzeptionsbestimmend. So bringt Kol 3,1-3 die bei Paulus (Röm 6,4!) bewußt vermiedene Aussage von der bereits erfolgten Auferweckung des Christen mit Christus. Aber gerade in diesem Zusammenhang wird auf das endzeitliche Erscheinen Christi verwiesen, V.4: ὅταν ὁ Χριστὸς φανερωθῇ.[609] Und gerade dieser Vers ist es, der wiederum den bei unseren bisherigen Ausführungen so oft registrierten Sachverhalt bietet, daß das Ereignis der göttlichen Offenbarung Menschen ereignishaft einbezieht. Hier geschieht das auffälligerweise sogar in der terminologischen Zuspitzung, daß für Christus und Christen dasselbe Verb φανερόω verwendet ist: Wenn Christus erscheinen wird, dann werdet auch ihr mit ihm in Doxa erscheinen, τότε καὶ ὑμεῖς σὺν αὐτῷ φανερωθήσεσθε ἐν δόξῃ. Und weiterhin ist auffällig, daß das Erscheinen der Christen als "in Doxa" geschehend ausgesagt wird, nicht aber das Erscheinen Christi![610] Natürlich wird dieser auch in Doxa, also in göttlicher Herrlichkeit erscheinen. Aber das ist ja das theologisch Belangvolle, daß die Christen, deren eigentliches, nämlich transzendentes Leben[611] mit Christus in Gott jetzt noch verborgen ist, V.3, den Christus der Doxa als ihr Leben und ihre Doxa zu eigen haben.

---

[609] Das Verb φανερόω bezeichnet im Kol sowohl die in seiner Menschwerdung bereits erfolgte Erscheinung Christi (1,26) als auch seine endzeitliche Erscheinung (3,4). *Petr Pokorny*, ThHK X/1, 136, spricht zutreffend von den "zwei Etappen der Offenbarung in Jesus Christus". Er übersetzt allerdings ἐφανερώθη in 1,26 mit "es wurde *geoffenbart*", weil das Verb als grammatisches Subjekt τὸ μυστήριον hat; indirekt ist natürlich, weil Inhalt des Mysteriums Jesus Christus ist, dieser das eigentliche Subjekt. Auf jeden Fall hat *Pokorny* recht, wenn er ib. 136 erklärt: "Das Konzept der doppelten bzw. 'gespaltenen' Eschatologie ist im Grunde für das ganze Neues Testament bezeichnend."
[610] *J. Gnilka*, HThK X/1, 176f.: "Der Begriff Doxa, in 1,11 und 27 mehr als Floskel verwendet, entfaltet in diesem Zusammenhang seine ganze Kraft. Er bezeichnet das Wesen oder Leben Gottes, hier die endgültige Gewinnung der unverhüllten ζωὴ αἰώνιος ... Mit der Parusie allerdings wird eine Erwartung aufgegriffen, nach der Gott endgültig auf die Welt zukommt, der Himmel sich zur Erde herabneigt, in der Sprache unseres Briefes: der Gegensatz von Oben und Unten aufgehoben sein wird."
[611] Vgl. auch 1Joh 5,12: "Wer den Sohn hat, hat das Leben."

Der deuteropaulinische Gedanke von Kol 3,1-4 hat gegenüber der paulinischen Theologie seine spezifische Ausrichtung, sein spezifisch ausgeprägtes Profil. Und dennoch steht er recht organisch in der von Paulus herkommenden theologischen Tradition, auch und gerade in seinem gegenseitigen Bezug von gegenwärtiger und zukünftiger Offenbarung. Dieser Bezug wird vor allem in der Rechtfertigungs-"Lehre" des Apostels deutlich. Wenn Paulus vom grundlegenden Existenzial des menschlichen Daseins ausgeht, daß es zum Wesen des Mensch-Seins gehört, sich - vor wem auch immer - gerechtfertigt zu wissen[612], so bleibt er darin der Apokalyptiker, daß er als das Forum, vor dem jeder Mensch Rechenschaft zu geben hat, das in Kürze hereinbrechende Gottesgericht des Jüngsten Tages sieht (2Kor 5,10[613]; Röm 14,10). Aber genau dieses Endgericht ist jetzt schon entschieden. *Jetzt* ist der Glaubende gerechtfertigt. *Jetzt* ist ihm der eschatologische göttlich Freispruch zuteil geworden. So kann Paulus, indem er auf Jes 49,8LXX Bezug nimmt, sagen, 2Kor 6,2: "Siehe, jetzt ist die willkommene Zeit! Siehe, jetzt ist der Tag des Endheils, ἡμέρα σωτηρίας." Er sagt dies bezeichnenderweise kurz nach seinem Hinweis auf den Richterstuhl Christi in 2Kor 5,10. Er kann aber seine Rechtfertigungstheologie auch nahezu losgelöst vom apokalyptischen Kontext vortragen, wie vor allem Gal zeigt. Und doch wird man auch dort, etwa in Gal 2,16, ἵνα δικαιωθῶμεν ἐκ πίστεως Χριστοῦ, den eschatologischen Grundton des δικαιοῦσθαι nicht überhören (Gal 5,5: ἐλπίδα δικαιοσύνης!).

Kol 3,4 liegt aber auch auf der Linie, die von 2Kor 3,18 herkommt: "Wir alle aber schauen mit unverhülltem Angesicht die Herrlichkeit des Herrn und werden in das gleiche Bild verwandelt von Herrlichkeit zu Herrlichkeit als vom Herrn des Geistes."[614] Hier wird das μεταμορφούμεθα ἀπὸ δόξης εἰς δόξαν zwar nicht in direkter Weise eschatologisch ausgesagt. Aber das Prozeßhafte des geschilderten Vorgangs impliziert letztlich den eschatologischen Aspekt.[615] Durch den sich jetzt an uns

---

[612] Dieses fundamentale Existenzial wird im folgenden Abschnitt, den systematisch-theologischen Erwägungen zur Offenbarung der Heiligen Schrift, thematisch und später noch ausführlicher im Zusammenhang der alttestamentlichen Wurzel der paulinischen Rechtfertigungstheologie dargelegt.

[613] Das dort ausgesprochene τοὺς γὰρ πάντας ἡμᾶς φανερωθῆναι δεῖ differiert freilich in der Aussageintention gegenüber dem φανερωθήσεσθε ἐν δόξῃ von Kol 1,4.

[614] Übersetzung nach *R. Bultmann*, KEK, 82.

[615] Vielleicht betont *Bultmann*, ib. 98, zu stark das Sich-Vollziehen dieses Prozesses "in der eschatologischen *Gegenwart*" (Hervorhebung durch mich).

vollziehenden Prozeß der fortwährenden Verwandlung zu Doxa-Wesen wachsen wir als die Glaubenden also immer tiefer in den freimachenden Bereich des göttlichen Geistes hinein (V.17).[616] Die von Paulus in 2Kor 3,18 gewagte Formulierung ist nicht ganz ungefährlich. Sie kann immerhin so gedeutet werden, daß der Unterschied zwischen Gott und Mensch verwischt wird, indem man aus ihr die seit 2Petr 1,4 und Irenäus von Lyon[617] vertretene These von der Teilhaftigkeit des Menschen an der göttlichen Natur bzw. der Vergöttlichung des Menschen herausliest. Aber die als gewagt zu bezeichnende Aussage des Paulus ist theologisch unverzichtbar; Gott nimmt den gerechtfertigten Menschen so sehr in seinen göttlichen Bereich hinein - Paulus spricht ja vom "Sein in Christus", εἶναι ἐν Χριστῷ - , daß ein theologisches understatement dem theologisch Auszusagenden nicht angemessen wäre. Wo Gott am Menschen handelt und somit theologisch eine Aussage "über" Gott gemacht werden muß, stellt sich stets erneut das Problem, wie mit immanenter Begrifflichkeit theologische Aussagen über den transzendenten Gott möglich sind.

Fassen wir zusammen: Es geht in den neutestamentlichen Aussagen zur Offenbarung Gottes in Jesus Christus - wir haben von ihnen symptomatisch solche mit besonderem theologischen Gewicht ausgewählt - sehr entschieden um das Hineingenommen-Werden und Hineingenommen-Sein der Glaubenden in den Bereich der in Christus von Gott gewirkten σωτηρία. Der zweifellos auch im Neuen Testament gegebene Offenbarungsaspekt von göttlichem Reden und menschlichem Hören ist also eingebettet in das weit umfassendere Offenbar-Werden Gottes und Christi in Vergangenheit, Gegenwart und Zukunft, wobei vor allem der gegenseitige Bezug von Gegenwart und Zukunft, ein Bezug von erheblicher innerer Spannung, das Problem der Zeitlichkeit und Geschichtlichkeit glaubenden Daseins stellt. Diese Spannung liegt ja auch im Begriff der Soteria, da dieser primär das eschatologische Heil meint, aber gerade als eschatologisches Heil von der Gegenwart des Glaubenden ausgesagt wird.

---

[616] Für 2Kor 3,18 ist Röm 3,23 als Interpretationshorizont heranzuziehen. *Ernst Käsemann*, HNT 8a, 88f., deutet δόξα τοῦ θεοῦ in Röm 3,23 richtig als "jene Lichtherrlichkeit, welche die Gerechten nach apokalyptischer Anschauung himmlisch erwartet". Richtig sieht er auch, daß Paulus hier auf die verlorene Doxa blickt (vgl. Röm 1,23) und daß Apk Mose 20 zur Interpretation heranzuziehen ist: "Ich bin entfremdet meiner Herrlichkeit, mit der ich bekleidet war."; ebenso GenR 12,6: Adam verlor durch Sünde Herrlichkeit.

[617] S. das in Abschn. 1.3.3 zur Theologie *Karl Rahners* Gesagte!

War soeben davon die Rede, daß der das göttliche Reden und das menschlichen Hören betreffende Offenbarungsaspekt in den umfassenderen des Offenbar-Werdens Gottes und Christi einzubetten ist, so muß doch sofort einem sich möglicherweise einstellenden Mißverständnis begegnet werden. Diese Feststellung könnte immerhin so interpretiert werden, daß die für eine evangelische Theologie so essentielle Wort-Dimension der Offenbarung als sekundär behauptet würde. Genau dies ist aber nicht der Fall. Denn es ist ja der dem Offenbarungswort Glaubende, der im Vollzug dieses seines Glaubens in den Gnadenbereich des "in Christus" hineingenommen wird. Der durch das Wort Gottes gewirkte Glaube an eben dieses Wort ist das Tor zum Gnadenhandeln Gottes. In seinem Fundament ist und bleibt *evangelische Theologie* wesenhaft *Theologie des Wortes*. Sie bleibt es unverzichtbar. Dies wird sich auch in den folgenden systematisch-theologischen Erwägungen zur Offenbarungsproblematik deutlich zeigen.

1.3.3 Systematisch-theologische Erwägungen zur Offenbarung in der Heiligen Schrift

Was im Folgenden über Offenbarung als biblisches Grundphänomen in systematisch-theologischer Reflexion zu sagen ist, geschieht zunächst unter *fundamentaltheologischem* Aspekt. Zu fragen ist nämlich, was die *außertheologischen Voraussetzungen anthropologischer Art* sind, unter denen von Offenbarung zu sprechen überhaupt erst sinnvoll ist. Natürlich kann hier kein Entwurf einer philosophischen Anthropologie geboten werden. Aber elementare anthropologische Aspekte müssen - z.T. undiskutiert - genannt werden, innerhalb derer vom Menschen als dem gesprochen werden kann, der des Widerfahrnisses von Offenbarung fähig ist. Mit einem solchen Vorgehen ist keine Metamorphose von Theologie in Anthropologie geplant. Es geht nämlich keinesfalls darum, die anthropologische Frage nach der Rezeptions*fähigkeit* des Menschen für Offenbarung als das eigentliche theologische Problem zu behaupten und in der Beantwortung dieser Frage bereits das Spezifikum einer Theologie der Offenbarung zu sehen. Es geht auch keinesfalls darum, den Menschen als die umfassende Wirklichkeit des Offenbarungsgeschehens zu behaupten. Wie leicht derartige Versuche begrifflicher Klassifikation in den Irrgarten der fundamentalen Verkennung theologischer Absichten führen können, zeigt die weithin mißlungene Diskussion um die existentiale Theologie *Rudolf Bultmanns*.[618] Dessen Vorwurf schlechthin gegen die liberale Theologie besteht bekanntlich darin, daß sie nicht von Gott, sondern vom Menschen gehandelt habe, obwohl der Gegenstand der Theologie Gott sei. Zugleich aber sagt Bultmann, daß die Theologie von Gott rede, indem sie vom Menschen rede.[619] Dem Vorwurf, durch diese Konzeption degeneriere Theologie zu Anthropologie, kann man noch rasch damit begegnen, daß ja Theologie, indem sie von Gott rede, nur *insofern* vom Menschen rede, "wie er vor Gott gestellt ist, also vom Glauben aus".[620] Wenn er jedoch sagt, ein Reden von Gott könne *nur* als ein Reden von uns Menschen möglich sein, muß schon der weitere Kontext herangezogen werden, um den Vorwurf einer solchen Degeneration von Theologie zurückzuweisen.[621] Die Unterstellung, Bultmann verkehre Theologie in Anthropologie, konnte aber entstehen, weil der eigentliche Impetus seines Theologisierens sehr oft nicht oder zumindest nicht recht erkannt wurde. Und diese Verkennung sollte nicht wundern, da bis heute die theologische Entwicklung Bultmanns - vor allem im Blick auf seine Heidegger-Rezeption - immer noch nicht hinreichend aufgearbeitet ist.[622] Bultmanns *Ansatz* bei den anthropologischen Grundlagen zielt aber eindeutig auf theologische Sachverhalte.[623] Und von dieser Intention aus soll auch hier *zunächst* nach demjenigen Menschen gefragt werden, dem Offenbarung widerfährt und der deshalb dem offenbarenden bzw. sich offenbarenden Gott glaubt. Zu fragen ist also, wie dem Menschen, als Mensch betrachtet, Offenbarung widerfahren kann. Es soll zunächst gerade nicht gefragt werden, wie die tatsächlich in Jesus Christus geschehene Offenbarung Gottes den Menschen erreicht. Vielmehr geht es im Vorstadium dieser Frage allein darum, ob der Mensch überhaupt fähig ist, göttliche Offenbarung zu vernehmen, oder ob Offenbarung nicht von vornherein ein so mythologischer Gedanke ist, daß

---

[618] Gegen grobe Mißverständnisse der Theologie *Bultmanns* s. u.a. *Schnübbe*, Der Existenzbegriff in der Theol. R. Bultmanns, und *Hübner*, Politische Theol. und existenziale Interpretation.

[619] *Bultmann*, Die liberale Theol. und die jüngste theol. Bewegung, 2.

[620] Ib. 25.

[621] *Bultmann*, Welches Sinn hat es, von Gott zu reden?, 33.

[622] Dazu *Hübner*, ThLZ 110, 641-652, vor allem 649f. (zum *Bultmann*-Gedenkjahr 1984); s. auch meine Rezension zu *Martin Evang*, Rudolf Bultmann in seiner Frühzeit: ThLZ 114, 215ff.

[623] S. z.B. die Funktion der §§ 17-20 in *Bultmann*, Theol., 193ff.

seine *notwendige* Entmythologisierung für eine verantwortlich vorgehende Theologie den Verzicht auf diesen Begriff postuliert. Sollte letztere Alternative zwingend sein, würde dies den Abschied von der Dialektischen Theologie Karl Barths und auch ihrer Existentialvariante der Theologie Rudolf Bultmanns und seiner Schule bedeuten. Die gewichtigste theologische Richtung des 20. Jahrhunderts hätte sich dann als grandioser Irrweg erwiesen. Aber auch Wolfhart Pannenbergs Versuch, die Theologie der direkten Wortoffenbarung durch die Theologie der indirekten Geschichtsoffenbarung abzulösen, würde dann unter dieses Verdikt fallen.

Wenn wir also im Folgenden nach der anthopologischen Möglichkeit eines Widerfahrnisses von Offenbarung fragen, so impliziert dies auch die Frage nach dem biblischen Menschenbild. Aber einmal abgesehen davon, ob es denn überhaupt das biblische Menschenbild schlechthin gibt oder ob man nicht eher von recht unterschiedlichen Menschenbildern in den biblischen Schriften reden müßte - auf jeden Fall greift das Thema Menschenbild weit über den Rahmen einer Biblischen Theologie hinaus. Unverzichtbar ist aber für die Darstellung der Biblischen Theologie, zumindest auf Grundaspekte biblischer Anthropologie hinzuweisen.

Ungeachtet dessen, daß nach biblischem Verständnis der Begriff Offenbarung ein weiteres Bedeutungsspektrum besitzt als das, wonach Gott sich redend an den Menschen wendet, also ihn anspricht, bedarf aber gerade die Aussage, daß Gott redet und der Mensch hört, der anthropologischen Explikation. Nun ist allerdings auch der Begriff Anthropologie sehr weit. Was hier mit ihm intendiert wird, ist - und damit wird sehr bewußt auf die in den bisherigen Ausführungen verfolgte Fragerichtung Bezug genommen - der *phänomenologische Aufweis wesenhafter Strukturen des menschlichen Daseins.*[624] Ist nun von Phänomenologie die Rede, dann mag sich die Aporie melden, wie denn phänomenologisch die im Begriff der Offenbarung vorausgesetzte Kommunikation zwischen Gott und Mensch vorstellbar sei. Und sofort sei uneingeschränkt eingeräumt, daß diese Frage aufs erste nicht beantwortbar ist. Die Vorstellung, daß der Mensch so hört, daß er akustisch vernimmt, was Gott ihm sagt, ihm also offenbart, bedeutet zunächst einmal offenkundig eine unzulässige

---

[624] Wir fassen also hier den Terminus "Anthropologie" weiter als *Heidegger*, der ihn bewußt von der existenzialen Analytik abgrenzt, Sein und Zeit, 45, überhaupt ib. § 10.

Anthropomorphisierung Gottes. Daher empfiehlt sich, als Ausgangspunkt für die Erörterung des vorliegenden Problems von dem auszugehen, was im Bereich der Immanenz zugängig ist. Das ist aber im hiesigen Zusammenhang der *Mensch* als *hörendes Wesen*.[625] Den Menschen als hörendes Wesen zu verstehen impliziert, daß er, wenn wirklich Hören zum Wesen-haften des Mensch-Seins gehört, immer schon als Wesen des Mit-Seins mit anderen verstanden ist.[626] Mit dem Hören und dem damit gegebenen Mit-Sein mit anderen[627] ist jedoch das Phänomen der *Rede* gegeben; wer hört, zu dem spricht ja ein anderer.[628] Wer hört, ist der von einem anderen Angesprochene. Der Mensch als Wesen des Mit-Seins mit anderen ist also angesprochenes, hörendes und vernehmendes und darin verstehendes Wesen[629], zugleich aber auch redendes Wesen. Dann aber ist Sprache Urphänomen des Mensch-Seins, ist Gesprochenes als Vernommenes konstitutiv für das Miteinander-Sein von Menschen. Mit *Martin Buber*, den in *diesem* Zusammenhang neben Heidegger zu nennen kein beziehungsloses Nebeneinander ist: Das Gesprochensein des Wortes hat das Zwischen zum Ort.[630] Er fragt im Anschluß an das Goethe-Wort "wie das Wort so wichtig war, weil es ein gesprochen Wort war", was denn nun dem gesprochenen Wort diesen Vorzug verleihe, und antwortet: "... die Wichtigkeit des gesprochenen Wortes gründet in der Tatsache, daß es nicht bei seinem Sprecher bleiben will."[631] Damit ist der für unsere Thematik zentrale Problemkomplex der *Transzendenz* angesprochen. Und auch dieser Begriff ist wiederum alles andere als ein eindeutig. Der Theologe definiert ihn in der Regel als Gegensatz zur Immanenz und bezieht ihn in diesem Koordinatensystem auf Gott. Zunächst ist jedoch der philosophische Sprachgebrauch zur thematisie-

---

[625] S. auch *Pröpper*, Erlösungsglaube und Freiheitsgeschichte, 45: "Auch wenn die Botschaft ihren Adressaten zum Hörenwollen bekehren und sein Hörenkönnen erst aufdecken muß, setzt sie dieses Können doch schon voraus. Also muß die Ansprechbarkeit durch die Wahrheit des Glaubens einer philosophischen Besinnung wohl auch zugänglich sein."

[626] *Heidegger*, Sein und Zeit, 163: "Das Hören auf ... ist das existenziale Offensein des Daseins als Mitsein für den Anderen." Er vergrundsätzlicht diese Aussage: "Das Hören konstituiert sogar die primäre und eigentliche Offenheit des Daseins für sein eigenstes Seinkönnen, als Hören der Stimme des Freundes, den jedes Dasein bei sich trägt."

[627] Zum Verhältnis Mitdasein der Anderen und der Mitsein mit Anderen s. ib. § 26.

[628] Deshalb ist ib. § 34 überschrieben "Da-sein und Rede. Die Sprache."

[629] Ib. 163: "Das Dasein hört, weil es versteht."

[630] *Buber*, Das Wort, das gesprochen wird, 18.

[631] Ib. 17.

ren, da er im Rahmen unserer fundamentaltheologischen und phänomenologischen Erwägungen zentral ist.[632]

In "Sein und Zeit" faßt *Martin Heidegger* den Begriff Transzendenz von der Bestimmung der Grundverfassung des Daseins her[633], die er als In-der-Welt-sein interpretiert[634], Transzendenz also als das immer schon gegebene Sein des Daseins bei der von ihm besorgten Welt.[635] *Welt* ist dabei nicht im gängigen Verständnis kategorial als der Kosmos im physischen (ontischen) Sein verstanden, sondern als ontologisch-existenzialer Begriff für das Dasein als Weltlichkeit, also als das Sein des Daseins *bei* seiner Welt, ohne die es niemals ist. *Als* Transzendenz ist das Dasein immer schon bei ihr. Von diesem Verständnis von Transzendenz her ist der Mensch auch als Redender in spezifischer Hinsicht ein transzendentes Wesen. Von daher ist ebenfalls interpretierbar, was Martin Buber vom Gesprochenen sagt, nämlich daß es nicht bei seinem Sprecher bleiben will. Wir können diesen Gedanken weiterdenken: Der Sprecher selbst will mit seinem Gesprochenen nicht bei sich selbst bleiben. Er will mit seinem Wort bei dem von ihm Angesprochenen sein.

Heidegger hat 1928[636] in "Vom Wesen des Grundes" das in "Sein und Zeit" über Transzendenz Gesagte weiter ausgeführt. Transzendenz ist, "was dem menschlichen Dasein eignet ... als vor aller Verhaltung geschehende Grundverfassung dieses Seienden".[637]; sie bezeichnet das Wesen des Subjekts: "Das Subjekt existiert nie zuvor als 'Subjekt', um dann, *falls* gar Objekte vorhanden sind, *auch* zu transzendieren, sondern Subjekt*sein* heißt: in und als Transzendenz Seiendes sein."[638] Insofern läßt sich Transzendenz nicht mehr als "Subjekt-Objekt-Beziehung" bestimmen.[639] Und ganz in Weiterführung von "Sein und Zeit" heißt es dann: "Wir nennen das, *woraufhin* das Dasein als solches transzendiert, die *Welt* und be-

---

[632] Hilfreich wäre sicher ein Eingehen auf *Edmund Husserls* Verständnis von Transzendenz (Werke I, 117: "Transzendenz ist in jeder Form ein immanenter, innerhalb des ego sich konstituierender Seinscharakter."). Doch mag es hier genügen, von *Heideggers* Transzendenzbegriff auszugehen, da er im Raum der Theologie das größere wirkungsgeschichtliche Gewicht besitzt.
[633] Im Folgenden meint - mit *Heidegger* - Dasein terminologisch immer menschliches Dasein, nicht aber "Seiendes von nicht daseinsmäßigem Charakter".
[634] *Heidegger*, Sein und Zeit, §§ 12 und 13.
[635] Im Sinne der Überwindung des kartesianischen Subjekt-Schemas.
[636] Erstmals erschienen 1929, also 2 Jahre nach "Sein und Zeit".
[637] *Heidegger*, Vom Wesen des Grundes, 18.
[638] Ib. 19; Hervorhebungen durch *Heidegger*.
[639] Ib. 19.

stimmen jetzt die Transzendenz als *In-der-Welt-sein*. Welt macht die einheitliche Struktur der Transzendenz mit aus; als ihr zugehörig heißt der Weltbegriff ein *transzendentaler*."[640]

Im Hören, Vernehmen, Verstehen und im Sprechen, Zum-Verstehen-Geben ist der Mensch also als seine Transzendenz in nun spezifischer Weise bei seiner Welt als der Welt des Miteinander-Seins. Im Vollzug seiner schon vor allem bewußten Hinhören und Sprechen gegebenen Intentionalität (*Franz Brentano* und in Abhängigkeit davon Martin Heidegger) bezieht sich also der Mensch in je spezifischer Weise auf sein immer schon wesenhaft transzendentales Sein. Und genau dieser Begriff des Transzendentalen, der *Transzendentalität*, spielt in der systematisch-theologischen Erörterung über die Offenbarung eine erhebliche Rolle, vor allem bei dem katholischen Theologen und Heidegger-Schüler *Karl Rahner*. Die referierenden Bemerkungen über Heideggers Begrifflichkeit von Transzendenz und Transzendentalität sollten daher vor allem auch die begriffliche Voraussetzung schaffen, um auf Rahners Bemühungen um den Offenbarungsbegriff eingehen zu können.[641] Die Diskussion mit ihm kann nämlich über Aporien hinausführen, die sich im Bereich der evangelischen Theologie in der Kritik an Konzeptionen wie etwa der Gerhard von Rads oder Wolfhart Pannenbergs zeigten. Allerdings wird die *dis-cussio* mit Rahner zuweilen zu einer Gratwanderung, da sein theologischer Ansatz einerseits die fundamentaltheologische Problematik zu klären und weiterzuführen hilft, andererseits aber nicht ungefährliche, freilich schon seit Irenäus von Lyon und vor allem der griechischen Patristik tradierte Aussagen über die Vergöttlichung des Menschen macht. Der Gedanke der Vergöttlichung des Menschen aber als dessen Seinsgrund für die Rezeptionsmöglichkeit von Offenbarung ist für eine evangelische Theologie nicht mitvollziehbar.[642]

Karl Rahner hat sich immer wieder erneut mit der Offenbarungsproblematik beschäftigt. Grundlegend ist immer noch seine 1941 erstmals erschienene religionsphilosophische Schrift "Hörer des Wortes".[643]

---

[640] Ib. 20; Hervorhebungen durch *Heidegger*.

[641] Zu *Rahners* Konzeption von Transzendenz s. vor allem *van der Heijden*, Karl Rahner, 2. Kap., §§ 1-4.

[642] S. das bereits in Abschn. 1.3.1.7 Gesagte.

[643] Sein Schüler *Johann Baptist Metz* hat diese Schrift im Auftrage *Rahners* überarbeitet und 1963 in 2. Aufl. herausgegeben; sie liegt inzwischen in 3. Aufl. der neu bearbeiteten Ausgabe von 1969 vor.

Wenn wir uns die Aufgabe gestellt haben, den Menschen als Hörer einer *möglichen* Offenbarung zu thematisieren, so liegt dies durchaus auf der Linie dessen, was Rahner schon damals gesagt hat. Da die Offenbarung Gottes nicht vom Menschen her begründet werden kann, ist für ihn von vornherein einsichtig, "daß sich eine wissenschaftstheoretische Begründung der Theologie ... nicht auf das Wort Gottes, sondern auf das Hören des Wortes durch die Menschen, nur auf die apriorische Möglichkeit des Hörenkönnens einer möglicherweise ergehenden Offenbarung Gottes erstrecken kann".[644] So gehe die Frage auf den Menschen als das Seiende, zu dessen Wesensmöglichkeit es gehöre, Theologe zu werden, *wenn* die freie, unberechenbare Botschaft Gottes an ihn geht und ihm durch die Gnade das volle Hören*können* gewährt.[645] Rahner stellt diese Frage als Frage nach der *potentia oboedentialis*; allerdings verwendet er diesen Begriff nicht, wie in der katholischen Theologie üblich, als potentia oboedentialis für die übernatürliche, vergöttlichende Gnade, nämlich als die das Wesen des Menschen konstituierende Potenz, insofern es kraft der geistigen Transzendenz auf alles Sein offen ist für die Selbstmitteilung Gottes[646]; vielmehr handele es sich "nur (!) um die potentia oboedentialis des Hörens auf eine möglicherweise erfolgenden *Rede* Gottes, die, falls sie geschieht, mindestens zunächst einmal auch in den Bereich seines natürlichen Erkennens, das heißt durch geschichtliche Erfahrung und durch die diese Erfahrung mitkonstituierenden menschlichen Begriffe und Worte, erfolgt".[647] In diesem Sinne dürfte auch auf evangelischer Seite der Begriff akzeptierbar sein. Schwieriger steht es mit der von Rahner vorgenommenen Ausweitung der Transzendenz des Menschen. In der Deutung des scholastischen Axioms omne ens est verum wird die "grundsätzliche 'Erkennbarkeit' des Seins"[648] postuliert: Das Wesen des Seins ist Erkennen und Erkanntsein in einer ursprüngli-

---

[644] *Rahner*, Hörer des Wortes, 22; Zitate werden nach der 3. Aufl. der Ausgabe von 1969 gebracht.

[645] Ib. 24.

[646] *Buuck*, LThK 8, 646.

[647] *Rahner*, Hörer des Wortes, 37; so jedoch nicht der Herausgeber und Bearbeiter *Metz*, ib. 37, Anm. 6: Die von *Rahner* vorgenommene Unterscheidung zwischen der *potentia oboedentialis* für Wortoffenbarung und der für die übernatürliche Gnade als seinshafter Erhebung des Menschen zur Teilnahme am Leben Gottes meine nicht, daß die beiden Potenzen "im letzten adäquat scheidbar" seien.

[648] Ib. 55; *Metz* läßt ib. 55, Anm. 4, eine gewisse Hintertür offen; "Über das Wesen dieser 'Erkennbarkeit' ist damit nichts vorentschieden ... Ihr Begriff ... muß aus der transzendentalen Erfahrung gerade des Seinverständnisses selbst entnommen werden."

chen Einheit, die Rahner das Bei-sich-sein oder die Gelichtetheit ("Subjektivität", "Seinsverständnis") des Seins der Seienden nennt. "Das Wesen des Menschen aber ist absolute (!) Offenheit für Sein überhaupt, oder ... der Mensch ist Geist."[649] Von diesem Verständnis des menschlichen Wesens als *absoluter* Offenheit für Sein überhaupt[650] faßt er die Erkennbarkeit im scholastischen Sinn als transzendentale Bestimmung eines jeden Seienden; Erkennbarkeit gehört innerlich und von vornherein, vom Seienden selbst her zu seiner Wesensverfassung[651]: Quidquid enim esse potest, intelligi potest[652].

Diese extensive Auslegung der Transzendenz des Menschen als absolute Offenheit gegenüber allem Seienden, die natürlich in der Konsequenz zur Auffassung führen muß, daß auch Gott - zumindest quodammodo - erkennbar und somit gegenüber der Transzendenz des Menschen offen ist, dürfte die Argumentation Rahners stark belasten.[653] Allerdings, macht er nicht selbst auf diese Belastung aufmerksam, wenn er fragt, ob eine absolute Transzendenz vor einem schlechthin gelichteten Sein nicht aus sich heraus schon eine mögliche Offenbarung überboten habe?[654] Er nennt als Aporie: "Wegen der *Endlichkeit* unserer Erkenntnis in der absoluten, *unendlichen* Weite unserer Transzendenz ist Gott uns, soweit die faktische Erkenntnis des menschlichen Geistes in Betracht kommt, immer der Unbekannte."[655] Auch wäre denkbar, daß Gott, *von sich her* gesehen, immer noch der an sich schon Offenbare wäre. Damit wäre aber eine Offenbarung als freie Selbsterschließung Gottes immer noch nicht als möglich einsichtig gemacht.[656]

Mit diesen kritischen Fragen ist Rahner auf dem Wege zu einer fundamentaltheologischen Lösung - einer Lösung freilich, die wegen der

---

[649] Ib. 55.

[650] Ib. 57: "Das Sein der Seienden ist an sich selbst gelichtet. Sein 'ist' von sich selbst her Gelichtetheit."

[651] Ib. 57f.

[652] *Thomas*, Contra gentiles II, 98.

[653] Hinzu kommt, daß *Rahner*, unverkennbar mit Gedanken von *Heideggers* Phänomenologie operierend, gegen dessen Grundkonzeption auf einmal im Subjekt-Objekt-Schema denken dürfte, op. cit. 72: "Der Mensch ist in einer Welt von Seienden als seinen Gegenständen ... Er erfährt und erlebt seine Umwelt nicht bloß, sondern er urteilt über sie und konstituiert sie so erst als 'Welt'. Er ist Subjekt einem Objekt gegenüber." Indiziert nicht die Rede vom Konstituieren der Umwelt zur "Welt" eine Affinität zum Denken in idealistischen Bahnen?

[654] Ib. 105, unter Bezug auf das 6. Kap.

[655] Ib. 105; Hervorhebungen durch mich.

[656] Ib. 105.

starken Betonung ihres metaphysischen Charakters bei all denen auf Skepsis stößt, für die Metaphysik gerade in der Fundierung theologischer Aussagen ein Ding der Unmöglichkeit ist. Da allerdings diejenigen, die sich in der Ablehnung metaphysischen Denkens in der Theologie einig sind, nicht einig zu sein scheinen, was sie denn nun unter Metaphysik verstehen, ist es vielleicht angebracht, dem *Gehalt* dessen, was Rahner sagt, für eine kurze Weile nach-denkend zu folgen, ohne das Gesagte sofort unter das Metaphysik-Verdikt zu stellen. Es könnte ja durchaus sein, daß das, was Rahner unter *sein* Verständnis von Metaphysik subsumiert, auch außerhalb des metaphysischen Rahmens Aussagekraft haben könnte. Schon allein, daß Rahner als von der Scholastik *und* von Heidegger Herkommender Metaphysik zu betreiben beansprucht, Heidegger aber im Laufe seines je neuen Weiterdenkens von der Destruktion der Metaphysik über ihre Überwindung und dann Verwindung schließlich forderte, von alldem abzusehen und die Metaphysik sich selbst zu überlassen[657], zeigt, wie genau man bei einem Heidegger-Schüler hinsehen sollte, was er denn nun wirklich unter Metaphysik versteht.

Symptomatisch für dieses caveat ist, daß Rudolf Bultmann, der sich noch 1958 auf die Destruierung der Metaphysik durch Heidegger berufen[658], während dieser schon in den Nietzsche-Vorlesungen und -Aufsätzen (1936-1946) statt dessen von ihrer Überwindung sprach, im Paulus-Teil seiner Theologie des Neuen Testamentes eine sicherlich nicht metaphysisch gemeinte anthropologische Interpretation des paulinischen σῶμα ähnlich formuliert wie Rahner im Blick auf seine metaphysische Anthropologie. *Karl Rahner* expliziert die "eigentümliche Struktur des menschlichen Daseins" in der Weise, daß im Menschen in seiner In-sich-selber-Ständigkeit und in der Gegenständlichkeit seines Erkennens und Handelns "ein notwendiges Verhalten zu sich selbst" geschieht.[659] Nach *Rudolf Bultmann* wird der Mensch, die Person als ganze, von Paulus durch σῶμα bezeichnet. "Er heißt σῶμα, sofern er sich selbst zum Objekt seines Tuns machen kann oder sich selbst als Subjekt eines Geschehens, eines Erleidens erfährt. Er kann also σῶμα genannt werden, sofern er ein Verhältnis zu sich selbst hat, sich in gewisser Weise von sich selbst di-

---

[657] Dazu z.B. *Kettering*, Nähe, 135.
[658] *Bultmann*, Das Befremdliche des christl. Glaubens, 212.
[659] *Rahner*, Hörer des Wortes, 108.

stanzieren kann; ..."⁶⁶⁰ Und ausdrücklich erklärt Bultmann, daß ein solches "ein Verhältnis zu sich selbst Haben" zum *Sein* des Menschen gehöre!⁶⁶¹ Wo aber vom Sein des Menschen die Rede ist, da ist zumindest ansatzweise ontologisch gedacht. Und wie das Verhältnis von Ontologie und Metaphysik zueinander zu verstehen ist, sagen die meisten Gegner einer Metaphysik im theologischen Geschehen nicht. Rahner spricht, wie gesagt, an dieser Stelle von metaphysischer Anthropologie, Bultmann behandelt den paulinischen Begriff σῶμα im Rahmen der anthropologischen Begriffe des Paulus, mit deren Darstellung er den Paulus-Teil eröffnet, und zwar mit der ausdrücklichen, nämlich notwendigen Aufgabenstellung, "sich die Eigenart des menschlichen Seins, also die formalen Strukturen dieses Seins, deutlich zu machen".⁶⁶²

Nun ist es genau diese Koinzidenz von "anthropologischen" Aussagen Rahners und Bultmanns, also eines Heidegger-Schülers und eines Heidegger-Kollegen, an der durch Rahner der Aufweis der Transzendenz des Daseins auf Gott hin erfolgt! So dürfte dieser Aufweis - unabhängig von jeglicher Stellungnahme zu dem, was denn Metaphysik sei - erwägenswert sein: Sofern der Mensch seine Zufälligkeit und "Geworfenheit" bejaht und in der Übernahme dieses seines Seins von Sein überhaupt weiß, bejaht er "seine eigene Transzendenz auf Sein überhaupt und steht so vor Gott". "Insofern er *fragen* muß, bejaht er seine eigene kontingente Endlichkeit; insofern er fragen *muß*, bejaht er diese seine Kontingenz notwendig."⁶⁶³ Gerade in der unausweichlich notwendigen Bejahung der Kontingenz enthüllt sich in dieser eine Absolutheit.⁶⁶⁴ Die Denkrichtung Rahners ist hier die des Schlusses von der Kontingenz auf die Absolutheit und somit auf Gott. Dem von *Kants* Kritik der Gottesbeweise Herkommenden wird dieses Verfahren als voreilig und erkenntnistheoretisch nicht schlüssig erscheinen. Wenn nach Rahner das in seiner

---

⁶⁶⁰ *Bultmann*, Theol. des NT, 196; der Satz geht weiter: "genauer: als der, gegen den er sich in seinem Subjektsein distanziert, mit dem er als dem Objekt seines eigenen Verhaltens umgehen und den er wiederum auch als einem fremden, nicht dem eigenen Wollen entsprungenen Geschehen unterworfen erfahren kann, - als solcher heißt er σῶμα."
⁶⁶¹ Ib. 196f.
⁶⁶² Ib. 193; freilich versteht *Bultmann* hier den Terminus Anthropologie anscheinend als anthropologische Ontologie, nämlich als existentialen Aufweis der anthropologischen Begriffe des Paulus, ohne die Absetzung der Daseinsanalytik von der Anthropologie durch *Heidegger*, Sein und Zeit, § 10, vor allem S. 49, zu berücksichtigen.
⁶⁶³ *Rahner*, Hörer des Wortes, 108.
⁶⁶⁴ Ib. 108.

Kontingenz Bejahte als "fremdwillentlich gesetztes" erscheint und so nur als Nachvollzug einer *freien*[665] Absolutsetzung des Nichtnotwendigen aufgefaßt werden kann[666], wenn dann diese freie, willentliche, ursprüngliche Setzung durch den kontingenten Menschen nur die des absoluten Seins, die Gottes, sein kann[667], so wird man wohl noch den Begriff der Kontingenz zu klären haben. Hier liegt in der Tat ein gewisses Defizit Rahners. Faßt man das Ganze aber nicht als Beweis, sondern als Aufweis einer nicht geringen Plausibilität, so ist dieser keineswegs mit einem Selbstwiderspruch belastet. Denn daß der Begriff der Kontingenz die Interpretation auf ein mögliches Korrelat des Absoluten, sprich: Gott, zumindest nicht ausschließt, mehr noch: als ernsthaft annehmbar erweist, ist schwerlich bestreitbar. Gleiches gilt, wenn Rahner erklärt, daß sich im Sicheröffnen des absoluten Seins vor der menschlichen Transzendenz die Personalität Gottes zeigt. Wegen der Freiheit ist nämlich die *Person* letzlich nur durch die willentliche Tat der zu erkennenden *Person* selbst eröffnet.[668]

Damit ist Rahner bei dem für unsere Thematik entscheidenden Punkt angekommen: "Insofern die freie Setzung Gottes sein personales Verhältnis zu uns bestimmt, ist demnach die Erkenntnis dieses Verhältnisses immer abhängig von seinem freien Entschluß selbst."[669] Ist so Gott derjenige, der der Transzendenz des Menschen als die freie Macht gegenübertritt, so steht der Mensch grundsätzlich schon immer vor einem *Gott der Offenbarung,* und zwar einem *geschichtlich handelnden Gott.*[670] Wie entscheidend der Gedanke der Personalität Gottes für das Phänomen der Offenbarung und des Offenbar-Werdens Gottes ist, zeigte sich bereits bei der Darstellung des alttestamentlichen Befundes. Es bleibt aber genau an dieser Stelle der Reflexion Rahners die von ihm selbst gestellte Frage, ob nicht der Mensch als absolute Transzendenz eine mögliche Offenbarung überboten habe (s.o.).[671] Ist nun der Mensch Tran-

---

[665] Von *Rahner* hervorgehoben.
[666] Ib. 110.
[667] Ib. 111.
[668] Ib. 112.
[669] Ib. 112.
[670] Ib. 112. Es bedarf nun nur noch der Erkenntnis zweier Bedingungen, um Gott als Gott einer solchen geschichtlichen Offenbarung zu erkennen: 1. Die *bisherige* Schöpfung darf nicht die Erschöpfung der freien Möglichkeiten Gotten sein; 2. Der in der Transzendenz des Geistes eröffnete Horizont möglicher Gegenstände ist prinzipiell weiter als alles, was nicht die unmittelbare Schau des absoluten Seins Gottes ist; ib. 112ff.
[671] Ib. 105.

szendenz auf Sein überhaupt und ist er somit für Sein schlechthin offen, so ist in der Tat mit der Möglichkeit zu rechnen, "daß er ... dieses (sc. Sein) schon besitzt und eine Offenbarung des schon immer Offenbaren nicht möglich ist".[672] Die andere Möglichkeit ist dann, daß der Mensch "gerade wegen dieser absoluten Transzendenz ein vorgängiges Gesetz dessen, was geoffenbart werden kann und soll, von sich allein her grundsätzlich nicht besitzen kann".[673] Rahners Antwort auf die von ihm selbst gestellte Frage nach dieser Alternative steht ganz im Lichte dessen, daß der Mensch, in Rahners Terminologie, nicht schon die absolute "Seinshabe" ist[674], er also als Transzendenz auf Sein schlechthin nicht im Sinne einer Aufhebung der absoluten Differenz zwischen Gott und Mensch interpretiert werden darf.[675] Und so erklärt er auch mit Nachdruck, daß, wer wesentlich für Sein offen ist, nicht von sich eingrenzend bestimmen könne, "was als möglicher Gegenstand einer Offenbarung in Betracht kommen kann und was nicht".[676]

Hat Rahner so die *grundsätzliche* Möglichkeit von Offenbarung phänomenologisch, zugleich aber auch von scholastischen Denkstrukturen her aufgewiesen, so kommt er dem, was für eine evangelische Theologie essentiell ist, durch die von ihm herausgestellten, gleich noch zu nennenden zwei Weisen der kategorialen Erschließung eines Unbekannten einen großen Schritt entgegen. Wenn irgendwo, dann haben wir hier den Ort, wo das ökumenische Gespräch über Offenbarung aufgrund der von Rahner geleisteten Überwindung alter, verfestigter Denkbahnen der katholischen Fundamentaltheologie fruchtbringend sein könnte. Er

---

[672] Ib. 141.

[673] Ib. 141.

[674] Ib. 105f.

[675] Hier ist zu fragen, ob *Rahners* Rede von der *Vergöttlichung des Menschen* nicht doch in so abgeschwächter Weise verstanden sein will, daß auch der evangelische Theologe einen Zugang zum *eigentlich* Gemeinten finden könnte. Aber dann hätte *Rahner* doch besser diesen so unglücklichen Begriff vermieden! Wenn Vergöttlichung lediglich meint, daß des Menschen Erlösung seine Versetzung in den - nicht lokal verstandenen! - Bereich Gottes ist (vgl. das paulinische "in Christus" und Kol 1,13: μετέστησεν!), daß Gott dem Menschen Anteil an seinem Leben gibt, weil, wer den Sohn "hat", das (göttliche) Leben "hat" (1Joh 5,12), dann mag man einen Zugang zum patristischen Begriff θείωσις gewinnen, sollte ihn aber als wenig angemessenen Begriff einer vergangenen dogmengeschichtlichen Epoche nicht ins eigene theologische Begriffsinstrumentarium hineinnehmen.

[676] *Rahner*, Hörer des Wortes, 141; ib. 141: "Der Ort einer möglichen Offenbarung enthält bei einem Geist wegen dessen ungegrenzter Transzendenz kein apriorisches Gesetz für die Möglichkeiten des zu Offenbarenden."

nennt die Alternative: Die kategoriale Erschließung eines Unbekannten, in unserem Falle also der göttlichen Offenbarung, geschieht "entweder durch die Vorstellung des zu Erschließenden in seinem eigenen Selbst", also durch ein *direktes* Sich-Geben Gottes, "oder durch die Vermittlung" - also *Indirektheit* - "einer Kenntnis von ihm im Wort".[677] Er bestimmt dabei "Wort" zunächst in einem recht weiten Sinne als vertretendes Zeichen des nicht in seinem Selbst Gegebenen. Die Direktheit der ersten Alternativmöglichkeit sieht er in der Gottesschau, die jedoch im irdischen Leben noch nicht gegeben ist (1Joh 3,2) und deshalb aus der Argumentation ausscheidet. Da sich aber Gott dem Menschen jetzt noch nicht unmittelbar erschließt, muß dieser mit einer möglichen Offenbarung Gottes im "Wort" rechnen.[678] Rahner stellt also *unmittelbare* Gottesschau im Eschaton und *mittelbare* Wortoffenbarung in irdischer Geschichte gegenüber. So ist der Mensch auf dieser Erde "immer und wesentlich kraft der Grundverfassung seines Daseins ein Horcher auf das Wort Gottes"; die mögliche Offenbarung besteht also in der Mitteilung des Geoffenbarten "im stellvertretenden Zeichen, im Hinweis eines anderen auf das zu Offenbarende".[679] Dem Wortcharakter der Offenbarung entspricht es, wenn Rahner dann ausdrücklich erklärt: "*Gott kann nur das offenbaren, was der Mensch hören kann.*"[680] Doch soll dadurch "keine vorgängige Begrenzung möglicher Gegenstände einer Offenbarung" behauptet sein.[681] Deshalb darf der Satz auch nicht dahin modifiziert werden, daß Gott nur offenbaren könne, "was der Mensch durch diese oder jene Anlage seines Wesens, durch diese oder jene Grunderfahrung, durch dieses oder jenes religiöse Gefühl, durch dieses oder jenes religiöses Erlebnis aufnehmen könne"; denn dadurch würde ja "die *unbegrenzte* Offenheit des (sc. menschlichen) Geistes", aber auch

---

[677] Ib. 141; Hervorhebung durch mich.
[678] Ib. 141.
[679] Ib. 142; s. auch ib. 70: "Die letzte Einheit von Sein und Erkennen ist die letzte Voraussetzung der Mitteilung Gottes in seiner 'Göttlichkeit' an den Menschen durch die Rede, durch das Wort. Nur wenn das Sein des Seienden von vornherein 'Logos' ist, kann der fleischgewordene Logos 'im Worte' sagen, was in den Tiefen der Gottheit verborgen liegt." *Metz* kommentiert ib. 70, Anm. 8, die Mitteilung Gottes durch sein Wort: "Immer gemeint in seiner Einheit mit dem, was wir theologisch 'Gnade' nennen." Ihm liegt also daran, daß das Wort von der Gnade nicht trennbar ist.
[680] Ib. 142; Hervorhebung durch mich.
[681] Ib. 142.

"die Freiheit und *Unberechenbarkeit* einer möglichen Offenbarung Gottes" aufgehoben.[682]

Es versteht sich nahezu von selbst, daß der Heidegger-Schüler Rahner die Transzendenz des Menschen von dessen *Geschichtlichkeit* her versteht. Faßt er die Transzendenz des Menschen als Geist, so ist dieser gerade darin Geist, daß er es als geschichtliches Wesen ist. So ist auch der Ort seiner Transzendenz immer ein geschichtlicher Ort und folglich - darauf kommt nun alles an - der Ort einer möglichen Offenbarung immer und notwendig die Geschichte des Menschen. Gottes freies Handeln ist schon in einem wesentlichen Sinn geschichtliches Handeln.[683]

Kommt Rahner auf diese Weise zum Resultat, daß der Ort einer möglichen Offenbarung als die Offenheit des Menschen für Sein überhaupt "notwendig *innerhalb* der menschlichen Geschichte" liegt[684], sieht er also den für einen Offenbarungsempfang fähigen Menschen als geschichtliches Wesen und zugleich Gott als den geschichtlich Handelnden, so könnte es scheinen, daß von Gott und Mensch dasselbe[685] Prädikat ausgesagt wird, nämlich Geschichtlichkeit. Aber mit der Verwendung von "geschichtlich" für des Menschen Existenz *und* für Gottes Handeln wird die eigentliche Problematik verdeckt. Rahner dürfte nämlich Geschichtlichkeit im Sinne Heideggers als Existenzial verstehen.[686] Der Mensch ist als In-der-Welt-sein seine Geschichtlichkeit. Als diese Geschichtlichkeit, die wesenhaft in ihrem zeitlichen Sein *zukünftig* ist[687], als geschichtliches Dasein, das "als zeitliches ekstatisch offen ist"[688], ist es offen für den in der Geschichte sich offenbarenden Gott. Aber gerade Gott ist nicht in *diesem* Sinne geschichtlich! Von ihm kann Geschichtlichkeit nicht als Existenzial ausgesagt werden. Zumindest das Verständnis von Geschichtlichkeit im fundamentalontologischen Sinne von "Sein und Zeit" kann nicht auf Gott bezogen werden, da Heidegger hier die wesenhafte Zukünftigkeit des Daseins, das dieses als geschichtlich aus-

---

[682] Ib. 142; Hervorhebung durch mich.
[683] Ib. 143.
[684] Ib. 145.
[685] Nicht: das gleiche!
[686] S. in *Heidegger*, Sein und Zeit, vor allem § 74, jedoch auch das ganze 5. Kap. des 2. Abschn.
[687] Ib. 385.
[688] Ib. 386.

weist, vom Dasein zum Tode aus interpretiert hat.[689] Dann aber werden wir Rahners Aufweis des Menschen als geschichtlichen Wesens, das offen für die Offenbarung des sich geschichtlich offenbarenden Gottes ist, so zu präzisieren haben: Der Mensch ist als seine *Geschichtlichkeit* und aufgrund dieser seiner Geschichtlichkeit das für das in der *Geschichte* geschehende Sich-Offenbaren Gottes und Offenbar-Werden Gottes offene Wesen.[690] Das Handeln Gottes als sein geschichtliches Handeln ist in eben diesem Geschichtlich-Sein von der Geschichtlichkeit des *Menschen* her verstanden. Wirkt jedoch Gott in der Geschichte, so wirkt er als Schöpfer und Herr der Geschichte *ab extra* in diese Geschichte hinein. Dann aber ist die Geschichte kein Prädikat seiner Göttlichkeit. Worauf alles ankommt, ist: *Nur* als geschichtliches Wesen ist der Mensch für Gottes Offenbarungshandeln in der Geschichte offen. Nur im Bogen von menschlicher Geschichtlichkeit in der Geschichte und Gottes "geschichtlichem" Handeln in der Geschichte ist Offenbarung ein denkmöglicher Gedanke. Gottes Handeln "in der Geschichte" und des Menschen Dasein "in der Geschichte" konstituieren zwar in ihrem Miteinander die Möglichkeit des Offenbarungsgeschehens; aber bei den beiden "Partnern" bedeutet die Wendung "in der Geschichte" eben nicht genau dasselbe. Es liegt jedoch im Wesen der Geschichtlichkeit des Menschen, daß sein In-der-Geschichte-Sein mit Gottes In-der-Geschichte-Handeln im Ereignis der Offenbarung koinzidiert.

Dies verlangt auch eine kleine Korrektur dessen, was Rahner über die *Freiheit* Gottes in seinem Offenbarungshandeln sagt. Ihm liegt daran, unter allen Umständen Gottes Handeln in seinem Sich-Offenbaren als freies Handeln zu wahren. Gott steht ja dem Menschen, gerade wenn er von diesem als "das Seiende absoluter 'Seinshabe'" erkannt wird, immer als der frei Handelnde gegenüber. Dieses freie Handeln ist aber "schon in einem wesentlichen Sinn geschichtliches Handeln".[691] Rahner dürfte diesmal die Bestimmung der Geschichtlichkeit, wie sie durch *Wilhelm Dilthey* vorgenommen wurde, bewußt oder unbewußt vor Augen haben, wenn er Geschichte überall dort sieht, "wo freie Setzung ist", nämlich ein "*freies* unableitbares Geschehen", das "immer ein Einmaliges, Unwiederholbares, ein nur in sich Verstehbares, etwas, das nicht nur der

---

[689] Ib. 386: "Das eigentliche Sein zum Tode, d.h. die Endlichkeit der Zeitlichkeit, ist der verborgene Grund der Geschichtlichkeit des Daseins." Der ganze Satz ist von *Heidegger* durch Kursivdruck hervorgehoben.
[690] Es liegt auf der Hand, daß im hier diskutierten Zusammenhang das Wirken Gottes in der Geschichte nicht in demjenigen Zusammenhang gemeint ist, wie *Pannenberg* Gottes indirekte Selbstoffenbarung als sein Wirken in Geschichtstaten versteht (Abschn. 1.3.1.7).
[691] Ib. 143.

Fall eines allgemeinen Gesetzes ist".[692] Es ist schon richtig, daß die Geschichte der Ort der Freiheit ist, daß in ihr mit ihrer offenen Zukünftigkeit die Determination keinen prinzipiellen Platz hat. Und es ist auch richtig, daß gerade in einer offenen Geschichte Unvorhergesehenes, nicht durch Naturgesetze Festgelegtes geschehen kann. Aber diese Auffassung von der Geschichte als dem Raum der Freiheit hat doch ihren eigentlichen Sinn nur im Blick auf den Menschen. Gottes Freiheit dadurch wahren zu wollen, daß man ihm den Bereich der Geschichte anweist, bedeutet doch wieder eine unangemessene Anthropomorphisierung des Gottesbildes.

Dennoch hat Rahner hier etwas sehr Richtiges gesehen. Gemeint hat er doch wohl, daß es die Geschichte ist, in der der *Mensch* durch Offenbarung etwas von Gott neu Gesetztes erfährt. Es ist wiederum durch die Geschichtlichkeit des Menschen bedingt, daß ihm nur im Raum der für ihn wesensmäßig auf Zukunft hin offenen Geschichte wesenhaft Neues von Gott her widerfahren kann, etwas also, was nicht bereits mit der Schöpfung gegeben ist. Differenziert man also wieder in diesem Sinne - analog zu dem, was eben über den unterschiedlichen Sinn von "geschichtlich" in bezug auf Gott und Mensch ausgeführt wurde -, so hat es durchaus seinen Sinn, von der Freiheit Gottes in seinem offenbarenden Handeln zu sprechen, die in der Geschichte ihren Ort hat. Sie hat nämlich in ihr ihren Ort, weil sie der "Ort" der Geschichtlichkeit des Daseins ist.[693]

Es ist also - mit *Karl Rahner*, dem wir hier im Prinzip folgen - das *Begriffsgefüge* von *Personalität, Geschichtlichkeit, Geschichte und Freiheit*, innerhalb dessen philosophisch-phänomenologisch und theologisch verantwortlich von Offenbarung Gottes, vom Offenbar-Werden Gottes gesprochen werden kann. Im Blick auf diesen Sachverhalt fügt sich organisch an, wenn Rahner, hier ganz im Gefolge des phänomenologischen Ansatzes Heideggers, menschliches Erkennen als *hinnehmendes* Erkennen erläutert, wenn er den Menschen im Besitz einer Erkenntnis sieht, "indem und dadurch daß ihm ein Gegenstand sich von sich selber her zeigt".[694] Dann aber ist *Erkennen der Offenbarung das Hinnehmen jenes Phänomens* - "Phänomen" im streng phänomenologischen Sinne -, *das sich als von Gott her kommend zeigt*. Wenn man will, hat man hier eine

---

[692] Ib. 143f.; er bringt an dieser Stelle allerdings nicht die für *Dilthey* wichtige Terminologie von naturwissenschaftlichem Erkennen und geisteswissenschaftlichem, geschichtlichem Verstehen; z.B. *Dilthey*, Werke V, 144: "Die Natur erklären wir, das Seelenleben verstehen wir."

[693] Das schwierige phänomenologische Problem, ob und gegebenenfalls wie mit *Heidegger*, Sein und Zeit, § 75 u. 76, Geschichte in Geschichtlichkeit zu fundieren ist, braucht uns hier nicht zu beschäftigen.

[694] Ib. 147.

phänomenologische "Definition" des theologischen Begriffs der Offenbarung.[695]

Was Rahner 1941 in "Hörer des Wortes" ausgeführt hatte, modifizierte er in mancherlei Hinsicht im Laufe seiner theologischen Entwicklung. In seiner geistigen Beweglichkeit hat er die Problematik bei Wahrung seines theologischen Grundanliegens immer wieder neu durchdacht, bis er schließlich seine Aussagen über Offenbarung in seinem grandiosen Alterswerk "Grundkurs des Glaubens" in den größeren theologischen Zusammenhang der Gesamtdarstellung des katholischen Glaubens integrierte. In diesem Werk hat er, manche zur Sterilität neigenden fundamentaltheologische Konzeptionen neuscholastischer Provenienz überwindend, Fundamentaltheologie und Dogmatik in eine "ganz eigentümliche Einheit"[696] hineingenommen. Die Überwindung jener älteren fundamentaltheologischen Konzeptionen zeigte sich ja schon in "Hörer des Wortes"; aber dort ging es ja der Intention Rahners nach um eine Studie "Zur Grundlegung einer Religionsphilosophie", wie der Untertitel sagt, Religionsphilosophie hier verstanden als Fundamentaltheologie. Im "Grundkurs des Glaubens" wird der Mensch als Wesen der Transzendenz in nun weit souveränerer Weise dargestellt als 1941, die Gehalte von Offenbarung und Selbstmitteilung Gottes in tieferer dogmatischer Reflexion bei gleichzeitig dominant bleibender fundamentaltheologischer Fragestellung ausgelotet. Es werden die anthropologischen Aspekte der Dogmatik entschiedener expliziert als 1941. So katholisch - im Sinne des Konfessionellen - dieses Buch auch ist, wegen seines theologischen Gehaltes sollte es Pflichtlektüre auch der evangelischen Theologen sein! Diese sollten es dann allerdings von ihrer eigenen Theologie her recht kritisch lesen, um zu erkennen, wo man dem Autor nicht folgen darf. Ich gehe hier nicht auf Rahners Grundkurs ein, weil ich meine, diejenigen seiner Gedanken, die für eine Biblische Theologie und insonderheit für den Abschnitt über die Offenbarung hilfreich und z.T. sogar unverzichtbar sind, aus "Hörer des Wortes" entnommen und sie so kritisch rezipiert und weitergedacht zu haben, daß sie uns in unserer Fragestellung weiterführen und dabei sogar Defizienzen im innerevangelischen Disput auffüllen.[697]

---

[695] S. auch ib. 173ff. das zum Begriff der Erscheinung Gesagte.

[696] *Rahner*, Grundkurs des Glaubens, 23.

[697] Zur Kritik an *Rahner*, auch seitens katholischer Theologen, sei hier nur auf *Eicher*, Offenbarung, 347ff., verwiesen, vor allem auf die ib. 370ff. von ihm referierten unterschiedlichen Bewertungen von "Hörer des Wortes". Er zitiert *Johann Baptist Metz*, der in seiner Bearbeitung der 2. Auflage dieses Buches *Rahners* Offenbarungsverständnis kritisierte "als eine Summe von einzelnen, durch Gottes Autorität garantierten Sätzen über Sachverhalte, die der menschlichen Erfahrung im Welthorizont von diesem selbst her unzugänglich sind." (*Rahner*, Hörer des Wortes, 187, Anm. 2). Daß *Rahner* in dieser Schrift sein Offenbarungsverständnis am Modell von Information gebildet habe, wird von vielen kritisiert. *Eicher* sieht aber hier "ein wesentlich tieferes Offenbarungsverständnis" durchscheinen als in den gängigen Interpretationen (*Eicher*, Offenbarung, 371ff.). Sein Urteil dürfte zutreffen.

Offen blieb, ob zur Vorstellung vom redenden Gott gehört, daß der die Offenbarung empfangende Mensch Gottes Wort akustisch hört. Es wurde gefragt, ob hier nicht eine unzulässige Anthropomorphisierung Gottes in mythologischer Vorstellungsart vorliegt. Aber diese Fragestellung verengt den theologisch geforderten Fragehorizont. Neutestamentlich ist dies evident, da hier das, was Offenbarung meint, wesenhaft im Inkarnationsgeschehen gründet. Der unmittelbar aus dem Jenseits sprechende Gott, dessen Stimme man im Diesseits akustisch vernimmt, hat hier keinen wirklichen Sinn. Stellen wie z.B. Mk 9,7 sind peripher. Und für den prophetischen Wortempfang läßt sich in psychologischer Hinsicht nichts verifizieren. Entscheidend ist in theologischer Hinsicht, daß das Offenbaren des transzendenten Gottes im Raum der Geschichte, also im Bereich der Immanenz, theologisch sinnvoll ausgesagt werden kann. Und gerade diese theologisch sinnvolle Aussagemöglichkeit ist durch Karl Rahner aufgewiesen worden. Die Frage nach einer himmlischen Akustik ist also durch seinen Aufweis der Geschichtlichkeit von Offenbarung überholt.[698] Was jedoch erheblich wichtiger ist: Die Ausführungen Rahners haben das Offenbarungsproblem fundamentaltheologisch in einen so weiten Horizont gerückt, daß sich allein schon durch diesen Aufweis *Pannenbergs* Grundthese von der indirekten Selbstoffenbarung Gottes in seinen Geschichtstaten als unzureichend manifestiert.

Rahners und Bultmanns Theologie reflektieren, insofern sie auf die Philosophie Heideggers rekurrieren, dessen frühe Philosophie, also seine *phänomenologische Daseinsanalytik*. Ist damit aber nicht eine unnötige Engführung vorgenommen? Diese Frage stellt sich vor allem angesichts der speziellen Heidegger-Rezeption, wie sie in einer ganz bestimmten Richtung der Bultmann-Schule - wenn man denn schon von einer solchen reden kann - begegnet, nämlich der Rezeption der Philosophie Heideggers nach seiner sog. Kehre.[699] Unbestreitbar bietet die Philosophie des späteren Heidegger hilfreiche Ansätze zu weiterer begrifflicher Erfassung zentraler theologischer Aussagen der Schrift. Auch nach seiner Kehre von der fundamentalontologischen Daseinsanalytik zur Auslegung des Seins/Seyns bzw. zum seinsgeschichtlichen Denken - wie un-

---

[698] S. auch, was in Abschn. 1.3.1.7 zu *Pannenbergs* These von der nach telepathischer Art angenommenen Kommunikation Gottes mit Menschen gesagt wurde! Ob tatsächlich Auditionen stattgefunden haben oder nicht - es ist angesichts des wesentlich fundamentaleren Problems, wie *Rahner* es erkannt und zu lösen versucht hat, eine Frage von sekundärer Bedeutung.

[699] S. vor allem den von *James M. Robinson* und *John B. Copp, jr.* herausgegebenen Sammelband "Der späte Heidegger und die Theologie".

terschiedlich man sie auch in der Heidegger-Forschung verstehen mag - bleibt ja sein ständiges Bemühen um Auslegung. Auf seinen Vortrag "Vom Wesen der Wahrheit" wurde bereits kurz aufmerksam gemacht.[700] In diesem 1930 erstmals gehaltenen, 1943 mit mehrfach überprüftem Text erstmals publizierten Vortrag ist zwar die Frage nach dem Wesen des Menschen noch gestellt, Wahrheit aber nicht mehr als Existenzial[701] im eigentlichen Sinne gefaßt. Freiheit ist nun bestimmt als "Freiheit für das Offenbare eines Offenen", sie "läßt das jeweils Seiende das Seiende sein, das es ist", sie "enthüllt sich jetzt als das Sein-lassen von Seiendem", als "das Sicheinlassen auf das Seiende".[702] Die Verschiebung der Perspektive gegenüber "Sein und Zeit" ist offenkundig. Wohl bleibt die Herleitung des Begriffs ἀλήθεια von der Unverborgenheit. Die sich auf die Wahrheit einlassende Existenz als "die Eingelassenheit in die Entbergung des Seienden als eines solchen", als "ek-sistente(s) Sich-einlassen" gerät jetzt ganz in den Schatten des in der Wahrheit zur Ek-sistenz hin Offenen.[703] Das also zur Ek-sistenz hin Offene gewinnt somit die eigentliche Autorität. Wahrheit ist nun "lichtendes Bergen als Grundzug des Seyns".[704]

Die eigenwillige und für viele Leser gestelzt klingende Sprache Heideggers sollte den theologischen Leser die Augen nicht davor verschließen lassen, daß sich in ihr eine Problematik meldet, die von hoher Relevanz für die theologische Frage nach der Autorität kirchlicher Verkündigung ist. Aber so fruchtbringend die Diskussion mit dieser Schrift Heideggers wohl sein könnte, in unserem Zusammenhang sollen die auf Gedanken von "Sein und Zeit" aufbauenden Theologen Rahner und Bultmann deshalb die vorrangigen Dialogpartner bleiben, weil dieses Werk Heideggers aufgrund seiner Daseinsanalytik die *nähere Affinität zur biblischen Offenbarungsthematik* hat. Denn sowohl in Heideggers phänomenologischem Ansatz als auch im biblischen Offenbarungsverständnis sind der, dem sich etwas zeigt bzw. dem etwas offenbart wird, *und* das Sich-Zeigen vom Phänomen her bzw. das Sich-Offenbaren Gottes in ihrem jeweils inneren Zusammenhang aufgewiesen. Mit dieser Feststellung ist keineswegs ein Universalanspruch der Phänomenologie im Bereich der Philosophie anerkannt oder gar behauptet, sondern lediglich *eine* Möglichkeit des Aufweises von Gehalten, die für die theologisch begriffliche Arbeit überaus förderlich ist, aufgegriffen. Insofern beansprucht aber unser Verfahren, nicht unter das Verdikt des Eklektizismus in philosophicis zu fallen. Auch dürfte Phänomenologie als *Methode* gerade in der heutigen philosophiegeschichtlichen Situation durchaus ihren Platz behaupten.[705] Daß nämlich der phänomenologische Gedanke

---

[700] In Anm. 604 zu Abschn. 1.3.2.3.

[701] So vor allem in *Heidegger*, Sein und Zeit, § 44.

[702] *Heidegger*, Vom Wesen der Wahrheit, 15.

[703] Ib. 16.

[704] Ib. 28; s. auch ib. 29: "Die Antwort auf die Frage nach dem Wesen der Wahrheit ist die Sage einer Kehre innerhalb der Geschichte des Seyns. Weil zu ihm lichtendes Bergen gehört, erscheint Seyn anfänglich im Licht des verbergenden Entzugs. Der Name dieser Lichtung ist ἀλήθεια."

[705] Man mag vielleicht mit *Winfried Franzen*, Martin Heidegger, 57, sagen, daß der in "Sein und Zeit" unternommene Versuch eines existenzialanalytischen Zugangs zur Seins-

des Sich-Erschließens auch in modernen, nichtphänomenologischen Philosophien der Gegenwart von zentraler Bedeutung sind, wird immer wieder gesehen.[706]

Für den späteren Heidegger soll jedoch wenigstens der Hinweis auf sein Verständnis von *Sprache* als dem *Haus des Seins* geschehen. Sie ist es deshalb, weil das Sein von jeglichem, was ist, im Wort wohnt.[707] Heidegger sagt dies innerhalb einer Interpretation von *Stefan Georges* Gedicht "Das Wort", vor allem vom Zweizeiler an dessen Ende:

So lernt ich traurig den verzicht:
Kein ding sei wo das wort gebricht.

Heidegger holt zwar dann die undichterische Paraphrase von der Sprache als dem Haus des Seins wieder ein, dürfte aber gerade diese entscheidende Aussage letztlich nicht zurücknehmen, ebenso nicht, daß das Sein *im* Wort wohnt. Worauf ihm alles ankommt, ist, daß der Dichter er-

---

frage sich als letztlich nicht durchführbar erwiesen habe. Aber uns geht es hier nicht darum, ob ein bestimmtes Ziel, das sich *Heidegger* einmal gesetzt hatte, durchführbar war oder nicht. Der Rekurs auf "Sein und Zeit" ist m.E. dann möglich, wenn essentielle Gedanken des Werkes in ein anderes Gedankengefüge als das, welches seinem Autor ursprünglich vorschwebte, einfügbar sind. Und das dürfte in der Tat der Fall sein. Hier zeigt sich wieder einmal, daß in der Wirkungsgeschichte von Texten diese ihre vom Autor gelösten Wege gehen und dabei sogar guten neuen Sinn gewinnen können. Im übrigen sei für die Inanspruchnahme der Phänomenologie *Heideggers* für die theologische Argumentation darauf verwiesen, daß sie "nicht eine philosophische Disziplin neben Ontologie, Erkenntnistheorie oder Ethik (ist), weil sie als *Methode* kein eigenes thematisches Sachgebiet hat neben den Sachgebieten der Ontologie, Erkenntnistheorie oder Ethik"; *von Herrmann*, Der Begriff der Phänomenologie bei Heidegger und Husserl, 10; vgl. auch ib. 19f.: "Phänomen meint nicht den thematischen Gegenstand selbst, sondern nur seine Begegnisart und seinen Gegebenheitsmodus für die Untersuchung; der Logos der Phänomenologie sagt, *wie* der thematische Gegenstand, der im Modus des Sich-an-ihm-selbst-zeigens begegnet, *untersucht* werden soll."

[706] *Bernhard Casper*, Sprache und Theologie, 5: "Denn es stellte sich mir immer mehr heraus, daß das sprachanalytische Denken, sowie es vor allem bei Wittgenstein und Austin vorliegt, keineswegs einfachhin im Gegensatz zu einem hermeneutisch-dialogischen und transzendentalphilosophisch-geschichtlichen Denken steht."; s. vor allem ib. 91 (im Anschluß an die Darstellung der Auffassung *J.L. Austins* von der performativen Rede, der Lehre *I.T. Ramseys* von den disclosure situations und *K. Poppers* Sprachverständnis): "In gewisser Weise kann man sagen, daß selbst die derart durch Kritik an einem naiven Empirismus auf dem Gebiet der Wissenschaftstheorie erreichte Einsicht in den Erschließungscharakter und zugleich die Vorläufigkeit der umfassenden Theorien gar nicht so weit entfernt ist von dem, was Heidegger, in einer Sprache, die dem kritischen Rationalismus freilich unannehmbar erscheint, als die jeweils neue Erschlossenheit des Seins im Ereignis der Sprache thematisierte." *Casper* weist ib. 91, Anm. 17, darauf hin, daß neuere englische Theoretiker deshalb den Begriff "disclosure" relativ unbefangen im Sinne Heideggers verwenden. Zu verwandten Intentionen *Heideggers* und *Wittgensteins* s. neuestens (1990) *Riedel*, Hören auf die Sprache, z.B. 7f.25ff.
[707] *Heidegger*, Unterwegs zur Sprache, 166.

fahren hat, "daß erst das Wort ein Ding als das Ding, das es ist, erscheinen und also anwesen läßt".[708] Es ist der Dichter, dem sich das Wort als das zusagt, was ein Ding in dessen Sein hält und erhält.[709] Wir können hier die weiteren Überlegungen dieser Schrift Heideggers auf sich beruhen lassen, da sie von unserer Thematik ein wenig abführen würden.[710]

Ist es erst das Wort, das die "Dinge" in ihrem Wesen erscheinen läßt, das sie überhaupt erst ins Sein bringt, ja, wohnt das Sein *im* Wort, weil die Sprache das "Haus des Seins" ist, so legt sich die Frage nahe, ob man nicht eine Affinität zwischen dieser Auffassung des Philosophen Martin Heidegger und der des Theologen Paulus, wie sie sich vor allem in Röm 1,16f. kundtut, erwägen sollte. Ist nicht, so sei in aller Vorsicht und Behutsamkeit gefragt, eine gewisse Entsprechung zwischen der Aussage, daß das Sein *im* Wort wohnt, und der, daß die Gerechtigkeit Gottes *im* Evangelium, also im Worte Gottes offenbar wird, gegeben? Wird bei Heidegger nicht philosophisch ausgesagt, was zuvor bei Paulus auf theologischer Ebene ausgesprochen wurde? Das Anliegen beider ist, die *depravierende Reduktion des Sprechens auf bloße Mitteilung* als Negation eigentlichen Redens klarwerden zu lassen. Beide sind in dieser Intention Hermeneuten κατ' ἐξοχήν. Beide messen dem Wort einen alles überragenden Wert zu. Mit Martin Heidegger bzw. Stefan George könnte man fast paulinische Theologie so paraphrasieren:

Kein gott sei wo das wort gebricht.

---

[708] Ib. 168.

[709] Ib. 168; der Begriff "Ding" ist hier weit zu nehmen. So kann *Heidegger*, ib. 164, selbst Gott als Ding nehmen. Der Vorwurf, damit würde Gott verdinglicht, trifft nicht, da *Heidegger* "Ding" hier nicht als Terminus für den Vorgang der Verdinglichung gebraucht.

[710] Von gewisser Wichtigkeit ist jedoch, daß *Heidegger* in "Unterwegs zur Sprache" in der Nachbarschaft zum dichterischen Erfahren mit dem Wort eine Möglichkeit für eine *denkende* Erfahrung mit der Sprache zu finden sucht, ib. 188. Im Gefälle einer bekannten Kritik *Heideggers* am modernen Denken rügt er dieses, ib. 189f.: "Weil jedoch das heutige Denken immer entschiedener und ausschließlicher zum Rechnen wird, setzt es alle nur bestellbaren Kräfte und 'Interessen' daran, zu errechnen, wie sich der Mensch demnächst im weltlosen kosmischen Raum einrichten könnte. Dieses Denken ist im Begriff, die Erde als Erde preiszugeben. Als Rechnen treibt es mit einer steigenden Geschwindigkeit und Besessenheit der Eroberung des kosmischen Raumes zu. Dieses Denken selber ist schon die Explosion einer Gewalt, die alles ins Nichtige jagen könnte." Zu *Heideggers* Verständnis der Sprache s. bereits seinen 1946 an *Jean Beaufret* geschriebenen Brief "Über den Humanismus", vor allem S. 13ff. S. auch *Anz*, Die Stellung zur Sprache bei Heidegger; *Bock*, Heideggers Sprachdenken; leider erschöpft sich diese Monographie im bloßen Referat.

Und gerade das ἀποκαλύπτεται von Röm 1,17 ist hermeneutisches Urwort, jedenfalls im paulinischen Sinne. Ist also dichterisches Sagen, wie Heidegger es nimmt, bei Paulus auf die Ebene theologischen Sagens gehoben?

Doch wieder zurück zu dem, was in Kritik und Zustimmung zu *Karl Rahners* Offenbarungskonzeption gesagt wurde. Die Zustimmung erfolgte insofern, als in unserer Formulierung gesagt wurde: Erkennen der Offenbarung ist das Hinnehmen jenes Phänomens, das sich von Gott her kommend zeigt. Das mit dieser Formulierung ausgesprochene Problem ist a prima vista evident: Wie kann sich in einem immanenten Phänomen das von Gott Kommende, das Transzendente, ja womöglich sogar der kommende transzendente Gott selbst zeigen? Alttestamentlich wird, von wenigen Stellen abgesehen, an denen von einem direkten Sehen Gottes die Rede ist,[711] zuweilen dadurch die Mittelbarkeit des Sich-sehen-Lassens Gottes zum Ausdruck gebracht, daß dieser seinen Kabod, seine Doxa erscheinen ließ. Das Phänomen, das sich vom jenseitigen "Ort" Gottes dem Menschen zeigte, wies also über sich, das ureigene Phänomen, hinaus auf Gott, der gerade nicht Phänomen ist.

Genau in diesem Sinne versteht freilich *Heidegger* den Begriff des Phänomens nicht. Phänomen ist für ihn vielmehr, wie er nachdrücklich und mehrfach sagt, "*das Sich-an-ihm-selbst-zeigende*, das Offenbare".[712] Blieben wir also innerhalb der terminologischen Dogmatik Heideggers, müßten wir zumindest für den Begriff der Selbstoffenbarung Gottes auf phänomenologische Begrifflichkeit verzichten; danach könnte sich Selbstoffenbarung Gottes, im strengen Sinne des Begriffs verstanden, nie als Offenbarung *zeigen*. Der Kabod Jahwähs wäre dann eine "bloße Erscheinung" Gottes, nie ein Phänomen, das den sich offenbarenden Gott zeigte.[713]

---

[711] Es mag naiv anmuten, obwohl nicht in jedem Fall unreflektierte Naivität zu postulieren ist.

[712] *Heidegger*, Sein und Zeit, 28. Von diesem Begriff des Phänomens setzt er den der *Erscheinung* bzw. bloßen Erscheinung ab. Als Erscheinung "von etwas" besagt dieser Terminus "das Sichmelden von etwas, das sich nicht zeigt, durch etwas, was sich zeigt. Erscheinen ist ein *Sich-nicht-zeigen*", ib. 29. Es ist "das Sich-*melden* durch etwas, was sich zeigt", ib. 29; ib. 30: "Phänomene sind demnach *nie* Erscheinungen, wohl aber ist jede Erscheinung angewiesen auf Phänomene."

[713] Gleiches gilt auch analog für Ex 33,18ff. Hier läßt Gott den Mose seinen Kabod bzw. seine Doxa nicht sehen, weil der Mensch sein Angesicht nicht sehen kann, ohne zu sterben. Im Verständnis von Ex 33,18ff. ist aber Sehen des Kabods Gottes identisch mit dem

Aber gerade so scharf läßt sich für das biblische Verständnis des Sich-Erschließens Gottes die so scharf von Heidegger vorgenommene terminologische Unterscheidung nicht vornehmen. Zunächst stimmt es schon, daß das, was sich dem Menschen "zeigt", nicht mit Gott identisch ist (von den genannten Ausnahmen abgesehen). Insofern trifft zu, was *Heinrich Fries* herausstellt: Alles, was ist, was geschieht, ist und hat nicht nur ein Vorhandensein, sondern ein Bedeutungssein, ein Zeichensein, ein Offenbarsein. "So erscheint im Erscheinenden immer auch und zugleich das Nichterscheinende, aber zutiefst Wirkliche."[714] Allerdings rückt er dann durch den Begriff des *Symbols* Erscheinendes und Nichterscheinendes nahe aneinander, in gewisser Hinsicht sogar ineinander. Er faßt nämlich Symbol nicht als "beliebiges, willkürliches Zeichen wie ein Verkehrszeichen"; vielmehr sei das Symbol vom Symbolisierten nicht zu lösen. Dennoch, es sei weniger als das, wofür es Symbol ist.[715] Nach Fries besteht nun die Schwierigkeit darin, daß genau in diesem Sinne die Wirklichkeit Gottes als solche nicht direkt in Erscheinung tritt. So bemüht er *Paul Tillich*, er verweist auf dessen Kategorien von bedingt und unbedingt: Das *Unbedingte* kann nur am *Bedingten* erscheinen. Das Bedingte ist transparent auf das Unbedingte, und der Mensch kann dieser Transparanz gewahr werden, weil er auf die Welt als Ganzes und damit auch auf ihren tragenden Grund hin offen ist.[716] So hat Fries dann mit Tillich durch den Begriff der Transparenz Gott und Offenbarung in gewisser Weise zusammen in die Erscheinung hineingenommen.[717]

An dieser Stelle unserer Überlegungen dürfte sich zeigen, daß eine nur formale Überlegung, wie Offenbarung Gottes begrifflich zu bestimmen sei, in die Aporie führt. Es wurde wohl deutlich, daß der phänome-

---

Sehen Gottes selbst. Sonst aber enthält eben dieser Begriff des Kabods ein deutliches Moment der Mittelbarkeit.

[714] *Fries*, Fundamentaltheologie, 167. Von dieser Voraussetzung aus fragt Fries ib. 169 dann, ob die Wirklichkeit als Offenbarsein auch so geartet und deshalb auch in dem Sinne zu verstehen sei, "daß darin jenes Ganze und jener Grund transparent wird, der nicht nur auf einen innerweltlichen Zusammenhang ... bezogen ist, sondern auf den umfassenden Grund und Sinnbezug, den wir Gott nennen".

[715] Ib. 168.

[716] Ib. 169f.

[717] Die Nähe dieser Gedanken von *Fries* zu dem, was bereits über *Heidegger* ausgeführt wurde, zeigt sich symptomatisch daran, daß auch er ib. 170 besonders in der *Sprache der Dichtung* das Vermögen sieht, das Offenbar- und Bedeutungssein der Wirklichkeit, ihr Symbolsein überhaupt und besonders das Symbolsein auf das Absolute, Unbedingte auszusprechen: "Dichtung als die Stimme des eigentlichen Seins im Seienden (W. Schadewaldt) offenbart dem Menschen Wahrheit, die ihn zuinnerst angeht."

225

nologische Aufweis des Daseins als eines wesenhaft hörenden Wesens ein erhebliches Stück weiterführt. Insofern läßt sich *a priori* eine Einweisung auf den Weg zum Verständnis eines möglicherweise ergehenden Offenbarungsgeschehens vornehmen. Aber sehr weit kommen wir auf diesem Wege kommen eben nicht. Helleres Licht fällt auf diesen Weg, vor allem auf seine weiteren Strecken, erst vom *a posteriori* der geschehenen Offenbarung. Und dieses a posteriori bedeutet inhaltlich, daß Gott in Christus die Welt mit sich selbst versöhnte, 2Kor 5,19.[718] Ist aber Versöhnung als das gemeint, was dem hörenden Menschen als Evangelium gesagt, zu-gesprochen wird, so ist zu erwägen, was dies für den Vorgang des Hörens, des annehmenden und glaubenden Hörens bedeutet.

Redet Paulus von der in Christus erfolgten *Versöhnung*, indem er zugleich vom *Wort der Versöhnung* redet, dem als dem indikativischen Wort das imperative folgt, so bindet er in der für ihn eigentümlichen Weise die Vergangenheit des Kreuzesgeschehens und die Gegenwart des Verkündigungsgeschehens zusammen. Die am Kreuz erfolgte Versöhnung wird als die jeweils zugesprochene und im Glauben gehörte und im glaubenden Hören angenommene Versöhnung, also als die dem Menschen in der Predigt offenbar gemachte Versöhnung, zum *geschichtlichen* Heilsereignis. Hierbei ist "geschichtlich" wiederum im existenzialen Sinne verstanden. Der Mensch als geschichtliches Dasein wird als der glaubend Hörende der durch Gottes Initiative Versöhnte. Das glaubende Hören gehört also konstitutiv zum Versöhnungsgeschehen. Dies darf natürlich nicht so interpretiert werden, als ob das Hören zur Aktivität Gottes noch etwas hinzufügte. Das Hören ist nicht im mindestens Grund oder auch nur Teil des Grundes für das Versöhnungsgeschehen. Die Versöhnung als Tat ist allein Gottes Tat.[719]

---

[718] χόσμος meint hier die Menschenwelt, s. *Bultmann*, Das Verständnis von Welt und Mensch im NT und im Griechentum, 68: "Welt ist hier verstanden als die Sphäre alles dessen, was Menschen denken, planen und wollen in ihren Sorgen und Wünschen, in ihren Lüsten und ihrem Betrieb, in ihrem Stolz und Übermut. Es ist die geistige Sphäre, von der jeder Mensch von vornherein umfangen ist, mit ihren Urteilen und Vorurteilen, ihren Wertungen und Strebungen ..." S. auch *Balz*, EWNT II, 770f. Indem wir hier 2Kor 5,19 zitieren, ist nicht der Bezug auf eine Spezialtheologie des Paulus vorgenommen; vielmehr geht es mit dieser Formulierung des Apostels um das Zentrum neutestamentlicher Verkündigung. Zu unterschiedlichen Auffassungen über die Versöhnung im Neuen Testament s. *Stuhlmacher*, Versöhnung, Gesetz und Gerechtigkeit, passim, und *Breytenbach*, Versöhnung.

[719] Mit dieser Feststellung ist das für den jetzt diskutierten Sachzusammenhang Erforderliche zum Thema Versöhnung hinreichend gesagt. Im Paulus-Teil wird 2Kor 5 ge-

Läßt sich die Versöhnung des Menschen durch Gott als zusammenfassende Aussage der neutestamentlichen Verkündigung verstehen, so scheint es nicht in gleicher Weise für das Theologumenon von der *Rechtfertigung sola gratia* und *sola fide* zuzutreffen. Die so verstandene Rechtfertigung wird ja weithin als paulinisches Spezifikum gesehen und dann je nach der theologischen Einstellung des einzelnen zu Paulus als theologisches Zentrum des Neuen Testaments oder als eine seiner peripheren Aussagen betrachtet. Es ist sogar zuweilen zur Mode geworden, die Rechtfertigung sola fide selbst für die paulinische Theologie nicht mehr als theologische Mitte zu sehen.[720] Hier wird jedoch entschieden an der zentralen Rolle der Rechtfertigung für die paulinische Theologie festgehalten. Darüber hinaus wird die Rechtfertigungstheologie des Apostels als konstitutives Moment seiner Versöhnungstheologie gesehen. Rudolf Bultmann sagt zurecht, daß (in der paulinischen Theologie) an die Stelle des Begriffs δικαιοσύνη (δικαιωθῆναι) auch der Begriff καταλλαγή (καταλλαγῆναι) zur Bezeichnung der neuen Situation, die Gott selbst dem Menschen erschlossen hat, treten kann.[721] Auf die äußerst enge Affinität der Rechtfertigungstheologie des Paulus zu seiner Versöhnungstheologie wird hier hingewiesen, weil das, was im Folgenden über das Hören als glaubendes Hören ausgeführt wird, sich vor allem anhand der paulinischen Rechtfertigungstheologie illustrieren läßt. Diese Illustration muß aber an einem zentralen neutestamentlichen Theologumenon erfolgen, wenn sie für die fundierenden Ausführungen der Prolegomena in hinreichendem Maße Argumentationskraft besitzen soll.

Rechtfertigung, sei sie von Paulus durch das Substantiv δικαιοσύνη oder durch das Verb δικαιωθῆναι zum Ausdruck gebracht, ist ein *forensi-*

---

nauer zu interpretieren sein. Hier sei antizipierend nur auf *Bultmann*, Theol., § 21, Die καταλλαγή, verwiesen.

[720] Dies gilt im Augenblick mehr für die angelsächsische als für die deutsche Forschung; s. vor allem *E.P. Sanders*, Paulus und das palästinische Judentum; dazu kritisch *Hübner*, NTS 26, 445ff.; *Sanders*, Paul, The Law, and the Jewish People; dazu kritisch (Rezension) *Hübner*, StNTU 11, 238ff.; *H. Räisänen*, Paul and the Law; dazu kritisch (Rezension), *Hübner*, ThLZ 110, 894ff. Auch zu dieser Thematik s. den Paulus-Teil der Mesolegomena.

[721] *Bultmann*, Theol., 285; *Bultmann* präzisiert ib. 285f.: "Sofern das εἰρήνην ἔχομεν πρὸς τὸν θεόν (Rm 5,1) mit einem κατηλλάγημεν gleichbedeutend ist und jedes aus dem δικαιωθέντες folgt, ist streng genommen die καταλλαγή die Folge der δικαιοσύνη. Faktisch aber entfaltet dann εἰρήνην ἔχομεν doch nur den Sinn der δικαιοσύνη ..."

sches Geschehen. Dem Sünder widerfährt im Gericht Gottes der Freispruch. Dieses Geschehen von Gott her ist ein Geschehen, das sinnvoll in *theologischer* Begrifflichkeit ausgesagt wird. Und insofern Paulus es im Röm, seinem wahrscheinlich letzten der uns erhaltenen Briefe[722], mit dem Begriff der δικαιοσύνη θεοῦ aussagt[723], dürfte er damit das theologische Moment noch stärker herausgestellt haben. Dennoch ist es gerade dieses forensische Geschehen, das unabhängig von theologischen Zusammenhängen vom Wesen des Menschen her aufgewiesen werden kann. Denn *der Mensch ist essentiell ein forensisches Wesen*. Das meint nicht, daß er als ein sich ständig verfehlendes Wesen der Verurteilung verfallen wäre. Mit der Feststellung vom forensischen Wesen des Menschen soll auch, da zunächst der theologische Horizont ausgeblendet wird, nichts über ein allgemeines Sünder-Sein, etwa im Sinne von Röm 1,18-3,20, gesagt sein. Worum es hier geht, ist der einfache Sachverhalt, daß sich der Mensch immer schon vor einem Forum verantwortlich weiß. Indem es zum Mensch-*Sein* gehört, sich verantwortlich zu wissen, ist für ihn die Rechtfertigung seines Verhaltens, ja seines ganzen Seins unabdingbar. Der Mensch will so handeln und so sein, daß er vor der Instanz, die er als die für sich maßgebende anerkennt, bestehen kann. Den Menschen, der weder vor anderen noch vor sich selbst - auch das eigene Ich kann die Funktion dieser Instanz einnehmen - als gerechtfertigt dastehen will, gibt es nur in psychopathischer Depravation. Davon einmal abgesehen, ist der Mensch als sich seiner Verantwortlichkeit Bewußter, als sich Verhaltender, als Handelnder, Existierender auf Rechtfertigung aus.[724] Daß in diesem Zusammenhang die Gewissensthematik ins Spiel kommt, ist evident. Im Gewissen ist aber der Mensch, der sich verantwortlich wissende Mensch, dem ausgesetzt, was das Gewissen an urteilender und verurteilender Macht innehat. Der hinlänglich bekannte Versuch, das Gewissen durch Selbstbetrug zu beschwichtigen, weist besonders deut-

---

[722] Höchstens könnte man noch den Phil später datieren. M.E. sprechen aber nicht geringe Gründe, die hier nicht zu diskutieren sind, dafür, daß Paulus den Phil vor dem Röm geschrieben hat.
[723] S. das dazu in Abschn. 1.3.2.1 Ausgeführte!
[724] Wollte man auch hier angesichts des eigenen phänomenologischen Aufweises auf *Heidegger*, Sein und Zeit, rekurrieren, so wären vor allem seine Ausführungen über das Gewissen zu berücksichtigen (§§ 54-60). Ich verweise auf diese Paragraphen; ich habe sie auch bei dem, was ich hier ausführe, vor Augen. Doch bleibe ich im Folgenden nicht unbedingt auf der Linie *Heideggers*. Eine Auseinandersetzung mit §§ 54-60 ist theologisch geboten, sie kann aber hier nicht erfolgen.

lich darauf hin, daß sich der Mensch von *seinem* Gewissen wie von einer ihm gegenüberstehenden Instanz angesprochen sieht. Insofern hat *Heidegger* in seiner existenzial-ontologischen Fundierung des Gewissens durchaus richtig das *Hören* herausgestellt.[725] Hören impliziert aber, daß einem einer etwas sagt. Faßt man das Gewissen als Stimme des eigenen Daseins, als dessen Anruf, so verdoppelt sich sozusagen das Ich.

Faktisch ist aber das Gewissen zumeist eine Instanz jenes Ichs, das in unterschiedlichen Bezügen zu seinen Mitmenschen steht. Und einige dieser Bezüge zu den Mitmenschen implizieren in der Regel das Bewußtsein, sich *auch* vor ihnen verantwortlich zu wissen. Das eigene Versagen soll gerade vor diesen Mitmenschen nicht offenkundig werden. Würde es ihnen bekannt, so wäre Scham unausweichlich.

Es geht hier nicht darum, eine psychologische Theorie des Gewissens zu geben.[726] Es soll allerdings soviel über das Gewissen und das Verantwortungsbewußtsein des Menschen gesagt werden, wie *erforderlich* ist, um später theologisch sinnvoll vom Menschen als dem forensischen Wesen reden zu können. Diese Unausweichlichkeit, sich vor seinem Gewissen und vor menschlicher Instanz zugleich verantworten zu müssen, kann freilich pervertieren. Verantwortungsbewußtsein als forensisches Bewußtsein kann, ohne daß es der Betreffende durchschaut, mißbraucht, manipuliert, verführt werden. Diktatorische und indoktrinäre Ideologien politischer oder weltanschaulicher, vielleicht sogar religiöser Art können den Menschen zum Spielball ihrer Machtinteressen machen - aber auch ihnen gegenüber "funktionieren" Gewissen und Verantwortungsbewußtsein als "Funktionäre". Der Kader gehorcht!

Der Mißbrauch wirft somit ein bezeichnendes Licht auf ein Phänomen, das als solches eben nicht Ausdruck einer Perversion ist. Er läßt aber gerade als abusus den usus bonus um so deutlicher erkennen: Der Mensch steht als das forensische Wesen vor je seinem Forum. Der Mensch als das forensische Wesen ist notwendig auf Rechtfertigung aus -

---

[725] Ib. 270ff.: Das Dasein als verstehendes Mitsein kann auf andere *hören*. Es verliert sich jedoch in die Öffentlichkeit des Man und *überhört* so das eigene Selbst. Es ist von der Daseinsanalyse *Heideggers* her sicherlich möglich, den Ruf, der das Hinhören auf das Man unterbricht, als vom Dasein selbst gegeben zu interpretieren. Jedoch ist es die Frage, ob der Theologe dieser Dogmatisierung des Woher dieses Rufes folgen kann. Die größten Bedenken habe ich aber gegenüber dem fundamentalontologischen Aufweis von Schuld in § 58. Ist hier nicht das Prinzip, die *gesamte* Daseinsanalyse *formal-ontologisch* zu bestimmen, auf die Spitze getrieben?

[726] Dazu sehe ich mich schon aus fachlichen Gründen nicht in der Lage.

einerlei wer die Instanz des Forums ist! Das *Aus-sein-auf-Rechtfertigung* gehört *zum Sein des Menschen*. Wenn also Paulus in den Mittelpunkt seiner Theologie die Rechtfertigung durch Gott stellt, so mag ein Atheist oder irgendeiner, der die *spezifische* Rechtfertigungslehre des Paulus ablehnt, dessen Interpretation der Rechtfertigung als falsch ansehen. Aber er wird nicht den Tatbestand, daß Paulus Rechtfertigung als solche in den Mittelpunkt seines Denkens stellt, als unsinnig behaupten können. Der Verzicht mancher Theologen, die Rechfertigungsverkündigung des Paulus für die Verkündigung der Kirche fruchtbar zu machen, ist daher nur sehr schwer zu verstehen.

Wer als sich verantwortlich Wissender mit Gott als der ihn letztlich bestimmenden Wirklichkeit rechnet, für den ist eben dieser Gott jene Instanz, von der soeben die Rede war. *Gott* ist dann das *Forum*, vor dem der Mensch notwendig als das forensische Wesen steht. Glaubendes Hören auf das Wort Gottes, das Wort des Evangeliums, bedeutet dann, den Freispruch Gottes als das die eigene Existenz betroffen machende Wort zu hören. Dieses Wort Gottes ist aber alles andere als bloße Mitteilung an den Menschen. Offenbarung Gottes, die die Rechtfertigung des Menschen beinhaltet, ist - mit Rudolf Bultmann - "*ein Geschehen*, das mich in eine neue Lage meiner selbst versetzt, in der freilich auch die Möglichkeit eines Wissens (nämlich eben um mich selbst in meiner neuen Situation) begründet ist, aber ohne Rücksicht darauf, ob dieses Wissen explizit wird".[727] Bultmann fragt, wenn er nach dem Begriff der Offenbarung im Neuen Testament fragt, zuerst, wie hier der Mensch in seiner Begrenztheit gesehen ist. Und da die Antwort lautet: "*der Mensch ist begrenzt durch den Tod*", heißt "die weitere Antwort einfach: *die Offenbarung im Leben*".[728] Es wird nicht eine Idee des Lebens offenbart, nein: "Offenbarung ist ein *Geschehen*, das den Tod vernichtet, nicht eine Lehre, daß er nicht sei."[729] Es ist ein Geschehen von außen in das menschliche Leben hinein, es ist nicht konstatierbar innerhalb dieses Lebens. Man kann nur daran glauben.[730] Ist aber Offenbarung nicht primär Lehre[731], verändert sie primär das Sein dessen, der sie im

---

[727] *Bultmann*, Der Begriff der Offenbarung im NT, 2.
[728] Ib. 14; Hervorhebung durch *Bultmann*.
[729] Ib. 15.
[730] Ib. 15f.
[731] Richtig *Ebeling*, Dogmatik I, 251: "Lehre ist eine Folgeerscheinung von Offenbarung, aber nicht diese selbst".

glaubenden Hören annimmt, so ist sie - mit *Gerhard Ebeling* - "als Offenbarung Gottes an den Menschen ... wesenhaft *soteriologisch*"[732].

Diesen soteriologischen Geschehenscharakter der Offenbarung gilt es festzuhalten, wenn sie als freisprechendes Wort Gottes im forensischen Sinne interpretiert wird. Denn die glaubende Annahme dieses evangelischen Wortes ist ja kein rein noëtischer Vorgang. Wenn der Mensch als forensisches Wesen auf Rechtfertigung aus ist und wenn er vor dem Forum Gottes um seine Schuld weiß, so bedeutet für ihn der vergebende Freispruch durch Gott Leben. Es braucht hier nicht weiter ausgeführt zu werden, wie Vergebung schon von Mensch zu Mensch - und die Analogie dieser Vergebung zur Vergebung durch Gott besteht durchaus - den, dem sie zuteil wird, in seinem ganzen Sein zu verändern vermag. Gehört es zum Sein des Menschen, wesenhaft durch seine sozialen Bezüge konstituiert zu werden, so kann in dem durch die Vergebung erfolgten Geschehen der Mensch völlig neu werden. Heben wir das Vergebungsgeschehen nun wieder auf die Ebene der Beziehung zwischen Gott und Mensch: Gott vergibt die Sünde, deren Qualität theologisch darin besteht, daß sie nicht nur ein einzelner gegen Gott gerichteter *Akt* des Menschen ist, sondern zutiefst ihn, den sie unter ihrer Knechtschaft gefangen hält, in seinem *Sein* gegen Gott stellt. Im Glauben angenommene Vergebung durch Gott meint dann aber nicht, daß dieser dem Menschen einige Sündentaten nicht anrechnet (mag auch Paulus in Röm 4,8 ψ 31,2 zitieren), sondern ihn in ein neues Sein bringt. Der, der um die Qualität der Sünde weiß, der somit auch um das freimachende Geschehen der Vergebung seiner Sünde weiß, ist gerade im Bewußtsein der widerfahrenen Rechtfertigung durch Gott ein Neuer geworden. Wer ernsthaft mit Gott rechnet und weiß, daß Gott ihn, mit Kol 1,13f. gesprochen, in das Reich seines geliebten Sohnes versetzt hat, lebt in der Tat als der Befreite, befreit von der Sünde, frei für Gott und die Aufgaben dieser Welt. Die theologische Aussagemöglichkeit des *lokalen* Ortswechsel meint letzlich den Wechsel des *Existenzgrundes*. Am selben Ort dieser Welt bleibend, hat der Christ bereits jetzt einen Ort "in" Gott, "in" Christus, "im" Geiste Gottes.[733] Der durch Gott Ge-

---

[732] Ib. 251; Hervorhebung durch mich.

[733] Diese Interpretation der biblischen Aussagen in *lokaler* Kategorie als Existenzaussagen ist einer der entscheidendsten Aspekte der *existentialen Interpretation*. Sie vermag hier mit dem Existenzial des *In-Seins* (*Heidegger*, Sein und Zeit, § 12) zum Aus-

rechtgesprochene hat ein *neues Sein*, er ist mehr noch, als eben ausgeführt, eine neue Kreatur (Gal 6,15; 2Kor 5,17). Er ist das neue Geschöpf, weil er aufgrund seiner Rechtfertigung ein neues *coram Deo* hat; *Gott ist für ihn ein anderer geworden*. Aus dem verurteilenden Gott ist der ihn annehmende Gott geworden. Aber das *Anders-Werden Gottes* ist allein dieses Gottes Werk. Gott ist in seinem Wirken als der den Menschen neu Erschaffende offenbar geworden. Zugespitzt: Offenbarung Gottes, genauer noch: Offenbar-Werden Gottes *ist* Neu-Werden des Menschen. Offenbarung Gottes ist aber damit das in der Geschichte sich jeweils neu ereignende Handeln Gottes am Menschen, der in seiner Geschichtlichkeit dieses Handeln glaubend annimmt. Daß das göttliche Handeln seinen noëtischen Aspekt hat, versteht sich von selbst, das Noëtische steht aber ganz im Dienst des Ontischen; denn das seinsmäßige Neu-Werden des Menschen in Gott ist das, worauf alles ankommt.

Rufen wir uns in Erinnerung, von welcher Fragestellung aus wir über den Menschen als forensisches Wesen nachgedacht haben. Es ging darum, ob mit dem, was mit dem theologischen Begriff "Offenbarung" an biblischen und vor allem an neutestamentlichen Gehalten ausgesagt wird, Gott selbst als der Erscheinende ausgesagt wird. Oder meint Offenbarung nur, daß - mit *Heinrich Fries* - "im Erscheinenden immer auch und zugleich das Nichterscheinende" erscheint?[734] Meint also in diesem Sinne Offenbarung, daß in ihren "Phänomenen" Gott eben nicht in "Erscheinung" tritt? (So jedenfalls, wenn wir uns an die genannte begriffliche Distinktion *Heideggers* halten.)

Noch einmal: Es geht hier nicht darum, *Heideggers* Terminologie als für theologische Aussagen optimal zu behaupten. Es geht lediglich darum, inwieweit durch einen phänomenologischen Aufweis Aussagen über den Menschen möglich sind, die diesen als das für Offenbarung "offene" Wesen verstehbar machen. In *diesem* Zusammenhang dürfte es allerdings sinnvoll sein, versuchsweise mit der Begrifflichkeit des bedeutendsten Phänomenologen (neben *Edmund Husserl*) zu operieren. Wo sich dies als hilfreich erweist, wären wir schlecht beraten, uns ihrer nicht zu bedienen - auch wenn sie zuweilen, wie offen eingeräumt sei, etwas gekünstelt ist. Wer will, möge, so er hat, eine bessere Terminologie benutzen. Nur sollte das dann nicht mit der Intention geschehen, Heideg-

---

druck zu bringen, daß das Wortgeschehen weit mehr ist als eine bloße Gerechtsprechung, die mit Gerechtmachung nichts zu tun hätte.
[734] *Fries*, Fundamentaltheologie, 167.

gers "individualistische" Engführung zu überwinden. Eine solche Intention würde die Intention der Daseinsanalyse Heideggers völlig verkennen![735]

Alttestamentlich begegnet zuweilen die Aussage, daß Menschen Gott gesehen haben; so z.B. in dem recht alten Text Ex 24,9-11. Sollte der Ichbericht Jes 6 authentisch sein[736], wofür wohl doch die stärkeren Argumente sprechen, so hätten wir das prophetische Selbstzeugnis in Jes 6,5: "Den König, Jahwäh der Heere, haben meine Augen gesehen."[737] Aber dies sind doch eher Randaussagen innerhalb des Alten Testaments, die man nicht als charakteristisch für die alttestamentlichen Vorstellungen vom Offenbar-Werden Gottes bewerten sollte. Ex 33,20 sollte - trotz Ex 33,11! - in diesem Zusammenhang als caveat beachtet werden. Und die theologische Reflexion von Dtn 4,12 (nachdeuteronomisch-deuteronomistische Redaktion) betont mit Nachdruck, daß die Israeliten am Horeb keine göttliche Gestalt, *təmûnāh*, gesehen, sondern nur die Stimme der Worte Jahwähs gehört haben.

Neutestamentlich könnte man von Joh ausgehen, etwa von Joh 14,9, wo Jesus dem Philippus entgegenhält, daß wer ihn gesehen habe, den Vater gesehen habe. Aber alles hängt daran, wie diese Aussage zu interpretieren ist. Daß sie die Abweisung der Forderung nach einer *direkten* Gottesschau ausspricht - also in gewisser Hinsicht eine Parallele zu Ex 33,20! - , ist eine gängige und wohl zutreffende Auslegung.[738] Für Joh 14,9 ist vor allem zu bedenken, daß Joh das Verhältnis zwischen Gott und Jesus als dem Offenbarer in der Dialektik von Identität und Subordination schildert.[739] Im johanneischen Jesus ist wohl Gott präsent; aber diese Präsenz wird noch nicht im Sinne des Chalcedonense ausgesagt.

---

[735] S. dazu *Hübner*, Politische Theologie und existentiale Interpretation, 1. Kap.

[736] So z.B. *H.Wildberger*, BK.AT X/1, 239: "Jes 6 trägt alle Zeichen der Echtheit auf der Stirn, es ist ein Bericht genuiner Erfahrung, der von Jesaja selbst verfaßt oder diktiert sein muß."; anders *O. Kaiser*, ATD 17 (5. Aufl.!), 121ff.

[737] S. auch das in Abschn. 1.3.1 zu Ez 1 Gesagte!

[738] Z.B. *R. Bultmann*, KEK II, 470: "Seine (sc. des Philippus) Torheit ist aber die, daß er über die Offenbarung hinaus eine direkte Schau Gottes begehrt. Daß das Torheit ist, bringt ihm Jesu Antwort zum Bewußtsein, der ihn auf die indirekte Gottenschau am Offenbarer zurückweist ..."; *R. Schnackenburg* HThK IV/3, 77: "Im Vorwurf an Philippus werden sie (sc. die späteren Gläubigen) gemahnt, keine besonderen visionären Gotteserfahrungen, keine unmittelbare Gotteinigung zu suchen, sondern sich allein im Glauben an Jesus und sein Wort zu halten."

[739] S. Abschn. 1.3.2.3.

Und auch der Tatbestand, daß in der paulinischen Christologie dem im Osterereignis Erhöhten der göttliche Kyriosname gnadenweise gegeben wurde, ἐχαρίσατο, Phil 2,9, sagt gerade nicht die Identität Jesu mit Gott, mit *dem* θεός aus. Im übrigen ist zu berücksichtigen, daß das damals mögliche Sehen Jesu heute durch den Glauben an ihn abgelöst ist.

Daher empfiehlt sich, noch einmal von der *Rechtfertigungstheologie des Paulus* auszugehen. Im Wort des Evangeliums wird dem glaubend Hörenden die Gerechtigkeit Gottes zuteil, im Wort begegnet ihm der freisprechende Gott. Der Begriff der Offenbarung definiert sich danach primär von Gott her, der den Gottlosen rechtfertigt, Röm 4,5. In der theologischen Logik rangiert somit das Ereignis der Rechtfertigung vor dem der Offenbarung. Danach ist Offenbarung Gottes ein Ereignis, das der Glaubende an sich als Wirken Gottes erfährt. Es ist nicht ein für den Außenstehenden konstatierbares Wirken, es ist nicht objektiv registrierbar. Aber für den Glaubenden, der sich "in Christus" und somit *im* Bereich des ihn erlösenden Gottes befindet, ist es die erfahrene Gegenwart Gottes. In *dieser* Hinsicht gehört Gott als der handelnde Gott mit in das im Glauben erfahrene Offenbarungs-"Phänomen" hinein. Insofern - und hier wird man Rudolf Bultmann, der sich auf Wilhelm Herrmann beruft, folgen - wir von Gott nur sagen können, was er an uns tut[740], insofern Aussagen über Gott, die sein Sein in seiner bloßen Aseität beschreiben wollen, letztlich unaussagbar werden, geht es ja gerade bei der Offenbarung Gottes um die Kundgabe Gottes *durch* sein am Menschen sich vollziehendes Wirken, so daß im Rechtfertigungsprozeß und in der Existenz des Gerechtfertigten κατὰ πνεῦμα Gott als der Wirkende präsent ist. Man mag mit Fries von der Offenbarung Gottes als dem Vorgang sprechen, in welchem im Erscheinenden das Nichterscheinende erscheint[741]; aber dabei darf Gott, der in diesem Sinne zunächst als "das" Nichterscheinende verstanden ist, nicht aus dem Erscheinenden absentiert werden. Gott bleibt im Ereignis der Offenbarung unbestreitbar der, der als der Schöpfer seine Unverfügbarkeit und seine Transzendenz[742] gegenüber dem Geschöpf wahrt; zugleich aber be-gibt er sich in den Bereich seiner Schöpfung, so daß das Geschöpf, indem es "in Christus" ist, "in Gott" ist.

---

[740] *Bultmann*, Welches Sinn hat es, von Gott zu reden?, 36.
[741] *Fries*, Fundamentaltheologie, 167.
[742] Transzendenz diesmal natürlich im streng theologischen Sinne gefaßt!

So hat sich im Verlauf der hier vorgelegten Reflexionen, in denen es zunächst nur um die Bestimmung dessen ging, was Offenbarung bedeutet, fast mit notwendiger Stringenz die Offenbarungsthematik zur Thematik des Gesamtbereichs der *Soteriologie* ausgeweitet. Offenbarung wurde fast zu einem die ganze Theologie abdeckenden Begriff. Diese Weichenstellung wurde im selben Augenblick unausweichlich, in dem auf die Engführung einer bloß noëtisch zu definierenden Offenbarung verzichtet werden mußte - verzichtet werden mußte aufgrund dessen, wie die Heilige Schrift beider Testamente das Offenbar-Werden Gottes aussagt. Altes wie Neues Testament reden *über* das sich aussprechende Ich Gottes; aber Altes wie Neues Testament sprechen auch *als* dieses Ich Gottes. Und indem Sprechen und Reden jeweils in ihrem eigentlichen Sinne, in ihrer tieferen existenzialen Bedeutung bedacht wurden, meinte das die Selbsterschließung Gottes als die des den Menschen begnadenden Gottes; meinte das Erschlossensein des erlösenden Gottes für den Menschen und somit die Wirklichkeit der Erlösung des Menschen durch Gottes Aus-sich-Heraustreten. Neutestamentlich ist das der eigentliche Sinn aller Christologie, so unterschiedlich auch ihre jeweilige theologische Explikation durch die einzelnen neutestamentlichen Autoren praktiziert wurde. *Indem* Gott sich als der *Deus pro nobis* offenbart, *ist* er der den Menschen erlösende Gott, der die Menschheit erlösende Gott. *Offenbarung koinzidiert* - gemäß dem Zeugnis der Schrift - *mit der Erlösung*; denn er ist Gott *als* der Erlöser, der sich in Christus den Menschen geoffenbart hat.

Die existenziale Betrachtung des Angesprochen-Werdens und des Hörens hat fundamentaltheologisch den Zugang zum Offenbarungsgeschehen eröffnet. Dieser Weg a priori wurde aber erst wirklich einsichtig aufgrund der neutestamentlichen Aussagen a posteriori. Das Neue Testament ist so Offenbarung als Evangelium der Gerechtigkeit Gottes, als Evangelium des Gottes, der sich als der gerechtmachende Gott dem Menschen erschließt. Das Neue Testament ist zugleich - jedenfalls will es so gehört werden - die Anrede Gottes an den Menschen als desjenigen, der sich als der rechtfertigende Gott kundtut und genau dadurch den Glaubenden rechtfertigt.

Das eigentümliche dialektische Verhältnis von Nichterscheinendem und Erscheinendem, das zuletzt mehrfach genannt wurde, läßt ein ebenfalls dialektisches Verhältnis assoziieren, das für die Theologie *Martin Luthers* von zentraler Bedeutung ist, nämlich den - theologischen! - Gegensatz von *Deus absconditus* und *Deus revelatus*. Im Koordinatensystem dieser beiden Erscheinungsweisen Gottes[743] denkt Luther den Begriff der Offenbarung.[744] Er denkt ihn als Offenbarung Gottes *sub contrario*. Die Offenbarung *Gottes* geschieht in der Inkarnation, in einem *Menschen*, also: "Deus in carne absconditus est."[745] Gottes *Kraft* offenbart sich in *Schwachheit*.[746] Die christologische Dimension der *theologia crucis* wird deutlich in dem Satz: "Cum ignorat Christum ignorat Deum absconditum in passionibus."[747] Der Gott des Lebens offenbart sich im Tode am Kreuz. Es ist der Glaube, der den Deus revelatus in cruce als Deus absconditus ergreift. Damit steht Luther theologisch ganz dicht bei Paulus, der Gottes Dynamis unter der Schwachheit des Kreuzes und Gottes Weisheit unter der Torheit des Kreuzes verborgen sieht (1Kor 1,18ff.). Und damit steht Luther ebenfalls ganz dicht bei Johannes, der Gottes Herrlichkeit im Tode Christi vollendet sieht (Joh 19,30). Der Glaube allein durchschaut diese "Dialektik", der nach Luther wie auch nach diesen beiden neutestamentlichen Autoren selber von der theologia crucis wesensmäßig bestimmt ist. Wiederum hat es Luther auf den theologischen Punkt gebracht, wenn er in der Heidelberger Disputation vom April 1518 erklärt: "Deum non inveniri nisi in passionibus et cruce."[748] *Walther von Loewenich* interpretiert den Satz richtig: "Das Kreuz Christi und das Kreuz des Christen gehören für ihn (sc. für Luther) zusammen."[749] Der Glaube ist demnach hineingenommen in das Kreuz Christi, ist existenziell das Sich-Einlassen auf den in Gottes Offenbarung sich zeigenden Deus absconditus, der ja gerade der Deus revelatus ist.[750] *Albert Brandenburg*, der *Ferdinand Kattenbuschs* Studie "Deus absconditus bei Luther" als lückenhafte Arbeit beurteilt, zitiert aber zustimmend folgende Stelle: "Nur wenn

---

[743] Es wäre wohl zu schwach und blaß formuliert, wollte man lediglich von zwei *Perspektiven* reden.

[744] Dazu vor allem *von Loewenich*, Luthers theologia crucis, 26-52; *Brandenburg*, Gericht und Evangelium.

[745] WA 4,7 = Cl V, 166.

[746] WA 3, 301.

[747] WA 1, 362,23.

[748] WA 1, 362,28f.

[749] *von Loewenich*, Luthers theologia crucis, 21; durch Kursivdruck durch *von Loewenich* hervorgehoben.

[750] Ib. 29: "Der Deus absconditus ist kein anderer als der Deus revelatus. Gott ist absconditus um der Offenbarung willen. Offenbarung ist nur möglich in der Verhüllung, der Deus revelatus muß als solcher absconditus sein."

Gott trotz aller Offenbarung doch ein absconditus ist und bleibt, behält es sein Recht, daß der *Glaube* das ein und alles zwischen den Menschen und ihm ist."[751]

Hat sich gezeigt, daß Offenbarung, theologisch gesehen, primär das Offenbar-Werden Gottes in seinem heilschaffenden Wirken ist, weil Gottes Wort das heilsetzende Wort ist, hat sich somit gezeigt, daß es vor allem vom Neuen Testament, zum nicht geringen Teil aber auch vom Alten Testament her theologisch geboten ist, Offenbarung von den soteriologischen Aussagen der Schrift her zu bestimmen[752], so stellt sich die Frage nach dem Verhältnis von Altem und Neuem Testament, diesmal sehr profiliert, als die Frage nach dem Verhältnis von alttestamentlicher und neutestamentlicher Offenbarung. Dabei ist nun dieses Verhältnis als *das Verhältnis des Offenbar-Werdens Gottes im Alten Testament und seines Offenbar-Werdens im Neuen Testament* zu bedenken. Daß es im Neuen Testament, um es noch einmal an Paulus festzumachen, das Wort des Evangeliums ist, in dem Gott als der Gerechtmachende offenbar wird, läßt die Problematik der christlichen Sicht der alttestamentlichen Offenbarung in aller Schärfe deutlich werden. In diesem Zusammenhang stellt sich also erneut die Frage: *Wem* gilt denn das im Alten Testament ausgesprochene Ich Gottes? Die vielen Ereignisse, in denen das Alte Testament Gott als den Offenbarenden am Werk sieht, stehen in offenkundiger Problematik in Kontrast zu dem einen Offenbar-Werden Gottes in Jesus Christus, zu einer Offenbarung, die in der Verkündigung je und je neu repräsentiert wird. Die Offenbarungen Gottes im Alten Testament konkurrieren, wie sich zeigte, zum Teil miteinandern, sie lassen sich zum Teil nicht in eine theologische Gesamtschau einordnen. Sie intendieren großenteils erst recht nicht die neutestamentliche Offenbarung und stehen, ihrem Selbstverständnis entsprechend, ohne inneren Bezug zum Neuen Testament. Nur wenige Akte alttestamentlicher Manifestation Gottes können so, wie sie ursprünglich gemeint sind, in das theologische Koordinatensystem des Neuen Testaments eingezeichnet werden. Ist es immerhin noch möglich, *Aussagen* des Alten Testaments, auch wenn sie als Vetus Testamentum in Novo receptum eine, zum Teil sogar erhebliche Sinnverschiebung erleiden mußten, in *Aussagen* des

---

[751] *Kattenbusch*, Deus absconditus bei Luther, 181, zitiert bei *Brandenburg*, Gericht und Evangelium, 28.
[752] Dabei gewinnt vor allem im Alten Testament die Soteriologie ihren eigenartigen Horizont im Kontext des Gerichtes Gottes.

Neuen Testaments zu integrieren, so eskalieren die Schwierigkeiten, wenn es um das Zueinander von Offenbarungs-*Ereignissen* beider Testamente geht - einmal ganz davon abgesehen, daß die Frage bleibt, wo denn nun im Einzelfall die im Alten Testament geschilderte Offenbarung Gottes aus christlicher Sicht als Offenbarung *Gottes* angesehen werden darf und wo nicht. Da bei der Sichtung biblischen Materials Beispiele genannt wurden, sei hier darauf verwiesen.

In den neutestamentlichen Schriften wird dieses Problem in recht unterschiedlicher Weise angegangen. So ist es sogar möglich, daß ein und derselbe Autor, nämlich Paulus, im Gal und Röm unterschiedlich darüber urteilt. Ja, Paulus macht uns hier sehr große Schwierigkeiten, da sein theologisches Argumentieren mit einem für uns kaum noch nachvollziehbaren Operieren mit der *Zeitebene* geschieht. Wie ist es z.B. möglich, daß Abrahams Glaube als Gerechtigkeit angerechnet wurde, Gal 3,6, jedoch in einer Zeit, als der christologische Grund dafür noch nicht gegeben war, Gal 3,13 (s. auch Gal 3,23: πρὸ τοῦ δὲ ἐλθεῖν τὴν πίστιν)? Und es ist ebenso dieser Paulus, der die Geschichte Israels an verschiedenen Stellen seiner Briefe unterschiedlich theologisch einbringt. Die Frage drängt sich auf, wie denn nun Paulus theologisch das Offenbarungsgeschehen im Alten Testament sieht. Bringt er es, soweit für ihn alttestamentliches Geschehen Offenbarungsrelevanz hat, für Israel selber in Anschlag? Oder ist es für ihn nur insofern Offenbarung, als es in der in Christus ergangenen Offenbarung seinen eigentlichen Bezugspunkt hat?

Die genannten Fragen - sie ließen sich mühelos vervielfachen - veranschaulichen, wie kompliziert eine gesamtbiblische Theologie wird, wenn sie das Verhältnis von alttestamentlichen Offenbarungen und neutestamentlicher Offenbarung thematisiert. An dieser Stelle unserer Überlegungen müssen wir auf die Mesolegomena verweisen, weil die neutestamentlichen Aussagen stark divergieren. Dort wird aufzuarbeiten sein, wie die neutestamentlichen Autoren in zueinander sehr differenter Weise mit dieser Problematik umgehen. Daß darin auch das *Verhältnis Israel - Kirche* zur Sprache kommen muß, ist evident. In den Epilegomena ist dann zu fragen, ob die so unterschiedlichen theologischen Anschauungen bei den einzelnen neutestamentlichen Autoren uns zu einer Gesamtsicht befähigen oder nicht. Daß dabei das Problem der *Zeit* von erheblicher Wichtigkeit ist, daß gerade hierbei auch nichttheologische Reflexion über das den biblischen, vor allem den neutestamentlichen

Autoren eigenen Zeitverständnis erforderlich sein wird, daß auch hier Phänomenologie wieder ihren legitimen Platz haben wird, legt sich von der Natur der Sache her nahe. Hier in den Prolegomena kann und soll darüber noch keine Antwort gegeben werden. Hier ging es ja "nur" darum, das Koordinatensystem zu erstellen, innerhalb dessen der theologische Umgang der neutestamentlichen Autoren mit dem Alten Testament möglichst sinnvoll untersucht werden kann. An entscheidenden Punkten war bereits näheres Eingehen auf biblische Aussagen der beiden Testamente möglich und angebracht. Das ist in exemplarischer Weise geschehen. An anderen Punkten schälte sich nur die Fragerichtung, die Problematik als solche heraus. Doch Fragen in ihrer Gewichtung, in ihrer Fragerichtung, in ihrem Zusammenhang erkannt zu haben ist genau das, was weitere Untersuchungen provoziert und erst möglich macht.

Zum Schluß der Ausführungen sei zustimmend *Giuseppe Segalla* zitiert: "Non è possibile scrivere una teologia biblica senza presupporre la rivelazione storica come trascendenza di quella fede, che è impegnata nella comprensione del messaggio del Nuovo Testamento... E necessario escludere quindi, come premessa, ogni ideologia o filosofia che chiuda alla possibilità della rivelazione di Dio nella storia."[753]

---

[753] *Segalla*, Panorama teologico del NT, 11. Ich freue mich, daß *Segalla* ib. 32f. meiner Konzeption voll zustimmt, vor allem ib. 33: "A mio avviso communque l'unica strada che porta ad una teologia biblica globale è quella consistente nello scrivere una teologia dell'Antico Testamento, partendo dal Nuovo. Si avrebbe così 'una teologia neotestamentaria dell'Antico Testamento' secondo una felice espressione di H. Hübner - teologicamente giustificata dal fatto che Cristo è il compimento della rivelazione storica di Dio all'uomo."

1.4 Der eine Gott und die beiden Testamente

Die Frage nach dem Verhältnis der beiden Testamente zueinander wurde als die Frage nach dem Verhältnis von alt- und neutestamentlicher Offenbarung expliziert. Wenn es wirklich ein und derselbe Gott ist, der sich in der Geschichte Israels und in Jesus Christus offenbar machte, sich einmal dem Volke Israels als dessen Gott zusprach und dann sich in Jesus Christus der ganzen Menschheit als Erlösergott erwies, so bleibt als offene Frage, *wie* denn nun Gottes Sich-selbst-Erschließen gegenüber Israel mit seinem Sich-selbst-Erschließen gegenüber aller Menschheit *theologisch zusammenzudenken* ist. Es ist eine Frage, die in den Mesolegomena in der Weise beantwortet wird, daß die jeweils unterschiedliche Rezeption des Alten Testaments durch die neutestamentlichen Autoren zu unterschiedlichen theologischen Antworten führt. Es bleibe hier noch offen, ob diese Unterschiedlichkeit in einer "höheren" theologischen Einheit "aufgehoben" werden kann. Die Diskussion darüber wird vor allem Aufgabe der Epilegomena sein. Doch genau an der hiesigen Stelle müssen wir, so fundamental auch die soeben genannte Frage erscheint und so fundamental sie auch in der Tat ist, noch einmal tiefer graben. Die nun wirklich letzte Frage, die letztlich entscheidende Frage ist, *ob* denn tatsächlich der Jahwäh Israels, der Nationalgott dieses Volkes, mit dem Vater Jesu Christi, dem Gott der ganzen Menschheit identisch ist. Damit ist noch radikaler gefragt, als vor über einem halben Jahrhundert der so umstrittene Göttinger Theologe *Emanuel Hirsch* antwortete. Dieser sah in der richtigen Erfassung des *Gegensatzes* von Altem und Neuem Testament den Schlüssel zu einer wirklichen theologischen Erneuerung aus der reformatorischen Erkenntnis Martin Luthers.[754] Im Anschluß an *Søren Kierkegaard*, der nach der inneren Krise vom Juli 1843 überhaupt kein inneres Verhältnis zum Alten Testament mehr gehabt habe[755], spricht er von dem mit der Dialektik von Gesetz und Evangelium zusammenhängenden "alles durchwirkenden Gegensatze, der zwischen alttestamentlich-jüdischem und christlichem Gottesglauben besteht": "Der alttestamentliche Gegensatz

---

[754] *Hirsch*, Das AT und die Predigt des Evangeliums, 46.
[755] Ib. 47.

des Gottesreichs gegen die Weltreiche ist geradezu die Verneinung der evangelischen Lehre von zwei Reichen."[756] Emanuel Hirsch spricht also vom Gegensatz des alttestamentlichen und neutestamentlichen Gottes*glaubens*. Radikaler ist da der von *Markion* behauptete Gegensatz vom alttestamentlichen Weltschöpfer als dem Judengott und dem Erlösergott als dem guten Gott.[757]

Markion zu widerlegen und Hirsch als auf dem Wege zu Markion befindlich zu bezichtigen scheint ein leichtes Unterfangen zu sein. Ist nicht, so könnte man fragen, die markionitische Häresie schon allein dadurch widerlegt, daß Jesus selbst Dtn 6,4 in Markus 12,29 zitiert?: "Höre Israel! Der Herr, unser Gott, ist der *eine* Herr." Würde man die hier ausgesagte Identität zwischen dem Gott des Alten Testamentes und dem Gott des Neuen Testaments bestreiten, so behauptete man einen absoluten theologischen Bruch zwischen den beiden Testamenten. Dem Alten Testament wäre dann aus der Sicht der christlichen Theologie die theologische Substanz entzogen. Ein solcher Gegensatz zwischen Altem und Neuem Testament wurde aber in diesem Jahrhundert in der Tat als theologisch unverzichtbar ausgesprochen, und zwar nicht nur von den nationalsozialistischen Deutschen Christen, über deren so niveaulose und so emotional antisemitische Anschauungen man kein Wort verlieren sollte, sondern von Theologen höchsten Ranges. Bekannt ist die Stellungnahme *Adolf von Harnacks*: "Das AT im 2. Jahrhundert zu verwerfen, war ein Fehler, den die große Kirche mit Recht abgelehnt hat; es im 16. Jahrhundert beizubehalten, war ein Schicksal, dem sich die Reformation noch nicht zu entziehen vermochte; es aber seit dem 19. Jahrhundert als kanonische Urkunde im Protestantismus noch zu konservieren, ist die Folge einer religiösen und kirchlichen Lähmung."[758] Dieser Satz wird immer dann als mahnendes Beispiel zitiert, wenn man fürchtet, jemand könne das Alte Testament theologisch abwerten.

Wer jedoch an dieser Stelle theologisch mit Adolf von Harnack ins Gericht gehen will, muß zusehen, daß er nicht Argumente vorschnell beiseite schiebt, die für eine Differenz zwischen dem Gott des Alten und

---

[756] Ib. 48; cf. ib. 48f.: "Sowohl die Theologie der Barthianer mit ihrem unlutherischen Verständnis der Eschatologie, als das Eindringen der englisch-amerikanischen Lehre von einem auf Erden sich verwirklichenden Gottesreich aus den geistlichen Kräften der christlichen Liebe, ... zwangen nun hier dazu, die klare christliche Abgrenzung gegen das alttestamentlich-jüdische Verständnis der Gottesherrschaft zu vollziehn."
[757] Immer noch maßgebend *von Harnack*, Marcion, vor allem 93ff.
[758] Ib. 217.

dem des Neuen Testaments sprechen. Natürlich sind die Gründe Markions heute leicht als konstruiert und ideologisch durchschaubar. Aber es gibt religionsgeschichtliche und theologische Sachverhalte, die uns heute selbstverständliches geistiges Eigentum sind und die Markion, hätte er sie gekannt, mit Leichtigkeit für seine Zweigötterlehre hätte in Anspruch nehmen können.

Von erheblicher theologischer Relevanz ist für diese Problematik die inneralttestamentliche Entwicklung in religionsgeschichtlicher Hinsicht. Ob man *Albrecht Alts* These vom Gott der Väter für zutreffend hält oder nicht[759], es ist nach dem heutigen Kenntnisstand unbestreitbar, daß die Patriarchen keine Jahwäh-Verehrer waren. Sie verehrten ihren Gott, wohl keinen Lokalgott, sondern einen Gott, der sie auf ihrem nomadischen Weg begleitete. Daß auch die anderen Stämme oder Sippen je ihren Gott besaßen, war für die Patriarchen selbstverständlich. Für sie und ihre nomadische Umwelt wird man also *Monolatrie* als Religionsform anzunehmen haben. Der Vätergottglaube ging, möglicherweise über den Weg des Glaubens an *einen* Vätergott, in den Glauben an Jahwäh über. Alt dürfte wohl zu Recht von der gewaltigen Absorptionskraft der Jahwähreligion sprechen.[760] Mit *Werner H. Schmidt*[761] u.a. sei angenommen, daß die Langform JHWH - wahrscheinlich als *jahwæh* zu vokalisieren - gegenüber der Kurzform JHW die chronologische Priorität besitzt. Schwieriger zu beantworten ist die Frage nach der Genese des Glaubens an diesen Gott. Die Ursprünge der Jahwäh-Verehrung liegen immer noch im dunkeln. Doch haben die Überlieferungen, die auf midianitische oder kenitische Herkunft weisen, Anspruch darauf, ernsthaft erwogen zu werden.[762] War Jahwäh "von Hause aus eine Berggottheit, ein Bergnumen unwirtlicher Wüstengebiete, das Menschen unterschiedlicher Herkunft zu gemeinsamer Verehrung anzog"?[763] Haben mit diesem Berggott - auf dem Sinai?; doch wo lag dieser Sinai/"Sinai"?[764] - die in den Ortslisten Amenophes III. und Ramses II. bezeugten "Schasu

---

[759] *Alt*, Der Gott der Väter; kritisch dazu *Köckert*, Vätergott und Väterverheißungen; mit beachtlichen Gründen kritisch zu dieser Kritik *A. H. Gunneweg*, ThLZ 113 (1988), 806f.
[760] *Alt*, Der Gott der Väter, 2f.
[761] *Schmidt*, Der Jahwename und Ex 3,14.
[762] *Rowley*, ZAW 69, 1-21; *Gunneweg*, ZThK 61, 1-9; *Freedman/O'Connor*, ThWAT III, 550.
[763] So *Donner*, Geschichte des Volkes Israel I, 101.
[764] Ib. 98ff.

des/von *Yhw3*" zu tun⁷⁶⁵. Wichtiger noch: Hat die Mose-Schar ihren Auszug aus Ägypten im Namen Jahwähs gewagt?⁷⁶⁶ Ist *deshalb* anzunehmen, daß diese Protoisraeliten in irgendeiner Weise mit dem sinaitischen Berggott Jahwäh zu tun hatten? Sind deshalb periodische Wallfahrten dieser Menschen zum sinaitischen Bergott Jahwäh *vor* dem Exodus zu postulieren?⁷⁶⁷

Doch einerlei, ob der Exodus im Namen Jahwähs geschah, wie wahrscheinlich, oder nicht - es bleibt der Tatbestand, daß Jahwäh ursprünglich einst aus dem südlich von Palästina gelegenen Gebiet kam (nach Ri 5,4 aus Seir; Dtn 33,2 werden Sinai, Seir und das Gebirge Pharan genannt).⁷⁶⁸ Und dieser alte Berggott war damals, ehe sich eine Reihe von Sippen oder Stämmen zur Größe Israels zusammenschloß, alles andere als der geschichtsmächtige Gott Israels.⁷⁶⁹ Das aber bedeutet, daß der vorisraelitische Jahwäh seinem ganzen Charakter nach ein anderer war als der Jahwäh Israels. Trotz einer sicherlich anzunehmenden, aber keinesfalls verifizierbaren Kontinuität läßt sich der religionsgeschichtliche Sachverhalt auf die Formel bringen: *Der vorisraelitische Jahwäh ist nicht der Jahwäh Israels.* Anders gesagt: Der Berggott Jahwäh vom Sinai *wurde* der Jahwäh Israels. Aus einer Mehrzahl von Göttern, den Vätergöttern und dem vorisraelitischen Jahwäh, also aus einer ursprünglich polytheistischen Mehrheit von Numina, für die jeweils Monolatrie anzunehmen ist, *wurde* auf dem Wege über wohl mehrere Identifikationen der Jahwäh Israels. Damit begegnen wir wieder einem bekannten Phänomen: Die redaktionelle Endgestaltung des Alten Testaments im Sinne des Monotheismus bringt eine theologische Anschauung, die für die ursprünglichen alttestamentlichen Überlieferungen nicht zutrifft. Und erneut stellt sich damit die Frage, die sich uns bereits früher auf-

---

⁷⁶⁵ *Herrmann*, EvTh 26, 281-293.

⁷⁶⁶ Daß Mose sie aus Ägypten geführt hat, und zwar im Namen Jahwähs, ist m.E. wahrscheinlich; s. vor allem *Fohrer*, Überlieferung und Geschichte des Exodus.

⁷⁶⁷ Dies habe ich bereits 1968 in einer noch unpublizierten Arbeit vermutet. Ich sehe in dieser Annahme immer noch eine nicht unwahrscheinliche Hypothese.

⁷⁶⁸ W.H. *Schmidt*, Atl. Glaube in seiner Geschichte, 58, bemerkt zutreffend zu diesen altertümlichen poetischen Texten, daß sie nicht die Tradition einer Theophanie *am* Sinai bestätigen, sondern eine Theophanie als Folge von Jahwähs Aufbruch *vom* Sinai schildern.

⁷⁶⁹ Werner H. *Schmidt* macht mit Recht darauf aufmerksam, daß der Name "Jahwäh" kaum auf Israel beschränkt und älter ist als das Alte Testament; dieser Name "ist mit einiger Wahrscheinlichkeit ursprünglich nicht israelitisch", ib. 69.

drängte: Was ist denn nun das theologisch Bedeutsame des Alten Testaments, der ursprüngliche religionsgeschichtliche Sachverhalt, die diesen Sachverhalt darstellenden Traditionen oder das, was der jeweilige Endredaktor - über eine ganze Reihe von modifizierenden Zwischenredaktionen - theologisch daraus gemacht hat?

In dieser Perspektive ist auch der Tatbestand zu würdigen, daß selbst nach der Identifikation der Vatergötter mit Jahwäh dieser nicht als der einzig existente Gott geglaubt wurde. Auch der Jahwäh-Glaube Israels war zunächst ein monolatrischer Glaube. Noch im Deuteronomistischen Geschichtswerk ist der monolatrische Zungenschlag nicht getilgt, etwa Ri 11,22ff., wo Jephtha zum amoritischen König Sihon sagt: "So hat also Jahwäh, der Gott Israels, die Amoriter vor seinem Volk Israel vertrieben. Und du willst es vertreiben? Nicht wahr, wen dein Gott Kamosch vertreibt, dessen Land besetzt du, und wen immer Jahwäh, unser Gott, vor uns vertrieben hat, dessen Land besetzen wir." Danach rechnet der Jahwähverehrer Jephtha mit der Existenz anderer Götter - nur, sein Gott Jahwäh hat sich ihnen als überlegen erwiesen. Ähnliches zeigt sich in 1Kön 11, einer Komposition des Deuteronomisten, in der er, alte Nachrichten verarbeitend, deren Tendenz seiner theologischen Auffassung gemäß in ihr Gegenteil verkehrt hat.[770] Denn ursprünglich wurde überliefert - 1Kön 11,7 ist alte Tradition - , daß Salomo dem Nationalgott Moabs, Kamosch, und dem Nationalgott der Ammoniter, Milkom, eine Höhe erbaut hatte. Diese Höhe hat Salomo wahrscheinlich für seine moabitischen und ammonitischen Untertanen gebaut. Damit war aber eine Anerkennung dieser fremden Gottheiten verbunden, also ein Verstoß gegen das Erste Gebot! Mit *Ernst Würthwein*: "Daß dies die alte Notiz nicht erkennen läßt, zeigt, wie selbstverständlich der Synkretismus der Salomonischen Zeit und seine offizielle Förderung hingenommen wurde."[771] Bezeichnend ist schließlich, daß ausgerechnet Saul seinen Sohn Ischbaal, Mann des Baal, nennt (1Chron. 8,33; 9,39; 2Sam 2,8f. diffamierend in *îšbošæt*, Mann der Schande, umbenannt). Dann aber dürfte Saul keineswegs in Position zur Baalverehrung gestanden haben. Saul als Monotheist - eine reichlich anachronistische Vorstellung! Anscheinend waren Saul und Salomo in nur sehr abgeschwächter Weise Vertreter einer Jahwäh-Monolatrie.

---

[770] *E. Würthwein*, ATD 11,1, 131.
[771] Ib. 134.

Derjenige, der dann im 9. Jh. v. Chr. im Nordreich Israel seinen leidenschaftlichen Kampf gegen die Baalverehrung geführt hat, war der Prophet *Elia* aus Thisbe im Ostjordanland, vermutlich einem Landstrich, in dem die Jahwähverehrung besonders dominant war. Gegen ältere Interpretationsversuche, die den Kampf des Elia gegen die Baalverehrung in Israel so deuteten, daß im Laufe der Zeit eine in Gang befindliche latente Kanaanisierung der Jahwähreligion in ein akutes Stadium getreten sei, also die Jahwähreligion sich in einer gefährlichen Krise befunden habe, wendet *Herbert Donner* mit Recht ein, die israelitische Religion sei nicht von Baal infiziert worden, sondern sozusagen von Anfang an baalgesättigt gewesen.[772]

Elias Kampf für die alleinige Verehrung Jahwähs darf noch nicht im Sinne des späteren Monotheismus gedeutet werden. Was bei ihm zum Tragen kommt, ist die *Radikalisierung der Monolatrie*. Ob dabei bereits so etwas wie das Erste Gebot maßgebend war, ist schwer zu sagen.[773] Auf keinen Fall gab es in jener Zeit schon dieses Gebot als Teil des Dekalogs, dessen erste Spuren erst im 8. Jh. v. Chr. nachweisbar sind.[774] Aber auch das Erste Gebot war, zu welcher Zeit es auch zuerst in der uns vorliegenden Formulierung aufgekommen sein mochte, zunächst einmal Ausdruck der Forderung nach einer radikalen Monolatrie. Was jedoch von elementarer Wichtigkeit ist, zeigt sich im Verbot, fremde Götter anzuerkennen, zumal in Verbindung mit dem Bilderverbot. In Israels Umwelt begegnet diese Forderung nicht. Das Verbot, fremde Götter anzuerkennen, ist, wie *Werner H. Schmidt* betont, "etwas für das Alte Testament Spezifisches." "Die Exklusivität im Bekenntnis ist nur Israel eigen."[775]

---

[772] *Donner*, Geschichte des Volkes Israel II, 270. *Horst Seebaß*, TRE 9, 500, hält hingegen *Albrecht Alts* These (vor allem: Das Gottesurteil auf dem Karmel) für plausibel: Das Karmelgebirge ging z.Zt. Salomos oder kurz danach an Phönizien verloren; es fiel anläßlich der Heirat Ahabs mit Isebel an Israel zurück, und der Karmel wurde als Jahwähs Land unter Elias Ägide wiedergewonnen.

[773] Zum Ersten Gebot s. vor allem *W.H. Schmidt*, Das erste Gebot; *ders.*, Atl. Glaube in seiner Geschichte, 82-91; *Knierim*, ZAW 77, 20-39; *Rose*, Der Ausschließlichkeitsanspruch Jahwes.

[774] Zum Dekalog im AT: *Perlitt*, TRE 8, 408-413 (Lit.); *Boecker*, ³EKL 1, 797-799; im NT: *Hübner*, TRE 8, 415-418.

[775] *Schmidt*, Atl. Glaube in seiner Geschichte, 84; vgl. *H.-P. Müller*, Gott und die Götter in den Anfängen der bibl. Religion, 137: "Das Fremdgötterverbot besagt lediglich, daß die Angeredeten allein Jahwe als Gott verehren dürfen; allein ihnen als dem Gottesvolk ist es verwehrt, das Prädikat der Gottheit einer anderen Gestalt zuzuerkennen. Insofern

Nun wird man aber die innere Dynamik des so vehement fordernden Monolatriegebots nicht übersehen dürfen.[776] Fordert Jahwäh für sich von Israel die *exklusive* Verehrung, dann hat eine solche Forderung in sich die Tendenz, daß aus dem Gebot der alleinigen Verehrung Jahwähs der Glaube an Jahwäh als den allein und einzig existierenden Gott entsteht. In diesem Sinne sieht Werner H. Schmidt den Monotheismus gleichsam als die theoretische Konsequenz des alttestamentlichen Glaubens; mit der Ausschließlichkeitsforderung sei ein Anspruch gesetzt, der mehr und mehr die Wirklichkeit menschlichen Lebens, Natur und Geschichte zu durchdringen suche und damit keinen Raum mehr für den Machtbereich anderer Götter lasse.[777]

Dieser Kampf für die alleinige Verehrung Jahwähs wurde vor allem im Nordreich ausgefochten. Neben Elia ist vor allem das *Deuteronomium* zu nennen, vorausgesetzt, man sieht seine Ursprünge im Nordreich Israel.[778] Doch auch unabhängig von seiner Herkunft spielt dieses Buch für die Entstehung des alttestamentlichen Monotheismus die entscheidende Rolle. *Georg Braulik* hat wahrscheinlich gemacht, daß der alttestamentliche Monotheismus aus dem Schoß des Deuteronomiums geboren ist.[779] Zunächst gibt es in diesem Buche eine ganze Reihe von Aussagen, die noch als Forderung einer monolatrischen Praxis interpretierbar sind. Braulik nimmt das vor allem im Blick auf die vorexilischen Teile des Buches an. Jedoch entwickelte sich unter dem Druck des babylonischen Exils die monotheistische Formulierung des Jahwähglaubens. Den monotheistischen Durchbruch mit der Verneinung der Existenz anderer Götter sieht Braulik in Dtn 4.

Eine Schlüsselrolle in der Argumentation des Wiener Alttestamentlers spielt *Dtn 6,4f*.: "Höre Israel, Jahwäh, unser Gott, ist der eine Jahwäh! Und du sollst Jahwäh, deinen Gott, lieben aus deinem ganzen

---

gehörte das erste Gebot noch auf die Seite der Monolatrie ...; auch das erste Gebot ist ein Teil der *Vorgeschichte des Monotheismus*."; erste Hervorhebung durch mich, zweite durch *Müller*.

[776] S. auch das in Abschn. 1.2.1 zur *Exklusivformel* Gesagte.

[777] *Schmidt*, TRE 13, 612.

[778] Mit *Schmidt*, Einführung, 123, möchte ich annehmen, daß zumindest die Heimat gewisser Traditionen, Vorstellungen oder gar Teile des Dtn im Nordreich lag. S. immer noch *Alt*, Die Heimat des Dtn.

[779] *Braulik*, Das Deuteronomium und die Geburt des Monotheismus, 259.

Herzen, aus deiner ganzen Seele und aus deiner ganzen Kraft!"[780] Nach Braulik muß Dtn 6,4 mit seiner Aussage von dem einen Jahwäh ohne den Kontext von Dtn 4 noch keinesfalls als monotheistisches Bekenntnis verstanden werden[781]; doch der Leser der Endfassung des Buches, der Dtn 6,4 von Dtn 4 her liest, muß den Satz monotheistisch verstehen.[782] In *Dtn 4*, also in der nachdeuteronomisch-deuteronomistischen Redaktion des Buches, finden sich in der Tat klare *monotheistische* Aussagen. Sie stehen im Kontext der Berit-Thematik, z.B. Dtn 4,13ff.: Jahwäh offenbarte den Israeliten seine Berit. Diese wird als der Dekalog expliziert, vor allem als das Zweite Gebot, also das Bilderverbot. Der Duktus dieses Abschnitts führt zur betonten Aussage, daß Jahwäh der *Gott der ganzen Menschheit* ist, Dtn 4,19: "Wenn du die Augen zum Himmel erhebst und das ganze Himmelsheer siehst, die Sonne, den Mond und die Sterne, dann laß dich nicht verführen! Du sollst dich nicht vor ihnen niederwerfen und ihnen nicht dienen. Jahwäh, dein Gott, hat sie allen anderen Völkern überall unter dem Himmel zugewiesen." Also sind die Götter der anderen Völker nur Götzen. Wird aber Israel untreu, dann wird Jahwäh sich unter die Völker zerstreuen, Dtn 4,28: "Dort müßt ihr Göttern dienen, Machwerken von Menschenhand, aus Holz und Stein. Sie können nicht sehen und nicht hören, nicht essen und nicht trinken." Hier findet sich Polemik gegen Götter, die keine sind, weil sie, wie der Deuteronomiker mit beißendem Spott sagt, nur Produkte aus Menschenhand sind. Und unter Hinweis auf die Zeichen und Wunder, mit denen Jahwäh die Israeliten mit starker Hand und hocherhobenem Arm aus Ägypten geführt hat, heißt es *Dtn 4,35*: "Das hast du sehen dürfen, damit du erkennst: Jahwäh ist der Gott, kein anderer ist außer ihm; *JHWH hû' hā'ælōhîm 'ên 'ôd milǝbaddô*." Jetzt - endlich! - sind wir in der alttestamentlichen Religionsgeschichte soweit gekommen, daß wir vor dem ein-

---

[780] Ob dieser Satz bereits in demjenigen Exemplar stand, das bei den Aufräumungsarbeiten im Tempel gefunden wurde und den Anlaß zur Reform des Josea 622 v. Chr. gab, ist schwer zu sagen. *Braulik*, op. cit. 261, spricht die Vermutung aus, daß die damals aufgefundene Ausgabe des Dtn mit 6,4 begann. Ob diese Hypothese zutrifft, spielt für unsere Argumentation nur eine untergeordnete Rolle.

[781] Zur *monojahwistischen* These von *W.F. Bade*, ZAW 30, 81-90, äußere ich mich hier nicht. Sollte sie zutreffen, ändert dies an unseren Darlegungen wenig. Zur Frage s. auch *Rose*, Der Ausschließlichkeitsanspruch Jahwes, 134ff.; *Peter*, BZ NF 24, 252-262; *Höffken*, BZ NF 28, 88-93.

[782] Im monotheistischen Sinn ist Dtn 6,4 ja auch in Mk 12,32 verstanden, wo gemäß dem Text des Evangelisten Jesus diese Stelle zitiert.

deutig ausgesprochenen monotheistischen Bekenntnis zu Jahwäh stehen. Jahwäh ist der einzige Gott! Neben ihm existiert kein anderer Gott![783] Nach Braulik zeigen also die Texte des Dtn "eine kontinuierliche Entwicklung der Gotteslehre".[784] Als "eifersüchtiger Gott", ʾel qannāʾ, (Dtn 5,9; 6,15) beansprucht Jahwäh zunächst ein Ausschließlichkeitsverhältnis mit Israel, dann aber sagt er, daß er dieses Verhältnis deshalb verlangt, weil er der *einzige* Gott ist (Dtn 4,24 im Kontext von Dtn 4,35).

Umstritten ist, ob *Deuterojesaja* vor Deuteronomium den Gedanken des Monotheismus formuliert hat. Braulik urteilt: "Der Vergleich von Dtn 4,35(39) mit verwandten Formulierungen Deuterojesajas ergibt somit: Trotz gemeinsamer Wendungen existieren keine genauen Parallelen. Ein Einfluß des Monotheismus Deuterojesajas auf jenen des Deuteronomiums ist nicht erkennbar. Ja gerade die engsten sprachlichen Berührungen zeigen wieder eine Steigerung des monotheistischen Denkens in der Richtung von Dtn zu Deuterojesaja. Denn für den Propheten ist zwar Jahwäh allein ʾēl und ʾelōhîm. Aber eigentlich bedarf sein Name schon keiner weiteren Prädikation mehr. Jahwe steht für Gott schlechthin. Der Monotheismus ist also im Deuteronomium ohne nachweisliche Geburtshilfe Deuterojesajas aus der deuteronomistischen Theologie in die Glaubenswelt Israels getreten."[785]

Ein Blick auf die Geschichte der *antiken griechischen Philosophie* ist aufschlußreich. Auch in ihr findet sich nämlich die Entwicklung zum Gedanken des einen Gottes, und zwar ungefähr zu der Zeit, in der wir in Israel den Übergang von der Monolatrie zum Monotheismus registrieren. Es fällt auf, daß in der gängigen Literatur der alttestamentlichen Wissenschaft diese Parallele weithin unberücksichtigt bleibt. Man gewinnt bei der Lektüre den Eindruck, als ob Griechenland und Israel religionsgeschichtlich und geistesgeschichtlich weit auseinandergelegen wären. In Wirklichkeit ist aber unsere geographische Einteilung der Kontinente und somit auch und gerade die Grenze zwischen Europa und Asien ein Produkt der Zufälligkeit, um nicht zu sagen, der Willkür. In Jonien ist der Philosoph *Xenophanes* geboren, dessen Gotteslehre für unsere Überlegungen von entscheidender Bedeutung ist. Er wurde um 570 v. Chr. geboren, also kurz nach der Zerstörung Jerusalems 587 v. Chr. und dem Beginn des babylonischen Exils. 545 v. Chr. wanderte er

---

[783] *Braulik*, op. cit. 285: "Dtn 4 hat den Monotheismus nicht nur über die Gottesterminologie eingebracht, sondern dazu zweitens auch jene Formensprache, die ältere Texte erst zur Darstellung der Einzigartigkeit Jahwes herangezogen hatten, weiterentwickelt, ja auf einmalige Weise gesteigert."
[784] Ib. 289.
[785] Ib. 295.

nach Unteritalien aus, er starb dort uralt um 475 v. Chr. Einer seiner wichtigsten Sätze über den einen Gott lautet:
> Ein einziger Gott ist unter Göttern und Menschen der Größte, weder dem Körper noch der Einsicht nach den sterblichen Menschen gleich.
>
> εἷς θεὸς ἔν τε θεοῖσι καὶ ἀνθρώποισι μέγιστος,
> οὔτι δέμας θνητοῖσι ὁμοίιος οὐδὲ νόημα.[786]

Mit dem Hinweis auf Xenophanes ist keine direkte, eventuell gar literarische Abhängigkeit behauptet. Der Hinweis auf Parallelen in der Geistesgeschichte bedeutet bekanntlich nicht die Behauptung unmittelbarer Beeinflussung. Es gibt aber auch so etwas wie eine subtile gegenseitige geistige Befruchtung, die dadurch gegeben ist, daß in einem breiteren, ganze Länder umfassenden Gebiet ein Gedanke zum Gedachtwerden einfach reif ist.[787] Kleinere Anstöße, unter Umständen sehr verschiedener Art, mögen dann hinreichen, um an unterschiedlichen Orten gleiches oder ähnliches geistig geboren werden zu lassen. Und so ist in der Tat ernsthaft zu erwägen, ob nicht für die Parallele zwischen Deuteronomium und Xenophanes Zusammenhänge im eben genannten Sinne anzunehmen sind. Immerhin ist bei dem deuteronomistischen Bearbeiter des Deuteronomiums in Dtn 4 *und* beim jonischen Philosophen Xenophanes der Monotheismus als *theoretisch reflektierter Monotheismus* ausgesagt.

Insofern ist zumindest eine Entsprechung des reflektierten Monotheismus in Dtn 4 und bei Xenophanes beachtenswert, als später im hellenistischen Diasporajudentum, überhaupt im hellenistischen Judentum, bewußt hellenistisch-philosophisches Denken - auch im Blick auf den Gottesgedanken - rezipiert wurde.[788] Was im Deuteronomium und bei Xenophanes wahrscheinlich noch als bloße Analogie zu sehen ist, ist etwa in *Sapientia Salomonis*, einer im 1. Jh. v. Chr. in der ägyptischen Diaspora Alexandriens geschriebenen Schrift, bewußte Aufnahme hellenistischen Gedankenguts.[789]

---

[786] *Diels/Kranz*, Die Fragmente der Vorsokratiker 21 B 23. Übersetzung nach *J. Mansfeld*, Die Vorsokratiker, 225.

[787] In gewisser Analogie hierzu stehen die Ausführungen von *Karl Jaspers* über die *Achsenzeit* in: Vom Ursprung und Ziel der Geschichte.

[788] S. vor allem *Hengel*, Judentum und Hellenismus.

[789] S. z.B. *Reese*, Hellenistic Influence on the Book of Wisdom and its Consequences. Von den Kommentaren nenne ich hier nur *Larcher*, Le livre de la Sagesse.

Wir müssen aber noch einen Schritt weitergehen. Die Autoren des *Neuen Testaments* sind großenteils Judenchristen, die aus einem Judentum kommen, das in seinem Denken wesenhaft hellenistisch geprägt ist. Paulus spricht z.B. in Röm 1,18ff. in einer Weise von Gott, die ohne Berücksichtigung hellenistisch-philosophischen Denkens über Gott nicht adäquat erfaßt werden kann.[790] Wer also verstehen will, wie im Neuen Testament über Gott gesprochen wird, welche Denkstrukturen dem neutestamentlichen Reden von Gott zu zugrunde liegen, muß sowohl die Rezeption des alttestamentlichen Sprechens von Gott im Neuen Testament berücksichtigen als auch den Sachverhalt, daß eben diese Rezeption auf dem Hintergrund der inzwischen eingetretenen Hellenisierung des Judentums geschehen ist. Gerade hier darf man die *Trias "Altes Testament - Hellenismus - Neues Testament"* nicht aus den Augen verlieren, wenn man das neutestamentliche Reden von Gott in seiner eigentlichen Aussageintention erfassen will.

Versuchen wir nun, vorläufige Konsequenzen aus dem dargelegten Sachverhalt zu ziehen. Zunächst zeigt sich, daß *keinesfalls der Monotheismus die Klammer ist, die die beiden Testamente in der Gottesfrage zusammenhält*. Wir stehen ja vor dem eigentümlichen Tatbestand, daß das Alte Testament nur teilweise mit dem ganzen Neuen Testament darin übereinstimmt, daß ein reflektierter Monotheismus vorausgesetzt bzw. selber formuliert ist. Die Nahtlinie zwischen Monolatrie und Monotheismus geht quer durch das Alte Testament. Dabei sind es nicht die unwichtigsten Teile des Alten Testaments, die in ihrem theologischen Denken durch und durch monolatrisch, nicht aber monotheistisch bestimmt sind.

Dieser Sachverhalt muß auf doppelter Ebene reflektiert werden, der historischen und der literarischen. *Historisch* gesehen, wird man sagen müssen: Im Grunde ist es der größere Ausschnitt der vorexilischen Geschichte Israels, in dem dieses Israel nur monolatrisch gedacht hat. Sehen wir einmal von Mose ab, weil er noch gar nicht zur späteren geschichtlichen Größe Israels zu rechnen ist - die Richter, die Könige Saul, David und Salomo, die meisten Davididen, die Könige des Nordreichs, das Volk Israel, sie alle sind Vertreter der Monolatrie. Und bei manchem wird man sogar hinzufügen müssen: wenn überhaupt! Die Geschichte Israels ist also sehr lange Zeit hindurch nicht eine Geschichte

---

[790] S. die Kommentare.

des Glaubens an den nur Einen Gott, der den Namen Jahwäh trägt. Es ist gerade im Rahmen gesamtbiblischer Reflexion zu registrieren und zu respektieren, daß der Monotheismus erst allmählich und erst sehr spät aus der Monolatrie erwachsen ist.

Auf der *literarischen* Ebene sieht dies etwas anders aus. Mag auch deutlich erkennbar sein, daß man in der vorexilischen Epoche lange Zeit hindurch monolatrisch dachte, so gestalten doch die Endredaktoren der biblischen Bücher diese als bewußte Dokumente des Glaubens an den einen, den einzigen Gott, also als bewußte Dokumente des Monotheismus. Das Judentum als monotheistische Religion - das ist der Eindruck, den Jahrtausende von ihm gewonnen haben und noch gewinnen. Der Monotheismus ist geradezu das Markenzeichen des Judentums. Auf ihm beruhte ja die Anziehungskraft der jüdischen Religion in der Antike, etwa z.Zt. Jesu und Pauli. Die Redaktoren der biblischen Bücher haben es in der exilisch-nachexilischen Zeit in der Tat fertiggebracht, all die monolatrischen Traditionen so zu redigieren, daß sie als monotheistische Traditionen der Nachwelt weitergegeben wurden. Dies zeigte sich ja besonders klar am Beispiel des Deuteronomiums (Verhältnis von Dtn 4 zu Dtn 6,4). Die Konsequenz: Sollen wir das Alte Testament nicht mehr als Zeugnis des Jahwäh-Monotheismus begreifen? Doch! Als die in der ganzen Welt auf allen Kontinenten verbreitete Religion war in neutestamentlicher Zeit und ist heute noch das Judentum eine monotheistische Religion; denn erst nachdem es ganz und gar monotheistisch geworden war, gewann es weltweite Verbreitung. *Wir*, die wir mit Hilfe der kritisch-historischen Methodik wissenschaftlich das Alte Testament interpretieren, können monotheistische Schichten von monolatrischen abheben. Für den sog. normalen Bibelleser trifft das nicht zu. Aber auch für den exegetisch geschulten Theologen bleibt das Alte Testament Dokument des monotheistischen Glaubens. Er hat sogar den Vorteil, daß er erkennen kann, wie der *Weg* von der Monolatrie zum Monotheismus geführt hat. Er kann erkennen, wie die Monolatrie aus sich die Kraft freisetzte, zum Monotheismus zu reifen. Das *Geworden-Sein* des Monotheismus zu sehen ist vielleicht weiterführender und anregender als den bloßen Sachverhalt monotheistischer Aussagen zu registrieren.

Dieser Sachverhalt erinnert an das, was bereits über das Verhältnis der judäischen Endredaktion des Alten Testaments zu ihren Traditionen gesagt wurde. Jedoch geschieht hier die Wertung in genau entgegengesetzter Weise. Während in Abschnitt 1.1 erhebliche Vorbehalte gegenüber der perspektivenverengten Endredaktion des Südstandpunktes ausgesprochen wurden, wurden soeben die alten Traditionen mit ihrer Monolatrie gegenüber dem sich schließlich durchsetzenden Monotheismus abgewertet. Diese unterschiedliche Wertung ist jedoch kein Widerspruch. Denn die zunächst gegenüber der Südperspektive gehegte Reserve beruht ja nicht darauf, daß es der Süden ist, von dem aus alles gesehen wird, sondern daß es gerade diese Südperspektive ist, die in der konkreten geschichtlichen Situation den Blick für das, was in der Vergangenheit Israels geschehen war, verengt hat. Im Fall des Weges von der Monolatrie zum Monotheismus hat jedoch eine Entwicklung stattgefunden, deren Endpunkt aus theologischen Gründen, nämlich vom Neuen Testament her, als richtig zu beurteilen ist.

Nun ist aber, im Gegenzug zum zuletzt Gesagten, die notwendige theologische Abwertung der Monolatrie gegenüber dem schließlich sich durchsetzenden Monotheismus ein wenig zu relativieren. Theologisch gesehen, genauer: biblisch-theologisch gesehen, ist der Unterschied zwischen der alttestamentlichen Monolatrie - wohlgemerkt: einer ganz spezifischen Form von Polytheismus! - und dem alt- und neutestamentlichen Monotheismus gar nicht so erheblich, wie dies auf den ersten Blick erscheint. Biblisch-theologisch, also theologisch geurteilt im Blick auf beide Testamente, ist vielmehr von erheblichem Belang, daß für die alttestamentliche Jahwäh-Monolatrie wesentlich ist, was auch für den neutestamentlichen Monotheismus wesentlich ist. Dies kann an 1Kor 8 verdeutlicht werden. In der Tat gibt es eine theologische Strukturanalogie der alttestamentlichen Monolatrie und des paulinischen Monotheismus, die besonders deutlich in der Auseinandersetzung des Paulus mit der korinthischen Gemeinde zum Ausdruck kommt.

Im Streit über die Frage, ob es erlaubt ist, Götzenopferfleisch, εἰδωλόθυτον,[791] zu essen, wissen die "Starken", daß es außer dem einen Gott keine anderen Götter, also keine Götzen, εἴδωλα, gibt. Gibt es aber keine Götzen, so lautet ihre theologische Argumentation, dann gibt es auch kein Götzenopferfleisch - selbst wenn das Fleisch Götzen geopfert ist. Solches Fleisch zu essen ist nach dem Alten Testament dem Herrn ein Greuel.[792] Man darf annehmen, daß sich die Schwachen in Korinth auf derartige Stellen aus dem mosaischen Gesetz beriefen.

---

[791] *Hübner*, EWNT I, 936-941.
[792] So z.B. Num 25,2LXX: καὶ ἐκάλεσαν αὐτοὺς ἐπὶ τὰς θυσίας τῶν εἰδώλων αὐτῶν, καὶ ἔφαγεν ὁ λαὸς τῶν θυσιῶν αὐτῶν, καὶ προσεκύνησαν τοῖς

So ging es also bei den korinthischen Streitigkeiten um existenzielle Probleme, es ging um die Frage des christlichen Selbstverständnisses: Verstehe ich mich von der in Christus geschaffenen *Freiheit* oder von der *Gebundenheit* an das Gesetz her? Bin ich Christ, weil ich in Freiheit über dem dämonologischen Aberglauben stehe, oder bin ich Christ, weil ich in Ehrfurcht vor dem Gesetz Gottes mein Leben in der Gebundenheit an dieses Gesetz und somit ja in Gebundenheit an Gott führe? Es stehen sich also hier zwei grundverschiedene Auffassungen christlicher Existenz gegenüber. Und die sog. Starken haben sich allem Anschein nach darauf berufen, daß Paulus die *Freiheit vom Gesetz* doch so vehement verfochten hatte. Wahrscheinlich waren Gedanken, die Paulus zuvor im Gal so leidenschaftlich vorgetragen hatte, in Korinth nicht ganz unbekannt.[793]

Paulus gibt den Starken im Prinzip recht, aber eben nur im Prinzip. In aller Klarheit heißt es in 1Kor 8,4: "Wir wissen, οἴδαμεν, daß kein Götze, kein εἴδωλον, in der Welt existiert und daß kein Gott in der Welt existiert außer dem Einen, οὐδεὶς θεὸς εἰ μὴ εἷς!" Paulus greift also sogar *expressis verbis* die griechische aufklärerische Formel vom εἷς θεός auf, jene Formel, die schon bei Xenophanes begegnet ist. Aber er biegt dann das Gesagte in eigentümlicher Weise um (1Kor 8,5): "Denn wenn auch sog. Götter existieren, sei es im Himmel oder auf der Erde, wie (in der Tat) viele Götter und viele Herren existieren, ..." Das sagt also Paulus auch: εἰσὶν θεοί πολλοί,[794] es existieren also viele Herren, κύριοι πολλοί! Unbestreitbar existieren also nach der Überzeugung des Paulus übernatürliche Wesen in großer Zahl. Allerdings, es ist allein entscheidend, wer denn nun *für uns* Gott ist. Und so geht der eben angefangene Satz weiter (1Kor 8,6): "... aber für uns, ἡμῖν, existiert nur der eine Gott, der Vater, aus dem alles ist und wir zu ihm, und der eine Herr Jesus Christus, durch den alles ist und wir durch ihn." Nach *Hans Conzelmann* argumentieren die Korinther im Stil der griechischen Aufklärungsphilosophie. Für sie sei das εἷς θεός eine weltanschauliche These, die man besitzt und handhaben kann. "In Wirklichkeit kommt hier sein Verständnis vom *existentiellen Charakter* der Erkenntnis zum Zuge: Das Wissen der Korinther ge-

---

εἰδώλοις αὐτῶν. S. auch 4Makk 5,2: παρεκέλευεν (sc. ὁ τύραννος Ἀντίοχος) ... κρεῶν ὑείων καὶ εἰδωλοθύτων ἀναγκάζειν ἀπογεύεσθαι. *Büchsel*, ThWNT II, 375f.

[793] Noch einmal sei gesagt, daß ich den Gal chronologisch vor dem 1Kor ansetze; s. dazu auch *Drane*, Paul: Legalist or Libertine?

[794] In V.4a heißt es freilich: εἴπερ εἰσὶν λεγόμενοι θεοί.

nügt noch nicht einmal im Bereich der gegenständlichen Feststellung... Sie (sc. die Weltmächte) können durchaus existent sein im Sinne des Vorhandenseins in der Welt und einer gewissen Mächtigkeit - und Paulus ist selbst überzeugt, daß sie existieren. Aber sie sind nicht Götter."[795] Paulus argumentiert also in existenzialer Weise: Gott ist, wer *für uns* Gott ist! Paulus biegt also einen ontischen Sachverhalt in einen existentiellen Sachverhalt um. *Paulus denkt existenzial.* Von daher kann er die Starken auffordern, um der Schwachen willen auf die Freiheit zu verzichten. Die Freiheit des Starken endet an der Gebundenheit der Schwachen. Theologisch war Paulus im Gal so weit noch nicht. Die eben skizzierte Denkweise ist ihm erst in der Auseinandersetzung mit Korinth deutlich geworden; er wird sie dann in Röm 14 und 15 seelsorglich nutzen.

Die für uns nun entscheidende Frage lautet: Was ist das *Gemeinsame* zwischen der ursprünglichen *alttestamentlichen Monolatrie* und dem paulinischen, überhaupt dem *neutestamentlichen Monotheismus*? Es ist die *Gesamtausrichtung des Menschen Gott gegenüber*. Jahwäh ist in der alttestamentlichen Monolatrie der Jahwäh, der der Gott *für Israel* ist. Ihm korrespondiert die Haltung Israels, das *für Gott* da ist. Jahwäh für Israel; Israel für Jahwäh. Das ist die *existenziale Variante der Exklusivformel*: "Jahwäh, der Gott Israels - Israel, das Volk Jahwähs." Wie Jahwäh der Gott für Israel ist, reformatorisch gesprochen, der Deus pro nobis, so ist der Vater Jesu Christi der Gott für die an ihn Glaubenden, reformatorisch gesprochen, der Deus pro nobis. Gemeinsam ist also der alttestamentlichen Monolatrie und dem neutestamentlichen Monotheismus jener theologische Sachverhalt, den die Reformatoren mit dem eben zitierten Begriff *Deus pro nobis* umschrieben haben. Im Grunde ist das Sich-Anheimgeben an Gott, wie es bereits in der alttestamentlichen Epoche der Monolatrie praktiziert wurde, im Blick auf das Glaubensverständnis strukturell das gleiche wie das Sich-Anheimgeben an Gott als Grundhaltung des Christentums. Diese vertrauensvolle Grundeinstellung, die ganz und gar auf Gott baut, ganz und gar mit ihm rechnet, ganz und gar die eigene Existenz in Gott gegründet und befestigt weiß, ist als In-Anspruch-genommen-Sein durch Gott von höherem Stellenwert als ein bloß theoretischer Monotheismus, der als bloßes Für-wahr-Halten, daß Gott existiert, ohne echte personale

---

[795] *H. Conzelmann*, KEK, V, 177; Hervorhebung durch mich.

Verbindung mit Gott ist. Ein theologisch noch so korrekter theoretischer Glaube ist sofort eine elende Karikatur des Glaubens, wenn er nur im Bereich des rein Intellektuellen angesiedelt ist. Der alttestamentliche Fromme, der in seiner Monolatrie wirklich mit Jahwäh rechnet, wirklich auf ihn baut und aus dem Glauben an ihn existiert, hat einen besseren, echteren Glauben als ein Monotheist, der Glauben nur als Für-wahr-halten versteht und so praktisch ohne Gott existiert. Insofern ist also der echte Monotheismus, der sich schon im Alten Testament findet, genuines Erbe der alttestamentlichen Monolatrie; der theologische Stellenwert der Monolatrie ist primär nicht religionsphänomenologisch zu bestimmen, sondern von der Echtheit des Glaubens her. Die Klammer zwischen beiden Testamenten, die sich zunächst in der Identität des Einen Gottes zu zeigen schien, ist, wenn wirklich Gott die Klammer zwischen den beiden Testamenten ist, fundiert im echten Glauben an den Deus pro nobis. Dann aber stellt sich die Frage, inwieweit wir im Glauben an Jahwäh, an den Gott Israels, selbst im defizienten Modus der Monolatrie, den Glauben an den Gott sehen dürfen, der sich im Neuen Testament als der Vater Jesu Christi offenbar gemacht hat.

Erinnert sei aber daran, daß biblisch der Glaube Pendant der Offenbarung Gottes ist. Vom Glauben zu sprechen, ohne diese Offenbarung theologisch mitzubedenken, würde bedeuten, fundamentlos vom Glauben zu sprechen. Wie auch immer Offenbarung in der Schrift verstanden ist - das breite Spektrum des biblischen Offenbarungsverständnisses haben wir vor Augen - , Glaube[796] heißt, seine ganze Existenz dem sich offenbarenden Gott anheimzugeben. Die Frage ist also, ob der Glaube Israels an Jahwäh als seinen Gott und der Glaube des Christen an den Vater Jesu Christi als den der ganzen Menschheit Versöhnung schenkende Gott im tiefsten ein und derselbe Glaube ist, weil der Gott, der sich Israel geoffenbart hat, mit dem Gott, der in Christus offenbar geworden ist, identisch ist. Die uns hier leitende Frage, ob der eine Gott die Klammer beider Testamente ist, stellt sich somit als die Frage, ob der in beiden Testamenten *sich offenbarende Gott* tatsächlich *ein* Gott ist. Ist also der Gott Israels der Gott, der in Christus der Gott der ganzen Welt geworden ist? Das Neue Testament sagt genau dies. Es sagt dies al-

---

[796] Es ist in diesem Zusammenhang einerlei, ob der Terminus Glaube begegnet oder nicht; wichtig ist lediglich, daß der, der dem offenbargewordenen Gott begegnet, in ihm seine Existenz gegründet weiß und deshalb Gott zu seiner Lebensmitte macht.

lerdings unter dem Gesichtspunkt des von ihm rezipierten Alten Testaments, also unter dem Gesichtspunkt der theologischen Größe des Vetus Testamentum in Novo receptum. Und genau hier liegt das Problem. Es ist daher in den Mesolegomena bei der Darstellung der einzelnen neutestamentlichen Autoren zu untersuchen, wie sie jeweils das Verhältnis des sich im Alten Testament und im Neuen Testament offenbarenden Gottes verstehen. Sehen sie es als ein Nacheinander zweier Offenbarungsepochen? Sehen sie es, wie auch immer, als ein Ineinander, womöglich als ein Auflösen der Zeit, als einen Überstieg in die Kategorie der Überzeitlichkeit? Schieben sie Vergangenheit und Gegenwart oder gar Vergangenheit, Gegenwart und Zukunft ineinander? Die im weithin analytischen Teil der Mesolegomena gewonnenen Ergebnisse bedürfen der begrifflichen Synthese in den Epilegomena. Zu thematisieren wäre dann das Verhältnis von *Offenbarung* und *Zeit*. Es ist das schwierige Problem von Gottes Zeit und des Menschen Zeitlichkeit. Es wird dann *theologisch* zu zeigen sein, wieweit wir über das, worin sich bisher Heideggers Existenzialanalyse als hilfreich erwiesen hat, hinausgehen müssen. Die Epilegomena müssen eine theologische Antwort geben, weil der Theologe nicht auf eine philosophische Antwort ausweichen darf, so dankbar er auch für das sein muß, was ihm philosophische Terminologie und die dadurch gewonnene Erkenntnis eines größeren Wirklichkeitsbereiches vermittelt haben. Am Ende muß er sein Ureigenes sagen.

Dieses Ureigene des Theologen wird dann vornehmlich darin bestehen, daß er das Zueinander des im Alten Testament und des im Neuen Testament sich aussprechenden *Ichs Gottes* theologisch reflektiert und beurteilt. Wenn es wirklich der eine Gott ist, der damals zu Israel sein Ich gesprochen hat und der heute dieses sein Ich zur ganzen Menschheit spricht, ist dann sein damals gesprochenes Wort - in welcher Brechung auch immer und in welchem Ausmaß auch immer - ein auch an uns gerichtetes Wort? Ist Gott nach gesamtbiblischem Zeugnis vor allem der sich manifestierende und in seiner Manifestation an uns Menschen handelnde Gott, so ist letztlich das Problem des Zueinanders der beiden Testamente das Problem des Verhältnisses des alttestamentlichen und des neutestamentlichen Ichs Gottes. Indem aber das Ich Gottes theologisch ernst genommen wird, ist genau an dieser Stelle Theologie Glaubenswissenschaft - oder sie ist nicht Theologie! Aber gerade eine so verstandene Theologie bedarf in der Gottesfrage der begrifflichen Explikation. Findet sie sich schon bei den neutestamentlichen Autoren? Oder müssen wir sie erst leisten?

1.5 Epilog zu den Prolegomena: Anmerkungen zu den jüdischen und neutestamentlichen Auslegungsmethoden

Vielleicht hat der Leser in den Prolegomena die Thematisierung der jüdischen Auslegungsmethoden vermißt. Ist es nicht, so kann man in der Tat kritisch fragen, ein reichlich ungeschichtliches Vorgehen, wenn es in den Mesolegomena um den theologischen Umgang der neutestamentlichen Autoren mit der Heiligen Schrift Israels geht und dabei ausgerechnet in demjenigen Teil der Untersuchungen, in dem der Horizont dieses Vorgehens abgesteckt wird, die Methodik der neutestamentlichen Autoren bei ihrer Zitierweise und Auslegung der Heiligen Schrift geradezu ignoriert wird? Erschließt sich nicht die theologische Intention etwa eines Paulus oder eines Matthäus erst dann, wenn man das Ineinander von methodischem Vorgehen und materialer theologischer Aussage reflektiert? Wird hier nicht jüdische Auslegungsmethodik gering geachtet? Noch schärfer gefragt: Ist damit nicht dem Irrationalismus Tür und Tor geöffnet? Es ist doch nun einmal etwas anderes, ob ein neutestamentlicher Autor einen alttestamentlichen Text allegorisch oder typologisch auslegt. Und es ist wiederum etwas anderes, wenn er seiner Konzeption das Schema von Verheißung (bzw. Weissagung) und Erfüllung zugrunde legt. Alles in allem: Werden die neutestamentlichen Autoren hier nicht als zeitlose Gestalten und somit als blutlose Schemen gezeichnet, wenn die Darstellung ihrer zeit- und geschichtsgebundenen Methoden unterbleibt?

Dieser Einwand ist von großem Gewicht. Und selbstverständlich habe ich überlegt, ob nicht die Behandlung der jüdischen Auslegungsmethode notwendig in die Prolegomena hineingehört. Immerhin hat, um nur ein Standardwerk zu nennen, *Otto Michel* in seiner Hallenser Dissertation "Paulus und seine Bibel" den Exegeten Paulus auf dem Hintergrund der damaligen rabbinischen und jüdisch-hellenistischen Schriftauslegung recht plastisch vor den Augen seiner Leser erstehen lassen. Aber die Thematisierung dieses Komplexes wurde nicht aus mutwilliger Geringachtung unterlassen. Es stellte sich nämlich bei den Vorarbeiten zu dieser Biblischen Theologie des Neuen Testaments heraus, daß z.B. Paulus durch sein exegetisches Vorgehen recht eigentümlich die uns bekannten jüdischen Auslegungsmethoden modifizierte.[797] Um Paulus wirklich als Exegeten, und zwar als christlichen Exegeten zu verstehen, der sich als der vom Geist inspirierte Leser und Deuter der Schrift verstand, muß das *Spezifische* seiner Exegese herausgearbeitet werden. Und dieses Spezifische erschließt sich gerade dann nicht, wenn man als Verstehensschlüssel die jüdische Methodik nimmt. Deren Modifikation durch Paulus ist für seinen theologischen Umgang mit der Schrift das Entscheidende!

Dieser Sachverhalt wird auch in derjenigen Arbeit klar erkannt, die heute das Standardwerk über Paulus und das Alte Testament ist und die somit *Otto Michels* Buch[798] in dieser Funktion abgelöst hat, nämlich die Mainzer Habilitationsschrift von *Dietrich-Alex Koch*, Die Schrift als Zeuge des Evangeliums, Untersuchungen zur Verwendung und zum Verständnis der Schrift bei Paulus.[799] Koch stellt Divergenzen zwischen der jüdisch-hellenistischen und der rabbinischen Schriftauslegung einerseits und der des Paulus andererseits fest. So gelangt er zu einem richtigen methodischen Prinzip: "Man ist daher hinsichtlich der für Paulus vorauszusetzenden Methoden der Schriftauslegung auf Rückschlüsse aus seinen eigenen Briefen angewiesen."[800] So soll auch in den Mesolegomena zunächst einmal, unabhängig von den jüdischen Auslegungsmethoden, der Umgang der neutestamentlichen Autoren mit der Schrift analysiert werden und da, wo es sinnvoll ist, wo es wegen des Verständnisses des Vorgehens eines neutestamentlichen Autors erforderlich ist, auch noch die jüdische Methodik miterörtert werden. Im übrigen wäre eine erneute Darstellung sowohl der rabbinischen als auch der jüdisch-hellenistischen Auslegungsmethoden nur eine Wiederholung dessen, was andere nicht nur ausführlich, sondern auch gut dargestellt haben.[801]

---

[797] So z.B. in *Hübner*, Gottes Ich und Israel. Zum Schriftgebrauch des Paulus in Röm 9-11.
[798] *Michel*, Paulus und seine Bibel.
[799] S. *H. Hübner*, (Rezension) ThLZ 113 (1988), 349-352.
[800] *Koch*, Die Schrift als Zeuge des Evangeliums, 202.
[801] Exemplarisch genannt sei hier nur *Luz*, Das Geschichtsverständnis des Paulus, 41-64; *Koch*, Die Schrift als Zeuge des Evangeliums, 199-232.

Literaturverzeichnis

Angesichts der Fülle der Literatur können im Rahmen einer Theologie des Neuen Testaments, vor allem, wenn sie zudem noch als Biblische Theologie konzipiert ist, nur in Auswahl bibliographische Angaben gemacht werden. In der Regel werden nur diejenigen Publikationen genannt, mit denen symptomatisch die Diskussion geführt oder die zumindest in den Anmerkungen berücksichtigt wurden. Einige wenige Titel, die um der Thematik willen auf keinen Fall ungenannt bleiben durften, erscheinen außerdem im Literaturverzeichnis. Im übrigen s. die bibliographischen Angaben von W. Zimmerli, TRE 6, 454f., und O. Merk, ib. 474-477, außerdem JBTh 1 (1986), 210-244 (zusammengestellt von B. Janowski) und JBTh 4 (1989), 301-347 (zusammengestellt von D.R. Daniels und B. Janowski).

Um das Literaturverzeichnis nicht zu stark anwachsen zu lassen, werden in ihm weder Rezensionen, sofern sie nicht den Umfang eines Aufsatzes einnehmen, noch Kommentare zu biblischen Büchern gebracht, sondern jeweils in den Anmerkungen mit den üblichen Abkürzungen nach Schwertner angegeben.

Bibliographische Angaben erfolgen nur zum Abschnitt ihrer ersten Erwähnung.

1. Prolegomena (und 1.0 Aufgabe der Prolegomena)

S. Amsler, L'Ancient Testament dans l'église. Essai d'herméneutique chrétienne (BT [N]) Neuchâtel 1960

C.L. Archer/G. Chirichigno, Old Testament Quotations in the New Testament, Chicago 1983

W. Bacher, Die exegetische Terminologie der jüdischen Traditionsliteratur, 2 Bd., Leipzig 1899/1905 (Nachdruck: Darmstadt 1965)

- , Die Proömien der alten jüdischen Homilien. Beitrag zur Geschichte der jüdischen Schriftauslegung und Homiletik (BWAT 12), Leipzig 1913

D.L. Baker, Two Testaments. One Bible, Leicester 1976

C.K. Barrett, What is New Testament Theology? Some Reflections, HorBibTh 3 (1981), 1-22

K. Barth, Kirchliche Dogmatik I/1, Zollikon-Zürich ^{11}1985

M. Black, The Christological Use of the Old Testament in the New Testament, NTS 18 (1972), 1-14

- , The Theological Appropriation of the Old Testament by the New Testament, SJTh 39 (1986), 1-17

R. Bultmann, Theologie des Neuen Testaments, 9. Aufl., durchgesehen und ergänzt von O. Merk, Tübingen 1984

- , Theologie als Wissenschaft, ZThK 81 (1984), 447-469

J. Carmignac, Les citations de l'Ancien Testament dans "La Guerre des Fils de Lumière contre les Fils de Ténèbres", RB 63 (1956), 234-260.375-390

R.L. Cate, Old Testament Roots for New Testament Faith, Nashville 1982

R. Chasles, L'Ancien Testament dans le Nouveau, Tableaux synoptiques des faits et citations de l'Anchien Testament dans le Nouveau, Paris 1937

H. Clavier, Les variétés de la pensée biblique et le problème de son unité (NT.S 43), Leiden 1976

A. Clemen, Der Gebrauch des Alten Testaments in den neutestamentlichen Schriften, Gütersloh 1895

H. Conzelmann, Grundriß der Theologie des Neuen Testaments, 4. Aufl., bearbeitet von *A. Lindemann*, Tübingen 1987

E.R. Dalglish, The Use of the Book of Psalms in the New Testament, SWJT 27 (1984), 25-39

Das Problem der Theologie des Neuen Testaments, Hg. G. Strecker (WdF 367), Darmstadt 1975

W. Dittmar, Vetus Testamentum in Novo. Die alttestamentlichen Parallelen des Neuen Testaments im Wortlaut der Urtexte und der Septuaginta, I und II, Göttingen 1899/1903

C.H. Dodd, According to the Scriptures, London 1952 (Nachdruck 1965)

Einheit und Vielfalt Biblischer Theologie, JBTh 1 (1986)

G. Ebeling, Wort und Glaube (1.Bd.), Tübingen ^{3}1967

- , Was heißt "Biblische Theologie"?, in: Wort und Glaube I, 69-89

- , Wort Gottes und Hermeneutik, in: Wort und Glaube I, 319-348

W. Elert, Der christliche Glaube. Grundlinien der lutherischen Dogmatik, Hamburg ^{5}1960

E.E. Ellis, Prophecy and Hermeneutic in Early Christianity. New Testament Essays (WUNT 18), Tübingen 1978

H. Gese, Vom Sinai zum Zion. Alttestamentliche Beiträge zur biblischen Theologie (BEvTh 64), München 1974

- , Erwägungen zur Einheit der biblischen Theologie, in: Vom Sinai zum Zion, 11-30

- , Zur biblischen Theologie. Alttestamentliche Vorträge (BEvTh 78), München 1977

- , Das biblische Schriftverständnis, in: Zur biblischen Theologie, 9-30

R. Gordis, Quotations as a Literary Usage in Biblical, Oriental and Rabbinic Literature, HUCA 22 (1949), 157-219

A.H.J. Gunneweg, Vom Verstehen des Alten Testaments. Eine Hermeneutik (GAT 5), Göttingen ²1988

H. Hänel, Der Schriftbegriff Jesu (BFChTh 24, 5-6), Gütersloh 1919

K. Haacker u.a., Biblische Theologie heute. Einführung - Beispiele - Kontroversen (BThSt 1), Neukirchen 1977

Th. Haering, Das Alte Testament im Neuen, ZNW 17 (1916), 213-227

D.A. Hagner, The Use of the Old and New Testament in Clement of Rome (NT.S 34), Leiden 1973

F. Hahn, Genesis 15,6 im Neuen Testament, in: Probleme biblischer Theologie, 90-107

A.T. Hanson, The New Testament Interpretation of Scripture, London 1980

- , The Living Utterances of God. The New Testament Exegesis of the Old, London 1983

X.J. Harris, The Old and the New Testament, BiTod 22 (1984), 314-320

A.Th. Hartmann, Die enge Verbindung des Alten Testaments mit dem Neuen, Hamburg 1831

G.F. Hasel, The Problem of the Center in the OT Theology Debate, ZAW 86 (1974), 65-82

- , Biblical Theology: Then, Now, and Tomorrow. HorBibTh 4 (1982), 61-93

M. Heidegger, Nietzsche, 2 Bde., Pfullingen 1961

S. Herrmann, Die konstruktive Restauration. Das Deuteronomium als Mitte biblischer Theologie, in: Probleme biblischer Theologie, 155-170

C.J. den Heyer, De messiaanse weg I: Messiaanse verwachtingen in hed Oude Testament en in de vroeg-joodse traditie, Kampen 1983

E. Hirsch, Das Alte Testament und die Predigt des Evangeliums, Mit anderen Arbeiten E. Hirschs neu hg. H.M. Müller, Tübingen/Goslar 1986

H. Holtz, Zur Interpretation des Alten Testaments im Neuen Testament, ThLZ 99 (1974), 21-31

H. Hübner, Art. γραφή, γράφω: EWNT I, 628-238

- , Art. λέγω: EWNT II, 853-857

- , Art. πληρόω κτλ. EWNT III, 256-262

- , Biblische Theologie und Theologie des Neuen Testaments, KuD 27 (1981), 2-19

- , Rudolf Bultmann und das Alte Testament, KuD 30 (1984), 250-272

- , Vetus Testamentum in Novo. Synopsis Novi Testamenti et locorum citatorum vel allegatorum ex Vetere Testamento, 2 vol., Göttingen 1991ff.

E. Hühn, Die alttestamentlichen Citate und Reminiscenzen des israelitisch-jüdischen Volkes bis zu den Targumim, 2 Bde., Freiburg/Tübingen/Leipzig 1899/19000

E. Jacob, Grundfragen Alttestamentlicher Theologie (FDV 1965), Stuttgart 1970

W.C. Kaiser, The Uses of the Old Testament in the New, Chicago 1985

G. Kittel, Art. λέγω D: ThWNT IV, 100-140

G.A.F. Knight, A Christian Theology of the Old Testament, London 1959

W.G. Kümmel, Die Theologie des Neuen Testaments nach seinen Grundzeugen Jesus - Paulus - Johannes (GNT 3), Göttingen ⁵1987

J.L. Kode, De Overname van het Oude Testament door de Christelijke Kerk, Hilversum 1938

L'Antico Testamento interpretato dal Nuovo: Il Messia, Studio Biblico Teologico Aquilano, Neapel 1985

C.E. L'Heureux, Understanding the Old Testament Prophecies. BiTod 23 (1985), 51-59

B. Lindars, New Testament Apologetic. The Doctrinal Significance of the Old Testament Quotations, London 1961

E. Lohse, Grundriß der neutestamentlichen Theologie (ThW 5), Stuttgart ³1984

-, Die Entstehung des Neuen Testaments (THW 4), Stuttgart ⁴1983

R. Longenecker, Biblical Exegesis in the Apostolic Period, Grand Rapids 1975

O. Merk, Biblische Theologie des Neuen Testaments in ihrer Anfangszeit. Ihre methodischen Probleme bei Johann Philipp Gabler und Georg Lorenz Bauer und deren Nachwirkungen (MThSt 9), Marburg 1972

-, Art. Biblische Theologie II. Neues Testament: TRE 6, 455-477

M. Oeming, Gesamtbiblische Theologien der Gegenwart. Das Verhältnis von AT und NT in der hermeneutischen Diskussion seit Gerhard von Rad, Stuttgart ²1987

- , Unitas Scripturae? Eine Problemskizze, JBTh 1 (1986), 48-70

W. Pannenberg, Systematische Theologie Bd. I, Göttingen 1988

I.J. du Plessis, The relation between the Old and the New Testament from the perspective of kingship/kingdom - including the Messianic motif, Neotest 14 (1981), 42-61

P. Pokorný, Probleme biblischer Theologie, ThLZ 106 (1981), 1-8

- , Die Entstehung der Christologie. Voraussetzungen einer Theologie des Neuen Testaments, Stuttgart 1985

H.D. Preuß, Das Alte Testament in christlicher Predigt, Stuttgart 1984

Probleme biblischer Theologie, FS Gerhard von Rad, Hg. von H.W. Wolff, München 1971

G. von Rad, Theologie des Alten Testaments, 2 Bde., München ⁹1987

H. Räisänen, Beyond New Testament Theology. A story and a programme, London/Philadelphia 1990

M. Rese, Die Rolle des Alten Testaments im Neuen Testament, VF 12/2 (1967), 87-97

H. Graf Reventlow, Hauptprobleme der Biblischen Theologie im 20. Jahrhundert (EdF 203), Darmstadt 1983

H.H. Rowley, The Unity of the Bible, London 1958

A.A. van Ruler, Die christliche Kirche und das Alte Testament (BEvTh 23), München 1955

M. Saebø, Messianism in Chronicles? Some Remarks to the Old Testament Background of the New Testament Christology, HorBibTh 2 (1980), 85-109

H. Schlier, Über Sinn und Aufgabe einer Theologie des Neuen Testaments (1957), in: Das Problem der Theologie des Neuen Testaments, 323-344

J.H. Schmid, Biblische Theologie in der Sicht heutiger Alttestamentler. Hartmut Gese - Klaus Westermann - Walther Zimmerli - Antonius Gunneweg, Gießen 1986

H. Seebass, Der Gott der ganzen Bibel. Biblische Theologie zur Orientierung im Glauben, Freiburg/Basel/Wien 1982

G. Segalla, Introduzione alla teologia biblica del nuovo testamento, 2 voll., Milano 1980/1981

- , L'uso dell' Antico Testamento nel Nuovo: possibile base per una nuova teologia biblica?, RivBib 32 (1984), 161-174

- , Panorama teologico del Nuovo Testamento, Brescia 1987

R. Smend, Die Mitte des Alten Testaments, Gesammelte Studien Bd. 1 (BEvTh 99), München 1986

- , Die Mitte des Alten Testaments, in: Die Mitte des Alten Testaments, 40-84

D.M. Smith, The Use of the Old Testament in the New, in: The Use of the Old Testament in New, and other Essays, ed. J.M. Efird, Durham (NC) 1972

C. Smits, Oud-Testamentische Citaten in het Nieuwe Testament. I-IV, 's-Hertogenbosch 1952-1963

W. Staerk, Die alttestamentlichen Citate bei den Schriftstellern des Neuen Testaments, ZNW 35 (1892), 464-485; 36 (1893), 70-98; 38 (1895), 218-230; 40 (1897), 211-268

G. Strecker, Das Problem der Theologie des Neuen Testaments (1974), in: Das Problem der Theologie des Neuen Testaments, 1-31

- , "Biblische Theologie"? Kritische Bemerkungen zu den Entwürfen von Hartmut Gese und Peter Stuhlmacher, in: Kirche, FS Günther Bornkamm, Tübingen 1980, 425-445

P. Stuhlmacher, Schriftauslegung auf dem Wege zur biblischen Theologie, Göttingen 1975

- , Biblische Theologie als Weg der Erkenntnis Gottes. Zum Buch von Horst Seebass: Der Gott der ganzen Bibel, JBTh 1 (1986), 91-114

The Relationship Between the Old and the New Testament, Neotest 14 (1981)

S. Terrien, The Elusive Presence: Towards a New Biblical Theology, New York/San Francisco/London 1978

Vervulling en Voleinding. De toekomstverwachting in het Nieuwe Testament, Ed. H. Baarlink/W.S. Duvekot/A. Geense, Kampen 1984

W. Wrede, Über Aufgabe und Methode der sogenannten Neutestamentlichen Theologie (1897), in: Das Problem der Theologie des Neuen Testaments, 81-154

W. Zimmerli, Art. Biblische Theologie I. Altes Testament: TRE 6, 426-455

- , Biblical Theology, HorBibTh 4 (1982), 95-130

- , Biblische Theologie, BerlThZ 1 (1984), 5-26

1.1 Zur Kanonfrage

P.S. Alexander, Jewish Aramaic Translations of Hebrew Scriptures, in: Mikra 217-253

J. Barr, Holy Scripture. Canon, Authority, Critisism, Oxford 1983

D.L. Bartlett, The Shape of Scriptural Authority, Philadelphia 1983

R. Beckwith, The Old Testament Canon of the New Testament Church and its Background in Early Judaism, London 1985

K. Berger, Hermeneutik des Neuen Testaments, Gütersloh 1988

G. Bertram, Septuagintafrömmigkeit: ^{3}RGG V, 1707-1709

- , Zur Prägung der biblischen Gottesvorstellung in der griechischen Übersetzung des Alten Testaments, WO II (1959), 502-513

O. Betz, Offenbarung und Schriftforschung in der Qumramsekte (WUNT 6), Tübingen 1960

J. Blenkinsopp, Prophecy and Canon. A Contribution to the Study of Jewish Origins, Notre Dame/London 1977

G.W. Buchanan, The Function of Agency in the Formation of Canon, Explorations. Journal for Adventurous Thought 8/3 (1990), 63-79

H. Burkhardt, Die Inspiration heiliger Schriften bei Philo von Alexandrien, Gießen 1988

D.S. Childs, Biblical Theology in Crisis, Philadelphia 1970

- , The Old Testament as Scripture of the Church, CTM 43, 709-722

-, Old Testament Theology in a Canonical Context, Philadelphia /London 1985

-, The New Testament as Canon: An Introduction, Philadelphia 1985

-, Biblische Theologie und christlicher Kanon, JBTh 3 (1988), 13-27

J. Conrad, Zur Frage nach der Rolle des Gesetzes bei der Bildung des alttestamentlichen Kanons, ThVers XI (1980), 11-19

O. Cullmann, Die Tradition und die Festlegung des Kanons durch die Kirche des 2. Jahrhundert, in: Das Neue Testament als Kanon, 98-108

Das Neue Testament als Kanon. Dokumentation und kritische Analyse zur gegenwärtigen Situation, Hg. E. Käsemann, Göttingen 1970

F. Dexinger, Judentum: TRE 17, 331-377

J.D.G. Dunn, The Authority of Scripture According to Scripture, Churchman 96 (1982), 104-122.201-225

G. Ebeling, "Sola scriptura" und das Problem der Tradition, in: Das Neue Testament als Kanon, 282-335

-, Dogmatik des christlichen Glaubens I, Tübingen 1979

O. Eißfeldt, Einleitung in das Alte Testament, Tübingen ^{3}1964

K. Elliger, Studien zum Habakuk-Kommentar (BHTh 15), Tübingen 1953

L. Fazekaž, Kanon im Kanon, ThZ 37 (1981), 19-34

M. Fishbane, Use, Authority and Interpretation of Mikra in Qumram, in: Mikra, 339-377

J.A. Fitzmyer, Der semitische Hintergrund des neutestamentlichen Kyriostitels, in: Jesus Christus in Historie und Theologie, FS Hans Conzelmann, Hg. G. Strecker, Tübingen 1975, 267-298

H.Y. Gamble, The New Testament Canon. Its Making and Meaning, Philadelphia 1985

H. Graetz, Kohelet oder der salomonische Prediger, Anhang I: Der alttestamentliche Kanon und sein Abschluß, Leipzig 1871, 147-173

R. Hanhart, Die Bedeutung der Septuaginta in neutestamentlicher Zeit, ZThK 81 (1984), 395-416

E. Haenchen, Matthäus 23, in: *ders.*, Gott und Mensch. Gesammelte Aufsätze, Tübingen 1965, 29-54

A.T. Hanson, Studies in Paul's Technique and Theology, London 1974

Hermeneutics, Authority, and Canon, Ed. D.A. Carson/J.W. Woodbridge, Grand Rapids 1986

T.A. Hoffmann, Inspiration, Normativeness, Canonicity, and the Unique Sacred Character of the Bible, CBQ 44 (1982), 447-469

H. Hübner, Vetus Testamentum und Vetus Testamentum in Novo receptum. Die Frage nach dem Kanon des Alten Testaments aus neutestamentlicher Sicht, JBTh 3 (1988), 147-162

- , Der "Messias Israels" und der Christus des Neuen Testaments, KuD 27 (1981), 217-240

- , Gottes Ich und Israel. Zum Schriftgebrauch des Paulus in Römer 9-11 (FRLANT 136), Göttingen 1984

- , Das Gesetz in der synoptischen Tradition, Göttingen ²1986

M. Kähler, Der sog. historische Jesus und der geschichtliche, biblische Christus (ThB 2), München 1961

E. Käsemann, Begründet der neutestamentliche Kanon die Einheit der Kirche?, in: Das Neue Testament als Kanon, 124-133

- , II. Kritische Analyse und III. Zusammenfassung, in: Das Neue Testament als Kanon, 336-410

- , Zum Thema der Nichtobjektivierbarkeit, in: *ders.*, Exegetische Versuche und Besinnungen I. Göttingen ²1960, 224-236

O. Kaiser, Einleitung in das Alte Testament, Gütersloh ⁵1984

W.G. Kümmel, Notwendigkeit und Grenze des neutestamentlichen Kanons, in: Das Neue Testament als Kanon, 62-97

- , Einleitung in das Neue Testament, Heidelberg ²¹1983

P. Lengsfeld, Katholische Sicht von Schrift, Kanon und Tradition, in: Das Neue Testament als Kanon, 205-218

S.Z. Leimen, (Ed.), The Canon and Masorah of the Hebrew Bible. An Introductory Reader (LBS), New York 1974

J. Leipoldt, Geschichte des neutestamentlichen Kanons, Leipzig 1907

J.P. Lewis, What Do We Mean by Jabneh?, JBL 32 (1964), 125-132

J. Maier, Zur Frage des biblischen Kanons im Frühjudentum im Lichte der Qumranforschung, JBTh 3 (1988), 135-146

W. Marxsen, Das Problem des neutestamentlichen Kanons aus der Sicht des Exegeten, in: Das Neue Testament als Kanon, 233-246

P.D. Miller, jun., Der Kanon in der gegenwärtigen amerikanischen Diskussion, JBTh 3 (1988), 217-239

Mikra, Ed. M.J. Mulder (CRINT II/1), Assen 1988

M. Saebø, Vom "Zusammendenken" zum Kanon. Aspekte der traditionsgeschichtlichen Endstadien des Alten Testaments, JBTh 3 (1988), 115-133

J.A. Sanders, The Bible as Canon, CCen 98 (1981), 1250-55

P. Schäfer, Die sogenannte Synode von Jabne. Zur Lösung von Juden und Christen im 1./2. Jh. n. Chr., Jud. 31 (1975), 116-124

- , Bibelübersetzungen II. Targumim: TRE 6, 216-228

W.H. Schmidt, Die Ohnmacht des Messias, KuD 15 (1969), 18-34

- , Einführung in das Alte Testament, Berlin/New York 1989

W. Schneemelcher, Art. Bibel III. Die Entstehung des Kanons des Neuen Testaments und der christlichen Bibel: TRE 6, 22-48

G.T. Sheppard, Canonization. Hearing the Voice of the Same God through Historically Dissimilar Traditions, Interp. 36 (1982), 21-33

G. Siegwalt, Der biblische Kanon und die Offenbarung, NZSTh 28 (1986), 51-67

G. Stemberger, Jabne und der Kanon, JBTh 3 (1988), 163-174

A.C. Sundberg, jr., The Old Testament of the Early Church (HThS 20), Cambridge/Mass. 1964

N. Walter, "Hellenistische Eschatologie" im Frühjudentum - ein Beitrag zur "Biblischen Theologie"?, ThLZ 110 (1985), 331-347

G. Wanke, Art. Bibel I. Die Entstehung des Alten Testaments als Kanon: TRE 6, 1-8

J. Wirsching, Kirche und Pseudokirche. Konturen der Häresie, Göttingen 1990

J. Ziegler, Die Septuaginta. Erbe und Auftrag, in: *ders.*, Sylloge (MSU 10), Göttingen 1971, 590-614

Zum Problem des biblischen Kanons, JBTh 3 (1988)

J. Zumstein, Pluralité et autorité des écrits néotestamentaires, LV(B) 34 (1985), 19-32

1.2 Der Alte und der Neue "Bund"

J. Behm, Art. διαθήκη B-D: ThWNT II, 127-137

S. Bitter, Die Ehe des Propheten Hosea. Eine auslegungsgeschichtliche Untersuchung (GTA 3), Göttingen 1975

E. Burstein, La compétence de Jérôme en hébreu, REAug 21 (1975); 3-12

W. Eichrodt, Theologie des Alten Testaments I und II/III, Göttingen ^{6}1959, ^{6}1974

E. Gräßer, Der Alte Bund im Neuen (WUNT 35), Tübingen 1985

H. Hegermann, Art. διαθήκη: EWNT I, 718-725

O. Hofius, Gesetz und Evangelium nach 2Kor 3, JBTh 4 (1989), 105-149

H. Hübner, Das Gesetz bei Paulus. Ein Beitrag zum Werden der paulinischen Theologie (FRLANT 119), Göttingen ^{3}1982

- , Art. Bund 2. Neues Testament: ^{3}EKL I, 568-570

- , Art. Galaterbrief: TRE 12, 5-14

- , Art. Israel III. Neues Testament: TRE 16, 383-389.

- , Der Heilige Geist in der Heiligen Schrift, KuD 36 (1990), 181-208

E. Käsemann, Paulinische Perspektiven, Tübingen ²1972

G.D. Kilpatrick, Διαθήκη in Hebrews, ZNW 68 (1977), 263-265

U. Kühn, Art. Abendmahl IV. Das Abendmahlsgespräch in der ökumenischen Theologie der Gegenwart: TRE 1, 145-212

E. Kutsch, Verheißung und Gesetz. Untersuchungen zum sogenannten "Bund" im Alten Testament (BZAW 131), Berlin/New York 1973

- , Neues Testament - Neuer Bund? Eine Fehlübersetzung wird korrigiert, Neukirchen 1978

- , Art. Bund: TRE 7, 397-410

- , Art. *bərît*, Verpflichtung: THAT I, 339-352

F. Lang, Abendmahl und Bundesgedanke im Neuen Testament, EvTh 35 (1975), 524-252

Ch. Levin, Die Verheißung des neuen Bundes in ihrem theologiegeschichtlichen Zusammenhang ausgelegt (FRLANT 137), Göttingen 1985

W.R.G. Loader, Sohn und Hoherpriester. Eine traditionsgeschichtliche Untersuchung zur Christologie des Hebräerbriefes (WMANT 53), Neukirchen 1981

U. Luz, Der alte und der neue Bund bei Paulus und im Hebräerbrief, EvTh 27 (1967), 318-336

P. Nautin, Art. Hieronymus: TRE 15, 304-315

L. Perlitt, Bundestheologie im Alten Testament (WMANT 36), Neukirchen 1969

- , Art. Bund, Altes Testament, ³EKL 1, 565-568

G. Quell, Art. διαϑήκη A. Der at.liche Begriff *bərît*: ThWNT II, 106-127

J. Roloff, Art. Abendmahl 2. Die neuetestamentlichen Texte: ³EKL 1, 10-13

G. Sauer, Art. *qin'āh*: THAT II, 647-650

W.H. Schmidt, Alttestamentlicher Glaube in seiner Geschichte, Neukirchen ⁶1987

H. Seebass, Art. Elia I. Altes Testament: TRE 9, 498-502

R. Smend, Die Bundesformel, in: *ders.*, Die Mitte des Alten Testaments, 11-39

V. Wagner, Der Bedeutungswandel von *bərît ḥadāšāh* bei der Ausgestaltung der Abendmahlsworte, EvTh 35 (1975), 538-544

M. Weinfeld, Art. *bərît* : ThWAT I, 781-808

J. Wellhausen, Israelitische und jüdische Geschichte, Berlin ⁹1958

W. Zimmerli, Gottes Offenbarung. Gesammelte Aufsätze zum Alten Testament (ThB 19), München 1969

- , Sinaibund und Abrahambund. Ein Beitrag zum Verständnis der Priesterschrift, in: *ders.*, Gottes Offenbarung, 205-216

1.3 Der Begriff der Offenbarung

P. Althaus, Die Theologie Martin Luthers, Gütersloh 1962

S. Amsler, Art. *hjh* sein: THAT I, 477-486

W. Anz, Die Stellung der Sprache bei Heidegger, in: Heidegger. Perspektiven zur Deutung seines Werkes, 305-320

J. Auer, Art. Gnade III. Zur Geschichte der Gnadenlehre: ²LThK 4, 984-991

J.L. Austin, Zur Theorie der Sprechakte (How to do things with Words), (Reclam Universal-Bibliothek Nr. 9396), Stuttgart ²1985

G. Bader, Symbolik des Todes Jesu (HUTh 25), Tübingen 1988

H.U. von Balthasar, Herrlichkeit. Eine theologische Ästhestik, III,2,1 Theologie, Alter Bund, III,2,2 Theologie Neuer Bund, Einsiedeln 1967/1969

J. Barr, Old and New in Interpretation, London 1966 (deutsche Übersetzung: Alt und Neu in der biblischen Überlieferung, München 1967)

K. Barth, Das christliche Verständnis der Offenbarung (TEH 12), München 1948

F. Baumgärtel, Das hermeneutische Problem des Alten Testaments, in: Probleme alttestamentlicher Hermeneutik, Hg. von C. Westermann (ThB 11), München 1963, 114-139

Beiträge zur alttestamentlichen Theologie, FS Walther Zimmerli, Hg. von H. Donner, R. Hanhart und R. Smend, Göttingen 1977

K.-H. Bernhardt, Art. *hjh* III.: ThWAT II, 402-408

O. Betz, Offenbarung und Schriftforschung in der Qumransekte (WUNT 6), Tübingen 1960

J. Beutler, Art. μαρτυρέω κτλ.: EWNT II, 958-964

- , Art. μαρτυρία EWNT II, 964-968

G. Biemer, Überlieferung und Offenbarung. Die Lehre von der Tradition nach John Henry Newman (ÜNT 4), Freiburg/Basel/Wien 1961

I. Bock, Heideggers Sprachdenken (MPF 40), Meisenheim am Glan, 1966

M. Bockmuehl, Das Verb φανερόω im Neuen Testament, BZ NF 32, (1988), 87-99

H. Boeder, Der frühgriechische Wortgebrauch von Logos und Aletheia, ABG 4 (1959), 82-112

G. Bornkamm, Art. μυστήριον: ThWNT IV, 809-834

G.J. Botterweck, Art. *jd'* 2-5: ThWAT III, 486-512

A. Brandenburg, Gericht und Evangelium. Zur Worttheologie in Luthers erster Psalmenvorlesung, Paderborn 1960

G. Braulik, Studien zur Theologie des Deuteronomiums (StuttBibl Aufs 2), Stuttgart 1988

- , Die Ausdrücke für "Gesetz" im Buch Deuteronomium, in: *ders.*, Studien zur Theologie des Deuteronomiums, 11-38

- , Weisheit, Gottesnähe und Gesetz. Zum Kerygma von Dtn 4,5-8, in: *ders.*, Studien zur Theologie des Deuteronomiums, 53-93

H. Braun, Qumran und das Neue Testament, 2 Bde., Tübingen 1966

C. Breytenbach, Versöhnung. Eine Studie zur paulinischen Soteriologie (WMANT 60), Neukirchen 1989

M. Buber, Königtum Gottes, Heidelberg ^{3}1956

- , Das Wort, das gesprochen wird, in: Wort und Wirklichkeit, Hg. von der Bayrischen Adademie der Schönen Künste, München 1960, 15-31

R. Bultmann, Die liberale Theologie und die jüngste theologische Bewegung, in: *ders.*, Glauben und Verstehen I Tübingen ⁸1980, 1-25

-, Welchen Sinn hat es, von Gott zu reden?, ib. 26-37

-, Der Begriff des Wortes Gottes im Neuen Testament, ib. 268-293

-, Das Problem der "natürlichen Theologie", ib. 294-312

-, Die Frage der natürlichen Offenbarung in: Glauben und Verstehen II, Tübingen ⁵1968, 79-104

-, Weissagung und Erfüllung, ib. 162-186

-, Der Begriff der Offenbarung im Neuen Testament, in: Glauben und Verstehen 3. Band, Tübingen ³1965, 1-34

-, Das Befremdliche des christlichen Glaubens, ib. 197-212

-, Zum Problem der Entmythologisierung, in: KuM II, 179-208

-, Theologische Enzyklopädie, hg. E. Jüngel und K.W. Müller, Tübingen 1984, 4. Kap.

-, Art. γινώσκω κτλ.: ThWNT I, 688-719

-, Untersuchungen zum Johannesevangelium, in: *ders.*, Exegetica, Hg. von E. Dinkler, Tübingen 1967, 124-197

F. Buuck, Potentia oboedientialis: ²LThK 8, 646f.

B. Casper, Sprache und Theologie. Eine philosophische Hinführung, Freiburg/Basel/Wien 1975

A. Delzant, Révélation, canon, interprétations, LV (B) 34 (1985), 81-91

Der spätere Heidegger und die Theologie, Hg. von J.M. Robinson und J.B. Copp, jr. (NLT 1), Zürich/Stuttgart 1964

E.L. Dietrich, Art. Offenbarung III. Im Judentum: 3RGG IV, 1601-1603

W. Dilthey, Gesammelte Schriften, V, Stuttgart/Göttingen ^{5}1957

C.H. Dodd, The Interpretation of the Fourth Gospel, Cambridge 1953

Dogmatische Konstitution über die göttliche Offenbarung: LThK, Das Zweite Vatikanische Konzil II, 497-583, Einleitung von *J. Ratzinger*, 498-503

H. Donner, Geschichte des Volkes Israel und seiner Nachbarn in Grundzügen, 2 Bde. (GAT 4/1 und 2), Göttingen 1984/86

F. Dummermuth, Zur deuteronomischen Kulttheologie und ihren Voraussetzungen, ZAW 70 (1958), 59-98

J. Ebach, Art. Hiob/Hiobbuch: TRE 15, 360-380

P. Eicher, Die anthropologische Wende. Karl Rahners philosophischer Weg vom Wesen des Menschen zur personalen Existenz (Dokimion 1),Freiburg/Schweiz 1970

- , Offenbarung. Prinzip neutestamentlicher Theologie, München 1977

W. Eichrodt, Art. Offenbarung II. Im AT: ^{3}RGG IV, 1599-1601

K. Elliger, Ich bin der Herr - euer Gott, in: Kleine Schriften zum Alten Testament (Thb 32), München 1966, 211-231

S. Erlandsson, Faith in the Old and New Testament: Harmony or Disagreement?, ConcThQ 47 (1983), 1-14

J.G. Fichte, Versuch einer Critik aller Offenbarung, 1892

J. Fichtner, Art. Propheten II B. Seit Amos: ^{3}RGG V, 618-627

G. Fischer, Jahwe unser Gott. Sprache, Aufbau und Erzähltechnik in der Berufung des Mose (Ex 3-4), (OB 91), Freiburg-Schweiz/Göttingen 1989

G. Fohrer, Geschichte der israelitischen Religion, Berlin 1969

W. Franzen, Martin Heidegger, Stuttgart 1976

D.N. Freedman/P. O'Connor, Art. *JHWH*: ThWAT III, 533-544

P. Friedländer, Platon, 3 Bde.,Berlin/New York ^{3}1964-1975

G. Friedrich, Art. δύναμις Kraft: EWNT I, 860-867

H. Fries, Fundamentaltheologie, Hg. von G. Sterzinsky, Leipzig 1985

H. Frisk, Griechisches etymologisches Wörterbuch, 3 Bde., Heidelberg 1960-1972

E. Fuchs, Hermeneutik, Bad Canstatt 31963

J. Gamberoni, Art. *māqôm:* ThWAT IV, 1113-1124(1125)

G. Gloege, Art. Offenbarung IV. Christliche Offenbarung, dogmatisch: ^{3}RGG IV, 1609-1613

H. Graß, Art. Glaube V. Dogmatisch: ^{3}RGG II, 1601-1611

O. Grether, Name und Wort Gottes im Alten Testament (BZAW 64), Gießen 1934

E. Güttgemanns, Der leidende Apostel und sein Herr (FRLANT 90), Göttingen 1966

H. Gunkel, Art. Hiobbuch: ^{2}RGG II, 1924-1930

- , Art. Propheten: II B. Propheten seit Amos: 2RGG IV, 1538-1554

Handbuch der Dogmengeschichte I/1b. Von der Reformation zur Gegenwart (*H. Waldenfels/L. Scheffczyk*), Freiburg/Basel/Wien 1977

Handbuch der Fundamentaltheologie 2, Traktat Offenbarung, Hg. von W. Kern, H.J. Pottmeyer, M. Seckler, Freiburg/Basel/Wien 1985

R.B. Hays, Echoes of Scripture in the Letters of Paul, New Haven/London 1989

G.F.W. Hegel, Enzyklopädie der philosophischen Wissenschaften, 3. Aufl., 1830, § 564

M. Heidegger, Sein und Zeit, Tübingen ^{14}1977

- , Der Begriff der Zeit, Tübingen 1989

- , Über den Humanismus, Frankfurt/Main. 1947

- , Vom Wesen der Wahrheit, Frankfurt/Main ^{6}1976

- , Unterwegs zur Sprache, Pfullingen ^{4}1971

- , Vom Wesen des Grundes, Frankfurt/Main ^{6}1973

- , Prolegomena zur Geschichte des Zeitbegriffs, Gesamtausgabe II/20, Frankfurt/Main 1979

Heidegger, Perspektiven zur Deutung seines Werkes, Hg. von O. Pöggeler, Königstein 1984

B. van der Heijden, Karl Rahner. Darstellung und Kritik seiner Grundpositionen, Einsiedeln 1973

F.-W. von Herrmann, Subjekt und Dasein. Interpretationen zu "Sein und Zeit", Frankfurt/Main ^{2}1985

- , Der Begriff der Phänomenologie bei Heidegger und Husserl, Frankfurt/Main ²1988

F. Hesse, Kerygma oder geschichtliche Wirklichkeit?, ZThK 57 (1960), 17-26

O. Hofius, "Gott hat unter uns aufgerichtet das Wort von der Versöhnung" (2Kor 5,19), ZNW 71 (1980), 3-20

- , Erwägungen zur Gestalt und Herkunft des paulinischen Versöhnungsgedankens, ZThK 77 (1980), 186-199

H. Hübner, Rechtfertigung und Heiligung in Luthers Römerbriefvorlesung, Witten 1965

- , Art. ἀλήθεια: EWNT I, 138-145

- , Politische Theologie und existentiale Interpretation. Zur Auseinandersetzung Dorothee Sölles mit Rudolf Bultmann, Witten 1973

- , Anthropologischer Dualismus in den Hodayoth?, NTS 18 (1971/72), 268-284

- , Rückblick auf das Bultmann-Gedenkjahr 1987, ThLZ 110 (1985), 641-652

- , Paulusforschung seit 1945. Ein kritischer Literaturbericht: ANRW II, 25.4, Berlin/New York 1987, 2649-2840

E. Husserl, Gesammelte Werke, III, München ²1973

J. Jeremias, Art. Hosea/Hoseabuch: TRE 15, 586-598

- , Die Reue Gottes. Aspekte alttestamentlicher Gottesvorstellung (BSt 65), Neukirchen 1975

- , Theophanie. Die Geschichte einer alttestamentlichen Gattung (WMANT 10), Neukirchen ²1977

- , Das Königtum Gottes in den Psalmen. Israels Begegnung mit dem kanaanäischen Mythos in den Jahwe-König-Psalmen (FRLANT 141), Göttingen 1987

E.Jenni, Art. *Jhwh* Jahwe: THAT I, 701-707

A. Jepsen, Art. *'mn*: ThWAT I; 313-348

E. Jüngel, Paulus und Jesus (HUTh 2), Tübingen ⁶1986

E. Käsemann, Die Legitimität des Apostels, in: Das Paulusbild in der neueren deutschen Forschung, Hg. von K.H. Rengstorf (WdF 24), Darmstadt 1964

- , Gottesgerechtigkeit bei Paulus, in: *ders.*, Exegetische Versuche und Besinnungen II, 181-193

I. Kant, Die Religion innerhalb der Grenzen der bloßen Vernunft, ²1787

F. Kattenbusch, Deus absconditus bei Luther, in: Festgabe für Julius Kaftan, Tübingen 1920, 170-214

E. Kettering, Nähe. Das Denken Martin Heideggers, Pfullingen 1987

E. Kinder, Das vernachlässigte Problem der "natürlichen" Gotteserfahrung in der Theologie, KuD 9 (1963), 316-333

G. Kittel, Art. δόξα D-G: ThWNT II, 245-258

R. Knierim, Offenbarung im Alten Testament, in: Probleme biblischer Theologie, 206-235

K. Koch, Ratlos vor der Apokalyptik, Gütersloh 1970

F. Konrad, Das Offenbarungsverständnis in der evangelischen Theologie (BÖT 6), München 1971

H.J. Kraus, Perspektiven eines messianischen Christusglaubens, in: Offenbarung im jüdischen und christlichen Glaubensverständnis, 237-261

W.G. Kümmel, Verheißung und Erfüllung. Untersuchungen zur eschatologischen Verkündigung Jesu (AThANT 6), Zürich ³1956

- , Heilsgeschehen und Geschichte. Gesammelte Aufsätze 1933-1964, Hg. von E. Gräßer, O. Merk und A. Fritz (MThSt 3), Marburg 1965

- , Πάρεσις und ἔνδειξις. Ein Beitrag zum Verständnis der paulinischen Rechtfertigungslehre, ib. 260-270

- , Futurische und präsentische Eschatologie, ib. 351-363

- , Die Naherwartung in der Verkündigung Jesu, ib. 457-470

A.M. Landgraf, Dogmengeschichte der Frühscholastik I/1 und 2, Regensburg 1952/1953

G.E. Lessing, Die Erziehung des Menschengeschlechts, 1870

W. von Loewenich, Luthers theologia crucis, Witten 1967

E. Lohse, Emuna und Pistis - Jüdisches und urchristliches Verständnis des Glaubens, ZNW 68 (1977), 147-163

- , Die Texte aus Qumran. Hebräisch und deutsch, Damrstadt ⁴1986

D. Lührmann, Das Offenbarungsverständnis bei Paulus und in paulinischen Gemeinden (WMANT 16), Neukirchen 1965

V. Maag, Hiob. Wandlung und Verarbeitung des Problems in Novelle, Dialogdichtung und Spätfassung (FRLANT 128), Göttingen 1982

J. Maier, Die Texte vom Toten Meer, 2 Bde., Basel 1960

KH. Müller, Art. Apokalyptik/Apokalypsen III: TRE 3, 202-251

M. Noth, Überlieferungsgeschichtliche Studien. Die sammelnden und bearbeitenden Geschichtswerke im Alten Testament, Tübingen ²1957

Offenbarung als Geschichte, Hg. von W. Pannenberg (KuD.B 1), Göttingen ⁵1982

Offenbarung als Heilserfahrung im Christentum, Hinduismus und Buddhismus, hg. W. Strolz und Sh. Ueda (Veröffentlichungen der Stiftung Oratio Dominica) Freiburg/Basel/Wien 1982

Offenbarung im jüdischen und christlichen Glaubensverständnis, Hg. von J.J. Petuchowski und W. Strolz (QD 92), Freiburg/Basel/Wien 1981

W. Pannenberg, Dogmatische Thesen zur Lehre von der Offenbarung, in: Offenbarung als Geschichte, 91-114

- , Systematische Theologie I, Göttingen 1988

- , Was ist der Mensch? Die Anthropologie der Gegenwart im Lichte der Theologie (KVR 1139), Göttingen ⁷1985

L. Perlitt, Auslegung der Geschichte - Auslegung der Welt, in: Europäische Theologie, Hg. von T. Rendtorff, Gütersloh 1980, 27-71

O.A. Piper, Art. Offenbarung IV. Im NT: ³RGG IV, 1603-1605

H. Pfeiffer, Gott offenbart sich. Das Reifen und Entstehen des Offenbarungsverständnisses im ersten und zweiten vatikanischen Konzil (EHS.T 185), Frankfurt a.M./Bern 1982

I. de la Potterie, La vérité dans Saint Jean, 2 Bde. (AnBib 73 und 74), Roma 1977

Th. Pröpper, Erlösungsglaube und Freiheitsgeschichte. Eine Skizze zur Soteriologie, München 1985

G. von Rad, Art.δόξα C. kabôd im AT: ThWNT II, 240-245

H. Räisänen, Paul and the Law (WUNT 29), Tübingen 1983

K. Rahner, Hörer des Wortes. Neu bearbeitet von *J.B. Metz*, 3. Aufl. der neubearbeiteten Ausgabe 1969, München 1985

- , Grundkurs des Glaubens. Einführung in den Begriff des Christentums, Freiburg/Basel/Wien 1976

K. Rahner/J. Ratzinger, Offenbarung und Überlieferung (QD 25), Freiburg/Basel/Wien 1965

L. Richter, Art. Offenbarung V. Religionsphilosophisch: ³RGG IV, 1605-1609

G. Reim, Studien zum alttestamentlichen Hintergrund des Johannesevangeliums (MSSNTS 22), Cambridge 1974

R. Rendtorff, Die Offenbarungsvorstellungen im Alten Israel, in: Offenbarung als Geschichte, 21-41

-, Offenbarung und Geschichte - Partikularismus und Universalismus im Offenbarungsverständnis Israels, in: Offenbarung im jüdischen und christlichen Glaubensverständnis, 37-49

P. Ricoeur, Die lebendige Metapher, München 1986 (franz. Original: La métaphore vive, Paris 1975)

C.H. Ratschow, Werden und Wirken. Eine Untersuchung des Wortes hajah als Beitrag zur Wirklichkeitserfassung des Alten Testaments (BZAT 70), Berlin 1941

M. Riedel, Hören auf die Sprache. Die akroamatische Dimension der Hermeneutik, Frankfurt/Main 1990

E.P. Sanders, Paulus und das palästinische Judentum. Ein Vergleich zweier Religionsstrukturen (StUNT 17), Göttingen 1985 (engl. Original, Paul and Palestinian Judaism. A Comparison of Patterns of Religion, London 1977)

-, Paul, the Law and the Jewish People, Philadelphia 1983

H. Schell, Katholische Dogmatik I. Von den Quellen der christlichen Offenbarung. Von Gottes Dasein und Wesen, München/Paderborn/Wien 1968 (= 1889)

K.W.J. Schelling, Philosophie der Offenbarung, 2 Bde., Darmstadt 1974 (= 1858)

W.H. Schmidt, Königtum Gottes in Ugarit und Israel. Zur Herkunft der Königsprädikation Jahwes (BZAW 80), Berlin ²1966

W. Schmithals, Art. γινώσκω κτλ.: EWNT I, 596-604

E. Schnabel, Inspiration und Offenbarung. Die Lehre von Ursprung und Wesen der Bibel, Wuppertal 1986

O. Schnübbe, Der Existenzbegriff in der Theologie Rudolf Bultmanns. Ein Beitrag zur Interpretation der theologischen Systematik Bultmanns, Göttingen 1959

W. Schottrofff, Art. jd^c: THAT I, 682-701

M. Seckler/H. Kessler, Die Kritik der Offenbarung, in: Handbuch der Fundamentaltheologie 2, 29-59

M. Seckler, Der Begriff der Offenbarung, in: Handbuch der Fundamentaltheologie 2, 60-83

- , Dei verbum religiose audiens: Wandlungen im christlichen Offenbarungsverständnis, in: Offenbarung im jüdischen und christlichen Glaubensverständnis, 214-236

R. Smend, Theologie im Alten Testament, in: Die Mitte des Alten Testaments, 104-117

- , Zur Geschichte von *hæʾæmîn*, in: *ders.*, Die Mitte des Alten Testaments, 118-123

H. Spieckermann, Heilsgegenwart. Eine Theologie der Psalmen (FRLANT 148), Göttingen 1989

G. Stählin, Art. ἀσθενής κτλ.: ThWNT I, 488-492

P. Stuhlmacher, Gerechtigkeit Gottes bei Paulus (FRLANT 87), Göttingen ²1966

- , Versöhnung, Gesetz und Gerechtigkeit. Aufsätze zur biblischen Theologie, Göttingen 1981

Sh. Talmon, Grundzüge des Offenbarungsverständnisses in biblischer Zeit, in: Offenbarung im jüdischen und christlichen Glaubensverständnis, 12-36

H. Thyen, Art. Johannesevangelium: TRE 17, 200-225

H. Waldenfels, Art. Offenbarung V: Lexikon der Religionen, 474-475

K.H. Walkenhorst, Hochwertung der Namenserkenntnis und Gottverbundenheit in der Höhenlinie der priesterlichen Geschichtserzählung, AJBI VI (1980), 3-28

H. Weder, Die Gleichnisse Jesu als Mataphern. Traditions- und redaktionsgeschichtliche Analysen und Interpretationen (FRLANT 120), Göttingen ²1980

M. Weinfeld, Art. kaḇôd: THWAT IV; 23-40

H. Weippert, "Der Ort, den Jahwe erwählen wird, um dort seinen Namen wohnen zu lassen". Die Geschichte einer alten Formel, BZ NF 24 (1980); 76-94

A. Weiser, Samuel. Seine geschichtliche Aufgabe und religiöse Bedeutung (FRLANT 81), Göttingen 1962

J. Wellhausen, Israelitische und jüdische Geschichte, Berlin 1981 (= 7. Aufl., 1914)

P. Wernberg-Møller, The Manual of Discipline, Leiden 1957

C. Westermann, Art. kbd schwer sein: THAT I, 794-812

- , Die Herrlichkeit des Herrn in der Priesterschrift, in: FS Walther Eichrodt, Zürich 1970, 227-249

- , Ausgewählte Psalmen, Göttingen 1984

G. Wießner, Art. Offenbarung I und II: Lexikon der Religionen, 470-472

H. Wildberger, Art. ʾmn fest, sicher: THAT I, 177-209

H.W. Wolff, Die eigentliche Botschaft der Propheten, in: Beiträge zur alttestamentlichen Theologie, 547-557

A.S. van der Woude, Art. šem Name: THAT II, 935-963

W. Zimmerli, Ich bin Jahwe, in: *ders.*, Gottes Offenbarung, 11-40

- , Erkenntnis nach dem Buche Ezechiel, in: *ders.*, Gottes Offenbarung, 41-119

- , Das Wort des göttlichen Selbsterweises (Erweiswort), eine prophetische Gattung, in: *ders.*, Gottes Offenbarung, 120-132

H. Zimmermann, Das absolute Ἐγὼ εἰμι als die neutestamentliche Offenbarungsformel, BZ NF 4 (1960), 54-69

1.4 Der Eine Gott und die beiden Testamente

A. Alt, Der Gott der Väter, in: *ders.*, Kleine Schriften zur Geschichte des Volkes Israel I, München ^{4}1968, 1-78

- , Das Gottesurteil auf dem Karmel, in: *ders.*, Kleine Schriften zur Geschichte Israels II, München ^{4}1977, 135-149

- , Die Heimat des Deuteronomiums, in: *ders.*, Kleine Schriften zur Geschichte des Volkes Israel II, 250-275

W.F. Bade, Der Monojahwismus des Deuteronomiums, ZAW 30 (1910), 81-90

H.J. Boecker, Art. Dekalog: ^{3}EKL 1, 797-799

G. Braulik, Das Deuteronomium und die Geburt des Monotheismus, in: *ders.*, Studien zur Theologie des Deuteronomiums, 257-300

F. Büchsel, Art. εἴδωλον κτλ.: ThWNT II, 373-377

Ch. Demke, Art. Gott II. Neues Testament: TRE 13, 645-652

H. Diels/W. Kranz, Die Fragmente der Vorsokratiker, 3 Bde., Berlin ^{10}1961

J.W. Drane, Paul: Libertine or Legalist? A Study in the Theology of the Major Pauline Epistles, London 1975

G. Fohrer, Überlieferung und Geschichte des Exodus (BZAW 91), Berlin 1964

A.H.J. Gunneweg, Mose in Midian, ZThK 61 (1964), 1-9

A. von Harnack, Marcion. Das Evangelium vom fremden Gott, Darmstadt 1985 (= ²1924)

M. Hengel, Judentum und Hellenismus (WUNT 11), Tübingen ³1988

S. Herrmann, Der alttestamentliche Gottesname, EvTh 26 (1966), 281-293

- , Israels Aufenthalt in Ägypten, Stuttgart 1970

P. Höffken, Eine Bemerkung zum religionsgeschichtlichen Hintergrund von Dtn 6,4, BZ NF 28 (1984), 88-93

H. Hübner, Art. εἴδωλον κτλ.: EWNT I, 936-941

- , Art. Dekalog III. Neues Testament: TRE 8, 415-418

K. Jaspers, Vom Ursprung und Ziel der Geschichte, München 1949

R. Knierim, Das erste Gebot, ZAW 77 (1965), 20-39

M. Köckert, Vätergott und Väterverheißungen. Eine Auseinandersetzung mit Albrecht Alt und seinen Erben (FRLANT 142), Göttingen 1988

C. Larcher, O.P., Le livre de la Sagesse ou la Sagesse de Salomon I/II (EtB NS 1), Paris 1983 und 1984

J. Mansfeld, Die Vorsokratiker. Griechisch/Deutsch, Auswahl der Fragmente, Übersetzung und Erläuterungen (Reclam Universal-Bibliothek Nr. 10344), Stuttgart 1987

Monotheismus in Israel und seiner Umwelt, Hg. O. Keel (BiblBeitr 14), Fribourg 1980

H.-P. Müller, Gott und die Götter in den Anfängen der biblischen Religion. Zur Vorgeschichte des Monotheismus, in: Monotheismus im Alten Testament und seiner Umwelt, 99-142

L. Perlitt, Art. Dekalog, I. Altes Testament: TRE 8, 408-413

M. Peter, Dtn 6,4 - ein monotheistischer Text?, BZ NF 24 (1980), 252-262

J.M. Reese, Hellenistic Influence on the Book of Wisdom and its Consequences (AnBib 41), Roma 1970

M. Rose, Der Ausschließlichkeitsanspruch Jahwes, Stuttgart 1975

H.H. Rowley, Mose und der Monotheismus, ZAW 69 (1957), 1-21

W.H. Schmidt, Das erste Gebot (TEH 165), München 1969

- , Der Jahwename und Ex 3,14, in: Textgemäß, FS E. Würthwein, Hg. A.H.J. Gunneweg und O. Kaiser, Göttingen 1979, 123-138

- , Art. Gott II. Altes Testament: TRE 13, 608-626

F. Stolz, Monotheismus in Israel, in: Monotheismus im alten Israel und seiner Umwelt, 143-184

C. Thoma, Art. Gott III. Judentum: TRE 13, 623-645

R. de Vaux, Sur l'origine Kénite ou Madianite du Yahvisme, EI 9 (1969), 28-32

1.5 Jüdische und neutestamentliche Auslegungsmethoden

R. Bultmann, Ursprung und Sinn der Typologie als Hermeneutischer Methode, in: *ders.*, Exegetica. Aufsätze zur Erforschung des Neuen Testaments, hrg. von E. Dinkkler, Tübingen 1967, 369-380

I. Christiansen, Die Technik der allegorischen Auslegungswissenschaft bei Philon von Alexandrien (BGBH 7), Tübingen 1969

E.E. Ellis, Prophecy and Hermeneutic in Early Christianity. New Testament Essays (WUNT 18), Tübingen 1978, 147-253

L. Goppelt, Typos. Die typologische Deutung des Alten Testaments im Neuen (BFChTh.M. 43), Güterloh 1939 (Nachdruck: Darmstadt 1969)

D.-A. Koch, Die Schrift als Zeuge des Evangeliums. Untersuchungen zur Verwendung und zum Verständnis der Schrift bei Paulus (BHTh 69), Tübingen 1986

U. Luz, Das Geschichtsverständnis des Paulus (BEvTh 49), München 1968, vor allem 41-64

B.M. Metzger, The Formulas introducing Quotations of Scripture in the New Testament and the Mishnah, JBL 70 (1951), 297-307

M.P. Miller, Targum, Midrash and the Use of the Old Testament in the New Testament, JSJ 2 (1971), 29-89

Mikra, passim (Lit.!)

Autorenregister

Alexander, Ph. S.	54	Betz, O.	53, 178
Alt, A.	242, 245,246	Beutler, J.	193
Althaus, P.	109	Biemer, G.	170
Amsler, S.	106	Bitter, S.	84
Anselm von Canterbury	85	Blenkinsopp, J.	53
Anz, W.	233	Bock, I.	223
Aristoteles	197	Boecker, H.J.	245
Athanasius	45	Böckmuehl, M.	182
Auer, J.	171	Boeder, H.	197
Austin, J.L.	181, 222	Boman, Th.	106
		Bornkamm, G.	178
		Botterweck, G.J.	110
Bade, W.F.	247	Brandenburg, A.	236, 237
Bader, G.	176		
Balthasar, H.U.von	111	Braulik, G.	124, 125,246-248
Balz, H.	226		
Barr, J.	48, 51,106,155	Braun, H.	196
		Brentano, F.	121, 123,208
Barrett, C.K.	192		
Barth, K.	13, 150,176	Breytenbach, C.	226
		Buber, M.	138, 140,206
Bauer, G.L.	14		
Baumgärtel, F.	19	Büchsel, F.	253
Beaufret, J.	223	Bultmann, R.	13, 24-27,29,32,41,109,121, 156,158,164,181,185, 188,189,190,192,194,197, 201,204,211,212,226,227, 230,233,234
Becker, J.	192		
Beckwith, R.T.	49-51		
Behm, J.	78		
Bellarmin, R.	13		
Berger, K.	41	Buuck, F.	209
Bernhardt, K.-H.	106	Burkhardt, H.	56, 57
Bertram G.	62		
Betz, H.D.	92	Burstein, E.	78

Casper, B.	222	Elliger, K.	104, 105
Childs, B.S.	61, 70-76	Evang, M.	204
Cicero	77		
Conzelmann, H.	26, 27, 254	Fichtner, J.	131
		Fischer, G.	108
Conrad, J.	51	Fishbane, M.	53
Copp, J.B., jr.	220	Fitzmyer, J.A.	58
Cullmann, O.	42, 43, 77	Fohrer, G.	125, 243
		Franzen, W.	221
Damasus, Papst	78	Freedman, D.N.	104, 242
Delling, G.	91		
Dexinger, F.	45	Friedländer, P.	197
Diels, H.	249	Friedrich, G.	173
Dilthey, W.	217, 218	Fries, H.	172, 225, 232, 234
Dodd, C.H.	71, 192	Frisk, H.	197
		Fuchs, E.	183
Donner, H.	138, 242, 245	Gabler, J.Ph.	14
		Gadamer, H.-G.	16
Drane, H.W.	253	Gamberoni, J.	126
Dummermuth, F.	125	Gese, H.	16-18, 162-165
Dunn, J.	173, 176, 181		
		George, St.	222, 223
Dupont-Sommer, A.	144	Gnilka, J.	200
Ebach, J.	147	Gräßer, E.	91-94, 96, 97
Ebeling, G.	20, 24-26, 32, 42, 230, 231		
		Graetz, H.	46
Eicher, P.	101, 160, 219	Graß, H.	109
		Grether, O.	125
Eichrodt, W.	83, 103, 125	Güttgemanns, E.	185, 186
Eißfeldt, O.	55, 56	Gunkel, H.	107, 129, 131, 133
Elert, W.	34	Gunneweg, A.	242

Haenchen, E.	63	Husserl, E.	207, 232
Hanhart, R.	51, 64		
Hanson, A.T.	43, 71	Jacob, E.	20, 21,33,130
Harnack, A.von	241	Jaspers, K.	249
Hasel, G.F.	21-23,130	Jenni, E.	104
		Jepsen, A.	107, 196
Hays, R.B.	174		
Hegermann, H.	98	Jeremias, J.	84-89,112,120,135,136,140
Heidegger, M.	35, 121,123,197,199,205-208, 210,212,216-218,220-225, 228,229,231-233	Josephus	49, 50
		Jüngel, E.	187
Heijden, B. van der	208		
Heitsch, E.	197	Kähler, M.	41
Hengel, M.	249	Käsemann, E.	37, 40,96,110,177,180,181, 184,185,202
Herrmann, S.	19-21,128,243		
Herrmann, F.-W. von	222	Kaiser, O.	49, 50,61,117,123,131,143, 233
Hesse, F.	166		
Hieronymus	78, 81	Kahle, P.	58
Hippolyt	51	Kant, I.	34
Hirsch, E.	59, 240.241	Kattenbusch, F.	236, 237
Höffken, P.	247	Kettering, E.	211
Hofius, O.	94, 175,176	Kierkegaard, S.	240
		Kinder, E.	156
Hofmann, J.C.C. von	77	Kittel, Gerhard	111
Holzinger, H.	80	Kittel, Gisela	6,7,
Hübner, H.	23, 29,38,39,46,63,65,67,75, 92,93,95,96,100,109,164, 171,176-179,181,183,194, 198,204,227,233,245,252, 259	Kleutgen, J.	169
		Knierim, R.	160, 161,245
		Koch, D.-A.	259
		Koch, K.	146
		Köckert, M.	242
Humboldt, W.von	16	Kranz, W.	249

Kraus, H.-J.	60	Merklein, H.	97
Kühn, U.	91	Metz, J.B.	208, 209,215,219
Kümmel, W.G.	40, 64,94,182,186	Michel, O.	258, 259
Kuhn, J.E.von	169	Miller, P.D.,jr.	51, 53
Kutsch, E.	78-81,87,89,90,93	Müller, H.-P.	245
		Müller, Kh.	146, 178
Landgraf, A.M.	171		
Lang, F.	94		
Larcher, C.	249		
Leipoldt, J.	49	Nautin, P.	78
Leisegang, H.	56	Newman, J.H.	170
Lengsfeld, P.	42	Noth, M.	80, 112,138,146
Levin, Ch.	89, 90	Nygren, A.	175
Lewis, J.P.	46, 47	O'Connor, P.	104, 242
Lietzmann, H.	94	Oeming, M.	16, 17,30,31,70,73-75
Lindemann, A.	26	Oporin, J.	6
Loader, W.R.G.	99	Origenes	51
Loewenich, W.von	236		
Lohse, E.	13, 177,180,196		
Lührmann, D.	177, 180	Pannenberg, W.	13, 110,136,150-160,164 208,217,220
Luther, M.	34, 79,101,109,235,236	Perlitt, L.	79, 82,83,160,245
Luz, U.	97, 259	Peter, M.	247
		Philo von Alexandrien	56, 57
Maag, V.	148		
Maier, J.	50-53,196	Plöger, O.	146
Mansfels, J.	249	Plummer, A.	94
Markion	7, 241	Pokorný, P.	200
Merk, O.	14	Popper, K.	222

Potterie, I.de la	197, 198	Schäfer, P.	47, 54
Preuß, H.D.	16, 29	Scheffczyk, L.	169
		Schell, H.	170
Pröpper, Th.	206	Schlier, H.	28
		Schmid, J.H.	17
Quell, G.	79	Schmidt, W.H.	65, 80,86-88,104-106,
Rad, G.von	15-19,21,30,31,61,66, 111,124,128,131,133, 134,166,208		111,114,117,123,131, 138,139,143,175,242, 243,246
		Schmithals, W.	190
Räisänen, H.	27, 28,227	Schnackenburg, R.	190, 192,194,223
Rahner, K.	158, 171,202,208-220	Schneemelcher, W.	37
		Schnübbe, O.	204
Ramsey, I.T.	222	Schottroff, W.	110
Ratschow, C.H.	106	Seckler, M.	167-170,172,182
Ratzinger, J.	170		
Reese, J.M.	249	Seebass, H.	29, 88,245
Reim, G.	192, 193	Segalla, G.	239
Rendtorff, R.	59, 110,151,152,160	Semler, J.S.	130
		Smend, R.	19-21,75,84,85,108,128, 130,133
Reventlow, H.Graf	15, 23,29,70		
		Spieckermann, H.	118-121,140
Ricoeur, P.	181		
Riedel, M.	222	Staedtke, J.	91
Robinson, J.M.	220	Stählin, G.	184
Roloff, J.	91	Stemberger, G.	48
Rose, M.	245, 247	Stuhlhofer, F.	56
		Stuhlmacher, P.	16, 17,29,179,180,226
Rowley, H.H.	242		
Rudolph, W.	144	Sundberg, A.C.,jr.	51, 53
Ruler, A.A.van	15		
Sanders, E.P.	227		
Sauer, G.	87	Talmon, Sh.	154

Theodotion	106
Thomas von Aquin	171, 210
Thyen, H.	188
Tillich, P.	225
Tov, E.	62
Tugendhat, E.	197
Waldenfels, H.	169
Walkenhorst, K.H.	104
Walter, N.	61, 62, 64
Wanke, G.	47, 63
Weder, H.	186, 187
Weinel, H.	14
Weinfeld, M.	79, 83, 111, 112
Weippert, H.	125
Weiser, A.	142, 146, 147
Weiß, B.	14
Wellhausen, J.	19, 84
Wendland, H.-D.	184, 185
Wernberg-Møller, P.	196
Westermann, C.	107, 111-113, 119, 137
Wilckens, U.	178, 180
Wildberger, H.	108, 196, 233
Windisch, H.	185
Wirsching, J.	67-69
Wittgenstein, L.	222
Wolff, Ch.	97
Wolff, H.W.	134, 135, 141-144
Woude, A.S. van der	125
Wrede, W.	23, 27, 28
Würthwein, E.	59, 60, 244
Xenophanes	248
Ziegler, J.	57, 58
Zimmerli, W.	20, 21, 82, 90, 103, 108, 109, 114-118, 125, 131, 151
Zimmermann, H.	192

Stellenregister (in Auswahl)

1. Altes Testament

(Reihenfolge nach der Ordnung der LXX)

Gen 9	82
Gen 15,6	107
Gen 15,17f.	79
Gen 17	79,82,104
Ex 3	104ff.,150
Ex 3,14,	86f.,106
Ex 6	104ff.
Ex 6,3	160
Ex 6,4	79
Ex 7,22f.	110
Ex 14,31	108,152
Ex 15,17f.	138
Ex 19	80f.,114
Ex 20,2	104,124
Ex 20,5	87
Ex 20,5f.	81
Ex 24	80f.,114
Ex 24,6-8	91
Ex 24,8	98
Ex 24,9-11	114f.,124, 233
Ex 24,15-18	112
Ex 31,18	112
Ex 33,11	233
Ex 33,18ff.	224
Ex 33,20	233
Ex 34	94,97
Ex 34,14	87
Ex 34,27f.	81
Ex 34,34	94
Ex 40,34f.	112
Ex 40,36f.	112
Num 9,15-23	112
Num 14,21	31
Num 23,18-24	138
Num 24,4.16	104
Dtn 1-4	124
Dtn 4	246ff.
Dtn 4,2	19
Dtn 4,12	233
Dtn 4,12ff.	124
Dtn 4,23f.	124
Dtn 5	123ff.
Dtn 5-11	123
Dtn 5,6	104,124
Dtn 5,9	87
Dtn 6,4	241,246ff.
Dtn 12	125f.
Dtn 12-26	125
Dtn 13,1	19
Dtn 14,23f.	125
Dtn 16,2.6.11	125
Dtn 26,2	125
Dtn 26,16-19	126
Dtn 33,2	243
Dtn 33,5.26	138
Ri 5,4	243
Ri 11,22ff.	244

1Sam 8,7	138	Ps 77,5LXX	175
		Ps 83,6	79
2Sam 2,8f.	244	Ps 89,12	60
2Sam 7	60	Ps 93	140
		Ps 139,8LXX	174
1Kön 5,26	79		
1Kön 11	244	Hiob 31	147
1Kön 12,1-18	60	Hiob 35,35ff.	146
1Kön 12,19	6O	Hiob 38,1-42,6	146ff.
1Kön 15,19	79		
1Kön 18	88	Sap	62
1Kön 22	116f.		
1Kön 22,20ff.	94	Sir 44,23ff.LXX	56
		Sir 48,22-49,10	55
1Chr 8,33	244		
1Chr 9,39	244	PsSal 17	65
2Chr 16,3	79	Hos 1	84ff.
		Hos 1,9	132,135
Tob 4,6	196	Hos 2,1ff.	132
Tob 13,6	196	Hos 2,25	85
		Hos 3	85
Ps 2	60	Hos 4,6	89
Ps 2,8	60	Hos 4,11f.	85
Ps 8	120	Hos 6,6	89,136
Ps 23	120	Hos 11	88,157
Ps 24,1f.	60	Hos 11,5	87
Ps 29	120,140f.	Hos 11,7-11	86,135
Ps 30	119f	Hos 11,9	135f.
Ps 31,2LXX	231	Hos 12,10	88
Ps 31,6	196	Hos 13,4	88
Ps 45,2LXX	174		
Ps 46,5	139	Am 8,2	84,134
Ps 47,3.9	60,139	Am 9,11ff.	132
Ps 48,2f.	139		
Ps 62,3LXX	174	Mi 2,12f.	141
Ps 67LXX	138	Mi 4,1-8	141f.
Ps 76,15LXX	174		

Obd 15ff.	143f.	Ez 40-42	116
Hab 2,4	174,177	Ez 43,2	115
Hab 3,19	174	Ez 48,35	116
Sach 9	65,145	Dan 2	178
Sach 14	144ff.	Dan 7	146
Jes 2,2-4	142		
Jes 6	116,233	*2. Jüdische Schriften*	
Jes 6,1-9,6	133		
Jes 6,3	60	1QS I,5	196
Jes 26,10LXX	196	1QS V,3	196
Jes 43,10LXX	192	1Qs VIII, 2	196
Jes 45,25LXX	38	1QH XIV, 16	180f.
Jes 48,22LXX	56		
Jes 49,5LXX	175	Philo, mut 169	56
Jes 49,8LXX	201	Philo, Mos II,11	57
Jes 49,23LXX	176		
Jes 49,25f.LXX	175	Josephus, Contra	
Jes 60	137	Apionem 1,8	49
Jes 66,18ff.	137		
		Jad III,5	46ff.
Jer 31,31ff.(=		Jad IV,5	48
38,31ff.LXX)	87ff.,91,		
	97f.,132	TJad II,14	48
Ez 1	116		
Ez 1,4-28	114	*3. Neues Testament*	
Ez 2,3-5	116		
Ez 7,1-4	108	Mt 12,28	186
Ez 8-11	115,117	Mt 23	63
Ez 20117		Mt 26,28	91
Ez 36,25ff.	96		
Ez 36,26ff.	90	Mk 1,4	92
Ez 36,27	198	Mk 12,29	241
Ez 37,14	198	Mk 14,24	91
Ez 37,26	90		
Ez 37,26ff.	96f.	Lk 11,20	186

Lk 22,20	90	Röm 3,9	182
Lk 24,44	56	Röm 3,21	181ff.
		Röm 3,23	182
Joh 1,5	189	Röm 3,25	182
Joh 1,17	194	Röm 3,26	182
Joh 1,18	189,194	Röm 4,3	54
Joh 3,11.31f.	193	Röm 4,5	234
Joh 3,18-21	195	Röm 4,8	231
Joh 3,21	196	Röm 6,4	200
Joh 3,31-36	189	Röm 7	122
Joh 3,35	192	Röm 7,14	95
Joh 5,19-22.26	192	Röm 9-11	38,67,72, 176
Joh 5,24f.	194		
Joh 5,26	190	Röm 9,17	54
Joh 5,39	193	Röm 10,11	54
Joh 6,32ff.	190	Röm 11,2	54
Joh 8,14	196	Röm 11,25	38
Joh 8,24.28	191,193	Röm 14,10	201
Joh 8,40,45f.	194	Röm 14,17	187
Joh 8,43f.	189	Röm 14 und 15	254
Joh 10,30	192		
Joh 12,38	194	1Kor 1,18	175,184,236
Joh 13,3	192	1Kor 1,25	184
Joh 13,19	191	1Kor 1,27	184
Joh 14,6	194	1Kor 2,3	184
Joh 14,9	233	1Kor 5,3	44
Joh 16,7	194	1Kor 8	252ff.
Joh 17,2.11	192	1Kor 11,25	90
Joh 18,37	194,196	1Kor 12,9	184
Joh 18,38	196	1Kor 15,3ff.	38,65
Joh 19,30	236		
		2Kor 3	90,93ff.,149
Röm 1,1-7	68	2Kor 3,18	201
Röm 1,16f.	138ff.,198, 223f.	2Kor 4	184
		2Kor 4,10f.	185
Röm 1,18	179	2Kor 5,10	201
Röm 1,18ff.	250	2Kor 5,17	127,232
Röm 1,18-3,20	228	2Kor 5,18-21	175

2Kor 5,19	226	1Thess 4,8	198
2Kor 10-13	184	1Thess 4,13-18	199
		1Thess 4,15	199
Gal 1,8.11	183	1Thess 4,17	199
Gal 1,15f.	38,175	1Thess 5,23	199
Gal 2,16	201		
Gal 3,1-4,31	92	Hebr 4,14-10,39	97
Gal 3,6	238	Hebr 7	99
Gal 3,8	54	Hebr 8,7f.	99
Gal 3,10	46	Hebr 8,7.13	97
Gal 3,13	238	Hebr 8,8-12	97
Gal 3,19	92	Hebr 8,13	98
Gal 3,21	92	Hebr 9,1.18	97
Gal 3,23	238	Hebr 9,6ff.	98
Gal 4,21-31	90,92	Hebr 9,8	98
Gal 5,5	201	Hebr 9,13	97
Gal 5,12	92	Hebr 9,20	98
Gal 6,15	127,232	Hebr 9,22	98
		Hebr 10,1	98
Eph 2,18	170f.	Hebr 10,15-18	98
		Hebr 10,16f.	97
Phil 2,9	234	Hebr 11,6	150
Kol 1,13f.	231	2Petr 1,4	170f.,202
Kol 3,1-4	200f.		
		1-3Joh	29
1Thess 1,3	199	1Joh 3,2	215
1Thess 1,9	94	1Joh 5,12	215
1Thess 1,10	199		
1Thess 2,19	199	Apk 1,4	150
1Thess 3,13	199		

HANS HÜBNER

Gottes Ich und Israel

Zum Schriftgebrauch des Paulus in Römer 9–11. (Forschungen zur Religion und Literatur des Alten und Neuen Testaments, Band 136). 1984. 171 Seiten, Studienausgabe und Leinen

Das Verhältnis der neutestamentlichen Autoren zum Alten Testament ist gerade in den letzten Jahren zu einem die exegetische Forschung bestimmenden theologischen Thema von großer Brisanz geworden, zumal hierbei auch die Frage nach dem Verhältnis von Judentum und Christentum zueinander impliziert ist.

Der Autor untersucht den theologischen Umgang des Paulus mit dem Alten Testament, indem er jedes Zitat in Röm 9–11 nach Funktion und Inhalt befragt und so Argumentationsablauf und Gesamtkonzeption dieses Abschnitts zu erhellen bemüht ist.

Das Gesetz in der synoptischen Tradition

Studien zur These einer progressiven Qumranisierung und Judaisierung innerhalb der synoptischen Tradition. 2., erweiterte Auflage 1986. 277 Seiten, kartoniert

Hübner untersucht in seiner Habilitationsschrift, welchen Stellenwert das Gesetz im Verlauf der synoptischen Entwicklung gehabt hat. Er schließt die Frage ein: Wie stand Jesus zum Gesetz? Oder anders formuliert: Inwiefern wurde in der synoptischen Tradition durch ihre verschiedenen Schichten hindurch der Standpunkt Jesu durchgehalten?

Das Gesetz bei Paulus

Ein Beitrag zum Werden der paulinischen Theologie. (Forschungen zur Religion und Literatur des Alten und Neuen Testaments, Band 119). 3. Auflage 1982. 207 Seiten, kartoniert

„Eine Monographie, die in einer klaren Sprache geschrieben ist, in selbstkritischen Argumentationsgängen, immer wieder auch durch methodologische Zwischenbemerkungen ausgezeichnet, welche zeigen, daß hier nicht einfach über Paulus geredet wird, sondern mit Paulus mitgedacht werden soll." *Theol. Literaturzeitung*

Wörterbuch zur Sapientia Salomonis

Mit dem Text der Göttinger Septuaginta (Joseph Ziegler). 1985. 64 Seiten, kartoniert

---

Vandenhoeck & Ruprecht · Göttingen und Zürich